杨儒宾著作集

儒门内的庄子

杨儒宾 著

图书在版编目(CIP)数据

儒门内的庄子 / 杨儒宾著. —上海：上海古籍出版社,2020.8(2025.6重印)
(杨儒宾著作集)
ISBN 978-7-5325-9682-9

Ⅰ.①儒… Ⅱ.①杨… Ⅲ.①道家 ②《庄子》—研究
Ⅳ.①B223.55

中国版本图书馆CIP数据核字(2020)第118838号

版权所有©杨儒宾
本书版权经由联经出版事业公司授权上海古籍出版社有限公司简体中文版
委任英商安德鲁纳伯格联合国际有限公司代理授权
非经书面同意，不得以任何形式任意重制、转载。

杨儒宾著作集
儒门内的庄子
杨儒宾 著

上海古籍出版社出版发行
(上海市闵行区号景路 159 弄 1-5 号 A 座 5F 邮政编码 201101)
(1) 网址：www.guji.com.cn
(2) E-mail：guji1@guji.com.cn
(3) 易文网网址：www.ewen.co
江阴市机关印刷服务有限公司印刷
开本 890×1240 1/32 印张 19 插页 5 字数 378,000
2020 年 8 月第 1 版 2025 年 6 月第 3 次印刷
印数：3,151—3,750
ISBN 978-7-5325-9682-9
B·1167 定价：96.00 元
如有质量问题，请与承印公司联系

大陆版前言

我的著作能以简体字版的方式在内地出版，倍感高兴。关键不在字体，而是透过简体字可以和内地的同好交流。

《儒家身体观》是我壮年的一部著作，出版至今已逾二十三年，此书大概是中文学界从身体观进入中国哲学较早的一部著作。港台一位我所素所尊敬的前辈学者生前在一个场合介绍青壮辈的新儒家时，曾提及贱名，并说及《儒家身体观》与现象学，尤其是梅露-庞帝的关系。我当时听了非常惶恐，唐君毅先生及牟宗三先生当然是我的师长，我上他们的课，读他们的书，受益极大。我与港台儒学代表团体《鹅湖》诸君子也多有交流，彼此切磋。但我实在不敢以唐先生、牟先生的学生自居，也不敢妄攀学派之门。我对现象学与梅露-庞帝哲学了解相当有限，曾耳食其言，但未窥门径，遑论进入堂奥。当日撰写《儒家身体观》时，提出"形—气—神"的身体图式与践形的工夫论，纯是依中国"心—气"的主体概念引申而来，闭门觅句。"形—气—神"的身体观也就是气化的身体观，气化的身体观即是气化的主体观，气是连接形与神（心）的纽带。这些依传统文献发展出来的观念如与并世哲人有相应之处，应当只是心同理同，即使像"身体"这种看似较独特的进路，东西方哲人都有不谋而合的论述。

"形—气—神"的身体图式是我思考许多中国哲学问题的起点，因有"形—气—神"的图式所以有气化的世界观，也有转化"形—气—神"构造以进入圣境的转型工夫论，也有心气主体蕴含的人与人之间的相偶论构造，以及主体与世界互渗同化的共在结构。我的《从〈五经〉到〈新五经〉》强调宋代后儒家圣经的性命之学内涵；《异议的意义——近世东亚的反理学思潮》替东亚反理学思潮争制度论及相偶论的地位；《儒门内的庄子》力辩庄子的语言论、技艺论、天均论指向了一种深刻的人文精神。这些书的论点多与《儒家身体观》的论点相涉。

《五行原论——先秦思想的太初存有论》和《道家与古之道术》两书探讨儒、道两家的神话源头，稍微涉猎过神话理论的同好从这两书中，不难找到卡西勒（E. Cassirer）、耶律亚德（M. Eliade）神话思想的痕迹。但二十世纪下半叶中国惊人的考古发现可能提供了笔者更大的刺激，面对"满天星斗"（这是考古学家苏秉崎用的形容词）的新石器时代文化遗址，我们很难想像它如何演变为三代论述，它又如何刺激了孔、老思想的兴起，这种考古挖掘引发的知识兴趣，神秘之至，也是对学者的想像力极大的挑战，这种知识的幸运不是每个时代都可碰上的。

书籍出版，亦有因缘。拙著能在蹉跎多年之后，得以和内地同好交流，不能不感到无上的光荣。我首先感谢台湾"中央研究院"中国文哲研究所、台湾大学出版中心、联经出版公司及台湾清华大学出版社的简体字版授权，以及上海古籍出版社的耐心交涉，多方帮忙，刘海滨先生费神尤多。中国艺术院中国文化研究所秦燕春教授对拙作多所错爱，才能缔结出书胜缘。铭感在心，谨此致谢。

己亥年深秋作者识于清华大学（新竹）哲学所研究室

序　言

　　庄子研究的书这么多，为什么还要写这本书？真正的动机大概只能有一个：因为我认为庄子想要传达的消息还没被充分地传达出来。因为还没被充分表达出来，所以庄子被置放在中国思想版图上的位置可能是误置了。也正因为有可能误置了位置，所以庄子不属于庄子学，战国时期宋国蒙地的那位庄周和绵延流长的庄子诠释学史上的那位庄子，名同，却是实异；貌合，偏又神离。就思想类型而言，两人并不同型，最多只是近亲的关系。

　　如果真有两位庄子，一位是战国时期确实存在过的历史人物庄周，一位是被诠释出来的《南华真经》此文本上的庄子，那么，如何解释这两位庄子间的异同？此工作将是本书能否处理得好最根本的关键。笔者这样的对照似有机会还庄子真面目，其实也是高度抽象的产物。先别说诠释学上"作者原意"所带来的理论难题，即就《庄子》本身理解，也是困难重重。因为《南华真经》文本有可能不是只有一人撰写，此书上显现出来的庄子从来不只一种面貌，因此，也有可能不只一位庄子。

既然历史上存在的庄周与《庄子》一书中单一而客观的声调之庄子都渺不可得，笔者宣称庄子旨义尚未充分展现，所以要重探庄子原义，这样的论断相当危险，好像前人的庄子研究都是多余的一样。事实当然不是这样，不管是从前代学者的注解与阐释，或是从近现代学者的研究当中，我个人都受益匪浅。在现代学术机制建立前的庄学传统中，注释是最重要的诠释方式，历代庄学名家通常借注释以发挥庄子大义。时序进入20世纪后，中国学界有个打造新学术的大工程，现代论文形式或专书形式的庄子研究才慢慢成形。这两个阶段的庄子研究偏重面不同，但各可发明《南华》真义，笔者当然也受惠于这两个传统的诠释。

近代之前的《庄子》诠释史源远流长，每个历史阶段提供的庄子图像不一样，大致说来，笔者认为我们现在对庄子的理解受到早期庄学诠释传统的影响最大，司马迁、向郭（向秀与郭象）与成玄英这三位庄学早期的诠释者奠定了后世庄学的图像。现存最早期的三家之说皆足以自立，他们的论点能流传至今，是有道理的。谈玄理能谈到向、郭层次，谈何容易，向、郭的无言独化之说提供了本书一种全体性的波状相连的气化世界观。谈体证工夫能深入到成玄英所述重玄之境，同样也不容易。从成玄英到陆西星，我相信这些道士对庄子工夫论的贡献是远比大多数名儒高僧的著作来得大的，他们常被当代学者有意无意地视为将庄子带上了歧途，笔者不相信此种判断。这些丹道道士以己身为鼎炉，九转丹成，我相当尊重他们的洞见。

至于司马迁所呈显出来的庄子，其人显示出一种反体制的抗议色彩，我们很容易联想到司马迁个人的命运，此种存在主义式的庄子对成长阶段的年轻学者是有无可抗拒的吸引力的，我们不会忘掉：在专制时期，庄子曾抚慰过多少饱受命运摧残的士子之心灵。

至于近现代的庄学研究，其成绩也相当可观。如果我们以战后华人学术社群的先秦诸子研究为例，我们发现《庄子》一书和其他先秦诸子的著作相比之下，其研究确实新义较多，尤其在语言哲学与美学的领域，当代学者的研究帮助了我们理解庄子哲学久受忽视的一面。这两个领域久受忽视，主因是秦汉后，中国思想在语言哲学方面并没有突破性的进展，而在美学方面，也多呈现星点般的洞见，没有像工夫论、心性论、政治哲学方面有成系统的论述传统。美学与语言哲学在上一世纪却是欧美思潮的强项，名家辈出，各领风骚。国人生于斯世，"预流"其学，自然较易获得成果。

最近十年来，庄子研究有越来越热的势头，海峡两岸，皆有名家。尤其"中央研究院"中国文哲研究所近年来持续推动台湾庄子学者与欧美学者的对话，对话是实实在在的对话，甚至是火辣辣的对话，庄子被放在一个和以往迥不相同的思想冶炼炉里伏炼，精彩四射。其后坐力的震撼效果也是很可观的，轰隆巨响之声至今犹然在耳。虽然参与讨论的中、外学者之观点并不一致，但总体的大方向很值得注意，笔者相信一种新的庄子图像已慢慢地浮现，这个新庄子图像的名称，甚至内涵都还没有较一致的共识，但其方向大致指向一种关怀存有，强调主体的美感、语言向度，带有一种尊重差异的民主精神之人文自然观。而这些视角之所以成形，乃因庄子的主体是气化交感的主体。笔者多次参与文哲所主办的工作坊，也参与额外加码的民宿读书会，受益极多，这些学界畏友提供了笔者一种越来越活泼的庄子形象，一种更带有现代价值体系——注重差异、语言风格、心物平等的庄子逐渐明晰起来。笔者非常感谢这些年来与我共学、论辩的这些友人。

笔者玩索庄子多年，早年也有《庄子》的专书行于世，但较为完整的庄子思想图像可以说是十年来受到同行学者的刺激而逐渐成形的。如论本书的源头与基础，则可溯至长久以来，我个人对形气主体的基本关怀以及对晚明"天均之学"的重新解读。"形气主体"一词也可称作"气化主体"，这两个词语虽由我所撰，却非杜撰，它们是源自小传统常说的"形—气—神"之改写。本书最早撰写的一篇文章即探讨庄子身体观的特色，这篇文章也是我任教后，第一篇的身体论述。尔后随着理解逐渐加深，我渐渐地趋向于认为："形气主体"不只是庄子哲学重要的成分，它的地位更重要，是基源本体论的核心。庄子哲学应该落实到形气主体上解释，从语言、技艺、游观到具体处世，莫不如此。我相信庄子的形气主体是种身体理性的作用体，形气本身孕育了语言发展、与物相契的原始秩序之潜存构造，这种形气主体是透过气的波动回荡与世同在的。庄子哲学是气化的动态的哲学，是心理合一、与世共在衍化的哲学，他的有先于无，人文建构先于解构批判。换言之，形气主体即是生活世界的本体。我相信庄子对人文精神的贡献，不逊于孟、荀。孟子的道德意识、荀子的文史意识、庄子的游化意识，都是很根源的人文精神之基础。学界对孟子的研究较透彻，庄子和荀子还大有重读的空间。

庄子没有说过乃所愿则学孔子或学老子之类的话语，本书却以"儒门内的庄子"之名冠此书，这个书名显然会带来争议。因为，既然庄子不以教下哲学家自居，那么，论者如果批判道：我们其实不用承担太多的历史的包袱，不要用"学派"之类的术语框住他，这样的定位似乎更合理。我同意这种批评有说服力，也很乐意抛弃历史上发生过的学派的标签，但对"儒门内"一词，笔者认为依然可以成说。儒家有各种类型，韩非子说过：孔子逝世后，儒分为八。八派的具体内容很难一一指认了，可以确定的是：没有单一的儒家。尤其从公元11世纪理学兴起以后，中国境内即有种既强调宇宙气化、生生不息的超越哲学，这支超越哲学也是强调天人参化的形气主体哲学，北宋与晚明的儒家多有此主张。这类型的儒家可称为"天均哲学"的儒家，笔者相信天均哲学在当代更形重要。天均哲学的儒家走的这条路和庄子走的那条陌生而丰饶的大道，基本上是同方向的。庄子穿越了在其自体的无之意识，进入意义形式兴起的"卮言—物化—游心"主体，这种主体是人文之源的主体，庄子的立场结穴于此。庄子和天均哲学的儒家同样主张以"有"证"无"，晚明的觉浪道盛、方以智、王夫之等人主张《庄子》具有《中庸》《易传》的灵魂，它们共同奠定了儒家形上学的基础，我认为"庄孔同参"有足以成说之处。

本书共十篇，除第七章《无知之知与体知》与结论《庄子之后的〈庄子〉》外，其余八篇已先后刊载在学术期刊或会议论文集上。

导　论　《道家之前的庄子》，刊于《东华汉学》，第20期（2014年12月），页1—46。

第一章　《庄子与东方海滨的巫文化》，原刊于《中国文化》，第24期春季号（2007年4月），页43—70。

第二章　《儒门内的庄子》，刊于刘笑敢编，《中国哲学与文化》（广西师范大学出版社），第4辑（2008年12月），页112—144。

第三章　《游之主体》，刊于《中国文哲研究集刊》，第45期（2014年9月），页1—39。

第四章　《庄子的卮言论》，即《庄子的"卮言"论——有没有"道的语言"》，刊于刘笑敢编，《中国哲学与文化》，第2辑（2007年11月），页12—40。原名《卮言论——庄子论如何使用语言表达思想》，载于《汉学研究》，第10卷第2期（1992年12月），页123—157。

第五章　《卮——道的隐喻》，原名为《无尽之源的卮言》，刊于《台湾哲学研究》，第六期（2009年3月），页1—38。

第六章 《技艺与道》，原名为《技艺与道——道家的思考》，刊于陈明、朱汉民编，《原道》（首都师范大学出版社），第14辑（2007年11月），页245—270。更早刊载于《王叔岷先生学术成就与薪传研讨会论文集》（台北：台湾大学中国文学系，2001）。

第七章 《无知之知与体知》，新作。

第八章 《庄子与人文之源》，原刊于台湾《清华学报》，新41卷，第4期（2011年12月），页587—620。

结　论 《庄子之后的〈庄子〉》，新作。

附　录 《从"以体合心"到"游乎一气"——论庄子真人境界的形体基础》，刊于《第一届中国思想史研讨会——先秦儒法道思想之交融及其影响》（台中：东海大学文学院，1989），页185—214。

本书大部分的文章是最近七年内写成的，但附录《从"以体合心"到"游乎一气"——论庄子真人境界的形体基础》一文则写于二十六年前，全书经历四分之一个世纪才完成，亦云久矣。个别的篇章曾被改写后又重新出版，此次被整编成为书的专章时，笔者又作了部分的剪裁，以期全书的主旨与风格能更为一致。学者著作的性质有别，有些著作是依设计蓝图打造的，有些是随机组合而成的，有些是如同生物种子般自然长成的。本书是生物学的模式，全书的内涵已孕育于第一篇的种子。笔者所说的"种子"是指全书中唯一没有再加以修改的附录，此篇发表的年代最早，它也是笔者撰写的第一篇身体论述的论文。其时为1989年，发表于东海大学举办的"第一届中国思想史研讨会"上。当时台湾刚好处于"解严"前后阶段，依规定，教育经费要占台湾总预算的15%，学界一下子经费宽松了起来，所以有不少"第一届"的学术会议。尔后经费审查渐严，"第二届"的会议就没了。本篇文章写的时间虽早，文字也颇青涩，但笔者尔后发展出的一些学术论点已见于此篇"少作"。

在东海大学举办的那场研讨会上，此篇现在看来保守的文章当时却引发了不少争议，一位研究道家的前辈学者对此文从头批到尾。相对地，一位外国学者编纂具有新方向意义的庄学研究著作时，却特地挑选此篇著作译为英文，收入书中。在上个世纪的90年代之交，学术和政治一样，都发生重组的现象。这两组重组的现象的关系很微妙，不能硬讲一定有关，但也不能说没有关系。当时确实有些前辈学者对新的政局与新的学术语言都很不喜欢，他们常不自觉地将所谓的新说视为邪说暴行的象征，现在看来，那些昨日之怒的语言当然只有历史档案之意义，学术价值不高。但既然这篇拙作的主要论点和今日笔者理解者并没有太大的出入，所以存此忠实纪录，以见个人与时代思潮的演变，或许有些参考的价值。此文因此保留原貌，一字不动。

《儒门内的庄子》是本书的一章，也是本书的书名。"庄子儒门说"不仅见于宋明时期的儒者，类似的想法在当代儒者熊十力、马一浮的著作中也都可找到，白川静与钟泰先生更是极力宣扬，不遗余力。但本书的观点主要是呼应17世纪的天均哲学，设想中的主要对话对象则是新儒家，包含宋明新儒家与现代新儒家。从王学到牟宗三先生，他们竭力张扬道德主体的作用，"中国哲学落于主体性"成了具有定向作用的无诤法。天均哲学则认为形气主体才是真正的宇宙轴，以有我身故，一切法得成。应机不同，不一定矛盾。言各有当，观其会通，以行典礼，可也。是为序。

杨儒宾　甲午岁暮于新竹清华园

目 次

大陆版前言	1
序言	1

导论　道家之前的庄子 … 1
　一　前言——回到原点 … 1
　二　《庄子》与庄子 … 8
　三　道之行程即体道之旅 … 18
　四　两种浑沌与孔老 … 28
　五　从气化主体到形气主体 … 39
　六　结论——"儒门"的合法性 … 49

壹　庄子与东方海滨的巫文化 … 55
　一　前言 … 55
　二　《庄子》古本与巫 … 56
　三　东方的神话空间：姑射山 … 68
　四　"西方的"神话空间：昆仑山 … 78

五　天文知识与升天 …………………………… 86
　　六　鸟与风 ……………………………………… 96
　　七　漆园、长桑君与东海 …………………… 109
　　八　结论——殷商文化的折射 ……………… 117

贰　儒门内的庄子 ……………………………… 124
　　一　一条明显而又受忽视的线索 …………… 124
　　二　孔子在《庄子》内篇 …………………… 130
　　三　同乡与同族 ……………………………… 140
　　四　《易》风《庸》魂 ……………………… 152
　　五　庄子的"物"与"庸" …………………… 162
　　六　结论——密拿瓦之鹰是否飞得太晚？ … 171

叁　游之主体 …………………………………… 176
　　一　释义："主体"与"游" ………………… 176
　　二　形—气—神＝主体 ……………………… 184
　　三　天均主体与气化世界 …………………… 193
　　四　物化＝物 ………………………………… 200
　　五　心有天游 ………………………………… 210
　　六　乘物游心 ………………………………… 221
　　七　结语——未济的圆游 …………………… 228

肆 庄子的卮言论 …… 234
一 前言 …… 235
二 无言的理由 …… 236
三 浑圆的卮言 …… 244
四 三言与滑稽 …… 257
五 形气主体与卮言的生成 …… 266
六 两行的"道言" …… 273

伍 卮——道的隐喻 …… 278
一 前言 …… 278
二 归墟 …… 280
三 浑天 …… 288
四 陶均 …… 301
五 风 …… 309
六 无尽的身体 …… 318
七 结论 …… 325

陆 技艺与道 …… 329
一 两种知与两种技艺 …… 329
二 纯白不备 …… 331
三 官知止而神欲行 …… 338
四 所见无全牛 …… 349

五　技艺与养生 ………………………… 358
　　六　技术的年代 ………………………… 368

柒　无知之知与体知 ……………………………… 375
　　一　前言 ………………………………… 375
　　二　神巫之知 …………………………… 380
　　三　"知之濠上"之知 …………………… 386
　　四　"无知之游"之知 …………………… 396
　　五　技艺之知 …………………………… 403
　　六　般若智 ……………………………… 412
　　七　直觉之知 …………………………… 418
　　八　体知的复权 ………………………… 423

捌　庄子与人文之源 ……………………………… 430
　　一　重读的必要 ………………………… 430
　　二　庄老异同 …………………………… 433
　　三　人文的背叛或证成？ ………………… 442
　　四　人文之源与气化主体 ………………… 454
　　五　人文之源：语言与技艺 ……………… 460
　　六　同一、解构与创化 …………………… 469
　　七　第三期的人文庄子说 ………………… 476

结论　庄子之后的《庄子》 …………………………… 481

附录　从"以体合心"到"游乎一气"
　　　——论庄子真人境界的形体基础 …………… 495
　　一　离形去知 …………………………………… 495
　　二　循耳目内通 ………………………………… 501
　　三　联觉与心凝形释 …………………………… 507
　　四　心气同流 …………………………………… 514
　　五　解牛的身体基础 …………………………… 521
　　六　体尽无穷 …………………………………… 528

参考书目 …………………………………………… 541
人名索引 …………………………………………… 567
名词索引 …………………………………………… 575

导论　道家之前的庄子

一　前言——回到原点

本书想回到诠释的原点,对《庄子》一书重新定位。所谓诠释的原点也就是《庄子》此书形成之后而尚未被划归学派之前,具体地说,也就是孔老之后、秦汉之前的战国中期阶段的思想史位置。那个阶段的一位思想家庄子生于殷商遗民组成的国家宋国,其时正是后世所谓的诸子百家蓬勃发展的时期,中原的空气中浸润着中国史上最富生机的思想养分,尤其孔子与老子提供的思想更成了当时不少思想家思索问题的起点。庄子有所思,有所撰述,后来经过一段我们尚未明了的过程,有(或有些)他的学生或私淑者承其意,续有创作,后遂被集成一部《庄子》古本的著作。在以《庄子》为名的这部先秦古籍中,庄子们(含庄子本人及其他可能的作者)展开了一种独特的论述。秦汉以后的史家对此书的论述有所诠释,并加以分门分派,庄子本人的思想被列到"道家"名下。本书不认为两汉史家的归类是合理的,所以想回到现行三十三篇本《庄子》展开的思想世界,直接依原始文本立义。然而,以文本为原点并不表示本书横空出世，事实上，本书的完成受益于历代的《庄子》注本非浅，本书的诠释背后有《庄子》学史的背景。

研究《庄子》的学者通常都想回到《庄子》此原典，在原典中寻找思想发轫的原点。然而，"原点"一词本来即神秘，预设《庄子》注释史背景的原点更神秘。如果说一部二十四史不知从何说起，一部原点的《庄子》，一部支持《庄子》原典所展现的原点之思想世界的《庄子》学史，也都不知该从何说起！

《庄子》文字极佳，却深邃不好读。像《庄子》这样影响两千多年东亚思想史的著作，其论点一再被翻新，各种诠释观点跨越的幅度很大，却又常能打动不同时代、不同宗教立场人士的心灵，它的内容如果不深邃玄妙，是很难想像的。但《庄子》之难读不仅在内容，连承载内容的文字该怎么看，都容易有争议。《庄子》的文字风格很强，不少谬悠之说与荒唐之言，像银河般流动，浩瀚无垠[1]。庄子的作品乍看之下，常不免语义跳脱，文脉多歧，所以才会有注家的作品和被注解的经典同样难懂的情况[2]。《庄子》的诠释空间特别宽阔，此书的特色在此，后世的争议也常因为此书的文字风格而引起。

---

[1] 这是《逍遥游》篇里肩吾赞叹接舆的词语："吾惊怖其言，犹河汉而无极也。"我们如将此赞叹语挪用到《庄子》书上，一样适用。

[2] 郭象的《庄子注》是注释《庄子》的名著，但到底是郭象注庄？还是庄注郭象？世人疑之久矣！郭象《庄子注》常被视为可以独立于《庄子》文本之外的独立著作。冯友兰的《中国哲学史》即将郭象《庄子注》列为个人作品，加以讨论。

庄子的文字问题和他对语文以及整体智性的价值之定位是分不开的，庄子对语言的正面功能很怀疑，要不然，不会有《齐物论》里那么多怀疑语言功能的文句。但庄子对语言也是很肯定的，我们很少看到一位思想家像《天下》篇那般从语言风格界定自己的思想，在东方固然少见，在西方恐怕也不容易见到[3]。庄子之所以那么注意语言，甚至可说是耽溺于自己著作的语言风格，一方面固然因为天下沉浊，世人愚暗，不可与"庄语"。所以他只能使用滑稽突兀之语，以破执解蔽。但庄子所以选择语义这么飘忽难定的诗的语言，不纯粹只是技术的理由，也不只是他是位另类的诗人，因此，握有创新语言的"诗之特权"（poetic licence）。更根本的原因当是出自他的"变化的世界观"的考量，庄子一直很想找到一种足以和世界实相相衬的语言，也就是可以秘响旁通、连类无穷的语言。所以他使用文字时，喜欢于谐中带正，于隐中带喻，语义的游离性很强。

　　庄子虽然时常质疑言说的功能，但他却有所说，至今为止，挂在他名下的文字有三十三篇，在先秦诸子当中，他的著作的文字算是多的，而且文字的文学质性极高。《庄子》一书引发了后世连绵不断的历史效应，历代解庄述庄者不知凡几，受他影响的文人、学者、平民百姓，更是多到不可胜数。所以我们在今日诠释庄子，不能不站在两重文本的基础上：亦即

---

[3] 有些哲人很注重自己的作品的文字感染力，柏拉图、尼采、叔本华、僧肇等人的作品皆可作文学作品读，但这样的名单一定不会太长，能自觉地提出语言与自己书写风格的关系的思想家恐怕更少。

《庄子》原始的文本以及历代注释《庄子》的文本。原始的《庄子》所说者已不少，历代注庄文本说庄者更多。理论上来讲，历代说庄者的合法性要建立在原始文本的庄说的解释上，才可以建立起来。但庄子本人已不再能说，所以庄说的原始内涵反而要透过历代说庄者不断地诠释，其深层旨趣才能彰显出来。

研究庄子学史的学者很喜欢分类历代的庄注，陈鼓应先生最近为一本《庄子》学史的著作写的序言中说道：中国历代的注庄者常有以佛解庄、以《庄》解庄、以儒解庄以及以《易》解庄者，纷纭不定[4]。陈先生的感慨自是有为而然，类似的观察在不少庄子学的著作中也可见到。笔者很同情近贤的感慨，但也不能不指出：庄子学史观点下的归纳是后设的观点，诠释者站在后出者的优势位置，依自己理解的学派属性，分类以往的庄注著作。这种分类有些便宜行事，可参考，但作用不大。因为如果我们回到历代注庄者的立场，我相信大概除了少数宗教情感特强的僧侣、道士有以佛解庄或以老解庄的意图之外，绝大部分的注家恐怕都是自认为想"表庄周之旨趣"，亦即他们都自认为自己是"以庄解庄"者。即使宗教倾向甚强的高僧高道之解庄，笔者认为他们恐怕也会认为自己的工作是要彰显庄子的原义，而不是有意乱接异派思想之枝，以强化自家根本。只不过他们理解的庄子恰好突显出庄子是老子原义的发扬者或是佛法东来之前的先行者，其旨归刚好可以和佛老的真谛相互

---

[4] 参见方勇：《庄学史略》（成都：巴蜀书社，2008），页6—7。

发挥罢了！如成玄英就认为庄子的意图本来就想"申道德之深根，述重玄之妙旨"，所以他才依此一线索，以老子义理注解《庄子》。即就本书而论，笔者的解庄当然也自认为是"以《庄》解庄"。

我们探讨《庄子》首先要面对的是一部《庄子》文本与历代释庄、述庄者合构成的一部波澜壮阔的庄学演变史。如果绝大部分的注庄释庄者都自许为"以庄解庄"，那么，我们如何分辨有效的"以庄解庄"以及无效的"以庄解庄"，这样的问题就出现了。讨论《庄子》诠释的有效性，我们首先会面临两个很棘手的问题，这两个问题都是陈年沉疴。一是《庄子》各篇章的作者问题，《庄子》此书就像一些先秦的典籍一样，它可能成于众人之手[5]，而不是出自单一作者，因此，如何分辨何篇是庄子原著，何者是后人所加，问题就发生了。这件事纠缠已甚，极难分疏。另外一个问题是《庄子》的语言风格极特别，基本上，我们可以确定庄子对于知识论导向的叙述极无兴趣，他甚至对语言的传达功能都很怀疑。因此，颇有庄学名家认为庄子如同后世禅宗，其语诙诡谲怪，正言若反，其旨义不能依一般日常语言下判断。因此，《庄子》篇章中的语言到底

---

[5] 成于众人之手的情况又有多种，有的是类似一个学圈而非学派的集结，如《管子》很可能与稷下学圈有关，所以其书内容包含各家各派之说。有的是大师的门生或加上再传门生等集结而成，如《论语》《墨子》。有的可能是诸子和其门生合作的产物，但可大体代表其人之思想，如《孟子》《荀子》。情况复杂，不一而足。

是直叙的？反讽的？或是诗意的？其性质不免费人猜疑。

一部《南华》，到底有几位作者，已是个令人头痛的问题。在此文本身上又附着了历代流传下来的层层叠叠的注解作品，这些衍生出的文字有多少是文字障？有多少是文字般若？又是个问题。原始文本须仔细解读，这批历代流传下来的业绩本身也亟待清理。笔者选择的标准在哪里？这种质疑可想像地一定会出现的，笔者不能不答覆。笔者还是回答道：依然是要"以庄解庄"。不管"以庄解庄"在实际的检证标准上是如何地难以检证，在诠释学的理论设定上是如何地冒风险，但就作为行之久远的注解策略，此一词语仍然相当地有效。笔者的"以庄解庄"将是回到庄子的原点，回到庄子的原点也就回到被汉人分家分派之前的《庄子》文本的世界，在这个世界中没有司马迁，没有刘向，没有班固。换言之，也就是没有"道家"一词。众所共知，先秦时期只有"儒""墨"两家有学派之名，"道家"就像其他的学派名称一样，都是秦汉后兴起的概念，是追溯出来的。当我们将道家还给汉代史家，将《庄子》文本还给庄子，我们就得面对一个尚未被定性、定名的原始文本，它呈现自己，自己解释自己。问题是：经典不会只是"在其自体"（in-itself），它永远也要"为其自体"（for-itself），我们该如何理解它？

面对着这个未被归类的文本世界，笔者想尝试找到一个设想中的《庄子》作者自己所表述的著作旨趣，在下文的分析中，我们将会发现：他的意图会揭露《庄子》文本有个形上学的原点,《庄子》一书是依形上学原理而不是历史原理展开的文本,这是第一个原点。其次,由于哲学兴起之前通常有个神话的时期,神话题材与哲学议题之间常有关连,庄子可以确定是先秦诸子中最具神话精神的哲人。在神话世界中,发生于开辟时的"彼时"之刹那,乃是一切存在之根源或基础。笔者相信宇宙开辟的神话母题是庄子论述的"太初本体论"的原点[6]。在形上学的原点、太初本体论的原点外,笔者将会以"形气主体"作为基源本体论的原点,借以补充形上学的原点。以上述这三个原点为核心,笔者认为《庄子》一书的内容虽然繁富,却有轴心。庄子既站在孔、老之后的思想风土上回应孔、老的议题,也站在继承殷商巫文化的宋国这块土壤上,回应神话的启示。而庄子之所以能回应远古的与近世的文化传统,乃是他对人与世界的本质皆作了根源性的批判,他的新的主体范式全面性地安顿了人的经验世界。

本书以"儒门内的庄子"名书,既然用到"儒"字,就很难不把学派的因素带进来,也就不可能不是个学术史的论述。如果有论者从学术史的角度下此评断,笔者同意这种质疑是可以成说的。但本书的意图恰好不属于狭义的学术史,笔者所以透过形上学的源头、神话的源头、基源本体论的形气主体之源头,以界定孔老,主要是这种连结也见于《庄子》原本,笔者

---

[6] 有关"太初本体论"(archaic ontology)及"彼时"的意义,参见耶律亚德(M. Eliade)著,拙译:《宇宙与历史——永恒回归的神话》(台北:联经出版公司,2000),页1—4。

可以说是接着讲，论本书的根本旨趣，笔者只是希望透过多重管道，指出庄子提供我们一种足以作为有意义的人文精神的主体观，这种新的主体范式代表的是一种积极哲学的型态，这种积极哲学的主体不见于汉代以后的道家名下的庄子。所以我们只有逆流而上，神与《南华》游，才有机会切入个中三昧。

二 《庄子》与庄子

在进入庄说的议题之前，我们不能不面对一个尴尬的陈年问题，此即庄子或《庄子》的原义的问题。因为本书既然有意给庄子其人其书重新定位，自然不能不涉及何者是庄周的真身之讨论。即使这个问题终究只是虚拟的问题，但作为理论系统的虚拟预设，其作用仍不可或缺。在知识论上，我们知道：虚拟的预设与预设所处理的现象往往是不可分割的。《庄子》原义或原本的问题一向是庄子学上的沉疴宿疾，虽然其症难解，每位踏进庄学殿堂的解释者却不能不严肃地面对。更何况，由于上世纪下半叶以来出土文献日多，庄子其人其书近年来又有新的讨论，老问题更不宜回避。

关于《庄子》一书各篇章的作者归属，这个问题确实很棘手。唐陆德明《经典释文·序录》里提到他当时所了解的各家庄子注，其中有司马彪、孟氏注五十二篇本，这本五十二篇注本是《汉书·艺文志》所说的五十二篇本。但这五十二篇本因为"言多诡诞"，所以后来颇有些注家不认为这个版本可以代表庄子的思想，因此，他们各自"以意去取"，其中有二十七篇本，有三十三篇本，有三十篇本。在各种版本当中，"内篇众家并同"，其余的"或有外而无杂"。依据陆德明所说，汉代所见的《庄子》古本为五十二篇本，这五十二篇本是后来各家注本的母本。五十二篇中的内七篇公认最能代表庄子思想，所以各家注皆有此七篇。其余的篇章之归属就不免众说纷纭了，杂篇诸篇受到的青睐更低。

关于《庄子》各篇章的作者问题，如真要一节一节细究，恐怕问题多如牛毛，王叔岷先生指出古书中出现的庄子文字多有与现今篇章不合者：有今属内篇，而原属外篇者；也有今属外篇，而原为内篇者；有两篇合为一篇，也有一篇分为两篇者。由此可见在《庄子》三十三篇版本确定前，《庄子》各篇章的取舍仍多出入飘泊[7]。比起其他古书经过刘向之手后多已固定下来，《庄子》一书的情况毋宁是较特殊的。在原始版本的五十二篇本中，被净化掉的那些篇章之内容是否真不如内七篇？大部分可能是，但也很难一概而论[8]。即使仅就现存的

---

[7] 参见王叔岷《庄学管窥》，此书收入《庄子校诠》（台北："中央研究院"历史语言研究所，1994），册下，页1435—1436。

[8] 据说被删掉的这些篇章之内容有如《占梦书》，或如《山海经》。被删掉的《庄子》篇章还有些佚文残留下来，有各家辑佚本，王叔岷先生的辑本较完整，辑本见王叔岷先生校注：《庄子校诠》，册下，附录。辑本所显现的内容确实颇有些怪力乱神，与三十三篇本的风格不像，陆德明的判语基本无误，但还是很难一概而论。而且如不论哲学价值，而是论史料价值，被删掉的《庄子》文字对我们了解设想中的《庄子》全貌，还是有帮助的。

三十三篇本考察，内七篇的地位几乎众所肯定，至于其余篇章的价值之厘定则出入颇大。是否外、杂篇个别篇章的价值一定不如内七篇，也真是难讲。后世注庄者多有言及外、杂篇中的某些篇章价值颇高者，比如《天下》篇即普受重视。大体说来，不同的诠释者因其解读能力不同，关怀各异，因而判断自也有差异。所以即使杂篇的篇章入选注释的比例较低，并不表示这部分的文章之理论水平不如内、外篇。如果一定要按后世诠释者入选的平均值下判断的话，这样的统计数字是无意义的。诠释靠眼力，是质的判断，而不是量的判断。如果找不到价值等第的标准，而想从内容来评断其作者归属，可以确定不会有共识可言。

由于从内容判断，免不了仁智之见；眼力高低的判准，更难有共识。因此，转从文章形式或文字层面（如单复词的演变、韵脚的比例、人称代名词的使用等等）切入，析辨《庄子》各篇成立之先后，事实上，也可说是理论价值之高低者，近世以来之学者颇有其人。由于作者撰写文章时，其文字的用语、声韵、语法往往受制于时代，而作者并不自觉。作者的文字就像刑事案的证物一样，可以提供破案的线索。因此，如能分辨出一本书中不同的篇章具有不同韵脚、特定用词、语法形式，而其时代先后又可确定的话，此种手法可能可以提供解决争议的方案。此手法虽然早在宋明时期的苏轼、朱得之等人的著作中皆已用过，但在近现代，有意识地采用此方法的学者中更颇有其人，如高本汉讨论《国语》《左传》关系、胡适论

《论语》《孟子》关系的《尔汝篇》、杨伯峻考证《列子》篇章、严灵峰考辨《天下》篇的作者[9]，其论点皆有足以成说之处。但不容否认的，可以讨论的空间也仍大。

晚近从文章形式立论，分辨《庄子》各篇章的价值者，就管见所及，窃以为张默生先生的《庄子新释》可为代表[10]。张默生依文章呈现"议论—寓言"之结构者为一类，其余为一类，将《庄子》文章分为三类，事实上也就是三等。他最后下了判断：内七篇、《寓言》、《天下》为一类。至于从语词演变角度，探讨《庄子》一书篇章之成书先后者，刘笑敢先生《庄子哲学及其演变》一书可作为代表。刘先生依"精—精神""气—精气"之类的语词演变，指出《庄子》一书中内七篇当是最首出云云[11]。刘先生的论证细腻，举例周详，比起前修之作，真是后出转精，引发的撞击也就不可同日而语。在今日，如要讨论《庄子》一书各篇章的成书年代或作者，刘笑敢命题很难跳过不论。

---

[9] 高本汉（Bernhard Karlgren）著：《左传真伪考及其他》，收入陈新雄、于大成编：《左传论文集》（台北：木铎出版社，1976），页1—60。胡适：《尔汝篇》，《胡适文存》卷2，收入季羡林主编：《胡适全集》（合肥：安徽教育出版社，2003），册1，页233—237。杨伯峻：《从汉语史的角度来鉴定中国古籍写作年代的一个实例——〈列子〉著述年代考》，此文收入《列子集释》（北京：中华书局，1979），页220—243。严灵峰：《论"庄子天下篇"非庄周所自作（上、中、下）》，《大陆杂志》第26卷，第1、2、3期（1963年1月、2月）。

[10] 张默生：《庄子新释》（台北：汉京文化出版公司，2004）。

[11] 刘笑敢：《庄子哲学及其演变》（北京：社会科学出版社，1988）。

张默生、刘笑敢诸先生的研究给我们很大的启示，也可以说给我们很大的警惕，亦即我们使用《庄子》一书的材料时，不能一概同量。然而，文本考证之事需要满足成立条件的因素很多，其中有一项困难极难克服，此即古书在流传的过程中，通常单篇流传，而且在刘向写定前，通常多手转抄。没有定本的稳定架构，流传过程中出现的变数就不会少，文字很难不混淆。由于晚近出土文献提供了不少活生生的反证，证明古书的真假、先后问题绝不能轻忽。以后出材料或晚期材料当作原作者的观点，这是很危险的。但反过来说，如果没有办法很确定地判断真假先后，学者却要从中切割，强分先后，这样的态度一样危险。更危险的事是一种过度谨慎的态度，论者很容易流于将思想问题和"作者"的传记问题紧密相扣，《庄子》一书的思想无意间被设想为庄子个人的思想。所以一旦设想中的作者之传记问题不明，现成的文本也许除了内七篇外，再也无法发声了。先秦子书的作者问题和后世文集的作者问题恐怕应该分开处理，《庄子》一书即是如此。

如果郭店或上博竹简中有较完整的庄子文本就好了，这自然是美丽的幻想。但《庄子》三十三篇中的《盗跖》《让王》两篇常被怀疑非庄子自著，其出现年代也较晚，有的论者认为其成篇时间甚至晚至汉代。王夫之注《庄》，他连这两篇都懒得注。然而，1988 年，湖北江陵张家山出土汉简《庄子·盗跖》残篇；1977 年，安徽阜阳双古堆出土《则阳》《外物》《让王》残篇。两地出土的汉墓年代分别为公元前 173 与 165 年，距废秦朝挟书律不过二十年上下，所以其撰述甚至抄写的年代都有可能更早。两篇抄本的年代姑且不论，但我们如将"原本"书写的年代定位在战国晚期，应当是非常合理的。以此证彼，古本《庄子》五十二篇，至少向郭本三十三篇的内容写成于秦国统一天下之前，可能性不小。秦统一距离庄子卒年约莫一甲子，了不起也不会超过百年[12]。一甲子岁月的落差不知道能够提供多少语言文字变迁的空间？依常识判断，由于战国时期社会激烈变动，语言文字的波动应该也会很激烈，因此，如果我们能分别出战国中晚期文字形式各方面的演变情况，有可能可以找到客观的证据，提供我们分列《庄子》一书篇章先后的依据。

但如果细部的语言文字之演进情况没办法确立，其证据就比较难周全，更关键的麻烦还是前文所说的古书流传之惯例。如果现行《庄子》三十三篇本大体成书于战国，依据古书流行通例，这三十三篇的篇章有可能分别流通了一段时间，在流通的过程中，难免有整理、加注、改写的可能，这种可能性几乎可以确定是会出现的。内七篇的文字风格一致，义理精微，这是个值得注意的线索。由于内七篇的内容一般认为水平一致，义理深刻，因此，内七篇被视为庄子本人或可代表庄子本人的

---

[12] 依据钱穆《先秦诸子系年》（台北：台湾商务印书馆，1981），册下，页618，庄子的生卒年为 B.C.365—290。王叔岷先生则定为 B.C.368—288。参见《先秦道法思想讲稿》（台北："中央研究院"中国文哲研究所，1992），页63。钱、王两人估的生卒年当然只能是大略估计而已，无法确指。

作品，其解释力较强。但此线索是否就可作为"庄子本人"与其后学的划分标准，也很难那么肯定地讲，中间仍有一些变数[13]。但我们如果不考虑个别字句的争议，观其整体，内七篇的作者归属问题比较不会有争议。

《庄子》各篇章的"作者"或"真伪"争议纠结缠绕，清理不易。先秦古籍虽然也都会碰到类似的困难，《庄子》尤甚。三十三篇《庄子》的文字风格与内容无疑地不全一致，因此，设想各篇不是出于一人之手，这样的设想是有理由的。然而，既然在文字考证与谋篇设论上的考订仍很难确切地订立规则。因此，从分析思想内容以判学派归属，这样的方法虽然难以取得共识，但也就难以避免了。大体上，笔者会采取一个较常识性的设准：战国晚期可能有几种《庄子》版本，其中有本《庄子》古本可能是后世郭象本的母本，现行三十三篇大体收在此古本内，此古本作者或编者以《天下》篇作为全书序言。古本《庄子》的哲学立场不全然一致，其中有些篇章的内容近于积极政治哲学的黄老学派，有些篇章近于消极政治哲学的无政府主义。有些篇章近于密教内容的神话知识，其性质或许接近耶

---

[13] 王叔岷先生即指出现行三十三篇中，有些是内篇文字见之于外、杂篇者，也有外、杂篇文字见之于内篇者。刘笑敢先生对此出入有所解释，认为无关大局。王、刘两先生之说的是非牵涉到目前很难一刀切的前提，如魏晋时所见之五十二篇本是否即为汉代所见之五十二篇本。但合理的猜测：五十二篇本应当有传下来，向郭所未取者，当是遗佚的另外十九篇。至于三十三篇本的文字容有错简，但这种文句上的小出入应该不会影响全篇的归属。

教的"伪经"之类的篇章，这些神话知识在三十三篇本编成时即被净化了。其余的篇章当为同一种哲学倾向的作者所编写，因而可视为义理相容的文本。这样的设想不需动大手术，又不至于冲击到我们对《庄子》的理解，这个前提较安全，本书的论述会保守地依靠在这个前提上。

更直接地讲，笔者只能进行诠释观点的转移。面对现行《庄子》一书，除了内容与文字明显不佳，或知识的归类上不宜列入庄子学派的篇章外，我会将它视为一位"作者"的作品。事实上，一位作者也就是无名作者，无名作者也就是不指涉作者单、复数的功能性概念，"庄子"是《庄子》一书中作者们的代表。笔者将以《庄子》文本为依据，而不是以作者为依据，这种稍加筛选过的文本呈现了非关作者意图而是整体文本的互文指涉所呈现的思想图像。即使理论上我们知道其中有些文字也许不是庄子所写、所著，但在文献的历史证据欠缺的情况下，我们只好从内在理路厘清，将稍加整理过的《庄子》一书视为相容性的文本。即使这个相容性的文本的部分章节可能是庄周后学整理的，也有可能是庄周后学作的，我们只好相信整体的内容大体是相容的，甚至"后来者比原作者更能了解作者"[14]。不管"后出转精"之说在追求"原始文义"的诠释学立场上会受到什么挑战，笔者倒觉得此观念如当作一种功能性

---

[14] "后来者比原作者更能了解作者"之说是诠释学的著名诤辩，赫施（E. D. Hirsch）与高达美（H. G. Gadamer）对此说多有讨论，知者已多，兹不细论。

的设定，它用以探讨先秦的文献，还是使得上力的，而且可在"历史还原"的视角外提供"以理论开展为核心"的诠释路线。

　　落实下来谈，本文还是不能不对前人的诠释有所取舍。既然"内容"仍是主导性的判断依据，一则篇章能不能代表庄子，其判断之合理与否当依诠释者的洞见而定，不依赞成与否的数量之政治性共识产生。窃以为庄注传统中，王夫之解庄的洞见戛戛独造。笔者认为经王夫之法眼判断者，其判准皆有个理路。如果笔者要在各种解庄、析庄、论庄的著作中，加以选择的话，笔者会认同王夫之的判准。近贤如张默生、刘笑敢诸先生之说有个理路，他们耳提面命，警告学者不宜忽略掉明显异质的成分，其警告也须严肃考虑。基本上，笔者会以作品为核心，而不是以作者为依据，即使行文中偶尔要架构庄子的"意图"，因此，不免要"以意逆志"时，仍旧希望其"志"是在庄子整体的思想图像之背景中显现出来的。

　　至于庄子用语是否真如后世禅子所说，其语义极暧昧，几乎走在"谛与非谛"（sense and non-sense）的界线，因此，诠释者有很大的解释空间。对此流行说法，笔者不甚赞同。《庄子》文本确实幽默滑稽、圆融无碍，庄子是哲学家中第一等操弄文字的大诗人。但庄子的回应语言并没有艰涩到难辨雌雄，事实上，庄子这些谬悠之说、荒唐之言不但没有阻碍庄子思想的传达，相反的，我们毋宁认为这些语言反而使得庄子的论述更强而有力地呈显出来。《庄子》一书就像思想史常见的学派发展之案例一样，当经典著作出现后，它的命运就不是大师所能掌握的。他的后学会在宗师的名号下发展出宗师始料未及的思想因素，王阳明之后，黑格尔之后，马克思之后，都发生过这种情况。即使"正典"形象极浓的哲人如朱子，他的思想传到朝鲜半岛，仍发生了李退溪与李栗谷二派相持不下的情形。一位哲学家是否称得上伟大？我们往往可以从大师过世后，教义是否有争议？学派是否有分化？由此看出。

庄子喜欢运用隐喻、反语（"正言若反"之语），他的话语的解释空间较大。六朝后，中国思想中的"心学"一枝独秀，"心学"中又发展出禅宗这类极挑战文本权威的学派，而庄子对心学的发展，尤其对禅宗的影响，又是那么显著的事实。因此，我们可以理解：《庄子》诠释学史上的一些著作为什么会引人反感！这些人的诠释真是太自由了，他们甚至喜欢将庄子的日常语言蓄意解成禅语或反语，如郭象、觉浪道盛等人的诠释即是，他们之所以如此解，通常是他们已经带了明确的目的阅读《庄子》所致。这些因素可能是宗师著作未尽之意所蕴含，也有可能是"六经注我"的产物[15]，注解者以窃据者的身分取代了传译者，经典只是用以印证注者原有的意图而已。笔者认为庄学史上的一些有原创性的大家，其发明庄学的作用有时还不如自铸系统的作用来得大。

庄学名家之于庄子，有的是发其底蕴，调适而上遂，注语平实可从；有的是旧瓶装新酒，断裂甚于连续，其注解等于自

---

[15] "六经注我"与"我注六经"可代表两种不同的诠释路线，参见刘笑敢：《六经注我还是我注六经》，《中国哲学与文化》，第5期，页29—60。

说自话。背叛者的解读虽未必有助了解"原义",但有时反而可在发展中丰富"原义"。忠实与不忠实的解读,两者应当各有作用,同为思想史不可或缺的环节。然而,本书既要发庄子底蕴,论者不能不质疑:《庄子》一书的庄子原声既然很难辨识,本书作者的庄学诂解依何人的话语而立?笔者的回答是:依然是要依庄子本人的说法而立。本书也是以庄解庄,第二个"庄"字指的是《庄子》一书的旨趣,第一个"庄"字则是在《天下》篇现身的那位作者。本书作者认为《天下》篇所表达的论点如不是庄子本人的晚年定论[16],至少也是可以代表庄子本人思想的定论。此一通说有文本与义理的依据,笔者没有理由不接受。诠释内容复杂的文本,我们理当从了义,不从不了义,《天下》篇就是了义的作品,笔者将站在《天下》篇的基础上重新诠释庄子。

三 道之行程即体道之旅

《天下》篇是现行《庄子》三十三篇的最后一篇,一般注家多主张此篇是《庄子》一书的"自序"或"后序"。由于古书中的序言常置于全书之最后篇章,因此,"自序"也可以是"后序"。总论一书大义的篇章置于全书之后,确为先秦两汉古

---

[16] 依钱穆《先秦诸子系年》,庄子约活76岁,在诸子中,可谓长寿。《庄子》一书或内七篇似乎没有早晚期的问题,"晚年定论"只是套语,取成熟期之意。

书所常见,《史记·太史公自序》《吕氏春秋·十二纪·序意》《淮南子·要略》《汉书·叙传》等等莫不如此,《孟子·尽心下》"尧舜至汤"章、《论语·尧曰》篇、《荀子·尧问》篇多少也带有编者序言的性质,《庄子·天下》篇明显地也具有类似的作用。而且,我们有理由认定现行的三十三篇本和古本的五十二篇本的《庄子》有可能都是以《天下》篇垫底,作为一书的总序。换言之,在权威的刘向集结本《庄子》五十二篇本,亦即尔后六朝所有注家所依据的底本中,《天下》篇就被视为是《庄子》一书的总序。

《天下》篇就像《孟子·尽心下》的"尧舜至汤"章以及《史记·太史公自序》一样,在这些篇章中,作者都提出了为什么他们要撰写自己的著作之意图。其中与《天下》篇最可参照的当是《孟子·尽心下》,孟子提到以往的历史每隔五百年即有圣贤继起,一匡天下,而今世衰道微,他也要正人心,继往圣而起。孟子很自觉地站在文化传统的脉络中,给自己的思想找到好的位置。庄子的立足点不同,他将自己的思想以及学术判断的标准放在一个形上之道展衍的过程中定位。依庄子的解说,包括自己的学术在内的天下所有的学术(他称为方术)都来自于"一"。"一"则存在于一种独特的虚拟时代的"古",任何从"一"中派生出的思想也存在于此虚拟时代的"古",我们可称呼这种奠基于太初时期的思维为"遂古本体论"或"太初本体论"的思维模式。关于"太初本体论"的问题,下文将再予讨论。

"一"用于形容最高存有,这个字眼是常见于东西哲人著作的词汇[17],它的地位与其他的数字迥不相侔[18],可作为道的表述词。如再从其至高无上着眼,"一"上可加"太"字以当形容词,因此有"太一"一词。《天下》篇论学术渊源时,采取的是形上学的观点,它主张:天下学问皆可溯源至"一"或"太一",反过来说,"一"遍布于天下所有的道术,"无乎不在"。这是一种带有非常浓厚东方风味的文化哲学论述,一切的存在(包含自然与文化)被视为源于超越的存在,这样的思维可称为泛神论之表达方式[19],在印度,在中国,它形成了绵延不绝的大传统。在泛神论的文化中,即使是反思性格很强的

---

[17] 参见 F. C. Copleston, *Religion and the One: Philosophies East and West* (London: Continuum International Publishing Group Ltd., 2003)。

[18] 另一个差堪相比的数字是 0,0 为印度人所发现,0 的形上学带有浓厚的东方风,它无内涵的内涵令人联想到"空""虚""无"的哲学概念。

[19] "泛神论"一词是 pantheism 的汉译,它不能不带有西方宗教传统下"神"的内涵。但既然此词语用到汉字的"神",而且"最高存有遍于一切"之类的思想在中国可谓大宗,老子的"大道泛兮,其可左右"及庄子的"道在屎溺"之说可为代表。《易经》言"神也者,妙万物而为言者也",其语与"泛神论"一词之名实更为相切,所以我们不妨以"泛神论"和具有"体物而不遗"的道论相互格义。泛神论和中国的道论颇接近,连佛教的真如观亦不妨作如此想,此义论者已多,姑引熊十力先生底下之言以见一斑:"佛教徒恒推其教法高出九天之上,必不许泛神论与彼教相近。实则义解浅深及理论善巧与否,彼此当有悬殊,而佛之真如与儒之言天、言道、言诚、言理等等者,要皆含有泛神论的意义。谓之无相近处可乎。"熊十力:《十力语要初续》(台北:乐天出版社,1973),页49。

哲学思想的价值也是要在和一种接近泛神论性格的"道"之关系网中获得定位,才能树立起来的。

泛神论的表达方式常用于静态的表述道与万物的关系,可以说是对自然的宗教解释,但扩充到人文世界的案例也是有的,《天下》篇的着眼点即是如此。首先,它将道的施用范围扩充到"本数""末度",亦即扩充到文化价值体系载体的诗书礼乐所呈显者,这是"本数";也扩充到百官"以此相齿"的制度,并扩及到百姓日用的民生事件,这是"末度"。太一—经典—制度—事件一贯而下,这样的格局就是所谓的"内圣外王"之道。"内圣外王"的性格很容易让我们联想到"体用论"的表达方式,事实上,理学家注庄者,经常就是用"体用论"的语言解读"内圣外王"[20]。体用一如也就是圣王一如,人世间的文化表现因此有本体的意义。除非我们要否定《天下》篇对庄子思想的诠释权,否则,《天下》篇所呈现的对"此世"的肯定态度是无法否认的,它所代表的意义也是极为深远的。

既然各种思想的定位只能依它们与"一"的关系而定,所以最好的思想家乃是能与全体性的"一"合一者,庄子称呼此种人为"天人""神人""至人""圣人"。这四种人不管是否同

---

[20] 梅广先生认为"内圣外王"之说并非儒家概念,以"内圣外王"释"体用"者,当始于熊十力。梅先生大作检证详细,足备一说。然而,明季释庄名家如方以智、王夫之诸人解释"内圣外王"之说时,皆以为其语惟孔子足以当之。梅先生之文《"内圣外王"考略》,见台湾《清华学报》41卷,4期(2011年12月),页621—667。

等第[21]，但他们的本质在于"与一相合"，这点是肯定的。庄子所以立下这四种"皆原于一"的人，乃因要对照当时的诸子百家，诸子百家的思想创造也缘自此太一。换言之，他们的创造心灵也是扎根于道体上面的，这种创造的心灵可解作"神明"。神者，伸也；明者，朗现也。"神明"表示这些哲人的创造使太一明朗化、体现化，道的讯息被带到人世间来。问题是：诸子带来的讯息够不够充分？他们体现或表达出来的道完整不完整？他们是否达到"天人""神人""至人""圣人"这样的人格等第？

天下的学术都沿自太一，但它们表现出的"道"之内涵显然都不够完整。庄子用了一个很适切的比喻说道：当时的各种学术就像人的五官一样，它们各有职司，各有功能，但却囿于彼此的职司之内，不能通观世界之全貌——"譬如耳目鼻口，皆有所明，不能相通"。但每个学派却"各得一察焉以自好"，它们坚持各自所见，但因为所见非全面，所以各有所蔽，而且忘掉了原出的本源，这样的现象就造成了"道术为天下裂"的后果。战国时期百家争鸣，诸子蜂起，我们当代人往往赞美之为文化史上的黄金时代。但从庄子的观点来看，这却是道术为天下裂的不幸年代。

诸子百家的学术地位之问题因此可以说是它朗现道之全貌到何等程度的问题，朗现越全者，地位越高。依据庄子"内圣

---

[21] 郭象即认为此四种人其实指的是同一种人，冯友兰则认为天人、神人、至人一组，圣人单独一组，冯说似乎较为道地。

外王"的全貌以及强调太一的"神明"性格，我们看到庄子判断诸子思想地位高低的标准，乃依据"道"在其学说呈现的程度而定，落实下来讲，也就是其精神"体现"道之关系而定。《天下》篇处理的是历史上出现的思想形态的议题，但它的编排不是依照历史的贯轴，而是依理性的进程，所以才会有年代最早的哲人老子、关尹反而被安排在诸子之后、庄子之前的架构，这样的编排方式很值得注意。我们看到先秦两汉的著作论及诸子百家的价值者，如《荀子·非十二子》《韩非子·显学》《史记·太史公自序》《汉书·艺文志》等等，其编排与评骘虽详略有别，但哲学的理据如不是不足，要不然就是其编排松散零乱，不足以见出一代思潮之风云伟观。《天下》篇的格局完全不同，它是依不同的思考模式判断当时各种思想的价值。如果我们勉强要以历史的知识与理性的知识加以划分的话，《天下》篇接近的是理性的知识。

落实到文本上来，我们看到《天下》篇的叙事结构乃沿着墨翟→宋钘、尹文→彭蒙、田骈、慎到→关尹、老聃→庄子的主轴展开的[22]。墨翟的行事极感人，思想亦有体系，但其学说多偏重外于主体的道德论述，与人的存在感太疏远，所以其人

---

[22] 在庄子之后，现行《天下》篇另列有"惠施"其人其学，此安排甚怪，前人虽多有解说，但终不惬人意。考《庄子》五十二篇本中有现已遗佚的《惠施》篇，王叔岷先生引武内义雄之说，认为《庄子·天下》篇最后一节所述可能即是《惠施》篇原文。武内义雄、王叔岷的假说虽然缺少强而有力的佐证，但颇合理，似可成说。参见王叔岷：《庄子校诠》（台北："中研院"历史语言研究所，1994），册下，页1351。

虽是"天下之好也",但他在思想世界的位置却被摆在最底层。接着乃有"宋钘—尹文"一派,此派讲平等,去分别,对"心之容""心之行"这样的主体意识有所反省。"体道"的层次较高,所以位置高于墨家。再接着为彭蒙、田骈、慎到,他们也讲平等,反区隔,对主体意识也有反省,但他们更主张"去知",以达到"块不失道"。这种学说的主体性色彩颇浓,道德有"为己之学"的内涵,因此,也就有"工夫论"的意义可言。但纵使慎到等人已强烈地自觉到主体的解放与道的关系,《天下》篇所谓"慨乎皆尝有闻者也"。但他们对精神的本性了解仍不透,所以才会想解消意志,灰身灭智,希望达到"无知之物"的土木形骸之层次。他们的工夫很像各大宗教里的苦行僧,王夫之判为"枯木禅"[23]。就道而言,这些哲人终是望之而未之见。

诸子当中真正能呈显完整的道之学说者,关尹、老聃应是个中的佼佼者。庄子说他们听到一种"以本为精,以物为粗,以有积为不足,澹然独与神明居"的古之道术,乃闻风兴起。在此世的"物"之上或之内,另有更根源的大本,学者透过潜居在深层意识的"神明",可保与此本的合一,这样的学说是标准的冥契论的类型。在各种宗教经验中,冥契论是学者与最高存有(道、一、上帝等)连结最深也最直接的一种类型,这种类型的宗教经验发展到极至,有些体证者会有厌世绝

---

[23] 王夫之:《庄子解》(台北:里仁书局,1984),页283。

俗的倾向[24]。庄子说关尹、老聃"虚空以不毁万物为实"，反面地说出了这种类型的学者常会"毁万物"。关尹、老聃避开了这个常见的陷阱，足见卓识。我们看庄子的叙述，知道关尹、老聃不但对"道"体证甚深，否则，"建之于常无有、主之于太一"这类体验形上学的语言是表达不出来的。而且，他们对如何进入"道"的工夫法门，以及如何在日常行为上常保"谦下、守雌"的习性，也做了很好的说明。简言之，他们提出"逆""损"的方法，从感官世界（感官与现实世界）游离出来，再遁入另一种存在的次元。关尹、老聃第一次在中国思想史上建构精神与形上之道的关系，确立了心的本质（无之意识）亦是道的本质。但吊诡的是，当他们彰显了一种超越现实秩序的深层秩序的价值时，同时却也制造了本精—物粗的世界图像。与神明合一的哲学反而造成了道、物对分的格局，物的价值依道而立并被道吸走之后，物的世界就"粗"了，"本精物粗"是老子、关尹这类型的哲学很难避免的结局。

---

[24] 理学家分判儒学与佛老的不同，常依"会不会沉空滞寂"作为标准，"沉空滞寂"也就是所谓的"无世界主义"。耶教冥契者或冥契论学者论耶教与印度各教冥契传统之异同时，也时常依照类似的判断标准，参见 R. Otto, *Mysticism East and West* (New York: Macmillan Company, 1932)。印度冥契论传统给人的公共印象常是"虚空以毁万物为实"，但《天下》篇已提出此一现象，可见所谓的"沉空滞寂"之说与冥契经验的关系较为密切。"无世界主义"虽是人病，而非法病，但修此证悟法门者确实较有机会罹患此人病。求道者如果没有足够的道德意识，他一有体悟，反而很容易遁入"独与神明居"的孤子心态，后世高僧与理学名儒对此一弊病批判甚力，对悟之体验颇为戒慎，其来有自。

老子哲学在中国思想史或文化史上的重大意义，至此完全突显出来。庄子虽然说老聃、关尹也是闻古之道术而兴起者，古之道术或许别有所指，但就成家的思想而言，我们可以确定老子是首位彻底地将道与人的精神发展勾联起来者。有了老子这样的开创者，以后，一种"在心上作工夫以体契终极真实"的思想，我们如使用后世成熟的哲学语汇来讲，亦即一种洞见本体的唯心论传统，遂形成中国思想史的大动脉。纵使后出者不见得直接受到他影响，但老子无疑有开创之功。这种道家冥契思想带来了意识、世界与道的复杂交涉之难题，其中最根本的难题是：体道后，如何能维持此世的价值？老子以"自隐无名"为务，但他的思想影响极大，隐藏不住的。他给后人留下的功课是：如何回应这种"为道日损"的思想？谁来回应？

老子"主之以太一"，那么，体证"太一"以后呢？这个问题不是我们问的，而是在体道论述中时常会出现的议题，禅师所谓"万法归一，一归何处？"赫拉克里特（Heraclitus）所谓"有不比无多"[25]。一个纯粹的"有"，一无规定，其不可理解一如一无规定的"一"。但最早提出此一议题者，至少在中国最早提出此议题者，当是庄子。《天下》篇在论完老子后，紧接着是他本人的现身说法。《天下》篇论庄子思想特色时，语调极特别，先是从"芴漠无形，变化无常。死与？生与？天

---

[25] 原出自亚里斯多德，《形而上学》第4卷第7章所引。本文转引自黑格尔著，贺麟、王太庆译：《哲学史演讲录》（北京：商务印书馆，1983）卷1，页299。

地并与？神明往与？芒乎何之？忽乎何适？"一连六个问句开头，然后下加按语"万物毕罗，莫足以归"，此按语正是"一归何处"的先秦版。再接着论庄子闻其风而悦之，但庄子主张了什么哲学内容呢？《天下》篇事实上没有述及，他只写了一连串"茫乎昧乎"的形容词，用以形容他本人书写的风格。《天下》篇论庄子的部分事实上是一法不立，不着系统相。而庄子之所以无系统相，乃因他的核心关怀不在建树，而在打散"逆觉归一"的体系。庄子之于老子，似乎很像后来的禅宗之于真常唯心系佛教。

然而，将庄子之于老子比之为禅宗之于大乘佛教，毕竟有些不伦。因为庄子不是心体彻底地朗现后，站在禅佛式的消融遣荡的立场，追求当下的绝对主体性之自由。他有所说，他说了一连串自己书写的文字风格，而且其说有辩证的发展。就此而言，庄子的立场反而近于黑格尔和智者大师。我们不妨将《天下》篇视为一部具体而微的东方版《精神现象学》，或浓缩版的儒家《摩诃衍论》。《天下》篇描述作为一切存在本源的"一"如何透过外于精神的哲学（墨家）进入准精神的哲学（宋钘一系与慎到一系），再进入精神在其自体的抽象之一的巅峰（老聃、关尹），最后进入精神四达并流的具体之一的阶段（庄子）。在最后阶段，庄子的超越并非抛弃前者，而是通过前者，并且消融前者，这是"内圣外王"一词的内涵。

先秦两汉论诸子兴起或特色的文章不少，它们的论点通常是历史的或是政治学的，《天下》篇可能是唯一的例外，至少它的哲学性最强,《天下》篇的叙述预设了本体宇宙论与工夫论的双向视野。庄子和智𫖮、黑格尔隶属不同的思想传统,根源性的价值定位自然无从比较,但这无碍于他们都探讨整体世界(法)的超越性依据以及主体与世界的关系之问题,他们可以说都作了"集大成"式的回应。就形式而言,庄子在《天下》篇的位置,就像黑格尔本人的哲学在他的《精神现象学》中的位置,也像天台宗在五时八教中的位置一样。他们都是站在前代思想发展的基础上,作了融通会合的消化的工作。《天下》篇之异于《精神现象学》者,在于《精神现象学》的工夫论基础不清楚,"如何说明"不能取代"如何体现",《天下》篇的语言则蕴含了浓厚的工夫论的因素。《天下》篇之异于《摩诃衍论》者,在于天台宗的"即"之哲学之圆融乃圆融到一法不增不减的圆顿之境。庄子的全体气化论则是永恒的创化、翕辟、未尽,历程是必然的命运,他以未济为既济。

四　两种浑沌与孔老

《天下》篇展示了作为道体的"一"的流传之故事,故事始源于"总体性的一"。这个"总体性的一"在时空的网脉上展开它的布局,我们且再回首,反省一下它的结构:(一)首先,它在遥远的古代曾出现过,起点的格局是尔后发展的终点,这是"古之道术"的时代,"一"与"古"同在;(二)它分布于人文世界的经典、制度、百姓日用,这是结构面的展示

"一"应有的内容,此之谓"内圣外王"之道;(三)"内圣外王"之道的代表人物即是不离于宗的天人,不离于精的神人,不离于真的至人,以天为宗、以德为本、以道为本、兆于变化的圣人,君子则是"以仁为恩、以义为理、以礼为行、以乐为和、薰然慈仁";(四)道在当时甚或是当今的世界都是受阻的,因为时人多得一察以自好,再也体悟不到"一"的全幅朗现;(五)即使只是得到"一察"而不是"一"的诸子百家在宣扬他们自己的学说时,也要从"古"汲取智慧,他们都知道"古之道术有在于是者",他们"闻其风而悦之",遂有诸子百家之说;(六)道经由精神的发展朗现自身,具体化于诸子的思想之抟抟上升。它从外主体性的墨翟一路上升到抽象总体性之一的老聃、关尹,再从老聃、关尹上升到具体性之一的庄子。

《天下》篇列庄子于老子之后,其意表示庄子回应老子,这是不成问题的,《天下》篇可说为此一大事因缘而写。然而,《天下》篇也遗留了一个一再被提及的谜团:天下治方术者多矣,庄子言天下之治方术者亦多矣,庄子为什么不论儒家诸子?儒家诸子不论已怪,不论孔子更怪,因为庄子和孔子关系甚深,孔子又是当时第一大名人。庄子讨论东周一代的学术巨子,没有任何理由不论述孔子。我们如仔细考察《天下》篇,当然还是有可能可以爬梳出儒家的成分,而且其间也有可能蕴含庄子对孔子极高的礼赞。从向郭以下,采取这种诠释观点的人不少。然而,庄子终究没有明言,此一现象和"孟子、庄子同时,却互不道及",同属学术史上极大的谜团。但庄子在《天下》篇避而不谈，在其他篇章却大谈特谈，尤其在内七篇，孔子的身影更是频频出现。这种强烈的对照，很难不引人遐想。

如果孔子在《天下》篇缺席是则公案的话，孔子在内七篇大量出现，一样也是需要高度诠释的公案。"孔子"之名频频出现于内七篇中，其相关故事高达九则，如果连其弟子及儒家人物的数量计算，故事更高达二十则。上述这些数字即使会因分类或解释的不同而稍打折扣，但再怎么打折，孔子话语被引用的次数还是远比老子及道家传统中的古仙人高出许多，这种高频率的出现费人猜疑。一般论庄子思想者，不会将内七篇的孔子故事太当一回事，庄子自己说过：他喜欢用寓言、重言的方式表达思想。内七篇的孔子明显的是庄子寄寓其意的人物，也可视为假托其名使人尊重的人物。由于"孔子"被视为扮演寓言、重言中的角色，不能当史料看，因此，内七篇的孔子遂被认为是文学造型人物，他得与历史的孔子切分开来。

然而，我们怎么知道庄子理解的孔子不就是这种形象？我们怎么知道庄子的寄意之言之所寄与所意不是和弦共鸣，寄意即本义？因此，焉知庄子之托孔立言并非以窃夺者，而是以同情兼同意者的身分写下的友善回应？战国时期有股"回应孔子"的思潮。孟子说"乃所愿则学孔子"，子思说仲尼"辟如天地之无不持载，无不覆帱"。孔门弟子从颜回、子贡以下，几乎无人不正面回应夫子之道。直到六国覆亡前夕，荀子的思想主轴也还是在回应孔子，他可以说是顺沿儒门传承，接着讲。相对之下，反对或毁谤孔子者亦不少，要不然，子贡、宰我、孟子、荀子就不必竭力为孔子辩解了。孔子之后的战国诸子，一大半以上可以说是后孔子时代的哲人，他们以自己独特的表达方式，或肯定地，或否定地，回应孔子在历史上出现的意义。

我们如从"后孔子时代"的观点定位，将内七篇的孔子放在战国时期的回应孔子之潮流来看，庄子应当也是属于此一回应潮流的哲人。但他的立场不同于墨家或当时的一些"毁孔集团"，他的立场与儒家教派意识下的孟、荀也不同调。我们如分析内七篇所呈现的孔子形象，不难看出他基本上具备了三样特性：他体现了无形的化而不化之轴心；他与世同在的人格气化日生；他具足圆转的整体性视野而又能照应到人间世中对立的双方之相生相成，孔子活像一只运转的陶均[26]。很明显的，这种形象的孔子不像我们在《论语》中所见到的，与孟、荀所见者也不同，它无疑的是庄子理想人格的化身。如果我们将《庄子》书中的孔子之象征与其"浑沌"的基本象征作一比较，不难发现"孔子"就是"浑沌"的人物显像，这种创化型的浑沌也可名之为"天均"。均者，陶器也，天均是只处在永恒的创化历程中的天成陶器，天均的孔子是种原型意象[27]。

浑沌之重要在于它是个创世神话，创世神话的题材是我们进入孔庄关系另一个重要的原点。中国曾经被视为是缺乏神话

---

[26] 详细论证参见本书第二章《儒门内的庄子》。
[27] 笔者的用词借自王夫之，王夫之论《易经》《庄子》以及自己的哲学，都从"陶均"的隐喻着眼。

的国度，缺乏创世神话更被视为中西文化一项很大的差别[28]，但晚近的研究却发现中国的神话题材不少，创世神话的因素也不少。即使少数民族的神话不算，我们发现几乎所有类型的创世神话在中国的文本里都找得到[29]，中国的创世神话中最典型的就是浑沌神话。笔者所以提及创世神话，乃因笔者接受耶律亚德（M. Eliade）的理念：创世神话在许多文化中都具有关键性的地位，它是一切创造的原型，创世的事件因此可以为尔后一切文化活动所依循[30]。作为中国创世模型的浑沌神话也不例外，它是后世儒道两家的"太极""无"之源头，也可以说是孔老分化之源头[31]。借着浑沌神话，我们或许可以理解《庄子》一书为何而作，庄子想回应什么问题。

庄子在《应帝王》《天地》两处都运用到浑沌的题材，"浑沌"是个从神话转为哲学的神话母题。"浑沌"的家族语汇特多，从宇宙山的"昆仑"、太岁在子的"困敦"、圆融状态的"浑沦"，甚至食物的"馄饨"，都是"浑沌"的转语。"浑沌"

---

[28] 参见杰克·波德著，程蔷译：《中国的古代神话》，收入中国民间文艺研究会上海分会编：《民间文艺集刊》，第2集（1982），页267—300。波德此名文的论点应该已经过时了，但它反映了一个相当流行的看法。

[29] 参见叶舒宪：《中国神话哲学》（北京：中国社会科学出版社，1992），页329—336。

[30] 参见耶律亚德（M. Eliade）著，拙译：《宇宙与历史——永恒回归的神话》（台北：联经出版公司，2000），页13—16。

[31] 参见拙作：《浑沌与太极》，《中国文化》，第32期，秋季号（2010年10月），页34—52。

的家族语汇虽广,其面貌却不甚清楚,我们现在见到的比较完整的"浑沌"叙述见于《山海经》,《山海经》记载的"浑沌"是位于"天山"的怪兽,它有六足四翼,但没有面目;它赤如丹火,却懂歌舞。浑沌是中国的创世神话母题,浑沌此原始存在以浑圆而无面目的姿态出现,但它自身却有动力,有秩序。造化者创造所需的理、力,及造化者特别禀赋的通天、浑圆的象征都有了。

《山海经》的浑沌神话应当是较原始的版本,但我们现在最熟悉的版本却是庄子提供的改造版。庄子在《应帝王》篇所述的浑沌故事大家耳熟能详:有一位中央之帝浑沌时常招待北海之帝忽与南海之帝倏,倏、忽两帝感激之余,谋求回报浑沌之德。他们见到浑沌其状怪异,茫无眉目,而人是要有七窍才算是正常的。所以他们替浑沌日凿一窍,希求打通七窍以报答之,结果,"七日而浑沌死"。庄子将这一章放在内七篇的最后一篇的最后一章,这样的设计发人深省[32],庄子在此显然有意彰显浑沌之德。浑沌是整全,而倏与忽则代表生命或感性的盲动,它们凿破浑沌,浑沌耳聪目明的结果,整全撕裂,世界毁矣!七是循环数字之极,七日浑沌死,但七日也来复。原点化为现实的存在,现实的存在又归回原点,庄子在此的用意是很清楚的。

---

[32] 笔者相信庄子是以最后一节"浑沌"的题材定位第七篇的旨趣,以第七篇的内涵完结内七篇的整体结构。内七篇的篇数"七"以及"七日浑沌死"的日期之"七"都是有象征意义的。

然而，在《天地》篇，我们看到另一则有关浑沌的故事：子贡与孔子行经汉阴，看到一位老丈人手抱陶瓮，上下山坡与水边，不断汲水灌田。子贡不解，告诉他有一种可以"后重前轻"的机器，名为"槔"，可以将水从深处打上来，省时省力，它的功效强多了。汉阴丈人听了，大不以为然，他发出了一段有名的议论，他说："吾闻之吾师：有机械者，必有机事；有机事者，必有机心。机心存于胸中，则纯白不备；纯白不备，则神生不定；神生不定者，道之所不载也。"有机械法则在心胸，则心为机心，原始的完整再也没有可能保存。子贡听到汉阴丈人的一番话后，恍惚若有所失，他回去报告给孔子听。孔子回答道：这是位修"浑沌氏之术"的高人，这种人境界高则高矣，但"识其一，不知其二；治其内，而不治其外"。换言之，汉阴丈人只能活在一种素朴的社会与素朴的心境，走不出去。走得出去的人当是"明白入素，无为复朴，体性抱神，以游世俗之间者"。白、素、朴都是原初的质性，用以比喻浑沌，浑沌落于行为上讲则为"无为"，落于主体的模态上讲则为"体性""抱神"，具体的人的具体存在则是"游"。庄子的"游"字意味着自在、逍遥，"游世俗之间"即于世俗之间得其自在，人的真实处境就是"人间世"之人，汉阴丈人的浑沌氏之术却是主张不游世间的。

同样是浑沌题材，同样是寄浑沌神话以出庄子之意，庄子的焦点却偏重不同。《应帝王》篇是借浑沌母题回应世间的感性、智性活动与"一"的紧张关系，《天地》篇则是借孔子回应汉阴丈人，也就是回应"真浑沌"的喻旨。笔者认为此种双向发展的主题值得省思，论者可以将这种乍看矛盾的现象解释为内、外篇的作者不同所致，也就是第一个浑沌故事是庄子自著，《天地》篇的则是庄子后学所著。但笔者不赞成这种说法，笔者毋宁认为两说各有所当，不相矛盾，在《应帝王》篇的浑沌故事中，浑沌与倏忽可视为深层精神与感官的对照，倏忽是对浑沌的谋杀，庄子是肯定这种作为深层意识的浑沌意识的，它不能被谋杀。但也许也必须被谋杀，其义见后。

在《天地》篇中，庄子更进一步指出：它不但不可被谋杀，还要成为尔后一切活动的依据；但人是"化"的存在，是"游"的存在，人不可沉溺于浑沌主体，它必须要被世界穿过，也要脱自体化，但在脱自体化的历程中仍须一体化。两则浑沌的故事指出：真正的圆融意识要通过浑沌而又不仅于浑沌，浑沌要贯穿到分化之中，这才是具体的浑沌，也就是所谓的"真浑沌"[33]。

庄子是说故事的高手，他的哲学论述可以说是和故事交织而成的。他所说的故事有些来自史实，有些来自传闻，有些自编自导，大宗则是来自远古的神话。远古神话经过他借来的庖丁之刀的游刃出入，其语义或延伸，或转折，或跳跃，或反

---

[33] 在《天地》篇记载的孔子评骘汉阴丈人之后，向郭有注云："真浑沌也，故与世同波而不自失则，虽游于世俗而泯然无迹。"此"真浑沌"一词所本。但向郭说的真浑沌类似迹本论下的命题，未必真能穷尽"真浑沌"之意。惟"真浑沌"一语甚合庄子旨趣，前代注家多采纳其语，笔者亦从之。向郭注语引见郭庆藩编：《庄子集释》（台北：河洛图书公司，1980），页438。

向，光怪陆离，不可方物。但庄子使用神话，从来不是好奇地谈论发生在遥远的太古时代或遥远的神山仙岛的传闻，他的神话语言通常比原来的神话叙述之内容还丰富，他常借神话以介入现实。庄子是再造神话的大哲学家，浑沌神话就是很好的案例。《天地》篇在《庄子》三十三篇中不算是受到太肯定的一篇，但《庄子》文本里的各篇章的理论价值不见得都可依篇立论，不甚了义的篇章中可能有了义的叙述，笔者认为"汉阴丈人"一则寓言即具备补足《应帝王》篇最后一章"七日而浑沌死"的内涵。

"浑沌"的起源深矣，远矣，它有可能是太初怪兽，如西亚的创世神话中被英雄马都克（Marduk）杀死的蒂雅马（Tiamat）巨蛇，印度神话中躯体被支解为山河大地的普鲁沙（Purusha），或是太初的巨人如盘古。浑沌神话的创世之环节显然已失落了，但它作为神话母题，却保留在后世的道教之哲学叙述，也保留在盘古神话的情节里[34]。盘古神话是被设定在"浑沌"的框架的："天地浑沌如鸡子，盘古生其中"，后

---

[34]《太平御览》卷二引徐整《三五历纪》云："天地浑沌如鸡子，盘古生其中。万八千岁，天地开辟，阳清为天，阴浊为地，盘古在其中，一日九变。神于天，圣于地。天日高一丈，地日厚一丈，盘古日长一丈。如此万八千岁，天数极高，地数极深，盘古极长。后乃有三皇，数起于一，立于三，成于五，盛于七，处于九，故天去地九万里。"另一则原始的盘古神话题材见马骕《绎史》卷1所引《五运历年记》，此书记载盘古后来身死分为万物，世界于是被创造出来。盘古神话兼有太阳神话及原始巨灵化身神话二型，《三五历纪》中的盘古的特质即用"浑沌"形容之。

来盘古死了,其身躯化为日月星辰、山河大地,遂有了世界。以盘古神话为线索,我们有理由臆测:浑沌神话当有"凿破浑沌"的情节,就像乐园神话常有失乐园的情节一样。如果"凿破浑沌"原本即是浑沌神话中的一个环节,庄子在内七篇的最后一篇引用浑沌神话的题材,当也有"浑沌—凿破浑沌"的复杂内涵,其意为:代表感性、智性所谋杀者可能是历经"人间世""养生主""应帝王"等等人间活动的浑沌,亦即已凿破浑沌的浑沌,真浑沌死矣,所以庄子才如是感慨。如实说来,原始浑沌不能不凿破,浑沌凿破后才有真浑沌,但真浑沌是不能被谋杀的。

"浑沌"是典型的创世神话,"创世"在所有的神话母题中居有本体论的优先地位,因为只有创世了,一切事物的存在才有可能。庄子将此神话主题运用到《应帝王》与《天地》两篇,不会是无意的。不仅如此,庄子喜欢运用的"陶器""石臼""卮器"等意象可以说都是"浑沌"哲学的隐喻,它的化身极多。化身极多,此现象显示如何看待一切存在根源母体的浑沌,此事具有哲学论述上的优先性。所以才会象征勾连,连类无穷,庄子将此浑沌主题由"太初本体论"之作用转化为"哲学本体论"的意义[35]。

---

[35] "太初本体论"(或译"遂古本体论""太初存有论")是耶律亚德用以解释神话母题在存有论上的地位。关于"太初本体论"的观念参见耶律亚德(M. Eliade)著,拙译:《宇宙与历史——永恒回归的神话》(台北:联经出版公司,2000),页1—4。

落实此哲学本体论的构造，我们如溯其源，不难发现这个伟大的改造工程早已有人启动，"浑沌"一词最早的出处当是《老子》所说："沌沌兮，俗人昭昭，我独昏昏。"中央帝的浑沌与修浑沌术的汉阴丈人，其人正是昏昏沌沌，笔者视他们为老子的化身。与汉阴丈人对话的孔子，他拒绝入而不出的隐遁心态，他认为真正的浑沌主体是二中之一、内外一如，前代注家多视他为真浑沌的体现。如果我们将《应帝王》篇的"浑沌"视为"老子学说"的隐喻，《天地》篇的浑沌故事则可视为"孔子学说"的隐喻。庄子将浑沌的母题导入当时的哲学论辩场中，造成浑沌与孔老形象的巧妙结合。两次出现浑沌，两次定位不同，不会是无意的，笔者认为庄子本人的思想可以说是对孔老的回应，也就是如何回应浑沌的题旨。

浑沌有两种，老子与孔子分别代表之，老子之浑沌与孔子之浑沌都可视为智慧老人的原型意象。老子人如其名，里外名实都是智慧老人的意象，他提供了一种深入精神与世界实相的进路。孔子年高德劭，七十而从心所欲不踰矩，他的智慧是经由长期的人生历练由志学、而立、不惑、知命、耳顺步步深化而成，这位智慧老人提供了一种创生不已的文化图像。两者分途发展，但不矛盾，庄子都有继承，庄子可说既是后孔子也是后老子时代的哲人。

后世学者诠释庄子，如果忽略了庄子承继老子的思想特色，对庄子重要的工夫论命题如"心斋""坐忘""心养""见独"等，即无法真切地理解，所以即使解释高妙如向、郭，钟情其学如李约瑟,其解都不免令人有买椟还珠之憾。至于忽略庄孔关系者,则对庄子超越冥契论传统而又能丰盈人文精神的特质遂不免会有所忽略,其失更大。关于两种影响的比重或价值高低,笔者相信庄子于其间自有抉择。至于此真浑沌的孔子与春秋时期鲁国历史人物的孔丘是同是异,是一是别,这是另一个问题。

五 从气化主体到形气主体

作为《庄子》一书总序的《天下》篇提供了我们进入庄子思想的门径,从它所言的"古之道术"入手,我们分别从"哲学本体论"与"太初本体论"出发,分别探讨了"一"的精神发展史,也探讨了"浑沌"所演化出的原始浑沌与真浑沌之分流,这两条路线最后汇向一个共同的结论,也可以说合流了。此合流显示庄子会通孔老,其哲学固然筑基于冥契的体证上,但超越的体证不是精神唯一的核心,此境无法久留。气化日生,意义日成,才是道之所在。

有关"太初本体论"所涉及的两种浑沌之解释,当可澄清老庄之道与神话渊源的关系。从神话学入手,我们发现老子与大母神、浑沌的神话关连甚深,这种神话类型和老子"返""复"的精神非常一致。庄子哲学距离神话时期已远,但仔细辨识,我们还是可以看到字里行间习习巫风(萨满教)的基因。至于"哲学本体论"的问题,我们可进一步探讨其蕴含的主体性问题。诚如前言《天下》篇所示，庄子总论天下的学术发展时，其发言形式确实有些黑格尔的味道，但此相似终究不能太夸大，因为两者背后的主体依据不一样。黑格尔预设了绝对精神在时空总体世界的行程，这是一种同一性主体辩证的自我发展，内容的丰富性与形式的封闭性同样令人喘不过气来。庄子则着重一种体现于交感性身体的主体在当下的综合创造之能力，笔者称呼庄子的主体是"形气主体"或"气化主体"。形气主体的本质是心气的创化作用，它与物共游中即赋予也彰显了物之意义。它的运动模态是"茫乎昧乎，未之尽者"，它是永恒的"未济"哲学，因为创化没有终点。

"气化主体"一词似乎已逐渐成为学界通用的术语，它意指主体的属性在气化，主体经由气化显现出来。"气化主体"落实到人身上，"身体"体现"气化"，遂有了"形气主体"一词，亦即"形气主体"是"气化主体"加上形体的作用。人的形体在中国的修炼传统中被视为宇宙的缩影，精神沿着经脉，绕行于头足之间，小循环是小周天，大循环是大周天。人身的大周天比起天体的循环，自然还是小周天，但这无碍于人身之托拟于宇宙。凡人身、陶均、石臼等圆形之物皆可象征宇宙，宇宙也是被设想为浑圆的圜天。此圆形之物加上创化力道即被设想为宇宙创化的象征。宇宙创化的原型是浑沌创化，浑沌之创造是被视为太初时期开天辟地之第一举。但浑沌创化的真实内涵须落实到主体上来，人身也是一个浑沌或一个天均，人身所在的形气主体之创化可以说是宇宙性的浑沌创化之真实内涵。

"形气主体"是本书设想的另一个原点，也是基本的预设。笔者交叉使用"形气主体"与"气化主体"[36]，"气化主体"是"形气主体"在宇宙论或深层意识面上的表现，"形气主体"则是"气化主体"的概念更完善的呈现形式。笔者相信气化主体是进入庄子世界的锁钥——或许还不止庄子，战国时期的儒家与道家诸子恐怕大半相信文化的创造与道体的创造都是要经由气化主体的朗现才得以呈现的，但相对于其他诸子，庄子谈得最彻底。庄子的气化主体不只是主体内部的概念，气化主体总是与世共在，而且彰显世界的意义的。换言之，始源的实相就在气化主体的框架本身，庄子主张不能破坏此框架以入无分别之无的意识，但也不能摆落此一框架，从此分化出去。"身体哲学"是笔者思索中国思想的核心概念，不管就"史"的研究或就"理论"的研究，皆是如此。

"身体哲学"是现代的学术术语，梅洛庞帝的著作提供了

---

[36] "气化主体"的论点可从本书附录《从"以体合心"到"游乎一气"——论庄子真人境界的形体基础》见出，本章是本书诸篇中最早写出者，也是笔者最早撰写的身体论述，其时为1989年，笔者为参与东海大学文学院筹办的"第一届中国思想史研讨会：先秦儒法道思想之交融及其影响"而写的。这一篇文章虽然写出的时间最早，但它的论点却是其他篇章不言自喻的前提。笔者当时选用"气化主体"作为庄子身体主体的称号。在这篇文章处，我主要揭发出的是游化美学的庄子，此种游化的状态是由气化主体展开的。当时对庄子的语言、技艺、隐喻观，理解得还不透，所以对《庄子》一书在当今世界会起的解放功能，或者对庄子之有助于了解更丰富的中国人文传统，阐释得也就相当不足。但笼统中总有些感觉，知道文化的表现模式与人的存在模式都是由此气化主体展开的。

极佳的样本 [37]。回到《庄子》一书的文脉,此论述自然离不开"气"或"气化"的语言。"气"或"气化"是中国哲学各派共享的论述,也是颇具中国文化特殊风味的概念。在先秦子书中,虽然人人言气,但气的内涵的充分展现,不能不有待于庄子其人,庄子是奠定气概念内涵的大家。秦汉以后,气概念依旧流行,事实上是更流行,但其时的气概念常和阴阳五行之说结合,人身是宇宙论格局下的一物,精神的属性是气化宇宙论中的一环。此时气概念是自然哲学的用法,是早期中国科学的核心概念。这种领域的气概念到底其解释的效率有多高?它与当代的科学概念能否共容?或其契合处到什么程度?笔者无能赞一辞,本书的重点也不在此。但庄子所代表的先天型的气论(亦可说是体用型的气论)和后天型的气论两者关怀不同,气的性质也不同 [38],我们不能不有所区隔。

笔者讨论庄子的形气主体之说,所以要带出秦汉气学的问题,乃因笔者要在庄子的"气"与秦汉时期的"气"之间,画下一道区隔的红线。典型的秦汉时期的气论是自然哲学的用

---

[37] 梅洛庞帝似乎不常使用"身体哲学"此词汇,早期的一位梅氏诠释者关特(R. C. Kwant)倒是突显了此概念,他的一本专著 *The Phenomenological Philosophy of Merleau-Ponty* 更直接点明了"身体主体"的重要性。关特的著作清浅易懂,明显地是过时了,但窃以为"身体主体"此概念颇有助于打散"主体 = 意识"此成说。

[38] 关于两种气论的差别,参见拙作:《两种气论,两种儒学》,收入《异议的意义——近世东亚的反理学思潮》(台北:台湾大学出版中心,2012),页 127—172。

法,是种自然主义的气化论,它建立在素朴的宇宙论上面,此时的主体可以称作自然主义的气化主体,这种主体缺乏精神创造的动力。庄子的气论则殊非其伦,庄子的气论是连着心性论与本体宇宙论开展出的,庄子此种本体宇宙论就像典型的中国式本体宇宙论,比如张载、王夫之等人的类型,其本体宇宙论是由工夫论来证成的,其工夫论则有心性论的依据。虽然就他们所说的主体之内容考量,其强度与展现的面向不会一致,庄子对强烈的道德意识与人间伦理图像的兴趣一向不高,但这无碍于他们的哲学扎根于性天交会的奥秘处,而创造的唯一管道却只有经由人的主体才可彰显。气化无形,却也有精粗可言。汉儒的气化论指向现象的气化流动,庄子的气化论则是表里兼透的精致创化。庄子的气化论落实到主体上来讲,即可以称为气化主体。

自然主义的气化论与本体宇宙论的气化论如何区分,很棘手,因为两者确实有共同的成分。世界由波动性的气所注满,个体的构成基质是气,上述这样的概念虽然在《庄子》书中表现得特别明显,但我们有充分理由相信史华兹(Benjamin Isadore Schwartz)的"共同论述"之说。但庄子之异于其他诸子,尤其异于秦汉诸子者,在于他理解的气乃立基于无名的主体之上的精微之动能,这种精微的动能被认为具有精神的属性,但与超越之道也有奥妙的系连。形气主体与超越界的系连会带来冥契之感的宇宙意识,或冯友兰所说的天地境界,这种冥契向度的庄子虽然不太符合当代庄学名家的脾胃,但却是无从回避的"不愿面对的真相"[39]。《庄子》书中，尤其内七篇提供了不少的文本证据。我们如从庄子思想源头之一的巫教或老子思想继续爬梳，也不难发现《庄子》著作中的冥契论因素从何而至。在冥契论或准冥契论传统的地方，主客的界限、心物的界限，很容易被带出来。庄学的物论（假如有的话）之所以特别，乃在他的冥契论背景下的"物"并没有被超越的主体吞噬掉（如印度传统），也没有被模糊掉（如老子），而是在形气主体逆返到形—气—主体的深层依据时，物气四流，物即物化，也就是物更精致化，气化不已被庄子视为物之实相，但此实相的依据不是知识论的，而是要建立在体证哲学的基础上的。

正因物的本质乃物的气化流行，但此论述又是体证哲学下的命题，所以庄子哲学中的"气"的首出义应当是从主体立论的。用传统的语汇讲，也就是气乃是一种"心气"或是一种"神气"。我们所以以"心气"称呼庄子的气，乃依"心气同流"这样的理论而发的，庄子的"游心"和"游气"（"游乎天地之一气"）两词是可以互换的。在有名的"心斋"叙述中，"听之于气"比"听之于心"的境界更进一层，其实就是"心气同流"的"心气"比意识作用的"心"更具穿透力，这样的"气"也可称呼为"神"[40]。在壶子与季咸的斗法中，壶子能

---

[39] 假借美国前副总统高尔（Al Gore）宣扬生态危机的纪录片《不愿面对的真相》(*An Inconvenient Truth*)。

[40] 文子说"下学以耳听，中学以心听，上学以神听"，此"神听"即是庄子所说"听之以气"。

示之以"杜德机""衡气机"云云,此种"机"即是心气之微。庄子的气之属性不是非关主体的自然之气,而是一种精微主体的波动流行。由于有此与自然共在的精微主体的心气之共振、微调、渗化,所以超乎一般感官现实,也就是超乎一般经验现实上的世界实相,才可与之变化得如如呈现。但反过来说,精微主体的共振之所以能使美感经验或玄妙的心电感应经验能够成立,此经验也预设了主体之外的他者之气化。

如果说秦汉气论容易造成封闭的自然气化的系统,气成命定。庄子的"气化"则是以精微的深层主体力道共振于世界之气化实相,使物的世界(亦即今日所说的自然之世界)变为意义的世界。博兰尼论身体的作用时,强调身体之赋予意义与接受意义的能力,我们如果将他用的"身体"一词代之以"形气主体",结论依然适用。但气化主体的气感只是使自然世界意义化的第一阶段,接着,此精微的主体力道还会转化"非意识所及的感通格局"为叙述的架构。亦即它有能量将气感的知觉事件彰显出来,它会将可感而无名的内容升华并转译成语言的叙述。这种升华的语言叙述既体现了心气的内涵,并且使心气的内涵从私人性的主体因素蜕变为公共的文化领域内的成分。由于心气变化不已,所以庄子强调真正的语言也当生生不已,语言无固定的本质。然而,语言既已由心气体现为语言,它既出则定型,也不能不定型,所以庄子强调学者须接受语言兴发,但也宜跳脱其限制,他进而强调学者需能领会言外之意,亦即了解声音背景的沉默。言默兼摄,乃为圆照。庄子喜欢一种格式塔意味的有机语言观，虽然他的语言格式塔里的成分"自然"大于"社会"，但任何语言总是预设了他者，预设了传统，预设了群体，语言排斥了孤堡式的主体的概念。由于语言加入，所以庄子的气化主体不再只是自然美学的概念，它还有人文化成的功能。笔者此处用"人文化成"一词虽是挪用，却非误置，庄子的主体确实具足了根源性的人文之创化力道。

创化性的语言谓之"卮言"，"卮言"拉开了气化主体与气化自然婉转共振的一体性，人文从自然中生出。重新解读"卮言"，我们对庄子的主体应该会有新的体认。不只真正的语言建立在气化主体上面，隐喻、技艺、政治这些议题的归结点几乎都指向一种"气化主体"的核心。明乎此，我们终于了解庄子为什么在技艺问题上说"官知止而神欲行"，在美感鉴赏问题上说"与彼百化"，在语言问题上则是"其来不蜕"。因为气化主体是真正的语言（所谓卮言）、真正的技艺（神欲行的运作）、真正的鉴赏自然（游观）得以成立的依据，气化主体具有统合身心以及协调周遭环境的一种超自觉的能力，这种能力是要发展出来的，但它的功能却是先验地赋予人的，此种统合身体内外诸种知觉的综合能力可谓之"天"。

"天"的层次意指非分殊性感官（分殊性感官可谓之"人"）之上的另一种统一的、熟化的运动层次。气化主体此种"天"的能力显现在"从浑沌中与世界产生关连"此根源性的诠释作用，这是非自觉的整体性意义之朗现。接着是转化此整体性而又私密性的经验为可共享性的语言，这是第二步的分节。再接着，乃显现在第三步的与物（一般所谓的对象）产生关连的分节化作用中，也显现在与人生所有具体的活动（从人间世的种种到应帝王）这些具体的分节化作用中。主体不是不要学习，但庄子似乎更相信学习是为了诱发身体的潜能，使身体提供有综合各感官能量与内外情境的反应模式（理）。人的根源性存在就具备了秩序化的潜能，这种秩序化的潜能也见于气化氤氲的自然世界中。潜存的自然秩序与潜存的身心秩序可能是同一潜存秩序的不同面目，其绾合处当在一种非化非不化的主体深处之"神"[41]，学者的实践目的就是要具体地活出此种"天"的秩序。

当气化主体的建构功能，也就是笔者认为的人文之源的功能日益显著后，笔者毋宁较喜欢用"形气主体"甚于"气化主体"一词，因为有"形"介入其中后，我们可以保留"个体"在实践中的作用。庄子无疑是要破除形骸限制的，"气"的主要功能之一即是破除限制的作用；但庄子想破除形骸的限制却没有破除形骸的个体化意义，"气"的功能总要从漫无边际的自然哲学的概念落实到人的身体上来。"形"可以说是脱胎于人的形体且由此发展出的意义形式，形式是不可少的，形式就是结构，是使力量凝聚的汇合处。"形"就像庄子喜欢运用的"陶均""卮""葫芦（瓢）""石臼（研、倪）""大壑"的隐

---

[41] 庄子不是用"非化非不化"形容此种神秘的枢纽，而是借用陶均运转模式的"外化而内不化"以形容之，但他所用的陶均这个隐喻终究是隐喻，"内不化"的"内"或"不化"事实上都是找不到的，"外化而内不化"实即为"非化非不化"。

喻一样，只有"均""卮""瓢""臼""壑"的"形"呈现了以后，创化的力量在这些"形"之中不断涌现，其文化功能才可彰显。同样的，只有不断涌现的力道落在人的身体上来，或者说，从身体的深渊涌现上来，身体与语言、身体与技艺、身体与具体的当下情境之创造或自动调适的功能才会浮现而出。庄子的形气主体是五官互融、形气神同化、认知与行动合一的作用体，它是落实于形气神构造中一种具有超知觉统合能力的创造力，庄子的哲学由此一基点展开。

笔者所以重视"形气主体"一词甚于"气化主体"，除了"形气主体"更具体化，也与"形气主体"可以涵盖社会性的身体有关。我们只要一思及《南华真经》中的"圣人"所显现之"形"，庄子借着形体的另一种瓦解社会规范性身体—威仪观的形也就浮现上来了，庄子所使用的此解构意象即是"支离"观，一种反正常化的身体意象，"支离疏"其人之反正常甚至到了想像力不太容易想像的"反常"之地步。由于有了形气主体带来的"支离观"，中国文学及艺术史上才会有以丑为美、以拗救平、以拙胜巧、以散济骈的审美观，也才会有嵇康、李白、李卓吾、徐渭这些以身体姿态、发肤、服饰作为反抗体制的战斗形式之文人。庄子在解构语言、实体、社会价值的僵化作用上，其潜存的理论价值及实际发生的历史影响都极可观，形体是反抗精神很重要的绾结点。本书的重点不在此，所以点到为止。总而言之，庄子的形气主体之形体部分至少担负了"束缩气化主体于具体个人"及"瓦解社会意识形态于具体个人"的双重作用,创化与解构同时到位。言各有当,书各有限制,本书的重点将落在其创化面上。

六 结论——"儒门"的合法性

本书诠释《庄子》,虽然有笔者个人的关怀,此一关怀是诠释学意义下的成见(prejudice),但诠释的有效性仍是建立在学术的基础上。笔者希望透过庄学的源流以探讨庄学的特色,以庄学的特色重新确认笔者的学术关怀。在探讨学术源流时,笔者蓄意跳开后代历史文献的局限,直接从《庄子》文本入手。我们现在理解的庄子受到汉代以下史官的定位之影响甚大,然而,众所共知,"道家"是秦后之后才兴起的概念,它是被建构出来的。先秦时期,只有儒、墨有学派意识,其他的哲人都属于"诸子"的范围,而不是九流十家或百家中的人物。因此,我们研究庄子,有理由由两汉回溯先秦,也就是走回"道家"这个学术标签之前的时期,理解庄子其书其人。

在"道家"之名尚未兴起的年代,我们如何了解庄子的关怀呢?笔者直接从《天下》篇此序言篇入手,观看他如何借助于形上学的"一"之理念的开展,如何改造神话的叙述,亦即庄子同时借助于"太初本体论"与"哲学本体论"的语言,畅谈先秦诸子学的发展。形上学的"一"(也就是道体的"一")落实到具体的实践点则是形气主体,形气主体在人文世界的创化比道体在自然界的无心以成化,具有更丰富的人文价值的内涵。庄子论诸子百家的起源以及他们的思想特质时，着眼点甚高，不与其他人同。形式上他虽然以"古之道术"与"一之展衍"的视角双管齐下，事实上是借着哲学理据此种本体论意义的说明改造了神话的叙述，更取代了历史的说明。庄子使用的方法在中国特显孤孑，在西洋一些哲学家如黑格尔身上，我们反而看得到类似的叙述。

透过了哲学本体论与太初本体论的双重叙述，我们有理由认定：庄子这种玄远的手法乃是站在孔老之后的思想位置上，回应孔老遗留下来的问题。更具体地讲，也就是在哲学慧命的发展上，他继承了老子将道精神化的走向，而克服了东方体证哲学中常见到的"本精物粗"的毛病。在学问境界的光谱上，因为庄子强调道的创化性，所以他不能不从老子偏于大母神的静之哲学中走出，走向一个在"一"中保持创化的、动态的能量的一种积极哲学。这样的创化哲学的依据虽可溯源神话之"邃古"，也可溯源至形上的"一"，但其基础也可以说就在当下的身体本身，笔者称呼为"形气主体"。形气主体是意义彰显的依据，但它的彰显不是独裁式的自我投射，而是与物共游的精微的合作下的创造，形气主体因而带有基源本体论的内涵。

基源本体论意义下的本体既足以说明自体的存在，也赋予周遭世界意义的基础。《天下》篇的道体之"一"所以可归结到形气主体上来，是有说的。笔者相当侧重庄子形气主体本身具足的语言、感知（身体）的属性，语言与身体是当代哲学的焦点，本书因此多少带有回应时代议题的作用。当代庄学研究对语言与身体的议题也颇热衷，但相对于解构色彩浓厚的当今庄子语言哲学诠释路线，本书则突显庄子语言哲学中语言开显道的创造功能；相对于无言独化的道家美学路线，本书则强调庄子气化主体所呈显的始源性世界秩序之构造。本书并不是先有完整的构想，再逐步依蓝图建构而成。而是发现突破点，逐步处理个别议题后，全幅图像才日渐清晰，这是阵地战的手法。具体地讲，笔者是随着处理庄子的身体观、技艺观、语言观之后，眼界始宽，视座自然而然地由解构哲学的庄子往创化哲学的庄子转移。

　　本书本来无意介入学派的定位，也不希望被当作解读历史文献的著作。本书所呈显的庄子图像与定型化的道家人物形象诚然不同，但也不见得符合定型化的儒家型人物。道家或儒家这种学派的归类不是本书的重点，也不是作者的主要关怀。笔者起初反而担心学派的意识太介入，会模糊掉本书的焦点。然而，笔者毕竟用了"儒门"一词，文献学的烽火就不可能不被举起来。论者很容易质疑道：如果说在庄子生前或秦汉之前，根本未闻道家之名，所以道家与庄子挂钩是后来塑造的。那么，庄子生前虽已知有儒家之名，但庄子并没有说自己学仰周公、孔子之道，先秦的文献也找不到庄子和儒家连结的痕迹。准此，则归于儒与归于道，其文献学的有效性（其实也就是无效性）应当是同样的。老子说：唯之与阿，相去几何？我们也可以说：唯儒与道，相去几何？我们有什么理由排除"庄子道门说"，而相信"庄子儒门说"？

　　论者这个质疑说得好，笔者很难不答覆。笔者尝试回答道：本书的"儒门"之说并非自我作古，而是《庄子》注释史上的一个有力旧说，源远流长，笔者是接续这个诠释传统，再加以发挥的。所以这个问题如果由明末的道盛、方以智、王夫之等人回应，或许更恰当。但这样的答覆显得滑移，逃避"接着讲"的人的责任。代他们设想，我们应该还是可以找到一个合理的解说，此即：《庄子》文本本身即孕育了孔庄相继的内涵，庄子对孔子很可能有些特别的情怀。道盛、方以智、王夫之注《庄子》，所以着重庄子的人文精神，并连结孔子与庄子的关系，实非得已，因为他们就是看出了这样的文本。"庄子儒门说"可以视为学术史的叙述，笔者同意明末这些高僧大儒的观点，所以才自认为是"接着说"。

笔者另一个更想提出的答覆是：本书的"儒门"固然指向了历史上出现过的现象，但历史上的儒家有各种的分类。《论语》中的儒者即有子夏氏之儒、子张氏之儒；荀子也喜欢分类各种儒，有雅儒，有大儒；《韩非子》也说孔子之后，儒分为八。儒家从来不是只长成一种面貌。何况我们看哲学史上的记载，确实有不少名家认为以《易经》《中庸》为代表的学问才是儒门之学，这样的儒学和庄子的基本性格恰可相互呼应。所以笔者使用"儒门"一词是否妥当，端看论者心中的"儒门"意象为何，但此词语并没有误用的问题。总之，不管学术史的"真相"如何，笔者希望的是透过一种新解读，或是再解读三百五十年前的旧解读，重新挖掘中国传统另有一支伟大的人文精神传统。

由于笔者的根本关怀构成了本文立论的基磐，我会认为儒家需要《庄子》这样的资源。对支持庄子独特性的人来说，本书的立场似乎减低了庄子的价值,事实不然,其实无伤于庄子尊崇巍峨的形象。因为本书的论点与其说削弱了庄子的独特性,不如说丰富了他尚未被充分揭露出来的解释力道,儒家得之于庄子者可能超出庄子得之于儒家。本书不管在意图上被视为是援庄入儒或是会通孔庄或是恢复庄子原貌,关系都不大,诚如王叔岷先生说:庄子乃"无家可归"[42]。此言虽然近谑,就史料论史料,确实足以成说。笔者唯一想确定的是:本书的基本立场是庄子的主体观蕴含了丰饶的人文精神之源。

退一步想,如果读者觉得本书的立场太儒家了,偏离了中国诠释传统中庄子的形象。那么,读者不妨采取知识论上的唯名论的立场,将本书所说的"儒家"内涵看淡。甚至不妨把书中出现的"儒家"或"人文精神"一词拿掉,代之以新道家、创化精神或文化表现精神等等,均无不可。笔者相信如果仔细厘清这些术语,透过文本的细读,结果不会改变,两千多年了,庄子的学术性格是该重新确认了。重新认识庄子不是为了一家一派之争,而是为了这位了不起的哲人提供了我们一种基源的人文价值的哲学,他让我们看到跨越历史上儒道分流之上或之前的一种新颖活泼的世界图像。

庄子说他的故事,我们说庄子的故事。本章的结论与本书的立基点如下:庄子之于孔、老,就是他会通了孔、老。他在绝对意识与文化世界中,找到了联系的管道。庄子对人文化成

---

[42] 王叔岷:《先秦道法思想讲稿》,页89。

的依据有极好的证成，虽然依中国老传统来定义，我们不能说庄子是位典型的人文主义者，他对道德意识不够注重，所以他的主体缺少伟大宗教家身上带有的那股同体大悲的深沉情怀；他也无法充分肯定礼乐制度与人格成长的关系，所以他的主体也缺少伟大政治家身上具有的那股深邃悠远的历史文化意识。但庄子的用心本来就不在此，或许说：他是别有用心，因为他对体制永远有戒心。庄子对后世的影响之所以常见于反抗者对体制的批判，或对体制的逃逸，其来有自，因为庄子的形气主体哲学的本质本来就容易与任何结构化的事物对反，否定哲学是庄子哲学的一个重要面向。

但否定哲学不是庄子哲学唯一的面向，也不应该是主要的面向，庄子的批判性建立在形气主体和世界本来即有种根源性的系连上面，这种系连是原初的肯定。形气主体的气化感通、与物宛转、卮言日出乃是先于诠释的事实，是基源本体论的内涵，他的否定源于原初的肯定得不到满足。不管现行的《庄子》文本里刊载了多少"非汤武而薄周孔"的文字，我们依然有充分的理由肯定：孔子以下，庄子对人文精神的贡献绝不逊于任何一位儒家思想家。他的思想早就超越了没有文化创造力的气论哲学（不管是向郭的或是汉儒的），也早就超越了意识在其自体的复性论传统（不管是老子的、内丹的、佛教的或王学的）。庄子打下了人文活动得以成立的基础，语言、气化、器物的原初肯定使得世界的衍化与文明的日新得以成立，人文精神的关键就在形气主体本身。

壹 庄子与东方海滨的巫文化[1]

一 前 言

巫在早期中国传统文化的传承中占据很重要的位置，早自近代国学奠基者的刘师培、王国维以下，已一再提及斯义。巫是上古文献中所能见到的最重要的宗教人，也是涵义最广的宗教人。如果我们认为在文明发展的初阶，所有的知识都离不开宗教的母胎，宗教的知识总会以或隐或显的方式渗透到所有的文化的分枝的话，那么，中华文明当也不例外。笔者相信：最早的历史、地理、政治、文学、戏剧等等的知识都可看到巫文化的胚胎。

本文想探讨庄子与巫文化的关系。庄子为公元前3、4世纪的哲人，其时"道术（已）为天下裂"，这是史家所谓"哲学突破"的时代，巫已很难再掌握太多的知识，因此，也没有

---

[1] 本文原为"中研院"支持"东北亚的巫"计划的报告，文章曾先后在史语所、中兴大学中文系、彰化师范大学国文系以及台湾清华大学人社院的会议上报告过，承蒙与会学者多所匡正。笔者尤其感谢梅广、林富士、苏建洲、林清源、蔡璧名诸教授的指正。

那么大的文化诠释权力。但笔者认为巫文化在庄子思想仍占有相当重要的分量，庄子不但借助巫文化的因素当作他叙述时的核心架构，庄子思想的核心义往往也是来自于对巫文化源头的转化。笔者尝试作文化解码的工作，此工作一方面探索庄子思想的起源问题；一方面也希望探触到从庄子思想的起源到其思想本质的建立之间的转换过程。这样的转换过程包含了叙述时所使用的巫文化因素，也包含了从巫的精神内涵到庄子体道论的转化。本文由于篇幅所限，重点将落在起源的问题上面。

二　《庄子》古本与巫

关于庄子思想的起源问题，从《庄子·天下》《史记·老庄申韩列传》以下，言之者多矣，解释相当纷歧，据笔者粗浅的统计，比较流行的说法大概有下列各种："归本于老子"（司马迁）[2]、"源于太一"（庄子本人）[3]、"源于儒家"（韩愈）[4]、"源于杨朱"（朱子）[5] 以及"自成一家"（郭象）[6] 诸说，这些说法

---

[2]《史记·老子韩非列传》（台北：鼎文书局，1979），页2143。
[3] 参见《天下》篇。郭庆藩集注：《庄子集释》（台北：河洛图书公司，1974），页1065。
[4]《送王秀才序》，马通伯校注：《韩昌黎文集校注》（上海：中华书局，1957），页151。
[5] 黎靖德编：《朱子语类》（北京：中华书局，1994）卷125，页2988。
[6] 郭象：《庄子序》："言虽无会而独应……不经而为百家之冠。"引见《庄子集释》，页3。

虽然证据强弱不同，但大体可说言而有据。其中，笔者认为论证最薄弱者当是"杨朱说"。此说虽得到一些大有来历的人物之支持，但这样的说法不管就外在的历史渊源或就内在的理论考量，都找不出较强的证据足以支持此说[7]。"自成一家"之说最难反驳，但这样的解释事实上也可以说没有作出太多的解释。没有人会否认庄子已成一家之言，但我们可以反过来想：没有任何思想是独特到自创己见，前无古人，后无来者。任何独创的思想总需要滋养此思想之传统，所以"自成一家"与影响两说并不构成任何互反的关系。这个理论最多只能说明庄子综合百家，而无一家可归纳之。"太一说"则是种形上学的提法，这样的解释可以给世间的任何学问一种形而上的保障，但此说无关史实。"源于老子"之说颇有文献之依据，历代提出此说者的公信力都比较高。但此说依然仅能解释庄子思想之部分因缘，而不足以解释庄子与老子两者思想之差异。至于"庄出孔说"，此说如作为哲学或思想史的解释，其言论似有一独特理路[8]。但作为历史的解释，此一说法似乎不太能成为有力的论述。

上述所说的几种论点之是非得失，牵涉到历史文献的诸多检证，枝蔓甚广，当专文检证，此处姑且不论。"庄子思想

---

[7] 参见王叔岷先生对此说的批评，《先秦道法思想讲稿》（台北："中研院"中国文哲所，1992），页83—87。

[8] 参见谢明阳：《明遗民的庄子定位论题》（台北：台大文史丛刊，2001），第2、3、6章。

起源于巫文化"的说法当然不像上述诸说那般受到注目，但自从闻一多提出"古道教"之说后[9]，庄子与原始宗教的关系已不是太陌生的子题，《庄子》书中蕴含的神话题材，现在更是日益受到学界重视。然而，从巫或萨满教（见下文）的角度重新诠释《庄子》，此工作恐仍大有发展的空间。笔者作的这个工作当然无法推翻或取代前人所提的各种"源出"说，笔者也不作此想。本文的意图只是想突显《庄子》一书较少被正视的"巫"文化之因素，《庄子》书中这种类型的巫文化因素之内涵及其转换，不管对我们想了解庄子本人的思想或对我们想了解先秦道家精神史变迁的人而言，应该都会带来一些启示。

本文想从"巫"的角度重新探讨庄子思想的起源，但本文的前提颇涉暧昧，因为"巫"的角色甚多，涵义甚广。《说文》释"巫"字云："巫，祝也，女能事无形，以舞降神者也，象人两褎舞形。"许慎作的虽然是字词的解释，但他指出巫的两大特色：（一）沟通神人，（二）巫是舞艺（广义来说，艺术）修养甚高的人。这两点都极中肯。晚近研究巫的学者，其主要论点往往亦不出此两者。但这两点的具体内涵需要再扩充，如"事无形"一词尚可包含祭仪、巫的人格特质等等。舞艺或艺术方面，更宜扩大到包含天文、医学等等巫师专长的

---

[9] 闻一多：《道教的精神》，《神话与诗》（北京：三联书店，1982），页143—152。

技艺[10]。至于"巫"是不是专指女性,这倒不一定。《国语》虽有"在女曰巫,在男曰觋"的说法,但更常见的情况乃是:巫为男巫女巫之通称。

近人对巫的解释日渐丰富,但由于记载"巫"的典籍通常离巫文化最盛的时期已远,而且"巫"本身的功能也不断地分化。就最广义的观点来说,它可以指涉担任一切宗教职务的人员,"巫"与"祝""宗""卜""史""医"的工作往往重叠,他最重要的特色遂变得隐没不彰。因此,中文原始材料及第二手研究对"巫"的解释固然是我们探讨中国的巫文化时最重要的依据,但就理论架构而言,我们不妨参考晚近学者对萨满教的解释,然后两者对勘,如此或可突显在诸子兴起前甚至周公制礼作乐前的一段思想史之特色。

萨满教当然也是个内涵复杂的词语,我们不妨参考耶律亚德(M. Eliade)、佛尔斯脱(P. T. Furst)及相关材料[11],罗列其特色如下,以便讨论:

---

[10] 《山海经》有"六巫""十巫"之说,《周礼》有"九籨"之名,两者合计二十五名。扣掉重复的三个巫名,共有二十二个巫名。周策纵先生将其名与工作性质分成如下五项。(一)与医药有关者:1. 巫更 2. 巫咸 3. 巫抵。(二)与性和生殖有关者:4. 巫即 5. 巫姑 6. 巫比 7. 巫祠 8. 巫礼 9. 巫履。(三)与卜筮和天象有关者:10. 巫式 11. 巫目 12. 巫易 13. 巫阳 14. 巫参。(四)与乐舞有关者:15. 巫肦 16. 巫彭 17. 巫凡 18. 巫相 19. 巫环。(五)与魔力有关者:20. 巫真 21. 巫谢 22. 巫罗。参见周策纵:《古巫医与"六诗"考》(台北:联经出版公司,1989),页154。

[11] M. Eliade, *Shamanism* (Princeton: Princeton University Press, 1974), pp.93—95, 259—274。张光直:《中国青铜时代(二)》(北京:三联书店,1990),页135—137。

1. 萨满式的宇宙乃是巫术性的宇宙，而所谓自然的和超自然的环境这种现象乃是巫术式变形的结果，它的宇宙一般分成三层，有时还有四方之神或四土之神。宇宙的诸层之间为中央之柱（所谓"宇宙轴"）所穿通。这个柱与萨满的各种向上界与下界升降的象征物在概念上与在实际上都相结合。

2. 萨满教相信人和动物在地位及性质上是平等的，他们可以相互沟通。而且，人与动物之间可互相转形，自古以来，人和动物彼此即可以对方形式出现。萨满们一般都有动物助手，这些助手可称作助灵，助灵可帮他到彼界作神秘之旅。

3. 灵魂可以与身体分开并且可以到各处旅行，甚至旅行到天界或地下的鬼魂世界。

4. 自然环境中的所有现象都被一种生命力或灵魂赋予生命，因此在萨满世界里没有我们所谓"无生物"这种事物。

除了上述四个特点之外，萨满教当然还有些重要的特性，如不怕火烧、灵魂或生命力常驻骨头，以及嗜食麻醉性强易导致幻象的植物等等，但上述四个要点：空间形式、空间的鸟兽、主体、世界的本质，与我们要探讨的主题最为相关，也特具思想史趣味。第三点离体远游的人格型态更是特殊，它与后来佛教与理学追求的圆满人格相去绝远，但在国史的发轫期，它却非常重要，所以我们将它特别标明出来。本文下文所谓可以和庄子思想相互发明之"巫""巫教""巫文化"，即指此解体人格型态的萨满及其文化母体萨满教而言。

现行《庄子》一书，直接提到"巫"的地方不多，只有三处[12]。为什么巫文化与庄子颇有交涉,但"巫"字在《庄子》书中却不占重要地位?我们现在想到这个问题,觉得很棘手。然而,如果我们是在一千五百年前作这个工作的话,情况应该就会好很多,因为当时的《庄子》版本和现在流行的郭象版不一样。郭象版三十三篇,但先前的《庄子》版本并没有统一,班固、高诱、司马彪等人所见的《庄子》是五十二篇,郭象认为这五十二篇当中,颇有些篇章是"一曲之士,不能畅其弘旨,而妄窜奇说"的伪作,因此,将它们删掉了。郭象还特别指出五篇的篇名,并说这些伪作"或牵之令近,或迂之令诞。或似《山海经》,或似《占梦书》,或出《淮南》。或辩形名,皆略而不存"。[13] 简言之,我们现下看到的是净化的简本,是郭象依他的眼光判断所抉选的产物。郭象说的"或出《淮南》,或辩形名"这类的内容不在我们的考量之列,但"或似《山海经》,或似《占梦书》"这类的文字却不能不令人眼睛为之一亮,因为《山海经》本来就是部巫书,而占梦原本也是巫的看家本领之一。如是说来,《庄子》五十二篇本应当保留相当多有关巫风的文字。

我们的猜测应当不离谱。郭象删《庄》,内容虽已净化,

---

[12] 三处分别为《人间世》"此皆巫祝以知之矣",《应帝王》"郑有神巫曰季咸",《天运》"巫咸祒曰:来,吾语女"。第一则是泛泛之论,第二、三两则内涵较丰富。
[13] 郭象:《庄子后语》,引见王叔岷:《庄子校诠》(台北:"中央研究院"历史语言研究所,1988),下册,页1383。类似的文字又见于陆德明《经典释文·序录》论"庄子"处,惟文字有简省。

但被删的文字不见得就可以乖乖束缚，从此消逝于天壤之间。就像历代"净本"或"禁本"的惯例一样，那些被删除的"不雅驯"的文字往往表现出惊人的生命力，总会有一些有心人士想将它们搜集起来，以期恢复旧观。《庄子》的情形也是如此，自从宋代王应麟以下，搜集《庄子》佚文者，代不乏人[14]。近人马叙伦、江世荣以及王叔岷先生先后也有搜罗、辨证[15]，王先生曾多次来回校证，用力最勤。笔者底下将依王叔岷先生最后定本所搜罗的一百七十六条佚文，探讨《庄子》古本（可能就是五十二篇本）中蕴含的巫文化因素。

这些佚文中颇可发现和《淮南子》或形名之学相关的材料[16]，本文志不在此，不予以讨论。另外，颇有些细碎支离或与本文不相关的题材，本文亦不处理。笔者将相关的材料罗列成底下五组：（一）《占梦书》，（二）《山海经》，（三）《博物志》，（四）天文知识，（五）巫、医。这五组的内容都可归类为巫文化的题材，底下，我们将依序排列。

---

[14] 王应麟的辑佚见《困学纪闻》（台北：中国子学名著集成编印基金会，1987）卷10，册下，页25a—30a。黄奭：《黄氏逸书考》（上海：上海古籍出版社，续修四库全书本，1995），册4，页511—512。

[15] 马叙伦的辑佚见《庄子义证》（上海：商务印书馆，1936），笔者尚未见到此书。江世荣的辑佚见《庄子佚文举例》，《文史》，第13辑，1982。王叔岷先生的辑佚先见于《庄子校释》（台北：台联国风，1972）之附录《庄子逸文》《庄子逸文补遗》《庄子逸文续补遗》。后重加考订，复收录于1988年出版的《庄子校诠》，下册，页1382—1414。

[16] 如王先生收录的佚文第4、5、6、7条即见之于《淮南子》，至少两者的文字极相近。第66、73诸条则近乎形名之学。

首先是占梦的材料，佚文中至少可见到三条题材相关的文字，如："咸者不作，而欲食之，夜必梦饮三泠。"（34 条）[17]"尹需（一作儒）学御，三年而无所得，夜梦受秋驾于其师。明日往朝其师，其师望而谓之曰：'吾非独爱道也，恐子之未可与也。今将教子以秋驾。'"（50 条）"梦者阳气之精也。心之喜恶，则精气从之。"（91 条）这些内容不是很像《占梦书》吗？第 50 条的内容似乎显示其梦尚是一种具有知识涵义的"正梦"，第 91 条所说，好像也意味着梦的正面价值。如果对照现行《庄子》文本的"梦"资料，庄子对梦似乎站在颇肯定的立场。

其次，像《山海经》的佚文亦所在多有，如底下这些文句都是："昔者十日并出，草木焦枯。"（7 条）"易姓而王，封于泰山，禅于梁父者，七十有二代。其有形兆垠堮勒石，凡千八百余处。"（45 条）"龙伯国人钓鳌。"（96 条）"夸父与日角走，渴死于北地。"（101 条）"老子见孔子从弟子五人，问曰：'为谁？'对曰：'子路为勇，其次子贡为智，曾子为孝，颜渊为仁，子张为武。'老子叹曰：'吾闻南方有鸟，其名曰凤，所居积石千里，天为生食，其树名琼枝，高百仞，以璆琳琅玕为实；天又为生离珠，一人三头，递卧递起，以伺琅玕。凤鸟之文，戴圣婴仁，右智左贤。'"（113 条）这些文字都可在《山海经》书中找到相对应的文字，王叔岷先生的《庄子校诠》

---

[17] 原文出自《北堂书钞》，转引自王叔岷先生辑佚《庄子佚文》，收于《庄子校诠》，页 1389。底下引佚文，即依王先生辑本，编号亦同，不再注明。

已将《山海经》的相关资料罗列出来，检核不难，兹不赘叙。

第三，佚文中颇有些文字传达了类似古代《博物志》之类的知识，这是种非关人文、无涉于经国之大业的另类知识，我们可称之为巫术型的知识。如"地三年种蜀黍，其后七年多蛇。"（9条）"蜮二首。"（12条）"有斫鸡于其户，悬苇灰于其上，插桃其旁，连灰其下，而鬼畏之。"（26条）"童子夜啸，鬼数若齿。"（105条）"插桃枝于户，连灰其下，童子入不畏，而鬼畏之，是鬼智不如童子也。"（110条）"师旷为晋平公作清角，一奏，有白云从西北起；再奏，大风大雨随之，裂帷幕，破俎豆，堕廊瓦。平公惧，伏于室内。"（140条）"马血之为磷也，人血之为野火也，大鹖之为鹪，鹪之为布谷，布谷之复为鹖也，燕之为蛤也，田鼠之为鹌也，老菲（当作韭）之为芫（当作莞）也，老䶲之为猨也。鱼卵之为虫也，此皆物之变者。"（148条）"童子埋蜻蛉头而化为珠。"（153条）"老槐生火，久血为磷，人弗怪也。"（154条）"蛣蜣之智，在于转丸。"（155条）以上诸条透露的内容与日常经验所知者不同，这样的知识类型较特殊，如第26条、110条、140条所说，其内容意味着对鬼神与风雨的操控。第148条的内容与《至乐》篇"种有机"一段有些类似，两者谈的都是跨越种属的变形论，但佚文的前两句则颇有些巫术的意味。其余诸条的内容常异不等，但看起来也有机会转变而为巫术的手段。这些文字不正是郭象所说的"迂之令诞"吗？

第四，有些佚文和古代天文知识相关，如"腾水上溢故为雾"（35条）；"阴阳交争为雷"（36条）；"以谷通气故飘风"

(51条);"其生无父母,死登遐,三年而形遁,此言神之无能名者也"(75条);"阴气伏于黄泉,阳气上通于天,阴阳分争故为电,玉女投壶,天为之笑则电"(102条);"阳炙阴则虹"(103条);"阳燧见日则燃为火"(124条)诸条皆是。这几条佚文有的传达了古代的天文知识,有的在天文知识的脉络中还穿插了神话的叙述。巫教的天文知识是其文化体系中极重要的一环,而且此知识原本即和其神话体系纠缪难分。这几则佚文即反映了这样的结构。

第五,有些文字和巫医的内容有关,如:"牧马小童谓黄帝曰:'热艾宛其聚气。'雄黄亦云:'燔金热艾,以灸其聚气。'"(27条)"流脉并作,则为惊怖;阳气独上,则为颠病。"(137条)"孔子病,子路出卜。孔子曰:'汝待也。吾坐席不敢先,居处若齐,食饮若祭,吾卜之久矣!'"(147条)"君子斋戒,处心掩身,身欲宁,去声色,禁嗜欲,安形性,静以待阴阳之定。"(163条)诸条皆是。巫医并举,早见之于《逸周书》《论语》等古代文献[18],也见之于一般的初民社会[19]。第163条论斋戒之事,虽然与"医"不见得相关,但这样的仪式往往牵

---

[18] 《逸周书·大聚解》云:"乡立巫医,具百药,已备疫灾。"《论语·子路》:"子曰:南人有言曰:人面无恒,不可以作巫医。"

[19] M. Eliade 的宗教史学资料选辑的第 4 分册之书名 *From Medicine Men to Muhammad*(New York: Harper & Row, 1974)的第 10 分节 A 即以 "Shamans and Medicine Men" 命名。Eliade 开宗明义即说:"萨满是医者、祭师,也是亡魂的导引者。"参见上书第 3 页。至于巫师为医者的民族文献,参见该书页 4—25 的相关史料。

连到身心的净化,这也可以说是和身体的训练有关的论述,巫医雅而为之,故一并及之。另外还有两条明确说出"巫"字的佚文,首先是下面这一条:"小巫见大巫,拔茅而弃,此其所以终身弗如。"(109条)此佚文的"小巫见大巫",已成日常用语,这是现存《庄子》文本可见到的三条"巫"字资料以外,第四条提及"巫"的材料,其内容颇值得留意。

《庄子》佚文中最具巫文化的史料价值,也可以说最为珍贵的文献当是底下这两条佚文:

> 阙奕之隶,与殷翼之孙、遏氏之子,三士相与谋致人于造物,共之元天之上。元天者,其高四见列星。[20]
>
> 游凫问雄黄曰:"今逐疫出魅,击鼓呼噪,何也?"曰:"昔黔首多疾,黄〔帝〕氏立巫咸,教黔首,使之沐浴斋戒,以通九窍;鸣鼓振铎,以动其心;劳形趋步,以发阴阳之气;春月毗巷饮酒茹葱,以通五藏。夫击鼓呼噪,非以逐疫出魅,黔首不知,以为魅祟也。"[21]

这两条佚文很可能就是被郭象点名批判的《阙奕》《游凫》两篇的文章,而且有可能就是篇章的首节。但这两篇佚文还有

---

[20] 颜延年,《车驾幸京口侍游蒜山作诗》,李善注引《庄子》佚文。《昭明文选》(台北:五南出版社,1991),页572。《庄子佚文》,第61条。
[21] 《庄子佚文》,第25条。《困学纪闻》卷10,"游鸟"作"游凫",王先生认为此段佚文当是《游凫》篇之文。《庄子佚文》,页1388。

辑佚之外的重要的意义，因为这两段文字传达了强烈的巫教气息，可以让我们具体地想像古本《庄子》的另一种风貌。第一条资料预设了"升天"的主题，它与"天文"知识的佚文可以放在同一范围看待。后者则是"傩"此特殊祭典的写照，"傩"是巫师的常业。《庄子》佚文所述，我们在后世的史料中仍可见到大体类似的狂恣放纵之身心状态[22]。虽然庄子对"傩"之"逐疫出魅"之意义另有解释，但笔者认为他的"另有解释"仍可见到底层的原始架构。我们如更进一步将焦点集中在这一条资料的文本上，还可发现更直接的意义。因为此条的"巫咸"是我们在佚文中见到的第二则出现"巫"字的记录，也是古本《庄子》的第五条史料，而且它的内容毫无问题地传达了"巫咸"所流传下来的巫文化。

　　上引的五组内容乍看细碎，难免断烂朝报之讥，但就残存下来的佚文之数量而言，这些材料所占的比重实在不轻了。何况，有些未引的文字只因其内容太残缺，但未必没有巫文化的因素。我们有理由相信：五十二篇被删掉的内容极可能就是本文最想要参考的材料。面对着传世已千余年的道家注释者郭象整理过的净本，笔者难免突发奇想：如果这些佚文仍保留在《庄子》的文本内，而且没有被视为伪作的话，那么，我们对《庄子》的理解将会有多大的不同，本文的立论也容易多了。可惜，这样的前提是不存在的。我们目前只能立足在三十三篇

---

[22] 古典文献中对傩仪的解释，首见于《周礼·夏官·方相氏》，但最详尽者当属司马彪《续汉书·礼仪志》所述，文长，易检，不录。

此一净本上面，辛苦地思索庄子思想与巫的关系的问题。

三　东方的神话空间：姑射山

巫是另类的人，巫活动的空间是另类的空间。就初民宗教的实践面而言，我们可以称此种空间为巫术的空间；就理论面而言，则可称为神话的空间。我们探讨庄子与巫文化的关系，首先从巫术—神话的空间意识入手。因为空间意识是一切经验的依据，巫术—神话的空间则是巫的活动剧场。

中国流传下来的最早也最具体系的有关巫术的空间之典籍当是《山海经》，《庄子》一书与《山海经》有些内容可相互发明，许多学者早已注意到此事[23]。张亨先生《庄子哲学与神话

---

[23] 近代学者注意到两者关系的，笔者不能不想到廖平其人。廖平言"天学"，多言庄子、屈原与《山海经》同宗，其言虽多诡诞不经，然去芜存菁，其中正不乏洞见，如言："考《山海》为地球五洲之古说，《诗》、《易》之于《海经》，亦如《春秋》、《尚书》之于《禹贡》。《楚辞》本之为说。地水、古帝、神祇、鸟兽、草木，如《天问》诸篇，吴氏诸书皆据《海经》为说。所云远游上下四旁，与《列》、《庄》之神游、飞升六合，置身于无何有之乡。大约除名物以外，所有章句言语，不出于《诗》，则出《列》、《庄》。本本原原，均可覆按。是屈、宋所学同于蒙庄，游心泰素，步超黄老，所著诸篇，皆以发明道德宗旨、风雅义例。"《廖平选集》（成都：巴蜀书社，1988），页277。又如："《山经》五篇言山川、动植、矿物、与鬼神形状、嗜好、祭品名物最详，盖其书为'天学'之天官宗、祝、巫、史所掌。学者以祭祀鬼神讥之，实则所称鬼神，皆为彼世界之人。至其时鬼神往来如宾客，亦如今外交部与外国相交涉。"同上，页555。这些话语当然夹杂许多怪说诡辞，但我们如果不以辞害意，其语非不可解。

思想》[24]一文对两者的关系曾作过详细的比对，本节即建立在张先生文章的基础上，但重点将放在神话地理上面。底下，我们不妨将相关资料分为两组，观看庄子除了在战国时期中原的大地上活动外，他经常使用到的地理性知识为何。

（1.1）北冥与禺彊：《逍遥游》云："北冥有鱼，其名为鲲。"鲲化为鹏的寓言是《庄子》第一篇的开宗明义章，义理极为丰富，我们下文还会讨论它的内涵。成玄英注解此文时，引《十洲记》及《玄中记》的记载，以证明此鱼之巨大，及庄子何以要使用此意象。但就注疏而言，成玄英对材料的选择其实不算理想，因为《十洲记》及《玄中记》的年代都偏晚。郭象很老实，他说"鲲鹏之实，吾所未详也"。然而，这样一则意义完整的故事不可能没有源头，《十洲记》与《玄中记》之前恐另有说。袁珂认为鲲鹏之实，其义可详，它来自禺彊的神话。考禺彊其神，其名见于《海外北经》《大荒北经》《大荒东经》，《大荒东经》除提及禺彊外，另有禺䝞其神，其文曰："东海之渚中，有神，人面鸟身，珥两黄蛇，践两黄蛇，名曰禺䝞。黄帝生禺䝞，禺䝞生禺京，禺京处北海，禺䝞处东海，是为海神。"袁珂解释道："鲲实当为鲸。而北海海神适名禺京，又字玄冥，此与庄周寓言中北冥之鲲（鲸）岂非有一定之关连乎？而鲸，字本作鱷，《说文》十一云：'鱷，海大鱼也，从鱼，畺声。'又与禺彊（禺京）之'彊'合。……然而禺彊

---

[24] 此文收入《思文之际论集》（台北：允晨出版社，1997），页101—149。

不仅海神而已，实又兼风神职司。"[25] 禺彊与禺虢皆人面鸟神，皆是海神兼风神。然大鹏固风之属，风、凤两字古不分，凤（风）乃上天之使者也。大鹏与禺彊之功能，高度重叠。

大鹏乃风神禺彊所化，难怪它全身带有风的功能。《大荒北经》又云："有儋耳之国，任姓，禺虢子，食谷。北海之渚中，有神，人面鸟身，珥两青蛇，践两赤蛇，名曰禺彊。"《山海经》中言及任姓者，除禺彊外，另有长人之国的"无肠之国"，此人为"无继"之子，此外再也见不到。然《庄子·外物篇》却有任公子其人。这当中似有脱落的情节，详细情况参见底下第三条"任公子与波谷山"。关于禺彊与禺虢的关系，袁珂没有进一步说明，笔者认为：此当为海神一神之分化，这种情况就像《尧典》的羲和一样。羲和原为一神，后分化为羲仲、羲叔、和仲、和叔。袁珂注释鲸与禺彊；其言虽为推论，但稳当可信。《庄子》一书的开宗明义章，其材料来自《山海经》。

（1.2）姑射山与神人：《逍遥游》篇云："藐姑射之山有神人居焉，肌肤若冰雪，绰约若处子，不食五谷，吸风饮露。乘云气，御飞龙，而游乎四海之外。"郭象注："此皆寄言耳，夫神人即今所谓圣人也。""寄言"自然是种寓言，此注虽然无误，但所寄者何呢？李桢言之曰："姑射山，释文云在北海中。下文姑射在汾水之阳。考《山海经》本有两姑射。《东山

---

[25] 袁珂：《山海经校注》（台北：里仁书局，1982），页249。

经》:卢其之山,又南三百八十里,曰姑射之山,无草木,多水。又南,水行三百里,流沙百里,曰北姑射之山,无草木,多水。又南三百里,曰南姑射之山,无草木,多水。《海内北经》:列姑射在海河洲中,姑射国在海中,属列姑射,西南山环之。《列子·黄帝》,列姑射在海河洲中。与《海内北经》同。"[26] "姑射"前头既然冠上"列"字,则知此山当有多座,庄子此处所言的姑射山当如《山海经》所说,指海中之仙山。

(1.3) 任公子与波谷山:《外物》篇云:"任公子为大钩巨缁,五十犗以为饵,蹲乎会稽,投竿东海,旦旦而钓,期年不得鱼。已而大鱼食之,牵巨钩,錎没而下,骛扬而奋鬐,白波若山,海水震荡,声侔鬼神,惮赫千里。任公子得若鱼,离而腊之,自制河以东,苍梧以北,莫不厌若鱼者。"《外物》此则故事所述的大鱼,乃是《庄子》文本中除鲲之外的另一条巨鱼。郭象、成玄英对此皆无善解。考任公子其人,史书未载其事,钓鱼食鱼之事因而不得其详。然《山海经》却有任姓之人,《大荒北经》云:"有无肠之国,是任姓,无继子,食鱼。"《海外北经》又言"无肠之国"之人"长而无肠"。任姓之人食鱼,身长,这些特征与庄子所言"任公子"相合。《大荒东经》又云:"有波谷山者,有大人之国,有大人之市,名曰大人之堂。有一大人踆其上,张其两耳。"观"波谷山""蹲其上"之语,则知庄子的文字有本,其言与《大荒东经》所言相合。

---

[26]《庄子集释》,页28。

《庄子·外物》所言虽然情节较详细，但它的内容无疑与《山海经》所言极为密切。

任公子姓任，身为巨人，蹲乎会稽，钓大鱼而食之，这种种的条件不得不令人联想到记载最早的大人传说——防风氏的故事。据孔子所说，故事的情节如下："昔禹致群神于会稽之山，防风氏后至，禹杀而戮之，其骨节专车。"至于防风氏其人，乃"守封嵎之山者也，为漆姓，在虞夏商为汪芒氏，于周为长狄，今为大人。"防风氏之风，其字同凤，此人为东夷人当无可疑。而"任"氏原为太皞后裔，其原始意义当为神秘气息甚浓的戴胜鸟，任国所在亦处于山东[27]。其次，封嵎之山当为《海外北经》所云之"矛嵎之山"，《海内东经》作"鲋鱼之山"，《大荒北经》则作"附禺之山"。由"鲋鱼""封嵎"之词，我们当可理解"大鱼"之说之所自。其次，"封嵎"之"嵎"当与"嵎夷"有关。《尚书·尧典》云："分命羲仲，宅嵎夷，曰旸谷。"旸谷、嵎夷一也，两者同处山东，这样的地点很值得注意。

（1.4）夔与流波山：《达生》篇云："山有夔"，夔单足，形如鼓，此物乃有名之山精，然此山精所居之山固有说也。前云任公子事，曾言会稽海外有波谷山，然同样是《大荒东经》

---

[27] "任"与戴胜鸟的关系，参见扬雄的论点："尸鸠，燕之东北，朝鲜洌水之间，谓之鶭，自关而东，谓之戴鵀，东齐海岱之间，谓之戴南，南犹鵀也。……或谓之戴胜。"扬雄：《方言》（上海：商务印书馆，1919）卷8，页2—3。

的记载，另有一山，其名与之相似："东海中有流波山，入海七千里。其上有兽，状如牛，苍身而无角，一足。出入水则必风雨，其光如日月，其声如雷，其名曰夔。黄帝得之，以其皮为鼓，橛以雷兽之骨，声闻五百里，以威天下。"夔原本是东海岛山上的山神，后来才演变成为一般的山神。就这个意义而言，流波山之夔是一切山神的"原型"。

（1.5）苑风与归墟：《天地》篇云："谆芒将东之大壑，适遇苑风于东海之滨。苑风曰：'子将奚之？'曰：'将之大壑。'曰：'奚为焉？'曰：'夫大壑之为物也，注焉而不满，酌焉而不竭，吾将游焉。'"考"大壑"一词，《楚辞·远游》《列子·汤问》亦见之，其意皆有特指，不是一般的泛泛之论。《汤问》云："渤海之东不知几亿万里，有大壑焉，实惟无底之谷，其下无底，名曰归墟。八纮九野之水，天汉之流，莫不注之，而无增无减焉。"此"大壑"即为"归墟"，即为《秋水》篇所云之"尾闾"，成玄英疏之曰："尾闾者，泄海水之所也，在碧海之东，其处有石，阔四万里，厚四万里，居百川之下尾而为闾族，故曰尾闾。海水沃著即焦，亦名沃焦也。《山海经》云，羿射九日，落为沃焦。""归墟"是《山海经》重要的地理指标，重要的地理指标通常具有神话的意义。相传在遥远的上古，后羿射下九个太阳，太阳落海，余威不减，成了沃焦。此巨石仍具热量，其热能量恰可蒸发每年由百川下注海洋的水量，不多亦不少。传说少昊曾在此归墟之处，抛弃了琴瑟。

"苑风"之名亦有来源，《大荒东经》云："有女和月母之国。有人名曰䨐,北方曰䨐,来之风曰狻,是处东极隅以止日月,使无相间出没,司其短长。"䨐"当是"苑风"之神格化,苑风则是有名的四方风之一。至于何以"北风曰䨐",而又"处东极隅以止日月",此诚费解。但庄子《天地》所言大壑与苑风之题材当取自《山海经·大荒东经》,或类似的文本,此事无可疑。

"谆芒"一词不易理解,前人或解为雾气,或解为寓意之人名,笔者怀疑此词亦如"苑风",两者皆有神话的源头。如果苑风是四方风之一,则"谆芒"不无可能是与此概念相应之四方神祇之一的"句芒"[28],句芒乃东方大神太皞之佐神,鸟身人面,乘两龙。此神的来源也许可追溯到一段历史故事[29],此处不暇论。他的辖区为"日出之次,榑木之地"(《淮南子·时

---

[28] "谆"古音章母文部,"句"见母侯部,两者读音差距较远。然先秦时期,"淳于国"之"淳于",可名斟,名诸,名州。参见王献唐:《山东古国考》(济南:齐鲁书社,1983),页252。"诸"章母鱼部,"州"章母幽部。"诸"读音与"句"相近,"州"读音与"句"字的假借字"鸠"相近,1965年纪南出土"越王鸠践用剑","鸠践"即"句践"。"鸠",见母幽部。吴越与山东常见"诸"或"句"构成的地名与人名,这是两地极大的文化特色,参见董楚平:《吴越文化新探》(杭州:浙江人民出版社,1988),页13,页58。吴越地名人名的"句"字可能是前缀的发声词,参见周法高,《中国古代语法(构词篇)》(台北:"中央研究院"历史语言研究所,1962),页206。"句"字如此,"诸"字亦不无可能如此。如上述所说可以成立,"句芒"当是"谆芒"。

[29] 《竹书纪年》"帝芒":"元年壬申,帝即位,以元珪宾于河。十三年,东狩于海,获大鱼。"沈约编:《竹书纪年》(台北:艺文印书馆,1966)卷上,页8。笔者怀疑帝芒不无可能化身为句芒,亦即句芒乃是"爱凡麦化"(Euhenerize)的结果。

则》),大壑(归墟)是他的家乡,他东之大壑,固其宜也。我们下文还会对"苑风"与"句芒"作进一步的解释。

(1.6)汤谷与十日:《齐物论》云:"昔者十日并出,万物皆照。"《海外东经》云:"下有汤谷。汤谷上有扶桑,十日所浴,在黑齿北。居水中,有大木,九日居下枝,一日居上枝。"汤谷亦曰温源,《大荒东经》云:"大荒之中,有山名曰孽摇頵羝,上有扶木,柱三百里,其叶如芥。有谷曰温源谷。汤谷上有扶木,一日方至,一日方出,皆载于鸟。"《齐物论》所言与《山海经》所述,显然是同一事件。《逍遥游》篇言神人之德有云"大旱金石流土山焦而不热",笔者怀疑这个意象背后仍有"十日并出"的神话历史之追忆。

"汤谷""温源谷""扶桑"皆位处东海,然《大荒东经》又言少昊之国位在"东海之外大壑",此地有甘山、甘水、甘渊,袁珂注云:"此经甘渊当即大荒南经羲和浴日之甘渊,其地乃汤谷扶桑也。"[30] 少昊原本即山东古国郯国之建国始祖,准此,则知归墟(大壑)亦是产于山东海滨地区之神话。

上述所列六项,皆是《庄子》书中著名的"寓言",这些"寓言"都可以在《山海经》中找到源头,而且除了"姑射山"的主题外,其他五者的出处皆出自《大荒东经》,其地都在东海之外。不但如此,即使姑射神话此案例,我们如将其情节地点列于东海之外,也完全可以说得通。庄子说:"藐姑射之

---

[30]《山海经校注》,页340。

山有神人居焉，肌肤若冰雪，绰约若处子。"姑射在东海，海上之仙山也。但同样在东海，依据《列子》的载录，另有五仙山："其上台观皆金玉，其上禽兽皆纯缟。珠玕之树皆丛生，华实皆有滋味，食之皆不老不死。所居之人皆仙圣之种，一日一夕飞相往来者，不可数焉。"[31] 就功能而言，姑射山与蓬莱、方丈这些仙岛的作用高度重叠，我们如再看这些仙山位于"归墟"，这些仙山下面有禺彊所支使的十五只巨鳌举首负载之，即不难推知姑射、蓬莱的神话与本组的一系列神话是同系列的，同位于"东海之外"。不但如此，我们甚至可以断言姑射神话与蓬莱神话原本同源，它们当是"同出而异名"[32]。

我们上文提到姑射神话实即蓬莱神话，而"蓬莱"云者，不无可能从蓬夷与莱夷两族得名[33]。如果论者觉得此说稍嫌缴绕，我们当看"姑射"此地名，亦可得到一些线索。人名地名冠"姑"字者，山东与越地为多，如："姑蔑""姑幕""姑水""离姑""尊姑"（以上山东）；"姑苏""姑末""姑妹""姑熊夷"（以上越地）。依据董楚平的研究，夏越原本同族，越地

---

[31] 杨伯峻：《列子集释》（台北：华正书局，1987），页94—97。
[32] 现行《庄子》一书，蓬莱神话的痕迹较为隐晦，然《庄子》佚文中有"龙伯国人钓鳌"（第96条）之言，此言与《列子·汤问篇》所述蓬莱神话的一节相合。考虑《庄子》与《列子》文句多重叠，笔者认为《列子·汤问篇》所述，可能也见于五十二篇的《庄子》古本。小川琢治也认为姑射山与《列子·汤问篇》所述之方壶、蓬莱、瀛州三山之神话相同，小川琢治更进一步确认其地在朝鲜之南。参见《支那历史地理研究》（京都：弘文堂书店，1928），页262。
[33] 王献唐：《炎黄氏族文化考》（济南：齐鲁书社，1985）有此说。

文化乃夏人长期逐渐经营的结果[34]。"姑射"之地，至少此传说产生的地点，应当在山东，而不在吴越。至于此组第三条任公子事所言及之"会稽"，其地亦非浙江之会稽。考古书所见之"会稽"，其地有三，一在越，一在辽西，一在山东。任公子之蹲于会稽，其地与禹会防风氏之会稽，两者皆是山东之会稽，亦即所谓"封泰山，禅会稽"之"会稽"。因为封禅两地相距不可能相去太远，"禅会稽"之"会稽"应当即在"封泰山"的"泰山"之附近[35]。

如上所论，本组六则神话，除第一条"禹彊"为北海之神、第二条的地理位置在东海与东北海之间徘徊外，其余的发生地点皆在东海之外，实即在山东滨海地区。第一、二条的地理空间其实也相去不远，可视同一体看待。这些材料和来源大体可在《山海经》中的《大荒东经》找到，第一条"鲲化为鹏"的神话又见于今已失传之《齐谐》一书。齐谐者，或许即是齐东野人之语。然齐东野人之语恰好保存了山东以及其北地区的神话。很令人讶异的，我们发现孔子所提及的防风氏之神话，其内涵与庄子所提及的这批蓬莱仙山系列神话，关系竟然相当密切。

这些寓言的场景全排在东方偏北的海域，这样的安排似非巧合。《秋水》记载北海若教训狂妄自大的河伯云："计四海

---

[34]《吴越文化新探》，页13、58。
[35] 参见杨向奎：《夏本纪、越王句践世家地理考实》，《禹贡》第3卷，第1期。董楚平：《〈国语〉防风氏笺证》，《历史研究》，1993年，第5期。江林昌：《从长翟、鲥鱼看防风氏的起源》，钟伟今编：《防风神话研究》（合肥：安徽文艺出版社，1996），页58—67。

之在天地之间也，不似礨空之在大泽乎？计中国之在海内，不似稊米之在大仓乎？"庄子固知四海，亦当知海内、外之分者也。而《山海经》亦分《海内经》《海外经》，且《大荒经》诸篇每篇开始皆有"东海之外""南海之外""西北海之外""东北海之外"之类的语句，神话—巫术空间也是有方位秩序的。庄子对《山海经》式的空间并不陌生，他西、南、北海不选，却选用了这么多东海之外的"荒唐之言"的神话传说，当中不能说没有特殊的涵义，其奥秘仍有待我们慢慢解码。

四 "西方的"神话空间：昆仑山

看完第一组的神话空间后，我们且再看底下这组所列的几则《庄子》文章的神话来源为何。

(2.1) 堪坏、肩吾与西王母：《大宗师》云："堪坏得之，以袭昆仑。"《山海经·西山经》云："又西北四百二十里曰钟山，其子曰鼓，其状如人面而龙身，是与钦䲹杀葆江于昆仑之阳，帝乃戮之钟山之东曰崤崖。钦䲹化为大鹗，其状如雕而黑文白首，赤喙而虎爪，其音如晨鹄，见则有大兵。"钦䲹即堪坏也。《大宗师》又云："肩吾得之，以处大山。"《西山经》云："西南四百里，曰昆仑之丘。是实惟帝之下都，神陆吾司之。其神状虎身而九尾，人面而虎爪；是神也，司天之九部及帝之囿时。"郭璞注云："即肩吾也。"肩吾亦称开明兽，《大荒西经》云："昆仑之丘，有神，人面，虎身，文尾，皆白，处之。"袁珂云:"即神陆吾,亦即开明兽也。"开明兽是昆仑山的镇山神兽,管守九井、九门,声势极为显赫,它当然也是"不死"之山神。同篇又云:"西王母得之,以处少广。"少广山未知其处,成玄英云:"西极山名。"考《山海经》中,西王母记载共三见,一云在玉山,一云在昆仑虚北,一云在昆仑之丘。然西王母既是不知终始之神人,则其人居于作为宇宙山的昆仑之丘,此实顺理成章之事。成玄英言少广山为西极山名,"西极"的概念,乃自东土眼中观之,方可成立。如自大九州之观点看,则西极固天地之中也。堪坏、肩吾与西王母此三位神人,皆与昆仑山有关。

(2.2) 浑沌与中央:《应帝王》云:"中央之帝为浑沌。"《西山经》云:"又西三百五十里,曰天山,多金玉,有青雄黄。英水出焉,而西南流注于汤谷。有神焉,其状如黄囊,赤如丹火,六足四翼,浑敦无面目,是识歌舞,实为帝江也。"浑沌无面目,识歌舞,且为中央之帝。《左传》言"帝鸿氏有不才子,天下谓之浑沌",此帝鸿即帝江,而一言浑沌,一言浑沌之子,此固神话分化之常态。帝江、帝鸿、浑沌当是黄帝之化身,至少具备黄帝之象征功能。

(2.3) 黄帝与空同:《大宗师》云:"黄帝得之,以登云天。"《在宥》篇云:"黄帝立为天子十九年,令行天下,闻广成子在于空同之山,故往见之。"空同山,《释文》云:"当北斗下山也。"《尔雅》云:"北载斗极为空同。"北斗为天枢,在北斗下之山乃昆仑山,则空同山亦为昆仑山之分化也。黄帝登云天的故事详见《史记·封禅书》。黄帝乃《山海经》之主神，昆仑山为通天宇宙山，亦是黄帝之下都。黄帝之登云天，此为黄帝之基本性格使然。

（2.4）赤水与离朱：《天地》云："黄帝游乎赤水之北，登乎昆仑之丘而南望，还归，遗其玄珠。使知索之而不得，使离朱索之而不得，使吃诟索之而不得也，乃使象罔，象罔得之。黄帝曰：'异哉！象罔乃可以得之乎？'"据《淮南子·地形》所示，赤水与黄河同出昆仑山，其确实位置恐不可考。然就神话地理而言，赤水与离朱皆实有其物，两者同见于《山海经》。《海外南经》云："三株树在厌火北，生赤水上，其为树如柏，叶皆为珠"。《海外南经》又云："狄山……爰有熊、罴、文虎、蜼、豹、离朱、视肉。"离朱即是《孟子》书中之"离娄"，其本来面目当是明察秋毫之神鸟也[36]。

（2.5）冯夷与河伯：《大宗师》云："冯夷得之，以游大川。"《海内北经》云："从极之渊深三百仞，维冰夷恒都焉。冰夷人面，乘两龙。一曰忠极之渊。"郭璞注："冰夷，即河伯也。"郝懿行注："《水经注》引此经作中极，中、忠古字通。"冯夷为黄河之神，他住于"中极之渊"。"中极"一词颇特别，"中"是神话思维最重要的象征，它是俗世与神圣沟通唯一的途径[37]。而"极"原本即有"中"的意思，先秦典籍的"皇

---

[36] 参见袁珂：《山海经校注》，页192—193、203—204、302—303。
[37] 耶律亚德（M. Eliade），拙译：《宇宙与历史》（台北：联经出版公司，2000），页9—13。

极""太极"皆意味着"大中"。笔者怀疑此处的"中极之渊"为神话地理中的昆仑山下之河源所在，它上通天汉，乃天水与河水相通之管道。

（2.6）委蛇与苗民：《达生》篇云："委蛇，其大如毂，其长如辕，紫衣而朱冠。其为物也，恶闻雷车之声，见则捧其首而立，见之者殆乎霸。"《海内经》云："有人曰苗民。有神焉，人首蛇身，长如辕，左右有首，衣紫衣，冠旃冠，名曰延维。人主得而飨食之，伯天下。"闻一多认为延维、委蛇即汉画中之伏羲、女娲，乃南方苗族之祖神，此可备一说。苗民故事最著名者，当是《尚书·吕刑》所载蚩尤作乱，苗民弗用灵，黄帝乃绝之，不使其上通之故事。

（2.7）伯子高与黄帝：《天地》篇云："尧治天下，伯成子高立为诸侯。尧授舜，舜授禹，伯成子高辞为诸侯而耕。禹往见之，则耕在野。"成玄英《疏》说："伯成子高，不知何许人也。"《经典释文》则以为是老子所变，然老子之说羌无故实。考《海内经》云："华山青水之东，有山名曰肇山，有人名曰伯高，伯高上下于此，至于天。"郭璞注云："柏子高，仙者也。"郝懿行云："据郭注，经义当为柏子高，藏经本正如是，今本脱子字也。庄子《天地》篇云：'尧治天下，伯成子高立为诸侯。禹时伯成子高辞为诸侯而耕。'《史记·封禅书》说神仙之属有羡门子高，未审即一人否？又郭注《穆天子传》云：'古伯字多从木。'然则柏高即伯高矣。伯高者，《管子·地数》有黄帝问于伯高云云，盖黄帝之臣也。帝乘龙鼎湖而伯高从焉，故高亦仙者也。"《天地》篇所言伯成子高很可能即是伯子高，庄子言政治，偏好借用尧之"重言"，所以伯子高即成了尧臣，但另外的版本则将他视为黄帝之臣。《庄子·胠箧》言至德之世十二圣王，其中有"伯皇氏"其人，笔者怀疑此伯皇或许是伯子高，如此，则伯子高乃是与尧帝、黄帝并列之古圣王。神话人物面目难辨，君臣佐使，参差不定，伯子高并非特例。

　　以上七则题材都可在《山海经》中找到原始的出处，而且其内容都与昆仑或黄帝有关。黄帝是战国时期最著名的"先王"，但他也是《山海经》一书的主神。《山海经》最重要的神山是昆仑，围绕着昆仑山这座宇宙大山有许许多多的神话动物、植物、地理景观，以及西王母、后羿等等的神话人物与神话事件。但与昆仑山关系最深的神话人物却是中国许多民族传说中的始祖神黄帝，因为昆仑山原本为黄帝之"下都"，黄帝由此上下天神两界，昆仑与黄帝的情节紧紧捆绑在一起，固其宜也[38]。

　　我们上面所罗列的《庄子》书中的两组神话题材，居然在《山海经》书中都可找到，这绝非偶然之事。顾颉刚先生在二十几年前曾经撰文指出：《庄子》书中的地理景观有二大系统，一是东边的蓬莱岛，一是西边的昆仑山[39]。蓬莱岛（姑射）是战国时期最著名的仙岛，昆仑山则是战国时期最著名的宇宙

---

[38] 参见徐中舒、唐嘉弘：《山海经和黄帝》，中国山海经学术讨论会编辑：《山海经新探》（成都：四川社科院出版社，1986），页93—101。
[39] 《〈庄子〉和〈楚辞〉中昆仑和蓬莱两个神话系统的融合》，《中华文史论丛》，1979，第2辑，页31—57。

山。此山山上有铜柱，直趋帝座，往下则直通黄泉。昆仑山位于宇宙中央，它是沟通三界的宇宙轴。昆仑神话在战国时期取得极大的优势，战国子书常有相关的记载，但言之最详者厥为庄子与屈原，这是个极重要的文化现象。从此点看来，顾颉刚的分类是可以成立的。只不过，昆仑山在神话地理上的西方位置乍看很确定，事实上，却有含混之处。

讨论昆仑山之文章多矣，十几年前，何幼琦与何新两位何先生先后撰文，指出昆仑山即是泰山。何幼琦先生依据《山海经》所描述的昆仑山地形，参照《淮南子・地形》的说明，再加上对现代地理的掌握，断言："根据上述七条河川，两个大海，一个调节湖，以及合黎、积石等的关系和位置，综合观察，可以确认：《海经》的昆仑就是后世的泰山。"[40] 何新在此文的基础上，加上"中央""主生死"等等的象征意义，指出昆仑山只能是泰山[41]。两位何先生的论旨颇有理趣。关于地理位置的说明，由于《山海经》与《淮南子》所言，介于神话与真实之间，其论证比较难取得一致的共识。但像何幼琦先生所引《尸子》佚文："赤县州者，实为昆仑之墟，其东则有卤水、岛山、左右蓬莱。"这样的文字确实令人容易联想此昆仑之墟或为泰山。即使我们就本文第二组的引文考察，也可以得到一些印证。比如第一条言："肩吾得之，以处大山。"大山者，泰

---

[40] 何幼琦：《海经新探》，《山海经新探》，页 79。
[41] 何新：《古昆仑——天堂与地狱之山》，《中国远古神话与历史新探》（哈尔滨：黑龙江教育出版社，1988），页 117—148。

山也。而据《山海经》所示，此肩吾又是赫赫有名的镇守昆仑山的神兽陆吾。如此说来，昆仑山即泰山。第二条引文言浑沌在天山，天山乃通天之山，通天之山自然是昆仑山的主要功能，此山有"英水出焉，而西南流注于汤谷"。汤谷在东海之外，应该就是"归墟"的另一称呼，这样的地理叙述很难不令人认定天山即泰山。

昆仑山与泰山的关系，纠缠已甚。回到庄子的主题上来，笔者同意两位何先生的观察有部分的道理，但笔者认为与其将昆仑山解作泰山，不如承认它们都是宇宙山，它们分别独立存在，但偶尔有重合混淆之处。就泰山而言，它作为宇宙山的资格很老，庄子不可能不知道此事。但泰山不是战国时期学者了解的唯一一座宇宙山，如果我们同意华夏民族是多元的，文化是多元的，其间甚至不乏域外传来的因素，那么，我们即不当设定宇宙山就只能是某一座山。在战国中期，一种超出中土原有的地理概念的宇宙山应该已经形成了，邹衍无疑与此种新的神话地理之传播关连很深，但他应该不是此种新的神话地理的创造者[42]。我们看到庄子和屈原对昆仑山都很熟。庄子了解

---

[42] 参见小川琢治：《支那历史地理研究》，页 239—272。マスペロ（H. Maspero, 马伯乐）：《先秦时代の支那に于ける西方文明の影响》，《史学杂志》，40 篇，8 号，1929。丁山：《中国古代宗教与神话考》（上海：文艺出版社，1988），页 410—415。饶宗颐：《论释氏之昆仑说》，《大陆杂志》46 卷，4 期，1973。苏雪林：《昆仑之谜》，《屈赋论丛》（台北："国立"编译馆，1980），页 575—685。御手洗胜：《邹衍の大九州说と昆仑传说》，《古代中国の神々：古代传说の研究》（东京：创文社，1984），页 653—681。

的"昆仑山"之神话地理坐标较暧昧，忽东忽西，它似乎同时坐落于中土的两极。它有时指的是旧有的宇宙山泰山，但有时指的是西极的昆仑山。屈原不然，他奔往昆仑山，是一路西行的，这样的昆仑山当是新兴的大九州说的宇宙山。由此可见此昆仑山为宇宙中心的神话地理知识当时已传播很广，所以屈原才会一往直前，九死不悔。庄子显然对昆仑山的新旧意义之指涉都不外行，他没有特意去区别它们。我们第二组所列的昆仑山系列题材，其象征层：中央、浑圆、永恒、得道，这些性质对任何宇宙山而言都是相通的，但它们在现实上指涉的文化层则是新旧两种宇宙山的混合。

如上所述，我们知道海外仙山与昆仑山的详细内涵，《山海经》一书对此多有所论述，而且这两组系列俨然构成《山海经》此神秘地理书的核心架构。很令人讶异的，庄子居然对这两山的神秘功能都相当熟稔，对东方的海岛神话素材的运用更是精义入神[43]。我们如果考虑庄子身处华夏老文明地区的宋国，他竟对遥不可及的东海与西极之圣山仙岛那么着迷，他对大海的熟悉程度尤令人费解[44]。显然，东西两域的神圣象征可以释

---

[43] 崔大华《庄学研究》（北京：人民出版社，1992）认为庄子神话较多是属于昆仑神话，而非蓬莱神话，参见该书页28。笔者不赞成此一说法。
[44] 《逍遥游》与《秋水》多言大海巨浸之事，庄子佚文亦言及此事："海水三岁一周，流波相薄故地动。"（第104条）这几条线索加上本文第一组所列题材，我们可以看出庄子思想某部分的海洋性格。事实上，庄子比任何中国哲人更有资格称作"海洋哲学家"。

放他无穷的想像力,所以他在《逍遥游》与《天地》等篇章中,才会借着姑射山与昆仑山的通天及乐园性质,建构了逍遥的理论。喻根是一样的,喻旨当然已有所转化。

问题来了:《山海经》是什么样的书?庄子为什么会有这种知识?答案很清楚:《山海经》是部巫书,庄子的思想与巫文化有相当深厚的渊源。就现行所知的先秦诸子当中,也许除了邹衍外,再也没有一位像庄子这般熟稔神话的地理,也没有一位像他这般熟稔集巫书大成的《山海经》了,庄子到底何许人耶?

五 天文知识与升天

庄子不但拥有丰富的神话地理知识,他对天文知识,至少对天文现象的喜好也是相当显著的。他说"腾水上溢故为雾"(佚文第35条),"阳炙阴则虹"(佚文第103条),"阴阳错行,则天地大骇,于是乎有雷有霆"(《外物》)。若此之学,皆是相当道地的"官人"之学。犹有甚者,在《逍遥游》中,庄子描述大鹏抟飞,直上九万里高空,下望天地之间,惟见"野马也,尘埃也,生物之以息相吹也"的气机滚动,庄子无疑地是以宇宙之辽阔象征至人之逍遥。辽阔的宇宙是庄子或明或暗的根本喻根:"万物一齐,孰短孰长?道无终始,物有死生,不恃其成;一虚一满,不位乎其形。年不可举,时不可止。"北海若这样的语言,我们在《齐物论》篇的长梧子口中,在《则阳》篇的大公调口中,也可以听得见。在"有实而无乎处者,宇也。有长而无本剽者，宙也"（《庚桑楚》）这样的语句里也可以见其大意。

庄子行文随扫随立，随立随扫，恢诡谲怪，不主故常。但其立论有一特色，此即其书中似特多无尽、圆转之类的语言，也特多这类的隐喻，如"天均""天倪""道枢""环中""抟而飞"云云。这些浑圆之语的内涵彼此相互指涉，它们的思想本源似乎尚可追究。考《则阳》篇有言："冉相氏得其环中以随成，与物无终无始，无几无时。日与物化者，一不化者也，……容成氏曰：'除日无岁，无内无外。'"容成氏相传为黄帝时人，懂阴阳，造历日[45]。王夫之认为容成氏所造之历，即依浑天之说而来，浑天无终无始，无内无外，庄子以之形容道，所以也特多始卒若环之言。王夫之最后下个断语："探得其所自悟，盖得之于浑天。"[46]浑天是《庄子》一书的喻根，

---

[45] 容成氏为道家圣人，传说不一，俞樾考之曰："《汉书艺文志》阴阳家有《容成子》十四篇，房中家又有《容成阴道》二十六卷，此即老子之师也。《列子·汤问》黄帝与容成子居空峒之上，同斋三月。当是别一人。《淮南·本经》昔容成氏之时，道路雁行列处，托婴儿于巢上，置余粮于亩首，虎豹可尾，虺蛇可蹍，而不知其所由然。此则当为上古之君，即《庄子·胠箧》之容成氏，与大庭、伯皇、中央、栗陆诸氏并称者也。而高诱注乃云，容成氏，黄帝时造历日者，则以为黄帝之臣矣。此以说《列子·汤问》与黄帝同居空峒之容成氏，乃为得之，非此容成也。合诸说观之，容成氏有三：黄帝之君，一也；黄帝之臣，二也；老子之师，三也。然老子生年究不可考，其师或即黄帝之臣，未可知也。"引自郭庆藩《庄子集释》，页888。

[46] 王夫之：《庄子解》（台北：里仁书局，1984），页284。又参见页229—230、237、248、205—208。

三十三篇内容依之而转。

王夫之之言颇具慧见,"浑天"此喻根确可与庄子"卮言""环中"之语相互发挥[47]。但本文的旨趣不在探讨庄子的语言问题,我们还是转到天文知识的问题上来。如果"浑天"是《庄子》书的基本隐喻的话,那么,他好用天地或天文的意象,此事即可理解。但即使庄子深为浑天之说所着迷,我们又如何确定这套知识是来自于巫的传统呢?此一质疑诚难有绝对的材料足以祛疑,但我们不妨看底下《天运》篇这则文字所叙述者为何:

> 天其运乎?地其处乎?日月其争于所乎?孰主张是?孰维纲是?孰居无事推而行是?意者其有机缄而不得已邪?意者其运转而不能自止邪?云者为雨乎?雨者为云乎?孰隆施是?孰居无事淫乐而劝是?风起北方,一西一东,有上彷徨,孰嘘吸是?孰居无事而披拂是?敢问何故?

《庄子》这段话的风格非常接近屈原《天问》的形式,据王逸的说法,《天问》是屈原见楚国先王庙上的壁画有感而发的。王逸的说法不知语出何据,但我们大概可以相信:《天问》

---

[47] 参见拙作:《卮言论:庄子论如何使用语言表达思想》,《汉学研究》10卷,2期,1992,页123—157。

这样的表达是常见的原始宗教诗歌之模式，它事实上可视为一种巫系文学[48]。《庄子·天运》这段话的性质亦然。证据不远，在上述的引文下面，庄子即接着道："巫咸䄅曰：来！吾语女。天有六极五常，帝王顺之则治，逆之则凶。九洛之事，治成德备，监照下土，天下戴之，此谓上皇。"《天运》篇破题的问与巫咸䄅[49]此处的答（如借用柳宗元《天对》的词汇，我们也可以说巫咸䄅的"天对"），两者是怎么样的对应关系，不见得可以清楚地系联。但巫咸䄅娴熟天文知识，甚至掌管天文知识，这点是相当清楚的。天文，原本就是巫的专业。

如果说"巫咸䄅"与天文的关系可以视为《庄子》一书提供的内证的话，我们从《庄子》文本之外未尝不可搜得外证。萨满掌握天文知识，这是普遍的现象。因为宇宙间最神圣的事业也可以说就是最危险的事业，有神游天壤间的人格型态即很难设想没有与之相应的天文知识，"天文知识"与"离体远游"的人格型态乃是同一种宗教系统下的连体概念。中国古代的巫的情况恐怕也与此类似。《周礼·春官·筮人》有"巫易"

---

[48] 藤野岩友将《天问》视为巫系文学中设问文学的一种，参见《巫系文学论》（东京：大学书房，昭和44年），页38—79。苏雪林亦曾举印度《赞诵明论》及《旧约·约伯传》为例，指出域外宗教文学亦多类似《天问》之表达方式。苏文所举例子颇有说服力，至于论及《天问》所受域外影响之关系，恐无确证，她自己亦承认"姑备一说"而已。苏雪林观点参见《天问正简》（台北：广东出版社，1974），页27—29。

[49] 原文中的"巫咸䄅"之"䄅"字不好解，前人多视为巫咸之名，姑且从之。

一词，另有"巫参"一词，周策纵先生综合前人的解释，认为"巫易"即"巫阳"，不管此"阳"指"太阳"或"月亮的光彩"，其意皆指天象。至于"巫参"的"参"乃指二十八星宿的参星，所以巫参的职能大概与占星象有关。巫易与巫参各自掌握了不同类型的天文知识[50]。

巫最著名的天文知识当是"望气"，气也者，虚无缥缈，最难掌握，但又被认为影响特大。战国秦汉时期，特多望气记载，而且其记载多与政治或军事有关，此事论者已多，兹不细论[51]。如果"望气"活动考验的是巫者的目力或神秘交感能力的话，"式"则代表天文知识进一步的术数化，亦即可进一步地被操控化。晚近由于式盘屡次出土，有关式盘与天象间的关连，已日益清楚。术数化的天文仪器（式盘）一方面可以说将神秘的天文知识职官化、技术化，但一方面我们仍可看到它与原始巫教间的系联[52]。

巫的天文知识之内涵自然与理性化的知识迥然不同，因为"天"代表终极的神圣，价值的根源，有关天的知识（所谓"天文"）在知识体系中的位阶自然也会与众不同。庄子的天文知识从何而至，就像他的地理知识得自何处，这是个颇能发人

---

[50] 周策纵：《古巫医与"六诗"考》，页177。
[51] 参见坂出祥伸：《中国古代の気または云気による占い—汉代以后における望气术の发达》，《关西大学中国文学会纪要》10号，1989，页1—24。
[52] 参见李零：《式与中国古代的宇宙模式》，《中国方术考》（北京：东方出版社，2000），页89—176。

兴致的议题。如果巫与天的关系之理论面在于神秘的"天文学"或"占星学"的话，其实践面之大者在于其人格之解体远游，由此我们不能不探触巫文化中登天的著名子题。

巫的世界是个咒术的变形世界，但天在巫的世界中居有绝对优势的地位，这是很清楚的。世界上很多民族都流传绝地天通的神话，萨满教地区流行的尤广[53]，中国古代有名的"颛顼使重黎绝地天通"的故事亦属此一范围。相传在不知名的上古，人是可以自由往返上下两界的，龚自珍的诗"人之初，天下通，人上通，旦上天，夕上天。天与人，旦有语，夕有语"[54]，所描述的即是此一神话时代的情景。后来因为蚩尤犯错，重黎绝地天通后，人再也上不了天了。但故事还没有完，"人"是上不了天，但某种具有特殊能力、为上天先祖所钟爱的"巫"却仍保存了一丝"向上一机"的能力。他们透过神灵、象征、仪式、斋戒等等的帮助，据信最后可以离体远游，重返久暌的精神故乡。从这种角度看，巫是弥补人类不幸遭遇的英雄，他也是人重新取回人应有的权力之人格典范。

有关"绝地天通"神话与巫"登天"的意义，晚近逐渐受到重视，探讨的文章也慢慢增多。我们在此仅想提出一点，此即庄子对于"登天"的主题非常熟稔，运用这些材料也非常纯熟，有一部分的材料很明显地与巫之通天有密切的血缘关系，

---

[53] M. Eliade, *Shamanism*, p.483.
[54]《壬癸之际胎观第一》，《定盦续集》（台北：中华书局，1970）卷2，页7。

且看底下这则材料：

> 千岁厌世，去而上仙，乘彼白云，至于帝乡。（《天地》）

这一条材料出自尧与华封人的对话，内容已颇有"仙话"的味道，但我们如参照古书所述列仙行径，或参照一般萨满的升天之旅，其间的连续性还是很清楚的。

庄子对于登天主题之嗜好不仅见于几则零星的材料，事实上，庄子论及其理想人格之精神活动时，经常使用到的意象都是"升天"，我们且看底下这些资料所言为何？

> 夫列子御风而行，泠然善也，旬有五日而后返。彼于致福者未数数然也，此虽免乎行，犹有所待者也。若夫乘天地之正，而御六气之辩，以游无穷者，彼且恶乎待哉？（《逍遥游》）
>
> 至人神矣，大泽焚而不能热，河汉冱而不能寒，疾雷破山风振海而不能惊。若然者，乘云气，骑日月，而游乎四海之外，死生无变于己，而况利害之端乎。（《齐物论》）
>
> 勇士一人雄入于九军，将求名而能自要者而犹若是，而况官天地，府万物，直寓六骸，象耳目，而心未尝死者乎。彼且择日而登假，人则从是也，彼且肯以物为事乎？（《德充符》）

夫道有情有信……黄帝得之，以登云天。颛顼得之，以处玄宫……傅说得之，以相武丁，奄有天下。乘东维，骑箕尾，而比于列星。其生无父母，死登假，三年而形遁，此言神之无能名者也。(《大宗师》)

孰能相与于无相与，相为于无相为，孰能登天游雾，挠挑无极，相忘以生，无所终穷。(《大宗师》)

古之真人……登高不栗，入水不濡，入火不热，是知之能登假于道者也若此。(《大宗师》)

至人潜行不窒，蹈火不热，行乎万物之上而不栗。(《达生》)

这些材料大多出自一般认为最能代表庄子思想的内七篇，而且这些文句表达的并非边缘的概念，而是核心义的至高人格之意象。我们如果将这些至人意象视为文学技巧的比喻，那么，它们就是一堆美妙的文学意象。但如果我们正视文字的表意功能，说文解字，那么，我们不难发现庄子所谓的至人具有种种的巫术力量，下列两项尤其鲜明：

一、他们具有"不惧水火"的特殊能力："大泽焚而不能热，河汉沍而不能寒"，"潜行不窒，蹈火不热"，"入水不濡，入火不热"。

二、他们具有"升天"的经验："乘云气，骑日月，而游乎四海之外"，"择日而登假"，"黄帝得之，以登云天……傅说乘东维，骑箕尾……死登假"，"登天游雾，挠挑无极"，"去而上仙，乘彼白云，至于帝乡"，"行乎万物之上而不栗"。

不惧水火——尤其不惧火——是萨满之所以为萨满很重要的特色，耶律亚德在《萨满教》此名著中，罗列了世界各地有关萨满的论述，发现许多地区的萨满所拥有的一项人格特质，乃是他们抵抗火烧高热的能力特强。而且依据该部落的传说，越是古代的萨满，他们抵抗火烧的能力越强。萨满所以必须具有抵抗火烧，甚至控制火烧的能力，我们不难理解，因为只有他具足了特殊的能力，甚至足以打破物理的规律，他才可以和另一存在的神圣次元取得联系的管道。一旦他拥有常人缺乏、神灵才具有的特质，他即创造了一种新的宇宙性的存在模式，所以从某一种观点说，会控制火烧的萨满其实等于从事某种层次的宇宙开辟[55]。

不惧火、控制火，这样的特色当然不仅见于萨满教，许多民间宗教也都强调这个面相，比如：南太平洋地区或台湾相当流行的"过火"仪式，这也是该地区宗教的一大特色。中国古代的神秘人物，如《列仙传》所述的啸父之升天成仙，乃因"列数十火而升"，师门"能使火"，有名的赤松子更是"能入火自烧"[56]，这些"神仙"都可在火中来去自如，甚至史实或

---

[55] M. Eliade, *Shamanism*, p.335, 373, 412.
[56] 《搜神记》亦提到赤松子，并言其人能"入火不烧"，此种状语与《庄子》所述之真人条件相合。然"入火自烧"似亦有理路，此语表示巫具有"内在产生热能"的能力，很多萨满都有这样的魔力，但是否能热到"自烧"，不得而知。《搜神记》（台北：新文丰出版社，1985）卷1，页1。

半史实的著名人物如舜、苌弘、介之推[57]也都有类似的记载。笔者先前已有专文讨论此义[58]，此处细节从略。但我们如比较庄子所述的真人之奇行与列仙所为，并放在萨满教的背景下考量，我们不难发现它们之间的共同因素。中国古代的列仙往往就是可以上下天壤之间的群巫，庄子对神话传说甚为熟稔，而且巫文化本来就是他出生地的宋国的显性文化，所以他描述真人的本地风光时，很自然的就运用了不惧水火的巫的意象。

如果"入火不烧"可算是萨满（巫）的人格特质，但这样的特质却不是他们的专利的话，"升天"却是萨满的独家品牌，耶律亚德对萨满教的著名定义即是"出神之技"。萨满是否仅有"出神"此种类型，而不能有"凭依"的类型，这是宗教学的老问题。但不管如何归类，"出神"总是萨满教极常见的现象，萨满或为了探视死者，或为了治病，或为了传递彼界的消息，因此，他们会借着仪式（甚至包含药物在内）的帮助，让灵魂脱离躯壳，乘着神话中的动物，得到动物助灵的扶持，登上了宇宙山，走进了与此界异质的秘境。如果就外表而观，萨满可能可以躺在地上或床上数日之久；但就萨满的灵魂而论，他却已升天而去，人格升华，从事宇宙间最神圣的事业。

---

[57] 介之推据说被火焚烧而死，故有寒食禁火之说。但据王嘉《拾遗记》（台北：艺文印书馆，1966）卷3，页3所述，晋文公焚林以求介之推，忽有白鸦围绕他，"火不能焚"，这则记载虽不够典型，但"至人入火不烧"的轮廓却依稀可见。

[58]《升天变形与不惧水火》，《汉学研究》第7卷，第1期，1989。

我们如同时参考庄子对天文知识非凡的理解，至人人格的升天意象，以及庄子时常从凌虚的观点俯瞰下界所造成的广角视野之氛围，即不难理解从巫文化到哲学的庄子的一条线索。

六 鸟与风

中国上古的巫显然不会只有升天远游的类型，我们如果衡量上古中国境域之辽阔，种族之复杂，"巫"字涵盖的语义史之悠久，我们即不该设想任何重要的语汇可以一口吸尽西江水，认定一种核心语义可以通贯四方。但升天远游的巫在上古的巫之系谱中，占有极重要的位置，这是毫无疑问的。先不要说《山海经》中记载的可"自此上下"的群巫——这样的"自此上下"，当然指的是上下于天人或圣俗两界；也先别说《列仙传》中的仙人多能"升仙而去"，"高飞云端"；也别说半史实、半传说中的人物如黄帝、嫦娥、夏启、舜多具有升天的本事。我们单单从三代考古遍布全中国各地的鸟与龙之文物遗迹，亦可体得"升天"这样的经验在初民的精神活动中，占有何等重要的地位[59]。对中国早期的巫或世界其他各地区的萨满

---

[59] 参见张光直：《中国青铜时代》（台北：联经出版公司，1983），页327—387。李学勤：《西水坡龙虎墓》，《李学勤学术文化随笔》（北京：中国青年出版社，1999），页375—383。陆思贤：《神话考古》（北京：文物出版社，1998），页71—107。石兴邦：《我国东方沿海和东南地区古代文化中鸟类图像与鸟祖崇拜的有关问题》，田昌五、石兴邦编：《中国原始文化论集》（北京：文物出版社，1989），页234—266。

而言,"升天"通常是需要动物或神话动物帮助的,马是常见的一种,但凤凰与龙在中国的"巫"之升天活动中,则占有更优势的地位。

萨满教的升天叙述与鸟兽之神秘功能分不开,这样的特色也见于《庄子》与屈原作品,但屈原兼使鸟兽,庄子则偏好鸟的作用。《庄子》书中特别多与鸟相关之主题,人与鸟不但特别相亲,而且可以沟通。不但可以沟通,《庄子》书中的一些圣人其实即是神鸟之化身。论及"鸟"的意义,首先,我们发现《庄子》书中凡言及精神自由处,它往往使用了鸟的意象,如《养生主》言"泽雉十步一啄,百步一饮,不蕲畜乎樊中,神虽王,不善也"。《至乐》言"昔者海鸟止于鲁郊,鲁侯御而觞之于庙,奏九韶以为乐,具太牢以为膳。鸟乃眩视忧悲,不敢食一脔,不敢饮一杯,三日而死"。这是从反面立论,突显鸟的自由本性。《应帝王》篇所言"予方将与造物者为人,厌则又乘夫莽眇之鸟,以出六极之外,而游无何有之乡,以处圹埌之野"。庄子此处强调的是种超出时空,进入不可言说的至极之境("无何有之乡"),"莽眇之鸟"扮演的是由有限进入无限的媒介,而且"乘"的意象很容易令我们联想到《楚辞》的巫术世界,也很容易令我们联想到广大的萨满世界中所见的"动物助灵、载人升空"之主题。

《庄子》书中,鱼鸟是与人相亲的,它们的地位不低。庄子不但将它们视为自由的象征,他甚至将某些鸟人格化为典范化的圣人。此事学者注意得少,但很可能是可以进入庄子宗庙之美的关键性钥匙之一。笔者认为其中有几种鸟特别值得注意,"鹢鹈"一也,"白鶂"二也,"谆芒"三也,"桑扈"四也,"鹓雏"五也,"大鹏"六也。先说鹢鹈,《山木》篇假孔子之口道:

> 鸟莫知于鹢鹈,目之所不宜处,不给视,虽落其实,弃之而走。其畏人也,而袭诸人间,社稷存焉尔。

"鹢鹈"不离人间世,不受人间害。不但免受人间害,而且"社稷存焉"。此鸟特别有智慧,所以在《大宗师》中,此鸟乃化身而为特别有智慧的尧时代之贤士意而子。意而子在此篇中,大智若愚,以请教许由的方式,发其高致。"鹢鹈"此鸟在《庄子》书中似乎有特别的地位,庄子除了将它人格化外,笔者怀疑同一篇《山木》中的东海之鸟"意怠",应该也就是"鹢鹈"鸟,因为"怠"与"鹈"韵母同为之部,声母一为舌头音定母,一为舌上音日母,音近相通。更重要的是它们的性格极相近。这两种鸟行事谨慎,处世有智慧,行为如出一辙。

鹢鹈、意怠、意而子都这么的智慧如海,此鸟究竟何方之神圣耶?据成玄英的疏,此鸟即是"燕子"。燕子何以是所有鸟类中最有智慧者,真正的答案大概保留在庄子脑海处,外人无从得知了。但如果我们想到:它是只东方的鸟,而且是燕子,我们再回想殷商"天命玄鸟,降而生商"的神话,根据前人的解释，"玄鸟"即燕子[60]，那么，我们大有理由认定：庄子是借用了流行于东夷地区的图腾鸟燕子，用以加强自己的论证。由于燕子是商之始祖，可想见的是图腾鸟，由此我们可以理解《山木》篇引文中"社稷存焉尔"的旨义。前贤对此句的解释颇纷歧，现在看来都不合调。

其次，论及"白䴉"。《天运》提到一种鸟，这种鸟只要两眼相视，眸子不待运转，即可感风而化，这就是"白䴉"。生命的起源是个神秘，对许多民族——包括中国古代初民在内，生命不一定是透过男女牝牡交合而生的，它可能是上天给予，它也可能是"自然"产生的。自然产生的生命，用庄子的语言讲，即是"风化"。空中飞禽因风化而生的，乃是白䴉，地上走兽因风化而生的，乃是种名叫"类"的怪兽[61]，水中生物因风化而生的，乃是鼋鳖。人类当中也有因风化而生的，他们是海外思幽国的思士与思女，他们不夫不妻，"直思感而气通，无配合而生子"。[62] 风化事实上即是气化，气化是《庄子》书的核心概念，它指的是存在的流行，遍布于万物之内的交互感应。气化论最难以解释者，莫过于属种的生殖作用，我们今日很难接受跨属种间的生命延续性，但庄子却认为：即使种与种

---

[60] 《诗·玄鸟》："天命玄鸟，降而生商。"《毛传》云："玄鸟，鳦也。"《楚辞·天问》"玄鸟致贻女何嘉"，王逸《章句》云："玄鸟，燕也。"
[61] 《天运》云："类自为雌雄，故风化。"《山海经·南山经》云："类自为牝牡，食者不妒。"《山海经校注》，页5。
[62] 郭璞注语，参见《山海经校注》，页346。

之间，也没有绝对的隔阂，"万物皆种也，以不同形相禅"，这是世界的实相。至人能在各种表相的分类系统下来去自如，这就是游乎"天地之一气"。无疑地，白鵁"相视，眸子不运而风化"，这类的生殖方式最合庄子的癖好。

然而，白鵁者何许鸟耶？考"鵁""鷖""鷁"皆一字之转[63]。《吕氏春秋·音初》言有娥氏有二佚女，为之九成之台。"帝令燕往视之，鸣若嗌嗌。"古代传说中有"伯益"其人，此人或言为吞玄鸟卵之女修之后代，其人据说知禽兽，懂鸟语。袁珂说："在更古老的神话中，伯益本人就是天上的玄鸟即燕子。益同嗌，嗌籀文描绘的就是一只张口分尾的燕子的形象。"[64]袁珂并引古书各种记载，以证成此说。益如果是燕，则鷁与鵁应该也是玄鸟之燕，白鵁与鷖鷁之说恐是一事之分化[65]。

《天运》有至鸟白鵁，《齐物论》与《应帝王》有至人"王倪"。《齐物论》篇的王倪知道至人"乘云气，骑日月，而游乎四海之外"。《应帝王》的王倪就像伏羲一样"其卧徐徐，其觉于于，一以己为马，一以己为牛"，啮缺向他请教问题，他"四问而四不知"。白鵁与王倪同样是言语道断，同样是将个体

---

[63] 参见方以智：《通雅》，《方以智全书》（上海：上海古籍出版社，1988），第一册下，页1353。

[64] 袁珂：《古神话选释》（台北：大安出版社，1986），页324。另参见杨宽：《伯益考》，《齐鲁学报》，第1期，1941，页141—154。此文后来收入《古史辨》（上海：上海古籍出版社，1982），册7。

[65] 叶舒宪亦有此说，参见《诗经的文化阐释》（武汉：湖北人民出版社，1994），页582。

溶进气机之感应中。"倪"与"鹢"又是同声字，它们应当有"右文"的关系。如上所述，我们如将王倪视为"白鹢"的人格化，恐怕再恰当不过了[66]。

我们在第三节提到"东之大壑"的"谆芒"当是"句芒"，"句芒"固是东方大神也。"句芒"一词先秦古籍常见，较之其他诸神，祂算是出现率较频繁的神祇。但此神的真实身分为何，前人通常只解码解到一半。今人丁山、胡厚宣、萧兵等人皆以"句芒"为《山海经·大荒北经》的"九凤"，两者皆是燕子的异称[67]。"句芒"是否可视为"九凤"，丁、胡等人举的例证不多，笔者持保留态度[68]。但"墨子"书中的"句芒"，"鸟身，素服三绝，面状正方"[69]，此神又为东方大神，主生长、繁衍等等的功能。由此看来，则此神乃燕子之转化，此说不失

---

[66] 《齐物论》篇另有"天倪"一辞，"天倪"者，天研也，浑圆之天的象征。如此之解，其义自宜另立一帜，与"鹢"有别。然天倪可使"是不是，然不然"，因物而行，各得自然。如此，"天倪""王倪""白鹢"三者的意义未尝不可相互发挥。

[67] 丁山：《中国古代宗教与神话考》（香港：龙门联合书局，1961），页49。胡厚宣：《甲骨文中殷商崇拜鸟图腾的遗迹》，《历史论证》，第1辑，1965，页136。萧兵：《楚辞新探》（天津：天津古籍出版社，1988），页298—306。

[68] "九凤"的形象是"九首人面鸟身"，这里的"九首"之"九"看起来是实际的数目字"九"，而非假借字。准此，此鸟就不像燕子了。

[69] "三绝"无义，孙诒让云："疑当作玄纯。玄与三、绝与纯，草书并相近，因而致误。"参见张纯一：《墨子集解》（成都：成都古籍书店，1988），页201。孙诒让校正如果可以成立的话，"素眼玄纯"之语正是燕子的写照，此杨宽所以说："黑身白肚的鸟，活像玄燕了。"参见《伯益考》，《古史辨》，册7，页388。

为一种合理的设定。

除上述燕子属的三鸟外，另有"桑扈"值得留意。考《左传》昭公十七年记载郯子回答昭子"少皞氏以鸟名官，何故也？"的问题时，提到龙纪龙师龙名、鸟纪鸟师鸟名那段著名的话语，其中有"九扈"一语，九扈为"九农正"。杜预注九扈之名，其中有一扈为"桑扈"："桑扈窃脂"。孔颖达正义引贾逵之言曰："桑扈窃脂，为蚕驱雀者也。"[70] 如果依据许慎的说法，则不只"桑扈"，其实九扈整体都是"农桑候鸟"[71]。我们看到郯子充满神话传说的语言，再看到"桑"此神话性质极浓的植物，又见到与季节神话可能有关的"候鸟"此语，对于"桑扈"不能不特加留意。

《庄子》书中没有"桑扈"此鸟，但却有"子桑户""子桑雽"其人。户、雽、扈音通，"子桑户""子桑雽"应即为"子桑扈"[72]，亦即其人为"桑扈"此鸟之人格化。如果郯子鸟纪鸟师之说可靠的话，"桑扈"或许可视为职官之称呼。"子桑户"出自《大宗师》篇，此人与孟子反、子琴张"相与于无相与，相为于无相为，登天游雾，挠挑无极"。这些人表现出庄子最

---

[70] 参见杜预注，孔颖达疏：《春秋左传注疏》（台北：艺文印书馆，1995）卷48，页5。"窃脂"之义颇晦涩，前人或以为"盗人脂膏"，或以为"窃"即"浅"字，"窃脂"为"浅白色"。

[71] 许慎：《隹部》四上，《说文解字》（台北：台湾商务印书馆，四部丛刊初编缩本，1965），页5。

[72] "雽""户"音通，"子桑雽"即为"子桑户"，俞樾有是说。引见《庄子集释》，页684。

向往的人格境界。"子桑虖"一语出自《山木》篇，此人在文章中扮演开导孔子的角色，孔子也接受了他的建议。庄子无疑地是假借"子桑虖"之言以出己意。

"桑扈"鸟拟人化为"子桑扈"，此当无可疑，然犹有可注意者。一是子桑扈可"登天游雾，挠挑无极"，这样的叙述表现的是"升天"的主题，"升天"是庄子的至人意象的常见因素。另一是"子桑户"为子姓，子姓为殷商民族的主干，子姓族的代表在殷、宋尤为显著。子姓的族神追究到底，可以说都是玄鸟[73]。三是"九扈"可能即是《尚书·甘誓篇》所说的"有扈氏"，其地在今山东范县，它可能是益辖下的部属，所以此部落亦属殷民族集团[74]。关于"子桑扈"的殷商内涵之意义，我们在结论处会有更明确的展示。

如果说燕子（鹦鹛、白鹇、谆芒、桑扈）是殷商及东夷最神圣的宗教图腾，是庄子气化思想的体现，它的地位是其他的动物所望尘莫及的话，我们不宜忘了：神话之鸟凤凰。这种鸟虽然在现实世界不存在，但它的地位却不下于鹦鹛、白鹇、谆芒与桑扈。《庄子》第一篇的第一段的破题文字，即显示了"凤凰"所占的特殊地位："北冥有鱼，其名为鲲。鲲之大不知其几千里也。化而为鸟，其名为鹏，鹏之背，不知其几千里也。怒

---

[73] 御手洗胜有是说，参见《古代中国の々神》（东京：创文社，1984），页644。

[74] 上述说法参见孙作云《中国古代神话传说研究（下）》（开封：河南大学出版社，2003），页507—509。

而飞，其翼若垂天之云。是鸟也，海运则将徙于南冥。"庄子的《逍遥游》篇之主旨在"明至人之心也"，亦即强调主体之自由，此事殊无可疑。但从神话学的角度看，《逍遥游》篇的大鹏乃是凤凰，凤凰是祥瑞之物，它集人类一切欲望异化于其身。"鲲化为鹏"此变形神话，言者多矣，笔者认为：它是"鹫与蛇"此常见的神话母题之案例。《逍遥游》的"鲲"是鲸鱼，神话思维中，鲸鱼就像蛇、龙一样，代表的都是原始浑沌未分的整全，它们往往与五行的水、土结合，也与黑夜、地下物质等挂钩在一起。相形之下，大鹏鸟就像鹫一样，它们往往与风、火结合，而且常用以象征精神、天上、光明等等[75]。比较庄子所用的"鲲化为鹏"与"蛇—鹫"的神话母题，我们知道庄子借用了东夷民族神圣的神话之鸟凤凰之振翅高飞，用以描述至人的修养境界之脱胎换骨。庄子对凤凰是津津乐道的。

"鹔鹴"拟人化为意而子，"白鹛"拟人化为王倪，大鹏这类的凤凰是否亦可人格化为典范人物呢？可以的，我们将试举两例。首先，我们将举出前文已提到的"苑风"，苑风原为四方风之一，庄子将它人格化了。"苑风"的化身即为女和月母之国的鸋，鸋即为鹓，我们有理由相信它就是"鹓雏"。庄子在《秋水》篇中有名的"鸱得腐鼠"的叙事中，即以"非练实不食，非醴泉不饮"的"鹓雏"与器小量狭的鸱作对照，

---

[75] M. Lurker，林捷译：《鹫と蛇》（东京：法政大学出版局，1996），页198—199。

"鹓雏"固凤凰之属也。不但如此，如果"鹓"为"鹫"之说可靠的话[76]，"鹓"的地位会更特别。《玉篇》有言："鹫鸡鸟，自为牝牡。"此鸟的性质竟然与白鹓相似，同样是风化之鸟。"风化"是庄子最喜欢的感应方式，"鹓雏"体现了这样的存在模式。

还有更重要的凤凰化身的典范人物，只是此典范人物不是庄子凭空创造，而是远有所承，此人即是孔子。传说庄子曾经假借老子之口赞美孔子道："吾闻南方有鸟，其名曰凤，所居积石千里，天为生食，其树名琼枝，高百仞，以璆琳琅玕为实；天又为生离珠，一人三头，递卧递起，以伺琅玕。凤鸟之文，戴圣婴仁，右智左贤。"（佚文第113条）更有名的故事当是《人间世》的记载：楚狂接舆歌而过孔子之门曰："凤兮，凤兮，何如德之衰也。"《人间世》此则故事也见于《论语》。接舆所歌咏者何人，庄子自然非常了解。凤凰是东夷族之象征，孔子生前，颇多关于他"天纵将圣"之传闻流传于世，环绕他身旁，确实也有些神秘的氛围，时人（包括他的学生）对他有些类似期待弥赛亚那般的渴望[77]。有些人甚至认为他是殷商民族的希望，东夷文化的体现[78]，所以他广泛地被比拟为凤

---

[76] 孙作云有是说，参见《中国古代神话传说研究（下）》，页271。
[77] 参见朱晓海：《孔子的一个早期形象》，台湾《清华学报》32卷，1期（2002.6），页1—30。
[78] 参见胡适：《说儒》，《胡适作品集》（台北：远流出版社，1986），册15。

凰，庄子也老老实实的将这样的佚事记载了下来[79]。

以"鹓鶵""白鶂"（燕子）及"大鹏"（凤凰）这些神鸟为例，我们不难了解意而子、王倪、孔子的深层意义，《庄子》书中另外还有些圣人如瞿鹊子、蒲衣子[80]等人，恐怕也有鸟形鸟语的嫌疑。《天地》篇说"圣人鹑居而鷇食，鸟行而无彰"，这样的状词看来不只是种比喻，它恐怕还有些神话象征的源头。我们有理由相信：这些象征乃是承自东夷之巫文化传统。而由大鹏鸟与白鶂的"风化"能力，我们很自然地又想到萨满教的另一特点，此即自然界所有的现象都被赋予生命力。

庄子的思想的一大特征乃是对死亡的否定，我们的理论不是来自《齐物论》有趣的"丽之姬"之类比，也不是来自《至乐》篇髑髅托梦之寓言，而是来自庄子的气化理论。简单的说，庄子将一切存在的现象皆归因于气的变化，包括生死在内，无一不然。换言之，生死并不是本质的断裂，"人之生，气之聚也；其死，气之散也"。死亡，乃是有限时间内的暂时

---

[79] 参见闻一多的《龙凤》一文，《神话与诗》，《闻一多全集》（北京：三联书店，1982），页69—72。

[80] 鹊是满蒙、朝鲜神话中的圣鸟，《山海经·南山经》中另有"瞿如"之鸟"其状如䴔，而白首三足，人面，其名曰瞿如，其鸣自号也"。笔者怀疑此"瞿如"当为"瞿鹊子"名之所出。又《应帝王》篇有"蒲衣子"其人，《淮南子·览冥》有"蒲且子"，此人"连鸟于百仞之上……得清净之道太浩之和也"。笔者怀疑两人为同一人，而且其名与鸟之神秘化或图腾化有关。两者皆孤例无援，姑记之，以备一说。

之样态重新回归其母体，有一天，这母体之内的气可能又会涌现为新的样态。"气"是存在的本质，它必然是连续性的，不可能有断层。

如果我们把庄子（甚至包括《易经》）的生死观和神话思维或萨满教的思维作一比较，不难发现两者之间惊人的相似。严格说来，这样的相似并不惊人，因为《庄》《易》气化的想法很可能来自于远古的萨满文化底层。只是后来哲学突破了，《庄》《易》发展出一套细密的形上学系统，"气"遂与原来的"生命基质"（类似 mana 之类的概念）分途发展，其实两者是同出而异名。

在《庄子》书中，赋予存在生命的当然是"气"，但"气"的源头，至少源头之一，乃是"风"。依庄子的用语习惯，"风""气""化"这几个概念是环环相扣的，世界的实相是"化"，"化"意指没有固定的本质，而"化"的可能性基础乃在"风"或"气"。由此我们回过头来，可以重新反省白䴐、凤凰与风的关系。白䴐、凤凰两者有一类似性，此即它们都是"风化"之鸟，它们的生殖都是透过气化的交感自然成孕的。庄子对"气化"特别着重，他选择白䴐与凤凰作为重要的理论之喻根时，不可能没考虑它们特殊的生殖方式。

中国古书中，"风—气—鸟"的关系难分难解，这是常态，而非特例。《周礼·春官·大宗伯》的"风师"之"风"写作"飌"，也是一个明显的例子。孙诒让说："全经六篇，风雨字皆作风，惟风师字作飌。《说文》无此字，从䂞，与六书例亦不合,所未详也。"[81] 就文献而言,确实不易详,但就神话思维而言,倒不难理解。因为风师是个神话的概念,它的源头甚古,所以风师之字不得不从鸟。鸟呼风,风呼鸟,《庄子》书中最重要的线索当是大鹏鸟。《逍遥游》中,大鹏鸟是要乘风,抟扶摇而上九万里的,换言之,有了风,才有逍遥。但风从那里来,风其实来自大鹏鸟,因为大鹏鸟即凤凰,凤凰即风之鸟,大鹏所以暮宿风穴,此事再自然不过了,因为它本是风鸟,它回到老家睡觉,此事有何可疑!

《逍遥游》一篇叙述的是风的故事,或者说:风气的故事。有了风气,才有逍遥。我们前文曾举《天地》篇"谆芒将东之大壑,适遇苑风于东海之滨"的故事,说明庄子如何借助了巫文化的因素。我们当时举例,没有说完,引文之后,谆芒与苑风还有场对话,对话是以"上神乘光,与形灭亡,此谓照旷。致命尽情,天地乐而万事销亡。万物复情,此之谓混冥"作结。结语显然是悟道语,但此语为何由谆芒与苑风口中说出?原来苑风与谆芒皆是带来生命变化的风气。两者皆苍苍莽莽,耳目难识,但它们却构成了"道"的本质。

《庄子》书中论及生成变化,我们总是看到"风(气)—神鸟—神人—宇宙图式—生命变化"之类的意象,不断生起转换。自然的本质(风、气)被神圣化了,即有神鸟;自然的本质要解释存在的转换,即有变形神话;自然的本质要生生不

---

[81] 孙诒让:《周礼正义》(北京:中华书局,1987),册5卷33,页1299。

息，保持能量，它必须回到神秘地理学的宇宙根源（归墟、汤谷）。庄子用到神人之离体升天与神鸟之兴风鼓气的意象，手腕极为灵活，显然，他拥有我们目前仍不甚清楚的枕中秘笈，此一秘笈为何？此事真是令人好奇。

七　漆园、长桑君与东海

本文旨在作一种精神史的考古工作，如果说"巫"曾是上古中国知识分子的总称，只有他们才可以掌握知识，那么，显然后来诸子百家的学问在某一个意义或某个历史阶段上，应当与巫有密切的关系。三代的"巫"的主要精神面貌是否如张光直先生所说的，乃是某种解体型的人格，笔者没有资格妄下断语。但由种种的资料看来，这种解体型形态的巫——也就是耶律亚德所说的"萨满"，当是三代早期极重要而且极具典型意义的宗教成员，这应当是很合理的假说的。由巫到诸子，这中间的过程曲曲折折，每个学派"除魅化"或"创造性转化"的时期不会一样。比如儒家的"师"或"儒"应当也与早期的巫之职能有关，但由"绝地天通"的大巫到荀子的师儒之教，这中间无疑已有极大的变化。墨家之墨与原始之巫的关系，恐亦类似。阴阳家与巫的关系可以想见地较为密切，但阴阳既可以成家，这中间想必也要加上许多环节，学术思想的演变才可以说得通。

先秦诸子百家与巫文化或多或少都会有些关连，但笔者认为我们如果采取特定的立场,将"巫"视为解体性人格的萨满,将巫文化放在萨满教文化下考量,那么,庄子(应该再加上屈原)的作品很可能是两千多年的文化传统中,巫文化显性因素较集中的典籍。庄子与屈原的年代已进入战国中、晚期,他们的思想何以保留那么多的巫文化之因素,此事不易理解。屈原的例子很可能与楚国的风尚以及他的家世,还有三闾大夫的祭官职业有关。庄子的情况不好讲,我们对他的家庭不太了解,不知道他的父亲何人,也不知道他的先祖有何世守的职业。我们只知道他有妻子,但不知道他的妻子给他带来什么样的影响。因此,我们只能辗转从他的师友、职业、乡里入手,尝试看看能否找到一点线索。

首先,我们从他的交游入手。庄子僻处蒙地漆园,交游似乎不广,我们能够追查的线索相对地有限。如果我们将侦察的范围限定在天文与地理知识,那么,我们很容易想到庄子最好的朋友,甚至可能是唯一的知识圈朋友惠施,他也同样对天文与地理的知识感到兴趣。《天下》篇所言惠施"历物"十事,其事率言及天文地理之问题,如言"日方中方睨","我知天下之中央,燕之北、越之南是也",惠施之言与庄子观点颇有相似之处,上述所引,即隐含"化"与"浑圆"的隐喻。然而,庄子所知道之天文地理,不仅在于哲理或"官人"之学的天文学、地理学,还在于神话的天文地理学。而惠施的形象一向是智者的面貌,当代的中国哲学史家在寻找中国的知性传统时,往往溯源到"名家"的惠施。庄子这位老朋友似乎不太能提供他巫文化的讯息。

如果庄子的家庭与交友不能提供我们任何巫文化的讯息的话，我们也许可以考虑他的师承所出。很可惜的，《庄子》本文没有提及他师承何人，比较可靠的先秦两汉文献也没有提及此事。倒是唐代的成玄英说庄子曾师"长桑公子"，成玄英的说法很少被当作一回事，但他的说法是有所本的，笔者认为成说当依循陶弘景《真诰叙录》之说而来[82]。道教有独特的史观与师承关系，教外人士不易了解。反过来说，教外人士通常也不会重视这种材料的史实价值。但笔者认为这种来自道教传统的宗教历史知识，偶尔会有个历史的理路。笔者认为长桑公子不无可能是战国时期传说中的神医，事实上也是巫医长桑君，据说扁鹊曾向他学习医术。扁鹊饮了长桑君授予的上池之水，经过三十日后，居然可以洞鉴人的五脏，病人的身心状况一目了然[83]。长桑君将禁方书尽授予扁鹊后，"忽然不见，殆非人也"。非人之人，其人殆亦黄石公之流者欤！"上池之水"可能是可以明目成仙之神秘露水，神秘之药必须在神秘的时期（一月）传予特定之人。长桑君一节充满了巫教色彩，其传授知识也是标准的巫术仪式[84]。如果庄子曾师事他，那么，庄子文字偏好巫风的原因即可理解。虽然长桑公子之说羌无故实，

---

[82] 陶弘景：《真诰叙录》，《陶弘景集》（江苏：广陵古籍刻印社，1992），册6，《真诰》卷19，第一。
[83] 司马迁：《史记·扁鹊仓公列传》（台北：鼎文书局，1979），页2785。
[84] 山田庆儿：《扁鹊传说》，《东方学报》，第60册，1988，页118—119。

陶弘景与成玄英没有交代他们的观点是从那个管道得来的，庄子思想的师承仍有待探索，但"长桑公子"之说不失为一种有想像力的提法。

"长桑公子"之说所以值得考虑，笔者在下文还要提到，其原因与燕齐海滨有关。本文在此仅想简略提示一下，笔者认为"长桑"一词很难不令人联想到"穷桑"或"空桑"的传说，传说中的古圣人如少昊、羲和、伊尹，或著名的恶人代表如共工、蚩尤，其出生或重要活动事迹皆与"空桑"有关[85]，这是东方的传说。"长桑"一词也很难不令人联想到"扶桑"一词，事实上，"扶桑""空桑""穷桑"很可能是一气化三清，其源头皆来自桑树的神话。根据白鸟库吉的解说，"长桑君"其人很可能是扶桑树的神格化，也可以说是"东王父"的一个分身[86]。而接受长桑君上池之水的扁鹊，其历史面貌原本恍兮忽兮，但晚近因为山东地区几件类似扁鹊行医图的画像石出土，我们才赫然发现：原来扁鹊其人乃人面鸟身，其人固神话中人也。而且扁鹊传说流传的区域主要在山东地区，其区域与

---

[85] "穷桑"（空桑）与少昊的关系，见《左传》昭公二十九年"少昊氏有四叔"，杜注孔疏。与羲和的关系见《启筮》："空桑之苍苍，八极之既张，乃有夫羲和，是主日月。"郭璞注引，参见袁珂：《山海经校注》，页381。与伊尹的关系见于《吕氏春秋・本味篇》，与共工的关系见于《淮南子・本经篇》，与蚩尤的关系见于《玉函山房辑佚书》所搜集之《归藏》遗文。

[86] 白鸟库吉：《大秦国に現はれたる支那思想》，《白鸟库吉全集》（东京：岩波书店，1971）卷7，页260—262。另参见题目相同的两篇《扶桑国に就いて》，《白鸟库吉全集》卷9，页15—36、71—90。

出土画像石地点符合[87]。从传说聚集的地点看来,"长桑公子"之说不一定是无稽之谈,恐怕有一些苗头。

看完了师承,我们接着考虑他的里居,太具体的地点是无从谈起了,即使就他身处的宋国考量,由于年代邈远,出土相关文物不多,我们几乎不可能作地域史与其思想的关连之确切研究。但放在一个较大的时空架构看,我们不妨设想:与宋国相邻的陈国与楚国是春秋战国时期巫风特盛的两个国家。《陈风·宛丘》云:"无冬无夏,值其鹭羽。"《东门之枌》:"子仲之子,婆娑其下。"其言皆道及陈国巫风之盛。至于楚国巫风之盛,更是享名已久。宋接陈、楚,很难说其风俗与陈楚无关。更重要的,庄子出身地的蒙(位于宋国)的历史风土很特别,它与殷商有双重的关系。众所共知,宋乃是殷商后裔之国。在东周时代,乃是代表殷商文化的活化石。其次,"蒙"位于今日之商邱,其地与商朝旧都亳紧邻,历史积淀特厚[88]。我们都知道殷商祀鬼祭神,巫风极盛,这是殷文化极大的特色。庄子处在这样的地理位置,生于斯,长于斯,我们实在没有任何的理由质疑他为什么对于巫风那么熟悉。

庄子与巫的关系,我们还可以从他做蒙这个地方的漆园吏考量。合理的设想,庄子做的这个官位阶大概不高。漆在战

---

[87] 参见刘敦愿:《汉画像石上的针灸图》,《文物》,1972年第6期。
[88] 商汤旧都"亳"位于何处,颇有异说,或言在今日关中,或言在偃师,或言在济阴,或言在蒙。王国维认为其地在蒙县西北,此说似可信从。参见李民:《尚书与古史研究》(郑州:中州书画社,1983),页101—109。

国是重要的经济作物，种植面积广，收成量大，它具有重要的市场价值，所以控管很严格[89]。另一方面漆工在此时期有一突破性的发展，战国漆器之美，种类之多，久已脍炙人口[90]。然而除了经济与艺术的面相外，漆这种植物似乎还有些特别的功能，我们且看《神农本草经》的记载：

> 绝伤，补中，续筋骨，填脑髓，安五脏，五缓六急，风寒湿痹，生漆去长虫，久服轻身耐老。[91]

我们且再看底下这则材料：

> 陶弘景曰：仙方用蟹消漆为水，炼服长生。抱朴子云：淳漆不粘者，服之通神长生。或以大蟹投其中，或以云母水，或以玉水合之，服九虫悉下，恶血从鼻出。服至一年，六甲行厨至也。[92]

---

[89] 睡虎地出土竹简即有如下的记载："漆园啬，赀啬夫一甲……三岁比殿，赀啬夫二甲而法，令丞各一甲。"管理相当严格。《睡虎地秦墓竹简》（北京：文物出版社，1990），释文页84。这是秦代的情况，但上推战国，恐亦相去不远。
[90] 王世襄：《中国古代漆器》（北京：文物出版社，1987），页9—13。
[91] 吴普等辑著：《神农本草经》（上海：中华书局，1936）卷1，页37。
[92] 李时珍：《本草纲目》（台北：台湾商务印书馆，1968），册20卷35，页15。

《神农本草经》带有相当巫术的性质，其所载药效如何，很难求证。陶弘景与葛洪，其人皆在道医之间，他们对药草的说明，无疑也带有相当强的宗教或巫术之因素。

论者可能还会进一步批评道：《神农本草经》的医学知识是"累层"造成的，不管作为医书或作为史书，此书都不可靠。但笔者认为葛洪与陶弘景的年代虽晚，作为实用之学的本草之学却有可能代代相传，源头甚早。因此陶、葛两人的观点与《神农本草经》的叙述可能保留了较原始的医药的观念，他们的理解与庄子的理解反而有机会较为接近。即便就作为"医书"的资格而言，笔者认为：《本草经》所记载的"漆"之神妙功能固待检验，但漆作为宗教性的"仙药"，这个"知识"传统恐怕一直存在的，不要忘了我们引用的陶弘景资料是出自大医家李时珍的旷世名著《本草纲目》。我们也不会忘了神医华佗提供的一帖"去三虫，利五脏，轻体，使人头不白"的妙方即为"漆叶青黏散方"[93]。漆叶杀虫、益气的功能也许不是出自伪科学，而是修炼传统里的一种特别的知识[94]。因此，如果庄子看到漆树，他除了知道此树的经济价值外，他还知道它是很好的药材，可轻身、防老、杀虫，那么，我们相信：庄子至

---

[93] 参见《三国志》（台北：鼎文书局，1978），页804。
[94] Discovery 频道介绍日本肉身菩萨（肉身不坏之意）的修行方式中，有一道必要的手续是"利用漆树叶茶杀菌"，所以他们入灭之际修行地点常选在温泉与漆树聚集之地，此法据说由空海所传。此条资料承蒙蔡锦香小姐告知。

少接触到一条上通巫文化的重要管道。

除了漆的神秘医药功能外，我们还可从漆器与巫风的关系着眼，考察它们与庄子思想的隐微关系。

战国漆器甚美，它有两样特色，讨论中国古代漆器的书籍几乎都会提到。首先，战国漆器保留了相当多神话的题材，比如河南信阳长台关楚墓或湖北曾侯乙楚墓出土的漆器，其人物造型诡怪琦玮，不可方物。夷考其实，如方相、土伯、烛龙、禺彊等人，皆是《山海经》中人。这些墓出土漆器的年代与庄子生卒年相当，长台关与蒙地地缘尤近，此墓的漆器不无可能使用到庄子管理的漆园的漆树之汁。此时期漆器大量制造，而漆画题材特多来自于《山海经》或其他不知名的巫风传统。庄子的漆园吏所处理的具体工作不知为何，但他对漆汁加工成器的艺术题材，难道会一无所悉吗？

漆器另外的明显特色是装饰花纹，事实上，颇有人认为这是漆器最精彩的部分[95]。战国漆器常见的花纹有云纹、花瓣、几何、龙、凤等等，但不管其花纹如何，这些纹样都呈现着高度流线形的图式，迂回环绕，漩涡流转，观者乍睹之下，不禁目眩神驰。漆器纹饰与青铜纹饰颇有关连，但如论生动、变化，漆器纹饰远超过青铜器上的纹样。前代艺术品差堪与之比拟者，或许只有新石器时代彩陶上的漩涡图式。笔者认为：就

---

[95] 索予明主编：《中华五千年文物集刊·漆器篇一》（台北：中华五千年文物集刊编委会，1984），页120。

风格论，漆器纹样之飘漩涡，其构造颇可与庄子若骤若驰、变化不已的世界观相呼应。这样的风格的类似性诚然不易找到文本上的文字加以证明，但它们带给读者的印象是如何地强烈，笔者每看到从彩陶[96]到漆器的纹样，免不了就会想到它们与巫风及《庄子》《易经》这些强调"变化是世界实相"的典籍之关系。

如果庄子所处的宋国之蒙地巫风很盛，如果庄子对漆树的神秘身心功能知之甚详，如果庄子从漆器的题材与纹饰得到启发，如果庄子真的从长桑公子学习的话，那么，庄子书中充满了许多巫文化的因子，此事即可获得解释。即使我们对于他的《山海经》般性质的知识何处得来，了解仍然有限，但至少我们不会认为庄子的巫教知识是凭空创造的，它是有"在地性"或"风土性"的凭证的。

八 结论——殷商文化的折射

庄子巫文化知识的具体传承虽然很难追踪，但我们现在既然已经认定它的来源有风土性，这些线索已可以提供我们作更深一层的探索，笔者在此尝试将它们落实下来，希望可以得到更确切的结论。

---

[96] 庄子常借用陶均之旋转象征道之运行。如《齐物论》言"天均"，《达生》篇言"工倕旋而盖规矩，指与物化，而不以心稽"。陶均运转与漆器纹饰涡旋，笔者认为有"意象的旁通"。

如前文所述，我们看到庄子使用的神话题材，东海之滨的因素占了极大的比重。我们在第三节所列的神话，内容一面倒的是东海神话，说的更清楚些，除了禺彊神话与姑射神话可能是燕国附近海域的神话外，其余很可能都是出自齐国海滨。两者笼统说来，可称之为燕齐海滨之神话。第三节这组神话的地域特征，我们在上一节论庄子师承的长桑公子之材料，再度见到，同样是出自东方海域；我们在第四节论"昆仑"与"泰山"的暧昧关系，也可以找到有力的支持"燕齐海滨"假说的线索；甚至我们在第六节引用到的庄子嗜好风、鸟、气之题材，我们依然可以从中辨识出东夷文化之特色。

庄子思想与东方海滨文化有关，《庄子》文本的内证应该可以证成此说。由于此一假说会带来较深远的影响，笔者愿意再举一例，以资说明。《在宥》有"云将东游，过扶摇之枝而适遭鸿蒙"的故事，一般注家都同意此段落为"寓言"，寓言也者，寄假托之言出庄子之意也。鸿蒙在此段寓言中，扮演的是庄子的代言者之角色。他年纪高，受人尊重，所以云将称之为"叟"；智慧深，其所说之"天养论"与《大宗师》所说"心斋论"可相互发挥[97]，两者同样是《庄子》书中重要的工夫论语言。无疑地，鸿蒙此叟在本篇寓言中，扮演的是智慧老人的角色，他是庄子的化身。

---

[97] "心斋论"道及"坐忘"："堕肢体，黜聪明，离形去知，同于大通。"其言与"天养论"所说："堕尔形体，吐尔聪明，伦与物忘，大同乎涬溟。"如出一本。

"鸿蒙"当为庄子的化身,这是可以肯定的。但笔者怀疑"鸿蒙"一词另有深义,此词可能是庄子自创的复合词,"鸿"字姑且不论,"蒙"字不无可能即影射庄子的出身地"蒙"。如果此说可靠,则《在宥》的"鸿蒙老叟"实即庄子此"蒙叟"也。我们观文中庄子提到云将初见鸿蒙后,再过三年,"过有宋之野",才再度遇到鸿蒙,即可略知个中蹊跷。无巧不成书,鸿蒙和庄子一样,居然都是宋人,而且都与"蒙"有些渊源,这未免太巧了。但如果我们了解他们本来就是同一人,疑情可以立刻云消烟散。这位作为庄子化身的鸿蒙,不会无事跑到东海之外的"扶摇之枝"去的,因为扶摇很可能指的就是扶桑,东海外的神木[98]。扶桑—归墟的子题在《庄子》书中频频出现,此神话地理当是东夷民族的圣地,也是蒙叟神游向往之地。鸿蒙此叟不但东游扶摇之枝,更特别的,他还有法术,可"合六气之精,以育群生"。即便就他想打退堂鼓用的语词"傛傛乎归矣",我们如果嗅觉敏锐一点,也可闻出其间的仙味[99]。鸿蒙

---

[98]《经典释文》以扶摇为"神木也,生东海"。成玄英疏同之。两说参见郭庆藩:《庄子集释》(台北:河洛图书公司,1980),页385—386。林希逸则以"扶摇之枝"为"扶桑日出之地",日本学者福永光司、池田知久等人同之。林说参见《南华真经口义》(台北:艺文出版社,无求备斋庄子集成本)卷13,页14b。池田知久之说,参见《庄子》(东京:学习研究社,1989),页475。

[99] 闻一多说:"傛之为言犹迅也,飞跃而上之貌也。《说文》:'傛,长生迁去也'、'迁,登也'。迁去之义,尚无不合,长生则古只谓寿,飞升乃称傛。"《神仙考》,《神话与诗》,此书收入《闻一多全集·1》(台北:里仁书局,2000),页173。

可说是位神巫，他是庄子的分身。

《在宥》篇"云将东游，过扶摇之枝而适遭鸿蒙"一节，其结构与内容和《天地》篇"谆芒将东之大壑，适遇苑风于东海之滨"一节，非常相似，两者几近一事之分化。这两节内容即便不是庄子自著[100]，但它们透露出庄子与滨海文化关系的秘密并不比内七篇少。笔者相信庄子与东方海滨文化的关系应当还有资料可论[101]，但上述的材料透露的消息已够多了，只要我们将这一些材料累积起来，它们自然而然地会揭露一个值得深省的现象，此即庄子思想与燕齐海滨关连甚深，与巫的关连也甚深。两者综合来看，也就是说：庄子浸润甚深的巫文化乃是燕齐海滨的类型，这是种典型的萨满教型态的文化。

如果庄子大量采用了燕齐海滨的神话故事，我们不得不感到好奇：一位僻处在河南商邱附近的中级官员，为什么有机会成为"海洋哲学家"？他的"海洋"知识是那里来的？庄子为什么要使用这个区域的神话题材？"为什么"的问题很难有一定的答案，但笔者怀疑：庄子与殷商文化有些特别的关连。傅斯年早年即已指出：殷商发迹于辽东一带，这个说法颇得到一

---

[100] 根据刘笑敢先生的分法，《天地》与《在宥》可归类为黄老学派的作品。笔者认为这两篇的情况不在此列。刘说参见《庄子哲学及其演变》（北京：社会科学，1988）。

[101] 如《庄子》《列子》书中皆言及"庚桑楚"（或作亢桑子），笔者即怀疑此人和空桑神话有关连，兹不赘言。相关的研究另见朱任飞：《庄子神话的破译与解析》（长春：东北师范大学出版社，1999），页17—28。

些史家与考古学家的支持[102]。如果此说可以成立的话，上述问题的答案就呼之欲出了。因为宋国保留极多的殷商文化因素，这是深沁庄子骨髓的历史风土，庄子几乎没有机会不受到此风土影响。由于海洋的记忆深烙在他的思考中，所以庄子虽然不直接思索海洋的巫文化，但他的思想却透过海洋的巫文化之格局显现出来。我们现在看到"燕齐海滨"一词，很容易联想到的是从邹衍以至秦汉方士的传承，这股传承形成了后世道教的源头[103]。我们不方便说庄子对方士有什么直接的影响，但他们至少在神话题材上分享了共同的资源，只是后来巫—道异业，彼此分道扬镳了。

本文从巫术空间、人格型态、神话飞禽、生命基质（风气）入手，比较了庄子与巫文化的关连，并试图从极简略的原始传记材料入手，追溯他的巫文化的因子是如何来的。本文的终点站是殷商文化的精神风土，这样的目的地有些出人意料之外，但材料的理路就是这样的导向。如果庄子的巫文化因子确实与殷商文化有关，我们除了可以理解庄子何以对东方海域一

---

[102] 傅斯年：《夷夏东西说》，《傅斯年全集》（台北：联经出版公司，1980），册3，页86—157。金景芳、张光直亦有类似的说法，参见金景芳：《商文化起源于我国北方说》，《古史论集》（济南：齐鲁书社，1982），页83—87。张光直：《早商、夏和商的起源问题》，田昌五编：《华夏文明·第一集》（北京：北京大学出版社，1987），页408—424。孙作云先生的《飞卢考》《后羿传说丛考》《鸟官考》诸文亦详，这些文章收入《中国古代神话传说研究》上、下两册之中。

[103] 陈寅恪：《天师道与滨海地域之关系》，《陈寅恪先生全集》（台北：九思出版社，1977），页365—403。

往情深之外，也可以比较同情地理解庄子学研究上的一些相关议题，比如庄子与孔子的关系。这是后话，此处暂且不论。

　　本文追溯庄子思想源头最重要的意义恐还不仅在于其中的巫教因素，而是希望借着重探源头，进而理解庄子如何走出巫教的精神。我们前文一再说明：上古巫的特色在于其人之人格易于解体，与神明交，其人在灵魂之神游中，自得逍遥。但我们有理由认定：三代精神史的发展大体上乃是道德意识与理性意识不断的加强，从颛顼使重黎绝地天通，以至周公之制礼作乐，我们看到一代的精神风气都是要使学者对身心内部的意识与对外在情境的认识固定化，条理化，道德化。重黎绝地天通以后，颛顼统治下的人民再也不能旦上天，夕上天；天和人也不能旦有语，夕有语。周公制礼作乐以后，周朝臣民再也不能像殷商末期的君臣一样，整日沉湎酒中，亦即不能再度沉迷在饮酒后所释放出来的解体合一之感[104]。每一次政权递换，每一次文明进展，人民的意识总是趋于明确，巫术的因子日益被逐出身心之外，也日益被逐出自然之外——至少对主流的学派来说，"除魅化"是个明显的历史行程之特色。

　　巫的社会地位与历史的行程成反比，战国中晚期的巫早已不是活在美好的岁月。庄子与屈原却是其时少数仍被巫风价值吸引住的大人物。庄屈之后，离体远游的巫已极少现身于主流

---

[104] 关于殷商晚期纵酒文化的宗教意义，参见张光直：《中国青铜时代（二）》（北京：三联书店，1990），页63—64。谢选骏：《神话与民族精神》（济南：山东文艺出版社，1986），页358—364。

的大传统论述，他一方面被流放到一部分的道教及民间宗教里去，另一方面他转化成游仙的意象，成为后世文人精神向往的象征[105]。时光悠悠，神巫蛰眠。直到二十世纪新学术典范树立时期，刘师培、王国维、陈梦家、闻一多以至后来的张光直先生先后有所论述，复苏之巫似乎才显现他的力道，大家赫然发现：原来他曾光芒万丈，一度统辖了所有的文化领域。而且，他在后现代当令的今天，随着理性崩盘，主体一无所在，亦无所不在，他的好日子似乎越来越近。看来，《山海经》的想法是对的，巫终究是不死之巫。

---

[105] 彭毅先生对《远游》与"游仙"主题的关系有详细的考察，参见《〈楚辞·远游〉溯源——中国古代文学里游仙思想的形成》，《楚辞诠微集》（台北：台湾学生书局，1999），页271—324。

贰 儒门内的庄子[1]

> 庄子，不知他何所传授，却自见得道体，盖孟子以后，荀卿诸公皆不能及。[2]

一 一条明显而又受忽视的线索

明末清初曾有一股将庄子迎向儒家阵营的思潮，为方便定位起见，笔者称之为"庄子儒门说"[3]。明末庄子儒门说的首倡者当是一代高僧觉浪道盛（1592—1659），集大成者则为方以智（1611—1671）。至于以同情庄子闻名的王夫之（1619—1692），他虽不用其言而有其意。围绕着道盛师徒与王夫之这

---

[1] 本文初稿曾分别在"中央研究院"中国文哲研究所主办的"法国庄子研究研讨会"以及香港中文大学主办的"道家经典的诠释——我注六经还是六经注我学术研讨会"上宣读，承蒙与会学者多所针砭，谨致谢意。
[2] 黎靖德编：《朱子语类》（北京：中华书局，1994），册2卷16，页369。
[3] 参见拙作：《儒门别传——明末清初〈庄〉、〈易〉同流的思想史意义》，钟彩钧、杨晋龙主编：《明清文学与思想中之主体意识与社会·学术思想篇》（台北："中央研究院"中国文哲研究所，2004），页245—289。

三位不世出的儒佛龙象，还有钱澄之、石溪等人作为奥援。明末清初这股"庄子儒门说"的思潮不是凭空而来的，因为明中叶后原本即有相当浓厚的儒道或儒庄同道说，广而言之，"三教合一说"更可以视为明中叶后极重要的一股思潮[4]。方以智《药地炮庄》时常言及的袁宏道、袁宗道、管东溟、焦竑等人，或其亲人如方孔炤、吴应宾、王虚舟等人，无一不是这股思潮的拥戴者。明末的"庄子儒门说"虽然是将庄子推向儒家最彻底的一种主张，但却不是唯一主张庄儒同道的思潮。

明中叶后的"三教合一"思潮与明末清初的"庄子儒门说"的关系很深，如更往前推论，类似"庄子儒门说"的论点在儒家传统内还可找出源头，一般常上溯到韩愈、苏轼。韩、苏是唐宋时期的大文豪，其角色介于文人与学者间。文人论道，通常带有些业余的嗜好之意味，不能太当真。但此次不同，他们的观点算是足以自圆其说，因此，颇受到后人重视，如言：（一）庄子之学出自田子方，田子方则为子夏之徒，所以庄子有孔门的传承之印记。（二）《庄子》一书虽多非薄周、孔之言，但这些语言就像禅子之呵佛骂祖一样，阳挤而阴助之，不能只看文字的票面价值。（三）《庄子·天下》篇言天下学术，

---

[4] 王龙溪的《三教堂记》可为代表。一般而言，王学通常对道教较为宽容。王龙溪文参见吴震标点：《王畿集》（南京：凤凰出版社，2007）卷17，页486—487。关于王龙溪的三教观，最近的研究参见彭国翔《多元宗教参与中的儒家认同——以王龙溪的三教观与自我认同为例》，此文收入《儒家传统——宗教与人文主义之间》（北京：北京大学出版社，2007），页141—168。

诸子皆各自成家，亦各有所偏，庄子皆一一评骘之。唯独儒家诸子不在评述之列，对孔子更是一言不发。这显示庄子视孔子及《六经》为诸家之宗，不与诸子百家为侣，其地位大不相侔。韩愈、苏轼援庄入儒之言的语气虽强弱不同，但上述的论点却有理路，其论证大体也为明末的儒者所继承。

有关明中叶后的"三教合一说"以及唐宋文人的"庄子儒门说"，由于论者已多，旨义已显，本文不拟再讨论[5]。笔者仅再补充两点，以作为道盛、方以智、王夫之等人的说法之背景。首先，如论"庄子儒门说"的源头，应该还可以再往前推到魏晋时期。魏晋玄学深受老庄影响，此自是事实，玄学一般常被归类到道家的领域内，魏晋玄学也常被定位为新道家学说。但另一个同样明显的事实也不宜忽略，此即玄学家通常主张会通孔老，而且孔子的境界被定位高于老子，王弼的"圣人体无"之说即是典型的代表。在庄子身上这种解释模式也出现了。郭象注《庄》，只要涉及尧、孔之处，不管《庄子》本文如何说，郭象都以"寄言出意"的方式，解释庄子之意仍钟情于儒门之圣人，表面的文字作不得准。庄子本人更是位"虽未体之，言则至矣"的哲人，意在圣人，而去圣人一间，但论理则登峰造极。所以《南华真经》其书等于为圣人的圣言量背书，就像经学中"传"与"经"的关系一样。郭象"寄言出

---

[5] 详细的介绍参见徐圣心：《"庄子尊孔论"系谱综述——庄学史上的另类理解与阅读》，《台大中文学报》第 17 卷（2002 年 12 月），页 21—66。

意"的解释模式再下一转语,未尝不可视为"庄子儒门说"的一种变形。

"庄子儒门说"另一个值得注意的背景是:理学家一般如何看待庄子?明末"庄子儒门说"的意义还是要放到儒家思潮的脉络下定位。理学家一般护教意识较强,批判异端之念较烈,程朱系统在这点上更是明显。但我们如翻阅主要理学家的著作,从北宋五子、南宋的朱、陆,到明代的陈、王、罗(整庵)、刘(蕺山),不难发现他们所说的异端,主要指的是佛教,道教是连坐法的陪祭品,道家则是额外附奖,受批判的力道较轻。朱子与吕祖谦合编《近思录》,此书被当作学子晋阶用的基本教材,此书的卷十三为"异端之学",此卷共收录北宋儒者言论十四条,其中的异端几乎都指向佛教,独占了十条[6]。《朱子语类》搜罗朱子平日言论,算是最齐全,此书论异端处,几乎也都将矛头指向佛教。我们大概可以笼统地下这样的判断:理学家除了陈白沙、王阳明等少数人外,对佛教的世界观都很有意见。即便陈、王等人,他们的宽容大体也只是消极性的一语带过,而不是有所证成。至于罗整庵、刘蕺山批判佛教之严厉,更是不在话下。理学家批判的异端主要指佛教,这点是不必有争议的。

---

[6] 参见陈荣捷:《近思录详注集评》(台北:台湾学生书局,1998),页521—538。另外四条,两条言神仙,一条言杨墨,另一条言"诸子言有无"。只有最后一条可视为对道家的批判,但此条如果说包含佛教在内,也是可以讲得通的。

道家、道教相对之下，殃及的烽火少了许多。道家如果以老庄著作的内容为代表，那么，道家比起道教来，所受到的批判更少。理学家虽然一般会佛老或佛道连用，也连带一起批判，因此，老子或老庄自然不会被视为同营的同志。然而，老庄比起道教或佛教来，不一定会列在理学家排斥的黑名单之上，至少不会是第一波的首犯。程朱甚至对老子的某些章句，如"谷神不死"章等等，还有赞美之处[7]。但对老子流为《阴符》，流为阴谋，如《老子·三十六章》所说"将欲歙之，必固张之"之说，则批判甚厉。老庄相对之下，庄子的罪名又轻了许多，理学家一般说来，对庄子算是相当友善。宋明大儒如果偶有批评庄子处，大抵在其人放纵、不守规矩这些细目上，严重的罪名不多。至于邵雍、陈白沙这类被划归为曾点之统的学人看待庄子，更是视同家人看待，基本上不太忌讳将庄子引为同道。后人对邵雍、陈白沙的理解，往往也反过来将他们引为庄子的同行。以理学家护教意识如是之强，我们如要找出几位反庄的代表人物，或反庄的代表性论点，还真不容易。

　　如果我们将明末清初的"庄子儒门说"放在纵深较远、背景较广的框架下考量，可以发现道盛、方以智师徒当年提出

---

[7] 程伊川之言如下："庄生形容道体之语，尽有好处。老氏'谷神不死'一章最佳。"《河南程氏遗书》，《二程集》（北京：中华书局，1981），册1卷3，页64。学生问朱子"谷神不死"之意，朱子答道："谷之虚也，声达焉，则响应之，乃神化之自然也。'是谓玄牝'。玄，妙也；牝，是有所受而能生物者也。至妙之理，有生生之意焉，程子所取老氏之说也。"黎靖德编：《朱子语类》，册8卷125，页2995。

有名的"托孤说"时，虽自觉石破天惊，时人也大多认为这是不世出的伟论。但我们如果衡量他们所处的文化氛围，不得不认为：他们的创见其实是奠基在亲和性相当浓烈的文化氛围上的。庄子这位高士在绵延流长的中国历史中，一向是被视为隐逸生涯与逍遥精神的象征，他身履方内，心在方外，结果方外的佛道常引他为同调，方内的儒家人物对他也无甚恶感。两宋之后，不时有儒门中人呼应苏轼的论点，希望庄子能早日脱掉道袍，重新列名儒籍[8]。更极端者，甚至主张庄子与孟子相反相成，两人共同曲折地完成了保存并弘扬儒家价值的使命[9]。笔者认为理学家对待庄子基本上相当友善，此事值得留意。

明末清初的"庄子儒门说"是有滋养此说的文化土壤的，也与提出者的生平经历紧密相关。道盛、方以智、王夫之他们看待庄子，多少有借他人酒杯以浇自己胸中块垒之意，他们眼中的庄子曲折地反映了自己思想的影子。笔者完全同意：明末这些了不起的学人所了解的庄子思想，与他们本人思想若

---

[8] 王龙溪即认为苏轼主张庄子当列为儒门人物，其说虽"善于斡旋"，但也是"庄子心事本来如此"。明中叶后，这样的话语绝非罕见。现代新儒家中，马一浮称呼其书屋为"濠上草堂"，熊十力曾自称漆园老人，这两个晚近的例子也显现了类似的理念。王龙溪之语参见《三山丽泽录》，《王畿集》卷1，页14。

[9] 觉浪著《三子会宗论》，即将庄子与孟子、屈原并列，视为以不同途径彰显孔门精神的三位代表性人物。屈原姑且不论，庄子竟被视为与孟子同道同风，此论点颇不寻常。此文收入《天界觉浪盛禅师全录》，《嘉兴大藏经》（台北：新文丰出版公司，1987），册34卷19，页698—700。

合符契，没有他们从九死一生中体证出来的独特论点，即没有类似"托孤说"这种论点的庄子。但笔者不认为明末的庄子学著作与其作者的平生经历之关系因为如此紧密，所以他们理解的庄子即是"投射"的结果，好像《庄子》文本可以被任意解释，此书只是反映诠释者他们自己心象的罗夏克墨渍投射（Rorschach inkblot test）之试纸一般。到底理论发生的机缘和其成立的理由不一定相同，本文将很严肃地看待他们提供的论证，希望从中找出庄子与儒门的密切关连。

本文继承明末方、王之学的精神而来，但重点不落在明末庄子学的细部论证上面，本文可以说是"接着讲"的论文。笔者希望借着道盛、方以智、王夫之的洞见，利用我们当代较具胜场的神话、隐喻等理论，以及站在后出者立在巨人的肩膀上有机会看得较远的立场上，试图直接从《庄子》本文出发，更明白地解出此书原本即已半显半隐的语码。

二　孔子在《庄子》内篇

探讨庄子与儒家的关系，我们首先可以从一条清楚的线索谈起，此即《庄子》内七篇中到底使用了多少比例的儒门之材料。笔者在此节所以特别将材料限定在内七篇上，不是认定内七篇才可以代表庄子的思想。事实上，笔者认为外、杂篇的文章颇多精金粹玉，只因名列外、杂篇，难免被排斥在外，或被视为内容较为冗杂。有关《庄子》一书的篇章之成篇年代问题，姑且不论[10]。本文之所以不得不将材料限定在内七篇，乃因庄子对孔子的态度内、外、杂篇有别，外、杂篇中个别的情况又不一样。但一般认为内七篇可代表庄子的思想，笔者认为在不影响外、杂篇的作者归属的问题下，不管就版本的流传或就文章内容所提供的证据来看，内七篇都是《庄子》一书中最重要的篇章，这一点应该可以不用怀疑。为避免著作权的瓜葛，笔者尽量依照共识，先对材料来源作了限制。

笔者所以要在内七篇找孔子的材料，乃因笔者很难相信：一位严格意义的学派中人所宗之经会是他家之经，所宗之圣会是别派之圣，经典与圣人典范应该是检证学派隶属极重要的标准。实际的情况当然有可能更复杂，《庄子》一书就是极复杂的例子。但不管怎么说，我们从内七篇寻找儒门最重要的象征——经典与圣人，至少是个可以运作的切入点。如果我们确认：庄子真的喜欢运用儒家的象征符号，而且其运用是"代言人"式的挪用，那么，这样的消息就不太寻常了。由于内七篇很少提到经典，本文很自然地会将焦点集中在"圣人"——孔子身上。

首先，我们不妨分析内七篇的构造。《逍遥游》篇共有寄意之言六章：（一）鲲化为鹏，（二）汤问棘，（三）尧让天下于

---

[10] 有意者请参看刘笑敢：《庄子哲学及其演变》（北京：社会科学出版社，1988），页3—33。刘荣贤：《庄子外杂篇研究》（台北：联经出版公司，2004）。王叔岷先生则力主内、外、杂篇之分不可靠，参见《庄子管窥》（台北：艺文印书馆，1978），页17—20。

许由,(四)肩吾问连叔有关姑射之山之事,(五)惠子与庄子论瓠,(六)惠子与庄子论樗。《齐物论》篇有五章:(一)南郭子綦—颜成子游论丧我,(二)啮缺—王倪论知与非知,(三)瞿鹊子—长梧子论天倪,(四)罔两问景,(五)庄周梦蝴蝶。《养生主》篇有三章:(一)庖丁解牛,(二)公文轩见右师,(三)秦失吊老聃。《人间世》篇有六章:(一)颜回见仲尼请行,(二)叶公子使齐先问仲尼,(三)颜阖傅卫灵公太子,(四)南伯子綦游乎商之邱,(五)支离疏,(六)孔子与接舆。《德充符》篇有六章:(一)仲尼论兀者王骀之物化守宗,(二)申徒嘉与子产论安之若命,(三)叔山无趾与仲尼论天刑,(四)仲尼论哀骀它才全德不形,(五)闉跂支离无脤,(六)惠子与庄子论无情。《大宗师》篇共七章:(一)南伯子葵问女偊,(二)子祀与子犁、子来相与为友,(三)子桑户、孟子反、子琴张与孔子,(四)颜回问孟孙才于仲尼,(五)意而子见许由,(六)颜回与仲尼论坐忘,(七)子舆与子桑友。《应帝王》篇共六章:(一)啮缺问王倪,四问四不知,(二)肩吾与接舆论圣人之治,(三)天根问无名人为天下,(四)阳子居与老聃论明王之治,(五)季咸与壶子斗法,(六)倏忽与浑沌。

上述的归纳只是大体的勾勒,细部的出入容或有之,但不至于影响基本的分类。表列的目的只是希望有助于讨论,标题的名称及文章长短始末不必太在意。我们如果将内七篇这些寓言(寄意之言也)的内容稍作分类,大体可分成(一)神话型,(二)孔门型,(三)庄子型,(四)老子型,(五)其他圣贤型。

我们观看内七篇中这五类寓言分别占的比例，发现庄子的选择很值得玩味。首先，内七篇虽被视为最可能是庄子本人著作的篇章，但这七篇假"庄子"之口说出来的内容只有四则，"老聃"出现的篇幅竟然也只有三则。相对之下，孔子的设论则有九则，这九则故事几乎都集中在《人间世》《德充符》《大宗师》这三篇。而且其对话人物多为孔门弟子，颜回占的比重尤大。事实上，后世学者（包含理学家）理解的颜回形象，往往来自于庄子所说的"心斋""坐忘"[11]，庄子对理学家的道统意象之建构有很大的贡献。其次，在第五组的"其他圣贤人物"当中，儒家价值取向的人物也偏多，如尧、汤、子产等人皆是儒家喜欢张扬的圣贤，如接舆等则与孔子的经历颇有相涉。这些人物可以代表儒家的价值理念，似可不用怀疑。我们如将第五组中带有儒家价值倾向的人物列入，儒家成分在内七篇中占的比重会比表列的分类所得还要大。

即使从严估量，不算"儒门人物而非孔门人物"的那些人，上述第五组的寓意人物中，还有几则值得留意。首先是《齐物论》篇开宗明义第一章的"南郭子綦隐机而坐，仰天而嘘，苔焉似丧其耦。颜成子游立侍乎前"。关于颜成子游，《经典释文》引李颐的解释道："子綦弟子，姓颜，名偃，字子

---

[11] 吕与叔的名诗《送刘户曹》："学如元凯方成癖，文似相如反类俳。独立孔门无一事，唯传颜氏得心斋。"即为一例。此佚诗引见陈俊民辑校：《蓝田吕氏遗著辑校》（北京：中华书局，1993），页600。此诗后来还得到朱子的大加赞美，可见庄子所塑造的颜回意象入人之深。

游。"其人传记似已有着落，但偃—子游这组名词似乎令人有似曾相识之感，因为孔门十哲中的"文学"科代表人物，不就是子游吗？子游也叫偃，只是他姓"言"，不姓"颜"。然而，"言""颜"两字的音读不但在现代汉语中相同，上古音"言"属疑母元部，"颜"也属疑母元部，韵部同，声母又同，拟音的音值极近似，两字有可能可以通假。然则，颜子游不无可能就是言子游。至于"颜成"如果是复姓，为何（或者何时）可解成姓"颜"，笔者尚无研究。但类似的情况也见于"伯成子高"与"伯子高"的案例，《天地》篇说"伯成子高立为诸侯"，伯成子高其人为何，郭象与成玄英无注。考《山海经·海内经》有从肇山上下天地的"柏子高"其人，郭璞注云："柏子高，先者也。"[12] 古伯字多从木，然则，"伯成子高"与"柏子高"当是同一人。同理，"颜成子游"可解作"颜子游"，此人不无可能即为孔门高弟的"言子游"。

同一篇《齐物论》，另有"瞿鹊子问于长梧子"章，古注认为长梧子名"丘"。俞樾对此有所匡正："瞿鹊子必七十子之后人，所称闻之夫子，谓闻之孔子也。"[13] 俞樾根据文章上下文，对全文更有解释，文稍长，不录。根据俞樾的解释，则此文乃长梧子因瞿鹊子得之于其师孔子的一席话，大加发挥的纪

---

[12] 参见袁珂：《山海经校注》（台北：里仁书局翻印，1982），页444。原文作"柏高"，但依据郭璞注"柏高"当为"柏子高"，原文少了"子"字。

[13] 引自郭庆藩：《庄子集释》（台北：河洛图书公司，1974），页98。

录。此节因而可列入"孔门型"的范围。

《大宗师》篇"子桑户、孟子反、子琴张三人相与友"一章,前代注家对此三人之来历,说明欠详。但孔庄门户相通,《庄子》书中影响模糊者,儒门文献中反而可找到可堪对比之材料。考《论语》有"孟之反不伐"一节,朱子注:"孟之反,鲁大夫,名侧。胡氏曰:'反即庄周所称孟子反者是也。'"[14]孔门弟子另有"琴牢"其人,孟子视之为狂者的代表,前人多疑琴牢即庄子此处所说的子琴张,朱子亦从之[15]。"仲尼问子桑伯子"一节,朱子注:"子桑伯子,鲁人,胡氏以为疑即庄周所称子桑户者是也。"[16]"户"与"伯"音义皆相远,恐不可通,且"桑户"一词另有指涉,朱注有待斟酌。如果标准宽一点的话,我们可以解释道:庄子塑造此词语时,不无可能秘响旁通到孔子弟子此一名人。庄子在一则故事中,同时运用了孔门三位弟子作为寓言人物,动作不可谓不大。我们都知道:孔门弟子除名气响亮者尚有事迹可考外,大半的人往往只剩下人名表上的名字而已。相对之下,子桑伯子、孟子反、琴牢等人尚有逸事流传于世,略可见出其人真面目,而且其事迹与庄子此节所要传达的"方外之士"的行径可以相通。

这三则逸事如果再加进去"孔门型"一组的范围内,此组占的比例会愈形增大,庄子也会越看越像儒林传中的人物。即

---

[14] 朱熹:《论语集注》,《四书集注》(台北:鹅湖出版社,1984),页88。
[15] 参见朱熹:《孟子集注》,《四书集注》,页374。
[16] 朱熹:《论语集注》,《四书集注》,页83。

使《大宗师》篇"子桑户、孟子反、子琴张三人相与友"一章因已列入孔门的类型,不予考虑,孔门型的情节仍占有十一章之多。不管怎么计算,儒门人物的意象都是内七篇的显性因素。

庄子的孔子情结不仅见于人物造型,笔者认为,就叙事的情节而论,构成内七篇的结构因素有两种:人物造型结构与地理背景结构,两种结构都反映了浓厚的孔门因素。以人物造型论,孔子、庄子是相呼应的两极,这类型的叙述通常可分成故事情节与作者评论两部分。其中故事情节的部分,"孔子"的意象出现最多;就评论而言,庄子自是全书的操盘者。至于以地理结构的因素论,宋国与东海之滨是另一组的对照。笔者认为《逍遥游》一篇的主背景乃是东海区域的神话,这种东海海域的因素也可称之为"姑射—扶桑"神话主题,此主题不仅见于《逍遥游》,它实为全书极重要的卮言。另外一处重要的活动背景是"宋",此地既为庄子的故乡,也是孔子的祖籍所出之地。神话原乡的东海与孔庄的原乡宋国,东西呼应,但两种原乡在孔子身上是汇集在一起的,它们也贯穿了庄子思想活动的全程。人物与地理的两组对照可视为内七篇的纲领,纲举则目张。

地理对照组留待下节再论。关于孔子、庄子的对照组,我们首先要面临一个诠释学基本的质疑:孔门的因素即使在内七篇的题材上占有极悬殊的比重,但庄子的旨趣到底如何呢?他是将孔子视为理论的对手或批判的对象,因而长篇累幅,论点不断地围绕着仲尼转呢？还是只因孔子为战国时期世人最熟知的文化名人，庄子不得不用"重言"的方式，寄孔子之名以出己意？还是以上的选择皆非，第三种也是最方便解释的一种，乃是庄子所以频频使用孔子及其门生之名，乃因在深层的思想或情感上，他与孔子有共同的情怀？

庄子由于认为天下沉浊，"不可与庄语"，因此，屡屡使用寓言、卮言、重言的形式，表达出谬悠、无端崖的风格。这样的语言亦庄亦谐，既有直显，亦有破相，因此，其语言到底是"正言"，还是"正言若反"，解读上常常会相去悬殊。然而，庄子的语言不管如何特别，笔者认为除非他没有表达的意图，或者除非他想发明一种纯粹的私语言，否则，他的文章还是不得不有一致的风格，这样的风格还是会展现出一致的意义图像的。无可否认的，庄子在内七篇所展现的孔门图像，基本上是正面的肯定，而且理论层次都很高。具体来说，《人间世》篇的"颜回见仲尼请行"，孔子在此节表达的是著名的"心斋论"；"叶公子高将使于齐，问于仲尼"此节，孔子传达的是"乘物游心论"；《德充符》篇的"鲁有兀者王骀"一节，孔子表达了"无假守宗论"；"鲁哀公问于仲尼曰：卫有恶人焉，曰哀骀它"一节，孔子表达了"才全德不形论"；《大宗师》篇的"子桑户、孟子反、子琴张三人相与友"一节，孔子表达了"游乎天地之一气之论"；"颜回问仲尼曰：孟孙才其母死，哭泣无涕"一节，孔子表达了"寥天一之论"。这六论明显的是庄子思想的重要论点，庄子将布达真理的荣耀给了孔子。

其他和孔子相关的章节,《大宗师》篇有"颜回曰:回益矣!仲尼曰:何谓也"一节,有名的"坐忘论"即见于此节,此论是假颜回之口说出,但孔子大加赞美。"鲁有兀者叔山无趾,踵见仲尼"一节,这一次庄子将冠冕给予老聃,孔子则自言"丘则陋矣!"《人间世》篇"孔子适楚,楚狂接舆游其门"一节,接舆歌"凤兮!凤兮!"此故事很有名,《论语》也有类似的记载,庄子对孔子与接舆未加明显的好恶的评述,但此节的内容义涵极深,参见下文。《齐物论》篇"瞿鹊子问于长梧子"一节,长梧子表达"参万岁而一成纯"的"天倪论",并说道:"丘也何足以知之。"这四节当中,颜回的"坐忘论"与接舆的"凤兮歌",可以说都侧面地突显了孔子的人格魅力,这样的孔子形象一样地突出而崇高。其余两节,孔子成了配角,而且庄子的用语可以解释成是揶揄的。即便如此,叔山无趾与长梧子的语言庄谐参差,两人的语气还大有解释的空间[17]。

整体而言,内七篇的孔子逸事,或许前有所本(如楚狂接舆的故事)。但篇中所述孔子言论应该都是代庄子立言,孔子本人不太可能讲过这样的话,创作者庄子显然会和这样的孔子

---

[17] 从语言行为学的角度看,语言除了认知的功能外,也有祈使、命令的功能,当然也有说笑解放的功能。从康德、柏格森以后,我们知道"笑话"这类的文体有释放身心紧张的功能之效,彭约恩(A. Penjon)、杜威等人更由此将"笑"结合"自由",一并讨论。庄子的谬悠之言之作用恐怕也有些类似。上述的"笑"的各种解释,参见朱光潜:《文艺心理学》(台北:台湾开明书店,1959),页269—292。

站在同一阵线上。但两者在同一阵线上，到底表示孔子只是庄子借以自重的"重言"，还是庄子所以敢大肆张皇地代孔子立言，乃因他认为孔子与他本人的思想颇能桴鼓相应呢？由于庄子一再警告世人不可以太相信语言的票面价值，因此，如果论者认为庄子重用"孔子"之名，纯粹是出于"重言"的考量，借壳上市，而非真情对待，这样的解释不是讲不通的。

然而，笔者觉得明末道盛、方以智、王夫之等人的理解更有说服力。基本上，他们认为孔子与战国时期的儒者不一样，孔子不理解战国时期的儒门人物，战国时期的儒门人物也认不清谁是真正的孔子。正因庄子认为时儒束手绑脚，一成龙，一成虎，不能深入孔子堂庑，所以才会大声疾呼，唤醒孔子之魂，以期挽回日益颓废的儒道。明末这几位儒佛龙象认定的庄子扮演的角色，乍看怪异，其实不那么怪。因为类似的模式在各大宗教史上都发生过，这些伟大的教派皆曾出现反对主流思潮的反抗者，这些反抗者认为当时主流的当权派已偏离了"圣人"的思想轨道，所以他们有义务挽狂澜于既倒。如后代的马丁路德（1483—1546）与王阳明（1472—1528）即大致在同一段时间的不同区域，分别对耶、儒两教展开过拔本塞源的回归原始精神之运动。他们主张的内容当然天地悬隔，但思维模式非常近似。从明末这些证道极深、理解经典能力极强的高僧大儒看来，公元前 4 世纪的庄子与 15 世纪的王阳明之用心没什么两样。庄子之假托孔子立论，实乃现量直说，而不是文学技巧的寓言。

三　同乡与同族

谈到庄子与孔子及儒家的关系，前贤已多精辟之论，但笔者注意到庄子为宋之蒙人以及他的著作中频频使用东方海域的文化因素，这两个地理题材前贤较少注意，但很可能它们可以带来解决问题的曙光。

庄子为宋之蒙人，蒙在今河南商丘。庄子的里籍不仅见于《史记》等书的记载，我们从《庄子》一书中也可找到内证。比如时常与庄子辩论，几乎可以视为庄子唯一的友人惠施，他就是宋人[18]；问仁于庄子的"商太宰荡"，也是宋人；《列御寇》篇记载曹商"反于宋，见庄子"，可见庄子居宋。宋地有栗邑，以产栗出名，《山木》篇言"庄子游乎雕陵"，雕陵为栗园[19]，所以此文有"栗林虞人"追逐庄周之事。《庄子》书中又可见到食栗之事，如《山木》篇记孔子行谊，说孔子"食杼栗"；《盗跖》篇记盗跖之言，也说到"昼食橡栗"。此外，内七篇中庄子言及宋地的掌故也偏多。相关证据仍有，兹不细论。"蒙"属宋，在今之商邱，此旧说恐没有多大翻案的空间[20]。

---

[18] 参见钱穆：《惠施传略》及《惠施年表》，此两文收入《惠施公孙龙》，《钱宾四先生全集》（台北：联经出版公司，1998），册6，页1—12。
[19] 成玄英的注解，参见郭庆藩：《庄子集释》，页695。
[20] 最新而详细考证的文章，参见方勇：《庄子籍里考辨》，《诸子学刊》，第1期（2007年12月），页77—100。

庄子的里籍所以值得注意，乃因宋为殷商后裔所立之国，而商丘很可能即是商代之亳。微子启所以能够于殷商帝国覆灭之后，得在宋地立国，乃因此地本就是殷商民族之旧居。武王因势利导，以殷民族旧居封给顺从的殷之旧臣，这也是顺理成章的事。人的主体是有情境性的，人居住的场所不是物理空间，而是风土，风土即是人的世界[21]，庄子的"世界性"是由殷商文化所渗透而黏合成的。

众所共知，孔子本是殷人后裔。孔子先祖在孔父嘉之前，历代都是以殷民族为主干的宋国的贵显阶层，即使孔子先祖因畏惧政治迫害而逃奔鲁国，殷商文化与孔子家族仍有密切的关系。在孔子身上，我们即可看到一些值得留意的线索。首先，孔子十九岁娶妻亓官氏，其妻正是宋人。一位居住鲁国的没落阶级的后代竟会越境远娶，此事殊不寻常。其次，《礼记·儒行》篇记载孔子"长居宋"，虽然我们不知道他的"长"是什么年纪，也不知住了多久，但可预期的总当有段岁月。第三，孔子的学生虽以鲁人最多，但也有宋国的学生，其中司马牛还属于宋国的顶层阶级，其兄弟把持国政，为患宋国甚久，孔子学生中再也没有比司马牛的身世更显赫的了。第四，他的孙子子思和宋国关系也很密切，《中庸》一书相传即子思困于宋时

---

[21] 此处所说的"世界"不是物理空间，而是现象学的意义的用法，参见海德格著，陈嘉映、王庆节合译：《存有与时间》（北京：三联书店，1987），页78—140。

所作[22]。由这些线索看来，孔子一家虽然落籍鲁国已久，但和宋国仍有相当密切的联系。

孔子与宋国或殷商文化最密切者还不只上述的传记性因素，而是孔子虽然一方面主张三代的传承关系，对周文明之灿烂与周公之人格尤其礼赞。但作为宋国没落贵族且寄人篱下的子孙，孔子在情感上却对殷商文化有极深的黏着。《儒行》篇说："丘少居鲁，衣逢掖之衣；长居宋，冠章甫之冠。"可以想见的，其平居之服恐怕多夹有殷人之服饰。《论语》记载"乡人傩，（孔子）朝服而立于阼阶"。孔子乡人多为殷商民族后裔，傩当为其乡之神圣祭典，其祭祀不无可能在鲁国被统治阶层信仰中心的"亳社"举行，而孔子的态度庄严如是。三年之丧在现实生活上不见得容易实行，但孔子却认为这是天下之通义。其所谓天下通义者，恐未必真是普天之下的人皆曾实行过。诚如傅斯年（1896—1950）、胡适（1891—1962）所说

---

[22] 根据《孔丛子·居卫第七》的记载，其始末如下：子思十六岁到宋国，宋国大夫乐朔与他对谈，甚佩服，因此随他学习。后言谈不合，乐朔觉得受到此"孺子"之辱。乐朔之徒劝乐朔道："此虽以宋为旧，然世有仇焉，请攻之。"遂围子思，宋君听到此消息，驾车解救，事乃平息。子思痛定思痛，乃愤而著《中庸》一书，以表其志。子思十六岁作《中庸》，未免太年轻些，著书的年岁恐不可靠。然而乐朔之徒说子思"以宋为旧，世有仇焉"，宋君又会为子思驱车援救，这样的语言与动作很值得注意。如果《孔丛子》之说可靠的话，孔家和宋国大概有很久远的复杂关系。所以即使孔子已累代居鲁，仍会成长于宋，娶宋人为妻，其孙仍与宋国的缙绅先生有所往来。上述论点参见《孔丛子》（台北：台湾商务印书馆，1993）卷上，页45—46。

的，这只是殷人的礼俗，而孔子如此坚信[23]。

上述所说，皆足以见出孔子的殷商情怀。然而最足以显示孔子浸润殷商文化之深者，莫过于《礼记·檀弓上》记载的"孔子蚤作，负手曳杖，消摇于门，歌曰：泰山其颓乎！梁木其坏乎！哲人其萎乎！"这段发人深省的故事。在这篇优美隽永的散文中，孔子自言他自己是"殷人"。在生命的最后关头，他梦见自己夜来"梦坐奠于两楹之间"，而"殡于两楹之间"正是殷人的丧礼形式。《礼记·檀弓上》这段记载显示孔子在临终之际，自然而然地回归到他生命的起源处，终点即始点，百川归大海。当作为宇宙轴的泰山将崩，梁木将坏之时，孔子也即将回到他生命最深层的安息地。孔子不管生前如何礼赞周文化，不管如何献身于淑世的活动，他的灵魂的激情因素仍是对故国旧家难以言喻的依恋。

孔子对宋国与殷商文化有特别的情谊，这是可以确定的。庄子身为宋人，他对宋国传承的殷商文化有相当深的情感，这点也是可以理解的（见下文）。至于他对现实上的宋国到底抱着什么样的情感，由于庄子行文不太带私人性的情感语言，我们不得而知。但如果他自己说的"君臣大义，无所逃于天地之间"之说可靠的话，庄子对战国时濒于危难的宋国不能没有情谊。如果"旧国旧乡，望之畅然"（《则阳》）被庄子视为普遍性的

---

[23] 参见傅斯年：《周东封与殷遗民》，《傅斯年全集》（台北：联经出版公司，1980），册3，页163—165。

情感的话，那么，即使以睥睨六合、游乎方外著称的庄子，他应该也有相当眷恋故国的面向。如上述所说可以成立，那么，"孔子—庄子—宋国—殷文化"之间的线索是可以找得到的。

如果说"宋国"是殷商文化的具体显像，它串起了庄子与孔子的联系之管道，此外，笔者还发现到第二条更深沉但也更深刻的通道。笔者发现在东、西、南、北四个方位中，庄子对东方海域特别感兴趣，庄子是中国哲人当中最有资格被称为海洋哲学家的一位。此事所以值得留意，乃因东方海域很有可能是殷商民族活动的旧居。殷原为东夷民族，在打败夏桀，取得天下之前，殷民族长期迁徙不定，后来逐渐壮大，终入中原成为共主。但依据傅斯年《夷夏东西说》此名文所示，殷民族之旧居恐离不开环渤海地区的山东、辽东沿海一带[24]。傅斯年的假说对我们了解庄子何以特别喜欢使用东方海滨文化的材料，很有帮助。对我们了解庄子与孔子的关系，也很有帮助。

笔者在上节提到《庄子》开宗明义第一篇《逍遥游》使用了东方海滨的材料。此篇第一章讲"鲲化为鹏"的故事，可以确定不是庄子凭空创造出来的，而是有本的，其本之依据即在东海外的神秘海域[25]。此一海域的神秘地点之一即是此篇文章

---

[24] 傅斯年：《周东封与殷遗民》，《傅斯年全集》，册3，页163—165。丁山也说殷商民族"定有很长的时间滞留在今山东半岛"。参见《商周史料考证》（北京：中华书局，1988），页41。

[25] 袁珂证明《山海经》《庄子·逍遥游》中的禺彊即禺京，海神兼风神也。而禺京与鲸鱼，亦有关联。袁说很有说服力，参见《山海经校注》（台北：里仁书局，1982），页249。

后头所说的"姑射山"。《山海经》中颇有几个姑射山[26]，但姑射山的本尊当在东海之外，它与传说中的蓬莱、瀛州、方壶诸仙岛（岛上有山即为仙山）的位置及功能极相似，事实上，我们很有理由相信："姑射"与"蓬莱"两种海外仙山原本是同一个乐园主题的分化[27]。在《逍遥游》篇中，我们看到庄子利用东方海域的乐园神话之母题，架构起精神自由的隐喻构造。

《逍遥游》篇的"海岛—巨鱼"的故事主题在《庄子》其他著作中不时折射出来。《外物》篇提到任公子其人曾蹲于会稽，钓到巨鱼，其鱼震惊，"白波若山，海水震荡，声侔鬼神"，此鱼几乎喂饱了天下大半的人。《达生》篇记载有住于东海流波山的"夔"此一神人，"夔"或被视为山神的原型，但此山神所居之流波山却在东海之中。但论及东海神话主题中义理内涵最丰富者，当是《天地》篇所说："谆芒将东之大壑，

---

[26] 李桢说：《山海经》本有两姑射，"《东山经》：卢其之山，又南三百八十里，曰姑射之山，无草木，多水。又南水行三百里，流沙百里，曰北姑射之山，无草木，多石。《海内北经》：列姑射在海河洲中。姑射国在海中，属列姑射，西南山环之。《列子·黄帝篇》：列姑射在海河洲中，与《海内北经》同"。引自《庄子集释》，页28。

[27] 现行《庄子》一书，蓬莱神话的痕迹较为隐晦，然《庄子》佚文中有"龙伯国人钩鳌"（第96条）之言。佚文引自王叔岷：《庄子校诠》（台北："中央研究院"历史语言研究所，1988），册下，页1400。此言与《列子·汤问》所述蓬莱神话的一节相合。考虑《庄子》与《列子》文句多重叠，笔者认为《列子·汤问》所述，可能见于五十二篇的《庄子》古本。小川琢治也认为列姑射山与《列子·汤问》所述之方壶、蓬莱、瀛州三山乃相同之神话，他更进一步确认其地在朝鲜之南。参见《支那历史地理研究》（京都：弘文堂书店，1928），页262。

适遇苑风于东海之滨。"此文中的"谆芒"很可能是东方佐神的"句芒","苑风"则可能是有名的四方风的䳒风。此节的内容描述了在大壑地区发生的气节转换的故事。另外一篇值得留意的篇章乃是《在宥》篇所述"云将东游,过扶摇之枝而适遭鸿蒙"这节故事,此文中的"扶摇之枝"当是指东海地区的扶桑之地,云将与鸿蒙皆指风气而言,此文一样表达了气候回转的消息。上述这两节故事再加上《齐物论》篇所说"昔日十日并出,万物皆照"隐含的汤谷、扶桑神话主题,我们对《庄子》书中的东海海滨的情节其实已有相对完整的了解。

《庄子》东方海滨的叙事基本上是个建立在传说的历史事件上的神秘地理学论述:传说远古时期,十日并出,天下酷热,生民不堪。东夷的文化英雄后羿承奉"帝命",乃射下九日,独留今日的太阳挂空。九日落到东方海域中,造成名为大壑或沃焦或尾闾的神秘地点,此地点实为无底洞,但因有九日残骸之巨石所发之热量存焉,因此,虽然天下之水以及天上之水皆汇聚于此,其流进之水与沃焦巨石所蒸发之水,恰可互抵。天地间的水透过此大壑地区的能量交换,维持了平衡。此后,太阳每日从扶桑树升起,日日世界新生;接着太阳西行,坠入没谷,世界再度沉沦漆黑。然而,热能不死,坠入没谷的太阳随后会再经由地底之水东行至归墟[28],在无底、无边、无

---

[28] 太阳西坠之后再东行之说出自屈原《九歌·东君》"杳冥冥兮以东行",王逸注解道:"言日过太阴,不见其光,出杳杳,入冥冥,直东行而复出。"洪兴祖:《楚辞补注》(台北:长安出版社,1995),页109—110。

形、无状的绝对无之中，等待隔日沿着扶桑树再度向上跃起。

后羿射日此历史故事与"姑射—扶桑"此乐园主题的神话在《庄子》书中有一奇妙的结合，此结合具有无比寻常的意义。首先，大壑是无，是世界的托体；太阳是光，是有的创造者。扶桑海域是有无转换的机制。其次，大壑之吞吐水量与太阳之日夜行程，恰好构成循环。它们日日耗尽能量，但又日日重复新生，生死转换的枢纽即落于此处。"大壑"是《庄子》书中关键的神话主题。《天下》篇说："以天为宗，以德为本，以道为门，兆于变化，谓之圣人。"圣人要领悟天道之不断创化，并且在己身上体现，以为行事之根柢（以德为本）。变化是种能量的转换，连熵（entropy）都会枯竭，何况一般的存在之物。但庄子的"变化论"意味着创化，创化是源源不竭的，因为创化有其所以然之根源。大壑—扶桑这个神话主题彻底地体现了庄子核心的"气化无穷"的思想。笔者认为大壑与浑天、陶均、风这四个因素，乃是庄子用以表达无尽能量之源的基本喻根[29]。

"姑射—扶桑"神话除了内涵与庄子终极的关怀关连极深外，它坐落在东海之外，隶属东夷神话，这点地理因素也同样重要。宋国蒙地位在今日河南商丘，其地离海已远，应该算是中原了。庄子为什么对海洋知识那般熟悉，频频使用东方海域的神话因素，此事乍看费解，现在看来不是那么难以理解了。

---

[29] 笔者撰有《无尽之源的卮言》一文探讨此义，此文刊于《台湾哲学研究》，第六期（2009年3月），页1—38。

因为殷人本来自东方或从东北方一带迁徙而来，宋国本来就是保存殷商文化最后的堡垒。在庄子的脉搏里，流动着深层的东夷文化的因素，类似的底层因素也流动在孔子的脉搏里。无可否认的，孔子对神话的兴趣不如庄子来得高，对某些权力内涵特重的政治神话如黄帝神话，孔子还作过相当人文化的论述之转换。但孔子不管如何地转化自己身上某些的东夷文化，他并没有转化，也不想转化一种很深沉的情动的因素。

孔子对政治神话虽有戒心，但他与殷商文化的关系却血肉相连，其紧密已密到连临终作梦时，都会回归到原始精神的母胎。论及孔子与东夷民族的神话因素的关系，我们与其将孔子视为此种神话的摧残者，不如将他视为转化者。事实上，从孔子一生的行事，我们可以看到两者之间牵扯不断的瓜葛。东方有一神秘的地点空桑（穷桑、亢桑），空桑当在今日的曲阜。根据傅斯年的说法，空桑是上古时期东夷民族最重要的宗教、文化中心[30]。空桑传说很可能是扶桑神话的延伸，重要的神话事件（如共工洪水）发生在此处，重要的英雄生于此处（如伊尹），传说中的天子（如后羿）立国于此处。少昊弃琴瑟于海域、以鸟名官的传说，也是环绕空桑区域展开的，曲阜至今仍有少昊墓遗迹。更重要的，孔子传说也是生于空桑[31]。此外，

---

[30] 参见傅斯年：《夷夏东西说》，《傅斯年全集》（台北：联经出版公司，1980），册3，页154。

[31] 参见《春秋演孔图》所说："孔子母徵在，游大泽之陂，睡，梦黑帝使请与己交。语曰'女乳必于空桑之中，觉则若感，生丘于空桑之中。"引自《艺文类聚》（台北：文光书局影印本，1977）卷88，页1519。

孔子一生"祖述尧舜",尧舜固东夷民族之圣人也。尧与后羿的事迹在古书中常会相混,不知何故。大鼙的神话如果和后羿颇有交涉,我们有理由推论:尧可能是真正的主角[32]。纵使尧与后羿在神话论述中是两个独立人格,但尧是东夷民族最重要的文化英雄,孔子继承了这个传统,并转化了这个传统,后来形成中国文化史上绵延不绝的尧舜之象征,这点是可以确定的。我们不会忘了:在内七篇中,"尧舜"之名也出现过,道盛论庄子与儒门关系时,则时常"尧孔"连用。这样的联用是符合《庄子》文本,也符合儒门的精神的。

最足以看出东海(东夷)文化因素与孔子、庄子关系者,莫过于"鸟"此神话主题。鸟图腾不见得只见于东夷民族,但东夷民族无疑地以丰富的鸟图腾文化见称于世。《庄子》书中,我们不时看到许多由智慧之鸟、神圣之鸟所转换成的人物,如《山木》篇的东海之鸟"意怠""鹓鶵"之于《大宗师》篇的"意而子";《天运》篇的风化之鸟"白鶂"之于《齐物论》篇、《应帝王》篇的"王倪";《天地》篇记载往东行到大鼙参观的"谆芒"之于东方神祇"句芒";作为农桑候鸟的"桑扈"之于《大宗师》篇的"子桑户"。鹓鶵、白鶂、谆芒、句芒大抵是"燕子"属的鸟类,燕子是殷商民族的圣鸟,是始祖神话的生命之鸟,而庄子频频用之。"燕子"是带领我们进入庄子生

---

[32] 射日之英雄或言后羿,或言帝尧,即为显例。参见袁珂:《中国神话史》(上海:上海文艺出版社,1988),页86。

命世界一个极重要的入口。

庄子偏好鸟意象，这些意象集中在两种鸟类身上，一是上说的燕子属类，一是凤凰属类。这两种鸟类虽然在生物界一虚一实，但在宗教意识上，却是同样地真实，其真实不亚于现实世界的事事物物。凤凰属类的鸟一见于《秋水》篇的"鹓雏"，此鸟非梧桐不栖，非醴泉不饮；二见于《逍遥游》篇所说的大鹏鸟，大鹏鸟乃作为潜存的能量之鲲所化成，它是风之鸟，在《庄子》书中据有极崇高的地位；三见于《人间世》篇楚狂接舆所歌咏的"凤兮，凤兮"，凤凰本尊在此从神话世界走进《庄子》书中展开的生活世界。凤凰如此神圣，然则，凤凰有没有体现为神圣人物，如鹓雏之于意而子或桑扈之于子桑户？显然，《庄子》书中的凤凰没有化身为神话人物，但它却在孔子身上具体地体现，神话介入了历史。楚狂接舆歌"凤兮，凤兮"，即是以凤凰比孔子[33]。古书中，以凤凰比孔子之隐喻也不时可见[34]。

---

[33] 参见闻一多：《龙凤》，《神话与诗》，《闻一多全集》（北京：三联书店，1982），册1，页69—72。

[34] 《艺文类聚》载录：老子见孔子，从弟子五人。老子问其人，孔子答道："子路为勇，其次子贡为智，曾子为孝，颜回为仁，子张为武。"老子听了，疑道："吾闻南方有鸟，其名为凤。所居积石千里，天为生食，其树名琼枝，高百仞，以璆琳琅玕为实；天又为生离珠，一人三头，递卧递起，以伺琅玕。凤鸟之文，戴圣婴仁，右智左贤。"《庄子佚文》第113条，引自王叔岷：《庄子校诠》，册下，页1403。《艺文类聚》所引此段《庄子》佚文将孔子比喻成凤凰，将高弟比喻成其身之"文"：戴圣婴仁，右智左贤。此传说旨趣与楚狂接舆所歌者可相互发挥，值得留意。类似的叙述结构也见于他书，如《韩诗外传》卷8所引黄帝与天老的对话，可见凤凰传说流传之广。《韩诗外传》文长，不录。

凤凰是生命之鸟，是能量（风气）之鸟，是东夷民族的神圣图腾，结果此鸟竟道成肉身于历史人物的孔子身上。孔子生前，应当已有他是东方圣鸟的体现此一传闻，所以连南方的智慧狂人都会歌咏此事，而庄子也接受这样的传说。

宋国的地理环境与殷商民族传承下来的文化传统，合构成庄子一生活动基础的文化风土，也是牵动孔子一生活动的情动因素。这样的文化风土是庄子及孔子焦点意识活动背后的支援意识向度，甚至是他们一生的身心活动的基本图式（schema），它的影响超出行为者意识所及的范围之外[35]。"宋国"与"殷商文化—东海海域神话"这两个要素在孔、庄两子身上的比重不会相同，但都有很深沉的源头，而且都已肉身化为深层的创造性结构本身的成分。孔子是体现这两个因素最伟大的先行者，他在战国时代已变为殷—宋文化极重要的精神象征，殷商遗民对他不无可能抱着弥赛亚式的期望[36]。庄子如果对他有强烈的同情、同感，并引为异代的同道，这都是可以理解的。要不然，庄子就不会让代表殷商精神的凤凰之象征落到孔子身上。

---

[35] 关于风土、历史积淀与人的存在的关系，参见和辻哲郎：《人间のとしての伦理学》，此文收入《和辻哲郎全集》（东京：岩波书局，1962）第 12 卷。

[36] 胡适《说儒》此一名文的中心主题即探讨此义，此说颇引发正反双方的争议，冯友兰、江绍原、钱穆、郭沫若皆有所辩驳。方便使用的资料集参见耿云志编：《胡适论争集》（北京：中国社会科学出版社，1998）中卷，页 1760—1847。

四 《易》风《庸》魂

庄、孔如果是同乡，而且分享了共同的文化传统，庄子对孔子又有极高的尊重，如果这些因素可以成立的话，那么，明末这些高僧大儒"引庄入儒"的动作就不是那么地难以理解。如果论者坚持说："孔子"此意象只是庄子运用的"重言"，不能太当真。读者如我辈免不了会有些疑惑："孔子"在内七篇看起来已超越了工具的价值，他简直成了庄子的代言人，庄子为什么特别喜欢使用这个名字？后世如果真有人"误解"庄子的意图，我们有理由责怪庄子，因为他使用的文字情见乎辞，读者如果因此信以为真，庄子本人当然要负最大的责任。但话说回来，我们怎么知道庄子不是直抒其意，有意让世人了解他对孔子的击节称赏？老子在战国中期已极有名，尧舜黄帝在庄子当年更是诸子百家时时乐道之圣王，为什么庄子在内七篇不特别挑选他们？如果庄子假颜回之口说孔子"奔逸绝尘"是衷心礼赞，而不是一时兴到之语，我们不能不感到好奇：庄子理解的孔子到底是什么样的人物？

《庄子》内七篇的孔子的风格很一致，虽然和孔子对话的对象不同，谈的主题也不同，而且对话的双方大部分显然都是庄子因应不同主题的需要，前后努力地塑造出来的。但《人间世》篇、《德充符》篇与《大宗师》篇的孔子的性格却相当接近，其核心理论也相当一致。看来庄生之言虽多恢诡谲怪，却也有所坚持。本文将从这三篇中各选出两个案例,作为分析的底本。《人间世》篇多言在乱世中如何与昏君相处之义,此篇中著名的"心斋论",原本是孔子回答颜回:如何在恶劣的政治环境中自处的处方。同篇中之"叶公使齐先问仲尼"一节,孔子所提"乘物游心论",同样也是回答叶公子高如何面对苛刻的人君以自处的方案。《德充符》篇描述德充于内,自可行显于外并化及众人。"儒有兀者王骀"节,孔子所提的"物化守宗"论,以及"哀骀它"一节,孔子所说"才全德不形"论,两论皆是至德之人的人格之写照。《大宗师》篇意在突显通天人之大宗,"子桑户、孟子反、子琴张三人相与友"一节,孔子提出"与造化者为人,而游乎天地之一气"之论。在此篇颜回与孔子的对答中,庄子以颜回代孔子,作为圣言量的代表人物,颜回提出的是有名的"坐忘论"。

上述六论名目不同,但都与孔门相关。我们且将这三篇里的六论撮其旨要,编排如下:

1. 心斋论	A. 若一志。	B. 气也者,虚而待物者也。
2. 乘物游心论	A. 不得已以养中。	B. 乘物以游心。
3. 物化守宗论	A. 审乎无假而守宗。	B. 命物之化。
4. 才全德不形论	A. 灵府不失于兑。	B. 日夜无却而与物为春。
5. 游乎天地一气论	A. 与造物者为人。	B. 游乎天地之一气。
6. 坐忘论	A. 离形去知。	B. 同于大通,化则无常。

上述六论的内容可分成 A、B 两部分，A 部分描述的是"一志""养中""守宗""灵府""造物者之友""大通"。这六组语词中的前四者都是心性论语言，"一""中""宗""府"这四个词汇指的都是超越的主体。比照"心体""性体""道体"之说，我们也可说"一体""中体"。"宗""府"两字不方便接上"体"字，但两字可作为本体的隐喻。这种超越主体的呈现通常需要预设先前一连串的工夫，"心斋""坐忘"之论讲得更是清楚。剩下的最后两者表面上看不出是一种迥脱尘根的超越主体，但"与造物者为人"（或《天下》篇所说的"与造物者为友"）不会是文学技巧的夸饰手法，如果我们对东方式的体证语言不是太陌生的话，几乎可以确定它所描述的是与超越界会面的代称，而这样的境界一般都设定在超越的主体（所谓心体或性体）层次之上。"离形去知"是工夫论语词，此用语没有直接触及心体，但依东方的体验哲学的脉络，"无""虚"等遮拨的工夫路线总会通向一超越的心体，用庄子的语言讲，也就是"常心"。简而言之，上述这六个语汇都蕴含了超越义的"中心""底据"的意味。

如果说六论中的 A 组部分呈现的是超越的心性主体，是一种本根式的主宰或定盘针的话；B 组的言论则是呈现出一种动态的、波涌的、变化的因素，这样的因素可称作"化"，"化"的基础在"气"的流通，感受到气与物流的状态叫作"游"。"游""气""化"这三个单词自可组合成同义的复词，如"游乎一气""气化""游化"等等，其义皆表变迁的实相。这三个词目就如同当时的名家学者喜欢用的"周""遍""咸"三个字眼,名目不同,指涉的状态实际上是同层的。B组六个语汇中唯一没用到"游""气""化"三字的"日夜无却而与物为春",表达的是种不断涌起的气化之流的和谐状态,因此,其旨趣之相同也是皎然可见的。

综合六论中的A、B两项,我们看到庄子眼中的孔子是一位体现了统一变化与不变两端的圣人。历来对庄子的解释很容易落向精致的气化论或是精微的心体论两头上去,如果说郭象可以代表一种精致的气化论之解释模式的话,明代中晚期的陆西星之《南华真经副墨》则可代表另一头的心体论之解释。这两种解释在《庄子》书中都可找到证据。有关庄子气化论的文字如是明显,学者讨论庄子的特色时,很难不会立刻想到他所主张的:世界若骤若驰、实相无时无刻不在变化之中的论点。但庄子所以被后代的修炼传统大肆张扬——内丹道教张扬最甚,理学与禅宗也颇采撷其芳,熔铸新义——这样的现象绝非无故。因为我们在《庄子》一书中,确实看到"心斋""坐忘""丧我""审乎无假""见独""心养"诸种的工夫论,而且这些工夫论都指向了一种"返于大通"的冥契境界。我们如将庄子这些论点和张伯端的《悟真篇》相比,其工夫之密及指点心体之深,一点都不逊色。总而言之,论者不管主张庄子思想的特色在常或在变,其说皆可得到文献的支持。

常与变,《庄子》书中两种论点皆有,因此,也可以说都解释得通。但如果论者只选其一,而排斥另一项,就非庄子所愿了。论者如果两者同时选取，但却将它们看作历时性的，或者所谓的"辩证的"关系，这种诠释大概也不符合庄子或庄子理解的孔子的立场。事实上，庄子这些重要的理论所表达的内容和庄子喜欢用的根源性隐喻的陶均，是完全相通的。陶均运转时，恰恰好有一带动旋转的中心点以及不断回旋的陶模。使旋转得以旋转的中心似乎是静寂不动的，但它却又不断地介入陶模的运行中，使静者常动。庄子称呼这种变与不变的模式为"外化而内不化"，所谓"内不化"并不是日常意义的不化，因为我们看到庄子是把这种"不化"的依据放在超越的源头上的，这是种神秘的动而不动的运转。庄子特善运用轮转之隐喻，如门枢、圆环、陶均、石臼、车轮、浑天、漩涡等等，莫不如此[37]。这些隐喻皆有浑圆的外貌，以及动而不动的核心和受此核心带动的圆转运动。"化"与"不化"同时俱足，不是所谓的辩证发展。

《庄子》书中的孔子所看到的，想表达的，正是这种"外化而内不化"的理念。这样的孔子在春秋前的《六经》的传统中找不到，在《荀子》书中大概也没有，在《论语》书中事实上也不好找。因为《论语》虽也有心性论或形上学的语言[38]，

---

[37] 参见拙作：《庄子的"卮言"论——有没有"道的语言"》，刘笑敢编：《中国哲学与文化》第二辑（广西：广西师范大学出版社，2007），页12—40。此文大幅改写自旧作《卮言论——庄子论如何使用语言表达思想》，《汉学研究》10卷，2期（1992年12月），页123—157。

[38] 参见刘述先：《论孔子思想中隐涵的"天人合一"一贯之道——一个当代新儒学的阐释》，《中国文哲研究集刊》，第10期（1997年3月），页1—24。

但比例小，性质隐，争议强。《论语》如果有心性论可言的话，它的心性论基本上还是在伦理结构与文化传统中铺展开来的。我们如果要找出庄子眼中的孔子形象之来源，恐怕还是不得不回到《中庸》《易传》身上。方以智说：庄子是"《易》之风而《中庸》之魂"[39]，所说的正是这个意思。

《易传》在宋代之前一向被认为孔子所作，《中庸》则为子思的专著，先儒更无异论。宋代之后，尤其到了近代，两说都有人怀疑。但风水轮流转，从上个世纪下半叶开始，尤其到了世纪末，随着郭店出土大量儒简以及上海博物馆陆续公布新收的出土材料以来，原来的旧说似乎又逐渐占了上风。先秦文献的考证往往很难一言论定，因为从书籍雏形到成为定本，往往绵延了几百年之久，其间不免有离合整编的过程。但基本上我不认为旧说可以批倒，至少庄子生前，笔者认为原始的《中庸》与《易传》当已形成，或至少有类似郭店儒简《性自命出》这类的儒门文献流传于世。如果此说无误的话，庄子当年对写于他家乡的子思代表作《中庸》不至于太陌生，对殷商有史以来出过最重要的人物孔子之相关论著，也不至于没有兴趣。退一步想，即使我们完全不考虑《中庸》与《易传》的例子，战国中期之前儒家已有《子思子》《公孙尼子》或《性自命出》这类的论述传于世，这应当是不成问题的，而庄子对于此儒门的玄远之学不会陌生的。

---

[39] 方以智：《向子期与郭子玄书》，《浮山文集后编》（上海：上海古籍出版社影印，续修四库全书本，1995）卷1，页10。

先谈方以智所谓的庄子具备"《中庸》之魂"的部分。我们如比较《中庸》最重要的"中和"说与庄子"天枢""心斋""守宗"诸论预设的"外化而内不化"之论,不难发现作为"天下大本"的中体,可以被视为在流动的世界中贞定内外之主体;而作为"天下达道"的"和",正是扮演与世界共幅振动的震波之角色。用后世的语言讲,"中"是本体,是不化者;"和"是作用,是与时俱化者。源出《中庸》的"参中和"或"观喜怒哀乐未发前气象"之说在理学工夫论中的地位举足轻重,我们甚至可以大胆地说:是理学系统中最重要的工夫论。此工夫论极关键的一个因素乃是在证本体以及成就在世间的具体道德行为之间,如何寻得融合贯通。从二程到道南一脉到朱子,两宋最重要的思想家在这个问题上研精竭虑,费尽心思,才逐步具体化这个工夫论命题。

"参中和"的问题更确切地说,也就是在人文化成的世界中如何承体起用地执行道德的命令。"参中和"如用理学的话语表达,为的是"致中和"。"致中和"一词如果再换成庄子的语言,则可以说是"枢始得环中,以应无穷";可以说是"立之本原,而知通于神";可以说是"命物之化而守其宗"。总而言之,也就是"外化而内不化"。"中—环中—本原—宗"一组,"和—神化—无穷—物之化"一组,两组语言是诡谲的统一。

庄子"外化而内不化"的张力转到子思身上,成了"中之体—和之用"的张力;转到了《易经》身上,即成了"太极与阴阳气化"的张力。传统上一般认为《易经》讨论宇宙论最有名的一段文字当是《系辞传》所说的"易有太极，是生两仪，两仪生四象，四象生八卦"。《易传》这段文字是否一定讲宇宙论，虽未可必，但至少是可以这样解释。《易传》这段文字表面看来，可以是表达一种素朴的宇宙生成论的模式。宇宙原始型态是浑沌一片的"太极"，接着太极分化，因此有了最原始的分化之二元论——阴与阳。再接着，阴阳两极又分别作更复杂的分化——四象、八卦云云。上述这种素朴宇宙论的解释基本上可视为自然论，甚至是自然科学下的分支，这是对宇宙的形成此物理现象所作的一种合理的说明。

然而，"太极—阴阳"的关系不一定要解释成不断地对立与分化的结构，它也可以解成在"阴阳"的阶段后，世界一方面不断地衍化，越来越复杂，但作为本体的太极却可在世界的分化中，保持自体。不，更恰当地说，当是作为本体的太极带动世界的分化，它本身却在动中如如不动，并参与到各分化后的项目上去。关于这种矛盾的用语，笔者愿借宋代理学家的用语，略进一解。邵伯温继承其父邵雍的太极之说，引申道："夫太极者，在天地之先，而不为先；在天地之后，而不为后。终天地而未尝终，始天地而未尝始。与天地万物圆融和会，而未尝有先后始终者也。……自古及今，无时不存，无时不在，万物无所不禀。"[40] 朱子论太极与阴阳、万物的关系时，也说道："太极只是天地万物之理，在天地言，则天地中有太

---

[40] 引自黄宗羲等编：《宋元学案》（台北：河洛图书公司，1975）卷10，页90。

极；在万物言，则万物中各有太极。"[41] 简言之，太极与万物的关系是神秘的因陀罗网式的关系。同一个太极分散到万物，但太极不增不损；一切万物共秉同一个太极，但万物之殊性分别判然。此之谓："统体一太极"，"物物一太极"。

太极与阴阳、万物的关系，因此可以有南辕北辙的两种解释，前者是种自然科学模型的元气分化论之解释，后者则是纵贯的承体启用之解释。如用山田庆儿的语汇，前者可称之为二极的，后者则是三极的。依据笔者的理解，所谓的"二极"，乃是对立者之不断作细部的分化，由二而四而八，有些像细胞分裂的构造图。所谓的"三极"，意指对立者仍不断分化，因此，仍具二极之构造。但不管如何地分化，作为原始之极的太极会参与到每一分化的项目里去，因此，分化之二极加上纵贯之一极，可视为三极[42]。山田庆儿将《老子》视为三极的构造，而《易经》的宇宙论则被视为两极的构造。山田庆儿的解释颇有理趣，他对《老子》的解释之得失姑且不论，他视《易经》为对立分化的两极构造，前人也有作此解释者[43]。但笔者宁愿

---

[41] 黎靖德编：《朱子语类》卷1，页1。
[42] 参见山田庆儿：《空间・分类・カテゴリ——科学的思考的原初的な、基底的形态》，《浑沌の海へ》（东京：朝日新闻社，1982），页289—347。
[43] 大抵两汉魏晋儒者解释"太极"时，皆将此词语作为浑沌的、原始整全的元气解释，而太极之创造乃是原始浑沌之分化，如《洛书灵准听》所说："太极具理气之原，两仪交媾，而生四象。阴阳位别，而定天地。其气清者，乃上浮为天；其质浊者，乃下凝为地。"其说即是。详情参见拙作：《〈易经〉与理学的分派》，洪汉鼎主编：《中国诠释学》第二辑（济南：山东人民出版社，2004），页158—182。

选择理学家的解释模式，亦即《易经》之创造模式不是元气论的分裂模式，而是本体宇宙论的纵贯之创生。因此，比起《老子》弱势的纵贯模式，《易经》更有资格作为三极论的代表。

比较《易经》与《庄子》所述，我们不能不同意："太极—阴阳"的三极构造与"外化而内不化""命物之化而守其宗"的原理是相同的。三极构造中的"太极"正是永恒地带动外化的内不化者，而所谓的"内不化"也不是经验意义的"不化"，而是周敦颐所说的"动而无动"者也。至于"阴阳"一词固可视为对待语词，但也可视为相续语词，"一阴一阳之谓道"正表示一种连续性的气化历程，也可以说是始终不断的"化"之历程。

《庄子》的"外化而内不化"之论，配合《易经》的"太极—阴阳"图式，再加上《中庸》的"中—和"理论，三者相互映照，相同构造的情况相当地明显。三者都显示了它们有本体论的追求，但它们所理解的本体不是与气化隔离的本体，而是本体即在气化之中，或说：本体即在用之中。在理学家与现代新儒家的著作当中，体用不二，即体即用，动静一如云云，这类的语句不时可见，几乎已达到泛滥成灾的地步，其意义反而在熟烂中失掉了。我们如果追溯这些言语的理论依据，让它们"陌生化"（defamiliarization），从习矣不察的用语习惯中挣脱而出，不难发现：《庄子》《中庸》《易经》正是这种理论的滥觞，但滥觞也是典范，三者皆是典型的主张作用不离本体的变易哲学。

五　庄子的"物"与"庸"

根据山田庆儿的解说，老子思想是三极构造的类型。但如依照《天下》篇的叙述，庄子思想更有资格作为典范，庄子可视为比老子更高阶段的发展。庄子"化"的哲学建立在老子"无"的基础上，但这种发展也可以视为一种质变的新类型。因为老子的"无"之哲学可视为一种东方版的意识哲学，是 uroboros 在其自体的模态。与其说三极、两极，还不如说一极。庄子的"化"的哲学则建立在贯通心物、主客二分结构上的一种圆融道论，"承体启用的化"与"深根宁极的无"是两人思想明显的差异点，庄子所以有机会被拉到《中庸》《易传》的阵营，依据上节所说，很关键性的因素乃是三者都可以被诠释成体用论的变化哲学。

"化"或"创化"是切入"老庄异同"以及"援庄入儒"两说的一个关键点，另一个关键点是"物"与"庸"的概念。儒家对"物"相当重视，"格物"之论虽然争议甚大，晚明人士甚至有格物七十二家的说法[44]，但歧义不断正显示儒者对此

---

[44] 刘宗周有此说，参见《大学杂言》，《刘宗周全集》（台北："中研院"中国文哲所，1997），册1，页771。七十二家之说后来成为套语，清儒亦多沿袭其说，徐养原《格物说》、谢江《格物说》亦采此语。引自《经义丛钞》，《皇清经解》（台北：艺文印书馆，1965），册20卷1388，页25—26。

概念的重视。相对之下，老子对"物"的定位不高。在追求作为万物根源的"无"之目标下，世界的存有位置淡化了，虽说"虚空以不毁万物为实"，但"物"终究是自然、块然、忽然的存在[45]，它与"道"在本体论秩序上的位差极其显著。庄子说老子"以本为精，以物为粗"，又说他"以深为根，以约为纪……常宽容于物"。庄子对老子的断言铢两相当，不愧解人。老子的"物"预设着在朗照的心灵（玄览）下所呈现者，"物"依"玄览"之心而显；两相对照，庄子论"物"，则重物本身的变化生成，不断涌现，所谓"应化解物"之说也。"应化解物"与"以物为粗"又是老、庄之间明显的理论对照组。

庄子重"物"，此说在晚明之前很少受到重视。庄子的物论所以受到忽视，有很强的文化传统的制约因素。支道林诠释《庄子》的逍遥义云："逍遥者，明至人之心也。"支道林之说在东晋渡江初期，曾轰动一时。如果我们将"明至人之心"的范围扩大到对《庄子》全书的解释，大抵符合六朝以下注《庄》的主流观点。成玄英说庄子"申道德之深根，述重玄之妙旨"；憨山注《老》《庄》，说："古之圣人无他，特悟心之妙

---

[45] 这些语言皆出自郭象的庄子注，"自然""自尔"是郭注的核心概念，处处可见；"块然自生"参见郭注《齐物论》篇"大块噫气，其名为风"以及"夫吹万不同，而使其自己也"；"忽已涉新"参见郭注《大宗师》篇"夜半有力者负之而走"，"有自欻然生"参见郭注《庚桑楚》篇"无有一无有"。这几个状态词皆表物之存在乃无因自生，忽尔自存。

者，一切言教，皆从妙悟心中流出。"[46] 类似的语言在唐宋后的庄学著作中随处可见。这种注《庄》观点可以说是心学文化下很自然的一种反映，大概很少人会否认庄子在心性工夫上的体证之切，以及在心性论上的造道之深，所以后世会出现"妙悟心"的诠释模式是可以想像而知的。但从"明至人之心"的观点解庄子，意识哲学的味道甚强，庄学很容易老学化，或者很容易真常唯心（大乘佛学）化，前引成玄英及憨山即此义涵。

方以智、王夫之等人则要我们从另一种角度看庄子。《则阳》篇有言："知之所至，极物而已。睹道之人，不随其所废，不原其所起，此议之所止。"《则阳》篇此段话可视为对《齐物论》篇的踵事发挥，《齐物论》篇也是讨论"物论"的。战国时期曾流行论物之风，《墨子·经下》曾说当时论物的三种观点："物之所以然与所以知之、与所以使人知之，不必同。"物之所以然的提问方式，隐约之间，已可看到郭象《庄》注与程朱理学的影子。"物"能从"存在一般"中突显而出，被形而上学化，这不能不说是种思想的飞跃。但庄子看当时论物诸说，皆有偏执，蔽于一曲，用佛教用语讲，也就是这些论点全为不了义。

庄子重视"物论"，是有时代背景的。庄子认为真正合理地对待世界万物的方式乃是"凡物无成与毁，复通为一"，所有的"物"原则上都可互成，都可相通。用佛教的用语讲，庄子反对"破相显性"，而主张"物"的当下圆成。"凡物无成与

---

[46] 语见憨山：《观老庄影响论》，此文收入《老子道德经憨山解·庄子内篇憨山注合本》（永和：台湾琉璃经房，1972），页4。

毁，复通为一"，"知之所至，极物而已"这类语言皆是高屋建瓴的化境之语，这样的物论一扫陈说，理论内涵很重要，但在"心学"氛围的笼罩下，这些话语的精义没办法显现出来。方以智以及王夫之所代表的方、王之学，对于此段话有极深的体会，而且视之为贯穿《庄子》一书的主要论点之一。简单地说，依方、王之学的圆顿之义，没有与世界隔绝的形上之物，也没有与形上隔绝的形下之物。绝对即在相对之中，公因即在独因之中，心境一如，无始无终。方、王之学中的"物"已非现象意义的物，而是体化之物，是建立在公因基础上的独因之物。这样的物不可问其起源，不可求其所终，它即是终极意义的，终极的意义即见于一一独立的事物之中。

"物"如泛论而言，可称作万有，事实上也就是一种"有"。庄子重物论，"不随其所废，不原其所起"，亦即不离现成去作抽象的推论。换个表达方式，也就是庄子为"崇有"的哲人，其立场与老子的"贵无"大不相侔。注重"有""物"，这是方、王之学极鲜明的特征。近代学者论方、王之学的特色时，很快就注意到他们的主张与唯物论有近似之处，方、王基本上可视为中国的唯物论者，"方、王唯物论者"之说是社会主义中国哲学史家的主流论述。"唯物论"在近代中国是个政治涵义很强的语汇，涵盖的理论光谱又广，此词语不容易有澄清问题的效果，可想而知。笔者倒不完全反对方、王之学的"唯物论"性质，问题在于"唯"字如何"唯"法。笔者所理解的方、王之学的"唯物"不是经验性质的概念，而是一种体用论的化境的概念，它是针对唯心论传统一种地位相等的超越论之对应概念。庄子之学的"物"都要高看，都要圆融而化地看。如果能高看，"唯物"亦无不可，但当代主流论述所说的"唯物"不属于这个层次。

从"物"的观点看，与其说庄近于老，还不如说庄近于儒。儒家的"物"当然也有各种的涵义，正德、利用、厚生云云，这种实用性质的叙述也可以视为物论的重要因素。但当儒家把"物"提升到具有本体论的义涵时，"物"的性格全变了，如宋儒理解的"格物"即是。宋儒的"格物"为的是要达到"物格"，"物格"是"物"作为太极的载体此一本体论的面向之呈现。"格物"不能没有经验意义的认知过程，但"物格"不是认识论的意义，而是境界论的意义。"格物—物格"的活动既不以主吞客，但也不是让"物"成为遍计执识的对象。"物格"即"物转"，"物"从对象义回返到在其自体之义。"物"的地位被提升至此，庄、儒的价值走向应该就很接近了。事实上，晚明这些儒佛哲人正是这样会通《大学》与《庄子》的。他们这样的会通或许在文本的解释之效率上较弱，但在基本的方向上，格物、转物以成就文化事业，这确实是儒家的基本价值，庄子在这点上与儒家的抉择是相互一致的。

由"物"的重视连带地可以处理"庸"的问题，《齐物论》篇中有一独特的概念"庸"，此论一言："凡物无成与毁，复通为一。唯达者知通为一，为是不用而寓诸庸。庸也者，用也。"又言："物与我无成也。是故滑疑之耀，圣人之所图也。为是不用而寓诸庸,此之谓以明。"庄子论"物"的质性或"物—我"的关系时,"庸"变成关键字。庄子一方面说"庸也者,用也",这是声训。一方面却又说"为是不用而寓诸庸","用"与"庸"又变成了对立句。庄子这里运用语言的同音、语义的相反相成,反覆摇荡,极尽语言张力之能事。庄子之所以特别运用张力这么强烈的语汇,正是想表示对于"物"的理解需要有种理解上的张力。一方面,物有现实性,但学者却不可一曲地、带着经验主义之眼去看物,因为万物相通为"一"。另一方面,须知通于本之"一"乃是超越地看,缺少具体的普遍,所以仍不够圆融。圆融之境是融高明于人伦日用,所谓的"寓诸庸"。

谈到"物"要全面向地看,要体用本末全收,笔者不能不怀疑引文中的"滑疑之耀"的"滑疑"为"滑稽"之意。滑稽也者,圆转之意也[47]。滑稽的"用"乃是随天均运转的用,是"随"(委化)之用,是寓于平常之用[48]。《齐物论》篇有一

---

[47] 吴汝纶已指出"滑疑即滑稽也",并引扬雄《酒箴》"鸱夷滑稽"之注"圆转纵舍,无穷之状",以为说明。吴汝纶之注引自钱穆:《庄子纂笺》(台北:三民书局,1974),页16。

[48] 比照"圆教"语词,笔者称"庸"为"圆用","滑疑之耀"为"圆照"。王夫之注云:"夫滑疑之耀者,以天明照天均:恍兮惚兮,无可成之心以为己信;昏昏然其滑也,汎汎然其疑也;而遍照之明耀于六合矣。……鼓动于大均之中,乘气机而自作自已,于真无损益焉。故两行而庸皆可寓,则尽天下之言无容非也。无所是,无所非,随所寓而用之,则可无成,可有成,而滑疑者无非耀矣。""滑疑"当是联绵字,而非复合字,王注除了这点待商量外,其余的注解精光四射,远迈前贤。王夫之注语参见《庄子解》(台北:里仁书局翻印标点本,1984),页21。

个基本的隐喻：浑圆，或曰环中，或曰天均，或曰道枢，其喻旨皆是要超越对立的两边，而一一成全之。庄子论观物之"庸"，也是从浑化之境的环中着眼的。"庸"字本为"平实或平庸"之意，但庄子却将"庸"字提升到前所未见的高度，因为"庸"之平实恰好落在以天均为背景下的平实，这是本地风光下的平实，也就是"道通为一下的庸"。庄子不是反对高妙之言，而是反对隔绝的高妙之谈，因为道在屎尿，体寓用中。庄子这里的"庸"字正如"物"字一样，也是要用转法轮以后的眼光看，要高看。此处的"庸"恰似前人所谓的本地风光，一切现成。一言以蔽之，庄子的"庸"与"用"的关系，可视为一种圆融化境的体用关系，"庸"是未分化的且可成全各种"用"之圆用，是一种调适而上遂的大用。

"道通为一的庸"令我们想到《中庸》的"极高明而道中庸"，事实上，"庸"字被视为重要概念的典籍，除了《庄子》外，就是《中庸》一书了，而子思是在庄子的家乡宋国作《中庸》的。子思是战国早期声名极显赫的哲人，与宋国关系很深，庄子似乎不可能不曾阅读其书，至少不太可能没有与闻其道。不仅如此，《庄子》一书论"中"的哲学意义，也首见于《齐物论》此篇的"道枢环中"之说，所谓"枢始得环中，以应无穷"。"中"是先秦诸子的共法，来源甚早，歧义也多，但就具有心性形上意义的概念而言，《中庸》与《庄子》无疑的是最著名的两部书。事实上，方以智早就明白地点破："通一不用而寓诸庸，环中四破，无不应矣！析中庸为两层而暗提之。"[49] 依据方说，《齐物论》一文隐含了《中庸》一书的结构。"环中"即"中庸"之"中"，"以应无穷"即"中庸"之"庸"。《齐物论》篇表达的不是孤明自照的"中"之体验，而是在现成的"庸"中体现通于一的"中"之境界。方以智更引谭友夏之言，指出：环中寓庸，这是庄子此老的"巧滑"，故意将"中庸"劈为两片，以免学者"觑破三昧"[50]。方以智、谭友夏的论点可以代表晚明"庄子儒门说"一系的学者的论点，他们确信庄子真是具有《中庸》之魂的。

"物"相对于"心"而立，"庸"相对于"体"或"中"而立，这两对组词塑造了很微妙的哲学关系。晚明这些哲人指出庄子哲学具有"物""庸"的因素，这样的发现颇发人深省。中国从六朝后，心学的势力很强，对于超越意义的本心的探究极尽精微之至。虽然中国主流的心学不能以柏克莱（Berkeley）的主观唯心论视之，不管华严、天台或理学，它们对于世界的存有（物）都会有本体论的说明，而它们所强调的完美的精神境界，通常也会落在当下的世界，一切现成（庸）上来解释。但纵使如此，传统哲人所说的这种物与现成（庸）的肯定基本上仍是化境下的观照所得，而不是"物"与"现成"自身的证成。相较之下，庄子的论点没有那么强的意识哲学的风味，他是从全体性、历程性的观点立论，而且在超越意义上作了诠释观点的转移，焦点落在现实世界的事事物

---

[49]《药地炮庄·总论下》(台北：广文书局，1975)，册上，页14，B面。
[50] 引自《药地炮庄》，册上卷1，页32，B面。

物，客观面较强。

庄子重视客观面，但我们不得不指出：他的客观面是有特殊规定的。我们论庄子的"物"与"庸"的性质时，应避免掉入另一边更大的陷阱，更不能从"自然外道"或所谓的唯物论的观点加以解释。庄子从来不是自然主义的哲学家，他的客观主义永远预设着主体的先行发展与提升。庄子的"物""庸"当与道家体验哲学下的"心""体"平等看待，共同构成含摄主客、心物在内的场之哲学，我们永远不能忘掉他使用的全体浑圆运转的"天均"之隐喻。不用多说，方以智、王夫之所以能看出庄子的"物""庸"哲学的特色，无疑与他们对儒学的改造有关，他们都有意将儒学从心学的影响下解放出来，或者说，大幅扩大心学的解释。他们反观庄子，看出庄子也有类似的关怀。

笔者顺着明末这批学者的诠释路线，观看他们从《南华真经》中挖出"物"的意义，挖出"庸"的意义，不能不同意：他们的理解有很深刻的理论内涵。但即使有理论意义，我们还是免不了会怀疑：他们的知识考古事业是否有可能弄错了时代的断层，误将明末的思想界的状况投射到战国时代上去呢？或者他们是否可能误认了文物的主人翁身分，误将道家的财产归到儒家账上呢？笔者认为基本上没有。也许庄子对"物""庸"的肯定还达不到理学家所着重的天道下贯、物与无妄的层次，庄子可能也没有这种强烈的本体论的兴趣，但庄子确有一套很独特的物论哲学。只是此套物论哲学用语较隐晦，有待后人解码。明末儒者对庄子思想宗旨的判断并不只是哲学的理由,他们有文本的依据。

六 结论——密拿瓦之鹰是否飞得太晚?

本文从传记与道论双重角度,探讨庄子与孔子的关系。本文频频使用的神话与隐喻的因素,由于时代落差的原因,前贤著作中较少使用,因此,我们有机会在传统的解《庄》模式外,增添一些新的诠释的向度。在《庄子》与《中庸》《易传》的关连性上,笔者认为明末方以智、王夫之这几位鸿儒别具慧眼,他们的诠释已定了很正确的调,本文基本上只是将他们的洞见转化成现代语境下可以理解的论点而已。即使在基源的喻根上,本文也受惠于方以智与王夫之匪浅,他们两人虽然孤明先发,其义未弘,但毕竟很早就提及《庄子》书中运用了浑天与陶均这样重要的隐喻。

方、王之学所以能够切入庄子核心意义,并看出庄子与孔子的密切关系,无疑与他们两人皆注重创生(变化)的哲学有关。本文顺藤摸瓜,认为方、王之学的诠释是有文本的依据的,其说不能视为他们自己的哲学问题投射到庄子身上所造成的结果。然而,除了前文对庄子文本所作的解析外,我们是否还能从《庄子》书中得到更明确的答覆?我们与其代庄子立言,是否有可能让庄子自己发言呢?

我们如要庄子本人说出很明确的答案,恐怕不容易,但线索是有的，线索即在《庄子》文本当中。我们不妨回想前文已提及过的《天下》篇。《庄子·天下》篇不管是否真为庄子自著，但此篇文章可视同《庄子》一书的总序，这样的资格是很难被人怀疑的。庄子在《天下》篇留下了两个重要的讯息，第一个讯息是一个极大的问号，此即庄子泛论战国诸子思想的源流及得失，但对当时声势最显赫的儒家诸子却绝口不提，此事真是启人疑窦，难得其解。但《庄子·天下》篇虽然没提及儒家诸子，它却提及六经的功能，认定六经为"古之道术"之衍化，而后世的诸子又得其余绪以成家。庄子对六经的评价不可谓不高，更重要的，它赋予六经为"古之道术"的嫡传思想之身分。

其次，此篇描述的最高人格是"以天为宗、以德为本、以道为门、兆于变化"的圣人，《天下》篇认定庄子本人正是此种"以天为宗、兆于变化"的人格之体现。相对之下，关尹、老子不能算。关尹、老子之所以只能为博大真人，而不能视为圆融之道的体现者，乃因关尹、老子"以本为精，以物为粗"，亦即他们都是固守在一种深层意识的哲学家，精神只有观照的作用，而没有发展的动能。他们可充作黑格尔最喜欢批评的抽象的精神的代表者。方以智批评老子这位"苦县大耳儿"为"守财虏"[51]，也是同样的意思。

---

[51] 语见方以智杜撰的《惠子与庄子书》，此文收入《浮山文集后编》（上海：上海古籍出版社，续修四库全书本，1995）卷1，页14。

相对之下，孔子的地位就非常微妙。当觉浪道盛读到《天下》篇"以天为宗、以德为本、以道为门、兆于变化"时，即不禁感慨道："如不称孔子，谁人当此称呼？"现行的王夫之《庄子解》中，也引用了道盛这段话，王夫之是赞成此一观点的。如果我们回首前文论及内七篇的"孔子"所代表的思想型态，不难发现：他正是不折不扣的"以天为宗、以德为本、以道为门、兆于变化"的型态。然则，内七篇的孔子固然可视为庄子思想的投射，但更合理的解释，乃是将他视为庄子人格的另一个"他我"(alter ego)的显像。

《庄子·天下》篇论及人格等第时，有"薰然慈仁"之"君子"一格，其人在真人、至人、神人、圣人之下，一般都同意：此处所描述的"君子"当是儒家型的理想人格类型。"君子"固然也是正面的造型，但与圣人终是相去一间。关于孔子与圣人、君子之间的关系，笔者认为庄子在孔子与一般的儒者之间，画了一条清晰的红线。时儒是时儒，孔子是孔子，时儒之佳者为君子，时儒之偏差者为"以诗礼发冢"(《庄子·外物》)的学术骗徒。《庄子》外、杂篇之所以有非圣侮经之言，恐怕反映了战国时期正是有这类的"有儒之名、无儒之实"的儒者存焉。孔子与时儒，两者不能混淆。庄子之不得不避"儒"之名，不得不托孤，也就可以理解了。

庄子和儒家缘分甚深，他和孔子一样很可能也是殷商后裔，两人同族且同乡。同族同乡的关系当然还是外部的因素，不见得思想就会相契。但庄子、孔子和殷商文化的关系恐怕不是外部的因素，而是相当内部的有机关连。只因庄子对儒家的同情不如对孔子的情感来得深，他也没有强烈的学派意识。因此，严格说来，庄子也许有意孔门，但大概无意列籍儒门。所以本文标题的"儒门内"一词并不很恰当，因为庄子并没有安居于其内。《天下》篇的叙述有可能较接近庄子的立场：他同情儒家，在思想的渊源上与老子也有很深的关连，但基本上自立一宗。王夫之对庄子的理解即是如此，笔者在相当程度内赞成王夫之的解释。但笔者所以选择"儒门内"一词也有道理可说，除了王龙溪所说的：庄子的心事本来就有此倾向这个因素外，更重要的理由，乃是笔者有意透过追溯史实以重新发现儒家的本质，孔门即儒门。

　　本文继承方以智、王夫之等人的观点，重新侦测庄子学的儒家成分，其着眼点不仅是历史考据的兴趣而已。无疑地，密拿瓦的苍鹰（Owl of Minerva）总是在黄昏才起飞，牠飞得太晚了，本文作的澄清可以说是事后诸葛的工作，因为不管庄子的"原意"如何，庄子在秦汉以后发挥的影响，大体还是以道家的面貌出现。即使"庄子儒门说"是股不容忽视的诠释路线，但除了方、王等少数人之外，支持"庄子儒门说"的前贤主要还是从心学观点立论，他们将一切学问的展现都搭挂在唯一真心的基础上，而三教圣贤的学问被诠释为从此一共同的心体或性体中表现出不同的型态。这种心性论的解释固然深刻，但毕竟属于意识哲学的诠释途径，方、王之学虽然揭穿庄子主张的应当是种崇有论的、全体论的、创化论的哲学，这样的哲学可以提供对文化较完整的后设反省。只可惜就对后世的影响而言，这样的庄子在儒家的道德哲学中萎缩了，反而在中国艺术哲学中还发挥较大的作用。

密拿瓦的苍鹰真的来得太晚了，太晚重新挖掘出来的庄学"原貌"无助于庄子在历史上原来可以发挥更大的力量。但笔者认为当我们解码《庄子》文本半张半掩的意图后，我们不但可以对庄子形成另外一种看法，反过来，我们也可以看到庄子所映照出来的儒家的另一种更深刻的图像。这样的儒家强调在自然界与道德意识后面有个共同的创造性源头，这样的创造性凝道于身，也凝道于物；凝道于超越的体证，也凝道于当下的一切现成。这种透过庄子眼光重新辨识出的儒家精神，有可能可以帮助儒家尔后在历史哲学与美学上，开辟出另一片天地。以往的儒门人物因格于宗派意识或其他不自觉的盲点，因此，不能放手畅怀地吸收庄学的观点，丰富儒家原本该具胜场的文化理论，这是相当可惜的。本文所以不标举《儒门与庄子》，而要说《儒门内的庄子》，更深的关怀在此，溯往是为了面向未来。

叁 游之主体[1]

一 释义:"主体"与"游"

中国哲学常被视为缺乏主体性的因素,所以精神性不足,不足以语"自由"的理念。众所共知,黑格尔(Hegel,1770—1831)的中国哲学观是典型的代表。黑格尔批判中国文化与哲学的语言在今日的学术圈几乎已变成禁忌,敢用者不多。但黑格尔式的中国哲学观并没有消逝,它仍潜存在行内人的"存而不论"的缄默态度中。"主体性缺乏"的矛头通常指向儒家,但对道家的指责即使无此语,也常免不了此义。"中国哲学与主体性"的问题是老议题,但近年来因为毕来德(Jean François Billeter)、朱利安(François Jullien,或译为于连)等法国汉学家先后来台讨论庄子[2],庄学西游复东渡,

---

[1] 本文初稿曾于2014年5月宣读于中山大学哲学所的研讨会,承蒙与会人士多所讨论,谨致谢意!刊于《中国文哲研究集刊》,第45期(2014年9月),页1—39。
[2] 参见《中国文哲研究通讯》,"毕来德与跨文化视野中的庄子研究"专辑(上、下)第22卷,第3期、第4期(2012年9月、2012年12月)。

此问题遂再被唤醒，而且内涵已更深化，庄子的主体问题值得进一步思索。

当代汉语哲学中的"主体"一词并非出自固有的学术语汇，而是近代西洋哲学术语 subject（英语）、das Subjekt（德语）、le sujet（法语）的译文。中文学术术语与"主体"一词的内涵较接近者，当是"本体""心体""性体"等一系列心性论的语言。西洋哲学史中的"主体"一词有其发展的历史，一般认为在笛卡尔（René Descartes, 1596—1650）著作上，"主体"的当代内涵才确定下来，笛卡尔因而也常被视为近代哲学的奠基者。笛卡尔"主体"论述的一大特色在于心物的彻底划分，也可以说是主客的对分，主体的意向与客体的空间绵延性是认识活动的起点。"主体"一词被翻译并挪用至中国哲学的诠释以后，已本土化了，成为汉语哲学的常用术语，其内涵多少偏离了西洋的语境，而和传统的心性论论述混织在一起。然而，我们如想起此译语的西语前身所带有的"主客二分"之预设，也有方便之处。语义在对照中产生，"主体"与"客体"相倚而立，现代哲学术语的"主体"的混血 DNA 可以激化我们对传统心性论的认识。回到庄子的脉络，庄子的主体概念如果绕着"心性"等主体词汇展开，其客体则指向了"物"的存在，心物、主客关系本来也是庄子学的议题，本文论及庄子的主体问题时遂不能不连着"物"的问题一并呈现。

庄子的"主体"通常指向"心灵"的义涵，对此种主体的解释各有不同，常见的一种解释是采取"心学"的立场，笔者此处所说的"心学"采广义但也是特定的用法，意指其思想建立在一种超越的本体的基础上之知识体系，此本体被视为和主体在深层构造上如不是同一至少也是合一的，而且，学者透过工夫的实践可以体现之。笔者的界定虽然缭绕，但如对东方哲学不太陌生的人大概都可以嗅出语句中冥契哲学的气味，这样的哲学可以用"体验的形上学"或"道德的形而上学"称呼之[3]，"体验的形上学"主张形上学的命题只能经由身心转化的工夫历程才可以体证得到。体验的形上学常被认为是三教共法，一落到唐宋以后的《庄子》诠释史的脉络下理解，这样的共法之形象也很清楚。从成玄英、褚伯秀到焦竑、憨山、陆西星，我们看到一位深入世界实相的悟道者之庄子，这位悟道者对于如何转化现实的意识状态以进入一种更深层的真实——这种深层的真实被认为绾合了存在与意识的连结——立下了很好的修行的范式。这些《庄》学史上的著名注者的诠释非常深刻，既有文本的依据，也有理据，"心学的庄子"是《庄子》诠释史上一支强而有力的论述。

历史上这些《庄》学名家活在我们现在已颇陌生的"常心""惟心"论述当令的时代氛围里，我们不容易具有他们的慧解之眼。《庄子》文本中有些重要的段落描绘的是种独特意识经验的理境，它的内容确实不是落在日常的生活世界里的我

---

[3] 参见牟宗三：《心体与性体（一）》，《牟宗三先生全集5》（台北：联经出版公司，2003），页3—13。

们容易理解得通的[4]，透过成玄英等历代心学名家的解释，这些乍看难解的文句遂能文从字顺，怡然可解，他们的理解对于我们进入庄子的世界，助益极大。然而，同样在《庄子》这本书中，我们却看到庄子明显地不是沉耽于深层意识之乐的哲人，他的生命是在这个世界，也就是物的世界展开的。庄子的心之理念前有所承，"庄学为心学"之说可找到不少文献的佐证。但他对以往道家巨子的所作所为不表认同，他批判老子"以本为精，以物为粗"，亦即庄子认为老子太耽溺于本心的气氛里了。《庄子》一书是有心学的成分，而且很典型，但笔者认为此书的核心义恰好不落在超越的主体之上。

相对于"心学"的解释模式且具有历史影响力者，当是一种可名为"气学"的《庄》注之学。"气学"模式的大宗可追溯到晋代的注家向秀与郭象，向秀与郭象两人的论点已很难一一区隔开来，视为同一体系可也。向、郭《庄》注该如何定位，解释的空间很大，这种定位的问题早在魏晋时期即已出现于郭象与支道林的"逍遥义"之争辩中，到了今日，这种定位的问题仍不时地被提出来。如果向、郭只是认定庄子是位活在气化流行状态中的哲人，气既是主体的构成因素，也是构成世界的基质，庄子透过气的媒介作用，将主体与世界两者无分别地联系起来。解释至此，争议不大，因为还没牵涉到气论与超

---

[4] 这些语言大体指向体证的冥契论述，如"心斋""坐忘""见独"诸论，见下文。

越的问题。问题是郭象认定的庄子的变化乃是具体的同一的变化，是模态有异而实质相连的伪变化，因为变化没有带来突破，至少从具有深厚修行根基的高僧（如支道林）来看，气的世界是生理的欲望法则统治的世界。

"气"是中国经典中极暧昧的语汇，它无处不在，无时不在，普遍地被用来解释各种现象。运用面广，换种角度看，也就是解释力道有可能变得薄弱，所以才可如此神通广大。气学模式的解释晚近引发当代学者的批判，毕来德认为"气"概念的介入导致庄学的阉割，在一气流转的世界中，思想没有突破的可能。郭象的《庄》注不只是让芸芸众生成为生理欲望的奴仆，更严重的，它成了帝国秩序的一部分，帝国透过"气"这种微妙精致的调整机制，有效地统合了整体的秩序[5]。

从超越论的本心或气化论的气界定庄子之主体，相当常见。在中国思想史领域，只要论及"心"或论"气"，或者进一步论及体系化的"心学"或"气学"的起源或特色，我们很难脱离庄子的脉络。如何评价这种连结呢？笼统来说，笔者认为心学与气学的解释模式对我们理解庄子都有启发，但都不足，而且可能弥近理而大乱真。正如下文所述，笔者认为庄子哲学的核心不是落在真常唯心论意义下的心学，也不是落在向、郭意义的气学，心学与气学之说都只是一偏之见。庄子显然经历了超越的主体，但他却抛弃了超越境界的超越主体；他

---

[5] 参见毕来德（Jean François Billeter）著，宋刚译：《庄子九札》，《中国文哲研究通讯》第22卷，第3期（2012年9月），页5—39。

支持一种全体性运动的理念，我们可称作气的世界观，但他的气论与主体性有种本质的关连。心总是连着运动与感通的功能，心的活动即有气，气论不是气决定论。心学与气学两者的整合或许较接近真实的图像。

笔者称呼庄子的主体为"气化主体"或"形气主体"，所以称"气化主体"，乃因此主体是心气的连续体，主体乃意识的作用再加上气的感通、流动、变化的作用，心气融会而成。所以称作"形气主体"，乃因"形"作为心气作用的框架，"形"本身具足了心气落实于个体上的作用。带着个体特殊性内涵的形气主体对我们了解庄子的政治、社会哲学，甚至美学，都具有非凡的意义。不管是"气化主体"或是"形气主体"，庄子的主体观念显示其主体都是在广阔的气化世界中呈现的，主体的概念即是非个体的，而且是与气化世界互渗共纽的。

笔者目前仍认为"气化主体"与"形气主体"这两个词语是有效的，足以形容庄子主体观的特质，但这两个词语比较接近于对"主体"概念的知识论重构，我们如从庄子强调具体性着眼，则"遊"之一字更可体现庄子作为具体哲学的特色。"遊"是《庄子》书中很重要的一个概念，此字的本义可能指的是旌旗飘动的样子[6]。《庄子》书中出现"遊"188 次，另外

---

[6] "遊"字为"游"之俗字，许慎云："游，旌旗之流也。从㫃汙声。"段玉裁：《说文解字注（标点本）》（台北：艺文印书馆，2007），七篇上，页 19b—20a。（编者按：台湾版行文中多用"遊"，除涉及"游""遊"二字辨析的段落外，今按简体字规范改为"游"。）

出现"游"字10次,"遊""游"两字常可通用,《庄子》书中的用法也是如此。"遊"字之意义有些较平常,它指的就是一般的旅遊、行走的意义,如"御六气之辩,以遊无穷者","乘云气,御飞龙,而遊乎四海之外",这些引文中的"遊"字是一般的用法,没有太多的哲学内涵。"遊"字或"游"字有时可作名词用,如"颜成子游"之类,我相信"子游"之语不会是随意编成的,它应当有暗喻的功能,其内涵当另论[7]。大致说来,作为一般行走意义的或人名意义的"游""遊"字是日常语言,不论可也。

扣除掉日常用语中的"遊"字外,"遊"字出现的频率仍然极高,和先秦古籍相比之下,庄子使用"遊"字的次数特别多。诗文皆有眼,"遊"字可视为《庄子》书中的字眼。庄子使用"遊"字,大致是"遊+名词"的格式,"遊"可作为动词或状词,作为动词用的"遊"字加名词,其名词可细分为下列两种,一种的名词泛指地点,通常是"道"的象征处所,遊者以其身体遊行其地。如"退居而闲遊江海"(《天道》)、"遊于大莫之国"(《山木》)、"相与遊乎无何有之宫"(《知北遊》)之类。第二种"遊"字的主词也是遊者,但其述词指向一种体证的超越境界,如"遊于物之所不得遁而皆存"(《大宗师》)、"入无穷之门,以遊无极之野"(《在宥》)、"浮遊乎万物之祖"(《山木》)、"遊乎天地之一气"(《大宗师》)。至于作为状词用

---

[7] 笔者相信"颜成子游"即喻指"子游"其人,庄子与儒家自有暗通的管道,秘响旁通。参见前揭拙作《庄子与东方海滨的巫文化》一文。

的"遊"字，它可加于名词之上，如"遊鱼"；或加在一种更精致化的主体之上，笔者称之为形气主体。遊者之遊乃是"遊心""遊气"，如"遊心于淡""心有天遊"等等。

上述所说动词的"遊"字后加名词的两种形式，虽然一为遊于神秘世界，一为遊于广漠心境，旨趣其实相同，内容多指向一种"自由的状态"，《庄子》一书的第一篇《逍遥遊》所说即为此义。《逍遥遊》篇名由"逍遥"与"遊"两词组成，"逍遥"当为连绵字，连绵字常带有表示难以指实的状态之意，"逍遥"正指一种无拘碍的存在之感，但两字皆从"辵"部，正表示此不可言喻的存在之感呈现着一种流动的状态。"遊"字也从"辵"部，此字在《庄子》书中或在古书中，也常作从"水"的"游"字，不管是从"水"或从"辵"，"遊"字都表示一种流动的历程。"逍遥遊"三字顾名思义，显现的是一种流动不拘的精神。

简言之，庄子的主体即是遊之主体，他要我们体认心气即遊化，遊化之心可称为遊心。但具体的"遊"离不开世界的构造，亦即离不开物。庄子眼中的芸芸万物不是对象义的"物"，物即物化，非认知义的流动之物才是真正的物。遊之心与化之物同时呈现，认识主体之真相（遊心）即认识物之真相（物化），即等于认识了世界的实相（遊乎天地之一气）。庄子的遊、气之学可说是心学，他的物化之学即是他的物学，也是气学，"遊心"与"物化"的一体而分，化而不化乃是他所认知的真实世界。

二　形—气—神＝主体

明万历年间，憨山注《南华真经》内七篇，并写了《观老庄影响论》此一名文。在此文章中，他提到三教圣人虽然所论不同，但都同样本心立教。三教圣人应迹不同，但迹所出之本则同。后世学者面对三教经典，应当学老子的"忘"、释迦的"空"以及孔子的"应世"。老、庄虽同属道家，但两者的使命不同，所以显现之迹也不一样，但两者同样是依本心以立教。憨山的立论是所谓的三教同源的论法，自从真常唯心系大盛以后，后世论三教异同者往往采取此种调和模式以建立三教沟通的管道。

憨山的论述方式在近代之前的《庄》学注释史中，非常常见，这是典型的"心学"的解释。所谓"心学"的解释乃是认为庄子思想的根本要旨在于彰显人与世界共具的本体，这样的本体只在人的心中才能体现出来，并成为心的本体，所以这种主体可说即是"心体"。"心体"才是真正的原初之心灵，所以此一心体才是"本心"。由于中国有很强的精神修炼传统，先秦时期的修行方式通常内外并重，但无疑地，一种向深层意识渗透的修行模式已相当流行，老、庄身上即可明显地看出来。当佛教进入中国以后，一种作为超越依据义的本性概念被带入中国的思想世界中，形成了绵绵不绝的传统，心学的模式愈形坚固。心学传统强调人的意识兼具现实性与本来性[8]，现实性的心灵意指现实的心灵所具有的各种功能，"意识情欲"这些功能是"心边物，初不是心"[9]，真正的心灵是人的本来性。本来性是本体论的概念，也是心性论的概念，它不是抽象的建构物，而是在深层意识中具体的朗现。

学者如想从超越的"本心"的角度解释《庄子》，确实可以找到佐证的文献，而且这些文献都是《庄子》书中著名的篇章，如《大宗师》篇的"坐忘论"："堕肢体，黜聪明，离形去知，同于大通，此谓坐忘。"《在宥》篇的"心养论"："心养，汝徒处无为，而物自化。堕尔形体，黜尔聪明，伦与物忘。大同乎涬溟。解心释神，莫然无魂。"《知北游》篇的"斋戒论"："汝斋戒，疏瀹而心，澡雪而精神，掊击而知。"《知北游》篇的"无心论"："形若槁骸，心若死灰。真其实知，不以故自持。媒媒晦晦，无心而不可与谋。"后世学者只要对工夫论不太陌生的人看了这些段落，大概都可以闻到强烈的唯一真心的讯息。唯一真心被认为蕴藏在层层叠叠的经验性的意识后面，它的"本来面目"被遮蔽了，所以学者需要透过"逆""损""无"的过程，就像引文中所说的

---

[8] "现实性"与"本来性"的用法出自荒木见悟，此套对照语颇能勾勒"心学"的特色。参见荒木见悟著，廖肇亨译注：《佛教与儒教》（台北：联经出版公司，2008）。

[9] 这是黄道周《榕坛问业》书中的用语，引自黄宗羲《明儒学案·诸儒学案下四》（台北：河洛图书公司，1974）卷56，页29。此一用语其实仍不算周延，同为依据体用论的思考，这些"心边物"也可说是心体应物的具体化，全滴是水，一叶一如来，所有的边缘都是中心。但就认识论的划分来说，此种对照甚有方便之处。

"堕""黜""离""去""解""释""疏瀹""澡雪""掊击"等词语所显示者，这些全是负面性的修行方式，逐层遮拨，逐层透明。转化现实性的人性构造，才能让本心呈现出来。

上述这些工夫论都意味着主体转化，乃有造道之境。主体的转化最常见到的就是对感性与智性的逆转，在道家诸子著作中，我们不时可以看到对人的感官—身体的否定，《老子》书中的相关论点更多。同样常见到的段落是对智性的怀疑，一般认为道家对理智、语言、逻辑都是相当不信任的。康德（Immanuel Kant, 1724—1804）论知识的构成，乃由感性提供的杂多与知性的范畴两者合组而成，换言之，没有感性与智性之处，即无知识可言。如果人的生命的主轴是感性与智性，那么，道家诸子作的工作正是逆返自然生命倾向的绝大工程。老子说"为学日益，为道日损"，此联可视为道家工夫论的法语，也是东方思想的通义。

如果我们将上引《庄子》那些文字放在道家"逆"的哲学之背景下看待，不难看出两者之间的相似性。因此，学者从"本心"的角度设想此理境之内涵，就像后世真常唯心系佛教的工夫所见者，也就顺理成章了。事实上，从唯心论的角度，尤其从镜子隐喻的角度诠释人的意识，庄子正是始作俑者之一。在《应帝王》最末第二节，庄子提出有名的镜像论："至人之用心若镜，不将不迎，应而不藏，故能胜物而不伤。"镜像是佛教时常运用的比喻，从憨山的观点看来，庄子也是提倡"大圆镜智"的。心之全体像一个无所不摄的明镜般，万法毕现于其中，虽说能所不二，但两者基本上仍是呈显与待呈显的关系。由于在此镜像论后面，庄子更殿之以有名的浑沌寓言，浑沌也是未分化的圆像整体。至少从意象上看，从圆镜到浑沌，庄子传达给我们一种典型的冥契论的讯息。

庄子虽有逆觉之论，也有圆镜论的比喻，但我们不得不指出：庄子所以运用镜像论，其意在指出学者为学，当让物自显，不以己意介入其中。庄子重视的不是反映的功能，也不是涵摄的功能，因为在论及物之自显时，庄子着重的不是冥契论中常见的那种无边无际的镜像论，海印三昧，万象毕显。相反的，他强调的是一种跨出主体之外的一种超乎意识阈域的功能，庄子称之为"天"之功能。这种"天"的概念意指非人的感官知觉所及的潜存作用，它既是感官背后那片黝暗的大地，也是主体意识背后那片黝暗的大地。意识的主体背后有更深的源头，这个源头带来滚滚不息的能量，庄子非常强调这种非意识所及的创造性力量，这种力量孕育于主体，却不是主体所能掌握。它何所从来？它何所止？作为根源的"体"之边界问题是庄子思考问题的一个核心。

"体"最重要的场域是落在"主体"上讲，在《齐物论》一文中，庄子提出了有名的质问："真宰"在什么地方？我们日常生活只活在一连串的情绪当中，日夜相代乎前，却无法知道它的源头。主体的概念是为个体之人而立的，离开了个体，很难想像主体，但主体落于个体的哪个方所？我们看到了"百骸、九窍、六藏"，但我们不知道"真君"存于何处？

战国诸子兴起的原因是多重的，但至少其中的一个原因是起于对主体的反思，庄子的提问如果放在战国时期流行的人性论下考量，并不是特例。但我们似乎可以找出两种提问的方式，庄子问的是主体在何处？孟子及同时代的儒墨诸子问的则是主体的依据何在？但这两种区别的意义可能没那么重要，重要的是这两种提问都关连到很深层的内在性的问题。黑格尔在《哲学史讲义》中一再喃喃自语的"中国人没有主体性"的论述可以休矣！

在《齐物论》中，庄子问：情绪之流的依据何在？如果这个提问是个带点存在主义风格的质疑，那么，在《应帝王》篇中，庄子直接以寓言的方式告诉了我们答案。庄子在此篇中，借着一位大萨满（神巫）季咸与神话的原型人物壶子的斗法，借以显示：凡意识所及、有意为之者，其所触及的主体深度终有限制。壶子显示给季咸的心境一层深似一层，最终一层是"未始出吾宗"，主体在云深不知处的黑洞。但此云深不知处的主体却"因以为弟靡，因以为波流"，此境可放在佛门"四门示相"下作解[10]，也可说是云门三句中的"随波逐流"境。触目皆真，触处皆主体，季咸对此束手无策，只能落荒而逃。壶子与季咸的斗法意味着主体的界限的问题，庄子喜欢追问依据何在？像在《天运》篇开头，庄子即问道：天地日月运行的动力源自何处？此时，他问的是天体的问题，庄子对"天"一向

---

[10] 参见牟宗三：《才性与玄理》（台北：台湾学生书局，1974），页228。

感兴趣。从主体到天体,庄子都问"根源"的性质与界限究竟何在?

季咸与壶子的斗法具有高度的象征意味,季咸当取法甚至取名自上古著名的大巫:巫咸[11]。壶子顾名思义,可知其名当是取自"壶"之象征。"壶"和"葫芦""陶均"等中空的圆形器物,都是用以象征道。"陶均"可视为庄子哲学的根本隐喻,庄子哲学因此也可称作"天均"哲学。天均的隐喻落到人身上来,人身是椭圆之躯,人身也是个"均";天均用于宇宙的结构,宇宙是浑天,它也是圆状的构造,也是"均"。而不管陶均、身躯或浑天,这些圆形之"物"中皆具有浑厚的力道从根生起,因而带动陶轮、身躯、宇宙的运转。

镜子和陶均都是道家常用的隐喻,但两者相较之下,庄子毋宁更喜欢运用陶均的隐喻。陶均有浑圆之形,有不断涌现上来的旋转之力,有东西上下互转的整体性运动轨道。落到主体上来讲,人身具有椭圆之形,也有股来自于无名深层的创造力,而此身的运动乃是落在世界之内而又牵动躯体内外的一种运动模式。庄子的主体不是明镜模式的本心型,而是以形躯为运动轴,以心气作用为动力因的身体主体,笔者称之为形气主体。

形气主体的核心在形气与主体的关系,更落实地说,也可说是意识主体与非意识主体的关系,庄子用心与气表之,"心"

---

[11] 参见拙作:《卮言论:庄子论如何使用语言表达思想》,《汉学研究》第10卷,第2期(1992年12月),页123—157。

是意识层,"气"是更深层的作用。"心"因是可意识到的,所以用"人"称呼之;"气"是非意识所及的,所以又称作"天"。非意识主体的气是综合整体身心动作的作用者,它不属于任何感官,但又穿透一切感官机能;它是一切功能的总和,但又在整体的功能之外多出了作用的盈余。非意识主体在技艺的创造上最明显可见,技艺的创造由熟生巧,由技入道,也就是由意识主体融入身体图式,最后由不落于主体任何方所的"神"或"气"所带动。在《庄子》书中,我们看到任何技艺的实践,从解牛、游泳、驾马、绘画、射箭,无一是纯靠感官技巧完成的,真正作用者,乃是一种统合全身形神机能的作用。它很难被指谓,这是种无名的主体,无名的主体是由气所贯穿的身体主体。

身体主体是主体经由身体图式展现出来的作用体,当代汉语使用的"身体"一词如放在《庄子》文本下解读,笔者宁愿使用古汉语的词汇,称之为"形气",身体主体因此可称作"形气主体"。笔者所以选择以"形气"代替"身体",乃因现代汉语的"身体"一词受到现代知识建构的影响太大,此词对"心物"关系的解释不如传统语汇的"形气"一词。诚然,汉字"身体主体"一词的提法有其长处,它很容易令人想到主体不能不落于身体上,意识与身躯交织互纽而成,因此,原为主体主要功能的意向性遂由意识转往身体,身体因而也有意向,身体意向性乃是身体主体的主要内涵。同样地,形气主体的"主体"自然也不能不落在形气之上着想,意识与形气交织互纽难分,因此,意向性的功能遂不能不由形气所接收。在技艺范围内,"身体主体"一词的语感效应或许比"形气主体"一词还具体些。我们比较容易理解一种落在身体主体内的气化功能,它使得感官全体协和、精致,并在主客的融合中不知不觉地完成了创造的功能,所谓出神入化,亦即实践时身心难以分节化。身体主体飞出了,或许该反过来说:凝聚了意识主体的作用,使之有了施力点。"凝"是庄子技艺哲学的关键字,只有全身的能量凝聚于定点后,全身才可转化成透明无阻的感应体。形气主体和身体主体这两种身体概念都可以提供类似"联觉"(synesthesia)的功能,此种"联觉"不是与五官并立的一种综合感觉,而是贯穿各种感觉的一种系统。联觉不离眼、耳、鼻、舌、身,但不等于眼、耳、鼻、舌、身的总和,它有各感官总和之外的盈余功能,身体本身就是联觉的系统[12]。就此而言,"身体主体"的语感是不错的。

然而,面临到主体与物的交涉的问题时,现代汉语的"身体"如何承担沟通的任务,遂不免要多费思量,基本上,哲学的解释需要大力地介入语词的语义内涵,才能转化这个汉语词汇的固定联想。"心物问题"是哲学领域的大问题,没有便宜

---

[12] "联觉"自然是我们现代的用语,不见于《庄子》一书,但庄子确实主张过:主体具有"天机不张而五官皆备"的功能。这句话几乎可以当作"联觉"一词的定义,即主体也有种"徇耳目内通而外于心知"(《人间世》),"不知耳目之所宜,而游心乎德之和"(《德充符》)的功能。"游心"的"心"意指主体,主体是"游动"的,首先,真正的主体流通于"耳目"等感官之表里层面;其次,主体也游动于物我之间。在《庄子》的文本中,这种贯通融合的功能可以用"气"或"神"称呼之。准此,"形气主体"的语感当优于"身体主体"。

的解决或解释方案，但这个尴尬的难题恰好是"形气主体"一词优胜之所在。因为使用"身体主体"的概念时，身体的意向性不免由"身体"一词所拘束，"身体"总是落在个体上讲的。"形气主体"之所以优于"身体主体"一词，乃因笔者不认为非意识的主体之气只能限于个体之内[13]，相反地，它会溢出身体之外，或者说：形气主体本来就盈漫于包含主客在内的气化层内。

即使在"身体主体"一词较适用的技艺的范围内，我们依然无法将成功的技艺事件用更高机制的整体身心协调的功能解释之，因为技艺实践时的主体有非意识主体与"物"的关系。庖丁解牛有庖丁的非意识主体与牛此"物"的关系；梓庆削木为锯，有梓庆的非意识主体与锯此"物"的关系。技艺之所以完成，乃是非意识主体与技艺所对之"物"互动所致，在非意识主体的领域内，此主体与物的关系并非是认识论的主客关系，也不是唯心论精神修炼传统下的摄映关系，也不是一种内在型冥契论的一体难分之无之境界，它有种无名的主体与物的本质的互渗互纽。"身体主体"面临到主体与"物"的关系时，其解释效用显然不如"形气主体"一词，因"气"一词提供了一种包含主体与物同属共在的可能性。

庄子的主体是意识主体与非意识主体的连续体，此主体系

---

[13] 这是毕来德教授的立场，他也批判笔者将"气"一词运用到非主体领域时会造成没有生机的内在一元论，笔者则相信在"心气流行""虚气相即"的格局下，"气化"是带来世界的精致化、日新化，而非没有突破可能性的一元化。毕来德的论点见《庄子九札》一文。

连心与气，或说是心气同流。但气因逸出个体范围外，所以庄子的主体之边界原则上是无边界的，而主体的中心就像他喜欢运用的陶均之隐喻，一定落于中心，但此行为事件的中心却又永远找不到。主体可以说是有而不在，也可说是在而不有。说是有而不在，乃因主体不能没有，但它确实不是可以质测的特殊官能，也不隶属于空间的范畴；说是在而不有，乃因主体是与整体身心的场域共构的，它是场所性质的，但不能为意识所把捉。庄子的形气主体确实不能不预设作用于身心之间的身体图式，但它的墨晕效果毕竟是躯体难以限制的。

三　天均主体与气化世界

形气主体呈现了"形—气—神"的三元构造，这种三元构造中的任一元和其他二元因素都是同纽交织在一起的。相对于身心二元的论述，"形—气—神"的形式多出了气的体系。庄子"形—气—神"的身体观不见得是出自自己的创造，而是来自当时诸子共同接受的自然知识，亦即人身除了身心之外，另有一套"经络—气"的体系，这些"经络—气"的体系无疑地也是历经长时间才发展出来的，而且不见得其知识范式就是那么固定[14]。然而，我们有理由认为：来自久远的巫医传统的生

---

[14] 参见李建民：《死生之域：周秦汉脉学之源流》（台北："中央研究院"历史语言研究所，2001）；山田庆儿：《九宫八风说与少师派的立场》，《东方学报》，第52报，1980。

理知识是当时诸子论生命问题时不自觉的前提[15],何况,庄子对巫医又不是不熟,他很有可能在巫文化中出入甚久[16]。伟大的哲学家诚然有伟大的哲学洞见,但他也是生活在万民共享的生活世界里,生活世界里的许多知识即是庄子思想的大地。所以如果庄子自然地接受"经络—气"的理论,并视之为完整的身体观中不可或缺的成分[17],这是完全可以理解的。

形气主体既然预设了"形—气—神"的互嵌相纽,因此,此种主体的存在性格就是超个体的,因为"形—气"的构造意味着人的主体总是在气化流动当中不断跃出,"出窍"（ecstasy,或译为绽出、离体、出神）是主体的基本属性,主体即流动,因此,即是不断地脱主体。虽然"形"的框架乃是一切活动与一切论述的前提,风筝不断线,"形"是一切活动所系的那条线。但"形"不是无窗户的单子,它毋宁是具有无数外通孔窍的通道,形气主体不只在主体内有形气之互纽,在主体与世界之间也因心气之流通,因而与世界也是互纽的。

形气主体与世界互纽,问题是:世界是什么意义的世界?不管在古典汉语或在当代汉语的用法中,世界的内涵都是复杂

---

[15] 参见周策纵:《古巫医与"六诗"考:中国浪漫文学探源》(台北:联经出版公司,1989)。
[16] 参见拙作:《庄子与东方海滨的巫文化》,《中国文化》,第24期,春季号(2007年4月),页43—70。
[17] 晚近学者论中国哲学中的身体论述时,庄子是很常被探讨的案例。庄子的气化身体观当然不只建立在气—经络的基础上,它深入到性天层次,简言之,其"先天"之气的内涵,即相当于体用论的"用",兹不细论。

的[18],庄子的世界自然也是多重的,有自然世界也有人文世界。我们且将焦点调到自然世界来,首先,我们注意到庄子的理想人格带有浓厚的"自然人"之意味。本文所说的"自然人",不是泛泛之论,而是指其人与自然的韵律共应共鸣。更落实地说,在语言与反思的意识兴起前,主体的模态与四时气候即有种共构呼应的关系。庄子的圣人是"凄然似秋,煖然似春,喜怒通四时",这样的主体恍若宋玉传统下的悲秋文学或日本文化中常见的"物之哀"主题才会出现的模态。然而,在儒家、道家、医家、阴阳家思想中,我们一直可看到人的七情六欲与四时节气的呼应关系,情感语汇带有自然节气的内涵。这种呼应带着浓厚的前近代农业社会的讯息,不见得可适用于被各种人造自然所包围的当代社会。然而,如果"人与自然"或"人在自然"是经过难以衡量的悠久岁月才共同演化而成的,那么,在生命的原始构造中即存在着人与自然共呼应的机制,此一设想并非无稽。诗人之善感并非只有个人抒情之作用,哲人之引譬连类也可能不是范畴之误用。形气主体的气之流动使得主体深层的情气与四时节气不断交换,互渗互入,两者之间不但无从切割,而且根本没有界限,庄子与中国自然诗歌的紧密关系似乎可由此得到理解的线索。

---

[18] 明清文人多言及不同之世界,如史震林《西青散记》有云:"有有法之天下,有有情之天下。"史震林:《西青散记》(台北:广文书局,1982)卷4,页176。现象学的世界(world)一词也有多重涵义,事涉专门,非学力所及,点到为止。

主体深处蕴藏着主体与世界的关系之枢纽，主体深处的有无、虚实、幽明、玄化，乃是庄学最迷人也是最隐晦的精华所在。庄子在其书中不断地演义其义，我们尤其不能不联想到庄子的经典论述："心斋论"所说的"若一志，无听之以耳而听之以心，无听之以心而听之以气。听止于耳，心止于符。气也者，虚而待物者也。唯道集虚，虚者，心斋也"。耳—心—气三者显然是一层一层地深入，"听之以气"的主体自然是非意识的主体。此时的主体就像东方思想常见的模式，它带有"虚"的属性。道集于虚之心，此时的心物关系是"虚而待物"，但又是"听之以气"。庄子既然运用"虚"的容受物隐喻以比喻主体，那么，带着"气"的"虚心"应当还是可归入"主体"的范围，但此深层主体毕竟连结到"物"的问题，亦即连结到自然世界上来了。

"气也者，虚而待物者也。"此语对我们了解庄子的"主体"义，颇有帮助，任何对庄子主体义的解释不能不通过这段文字的检验。如果我们将天均限制在主体的意义之内，那么，天均主体指的是一种深层化的人格主义之主体。庄子思想的类型因此也许像孟子、菲希特（Johann Gottlieb Fichte, 1762—1814）那般，他们都将主体哲学往深层扎根，呈现出一种与笛卡尔完全不同风格的主体哲学。在孟子学或菲希特哲学中，物或世界的问题基本上是被置放在议题领域之外的，这种深层主体的人格主义型态哲学在东西哲学家当中不乏同调，广义的孟子学——亦即包含陆王心学在内——都可划归为此种型态的哲学[19]。然而，主体深化到不可测之深度时，一个常见的体验哲学的难题就出现了：此时主体的边界何在？主客观的标准何在？体证者到底要选择主体哲学的立场？还是选择超越主客的道论之立场？

形气主体推论至极，无可避免地要踏入极隐微深奥的境地。因为就像梅洛庞帝（Maurice Merleau-Ponty, 1908—1961）的身体主体推到极点，其主体的意向性功能都会变得很稀薄，它毋宁呈现的是种极隐微的感的功能。而且，也像梅洛庞帝论身体意向性时，最后不能不推到人与世界的回逆关系，庄子的气的活动也是回逆的。更确切地说，庄子的心气活动都是牵涉到整体的世界的，其活动都是非对象性的，也都是跨越主客的。一个没有主客意识可呈现的主体之功能自然不必再设想它是主体的。由整体庄学的格局定位，庄子的心斋论只宜说：虚心至极，其气与物自然会有根源性的交通，此时的气可说是神，也可说是心气。"虚""心斋"与"气"的关系至此浮出台面，庄子确实主张一种带有虚的属性之主体，此主体盈满了气之动能。但虚之本体不是明镜意识，而是虚空即气。心斋之心可称"斋心"，斋心、虚之浩瀚感、气化与世界相互纠缪，在不可名说的主体作用下，同步呈现。

"不可名说"意指心气流行时的主客关系是难以概念化的，

---

[19] 陆王心学中也有"此是乾坤万有基"的本体宇宙论的成分，但这种成分在陆王心学的整个体系中不那么重要，因为没有充分发展出来，此陆王心学之所以得以名之为心学也。

难以概念化并非表示此区域即为理性的禁区，而是表示此境域的性质超出了日常经验的范围。有关"心斋"所牵涉到的知识论问题非笔者所能着墨，但思辨不能及处，隐喻未必不能提供我们一条方便的法门，回到"心斋"的源头，"心斋"无疑从"斋戒"的宗教意义引申而来。然而，庄子也用过"虚室"比喻"斋心"的境界，后世的用法中，"斋"会演变为建筑物的概念，不能说没受到庄子的影响。如果我们取"虚室"的"虚而待物"的表层字面意义作解，那么，庄子的非意识主体可说使用了"容器"的隐喻，"虚室"是一个极大容器的中空状态，此器物借此虚空以含摄万有。反过来讲，我们也可以说气聚于"待物"的虚室之内。然而，以容器喻主体，此一比喻其实有相当大的误导作用，因为庄子也说"虚室生白"，我们必须将"活动"义带进来。

从"容器"的隐喻入手，我们必须由"房舍"的容器隐喻进入庄子使用的根本隐喻：陶均。陶均在文明的起源中扮演重要的角色，它是人类介入创造一个重要阶段的指标，也可以说是人类介入造物主的工作的一个范例。陶均是土火合作的产物，土经由转化的过程，它变为珍贵的器物。陶均也是有无相倚的器物，由器之中空可承纳实体性的水、土、谷物，空圆的意象因而可以引发连类的创造意象。相较于静态的"圆"在许多文明的象征，陶均呈现的方式却是以一个持续运动的中心轴带动全体不停地返复旋转。庄子这种玄秘的天均隐喻以各种不同类型的器物如枢轴、车轮、玉环、神秘的星辰瑶光、神秘的地点归墟等等表现而出。他对这种神秘的意象常冠以"天"字,如天均、天府、天倪,显示它不是来自于经验世界,而是另有超越的源头。笔者相信这个隐喻知识当是出自对某种深层的体证经验的改写,只有通过体证甚至是证体经验的关卡,我们才比较好了解:气学、物学与工夫论的关系。

"陶均"的隐喻不只庄子用,老子也用,许多早期文明,甚至当代的一些原住民也都用过,但庄子的陶均隐喻的内涵特别丰富。庄子使用的陶均隐喻可称作天均隐喻,庄子凡加上"天"字的形容词时,通常意指一种非人为、非认知所及的事项,天均亦然。庄子使用"天均"隐喻,其喻依为陶器,其喻旨则为一种"体"的创生力。问题是:喻依为陶器,喻旨为体的"体"到底是人之主体?还是非人格型的道体?

笔者相信:作为《庄子》一书总序的《天下》篇的定位是对的,庄子的道具有本体宇宙论意义的客观性,道不只落在哲学家的意识世界,它也在诗书礼乐的文化世界,也在万物芸芸的自然世界。而道总是脱离不了气化的整体性的,张载说"由气化有道之名",张载说实即庄子说。我们不要忘了庄子使用"天均"的系列隐喻时,他既用了神秘天文学的北斗七星之瑶光,也用了神秘地理学的汪洋巨浸之归墟。这种天文地理的大自然隐喻都不是文学性的譬喻,其层次也超出了当今流行的"概念隐喻"的层次。主体客体"其化钧也","钧"字是双关语,"天均"不只代表主体,它也见于万物的自生自化,万物的自化与主体的创化之间有神秘的系连。

道指向气化的历程，这类的文字在《庄子》外、杂篇中并非罕见，若《知北游》的"通天下一气"，《庚桑楚》的"天问"之说，所言尤为恢阔。然而，气化之道并不是外、杂篇的特权，事实上，我们在内七篇中，依然可以看到作为自然哲学的气论。如果说"游心于淡，合气于漠"这样的词语仍带有主体主义的色彩的话，我们不会忘了"生物之以息相吹也"，到底所言何义。

内七篇的主体多集中在具体的人之存在问题，然而，作为自然实质内涵的"物"之问题并不是隐没不见，在"游心于淡，合气于漠"的境界中，主体与自然世界的关系并不是被吞没了。事实上，在气化主体的流动中，自然虽然不是以对象的面貌呈现，但非对象的"物"或"自然"恰好是庄子思想的题中应有之义。因为正是在一种整体性的天均化行之中，蕴含了"主体—物"的隐藏结构，庄子的"一"与"多"有种特别的系连，我们由此可进入庄子对"物"的理解。

四　物化＝物

从心学的角度解释庄子，这种诠释有极长远的传统，如果解释有误，应当也有支持此种误解的文化土壤。相对之下，另有一种似乎是相对立的解释，此种解释认为庄子对"物"非常重视，这种主张不知源于何人，但可以确定的，晚明时期是这种思想的高峰，方以智、王夫之尤为此解的巨擘。我们不妨说：有种"物学"的庄子学诠释模式[20]。关于晚明的庄子"物学"诠释模式，其义当另文讨论。但晚明兴起的这种诠释模式，对我们理解庄子的物学，提供了很有意义的线索[21]。

提到庄子的物论，我们首先想到的就是《齐物论》该如何解读的问题，到底是"齐物之论"，还是"齐一物论"？"物"字上属于"齐"字或下属于"论"字，似乎皆有理据。如果是齐物之论，则表示庄子对于"物"有自己的理解，庄子的思想光谱中宜有"物论"一栏；如果是齐一"物论"，则显示庄子对当时的"物论"，颇想整齐之。然而，何谓当时的"物论"？是否当时的思想家对于"物"有各种论述？还是只是笼统地表示各种论述罢了？古今注家对此"物论"似乎很少着

---

[20] 参见拙作：《儒门别传——明末清初〈庄〉〈易〉同流的思想史意义》，收入锺彩钧、杨晋龙主编：《明清文学与思想中之主体意识与社会·学术思想篇》（台北："中央研究院"中国文哲研究所，2004），页245—289。邓克铭：《方以智论〈庄子〉——以道与物为中心》，《汉学研究》31卷，3期（2013年9月），页1—30。

[21] 简单地说，王夫之、方以智所以会挖掘出庄子的物学，其因缘和他们本人面临的时代议题有关，方、王两人处在心学发展的高峰，亦即儒家有史以来发展得最彻底的意识哲学——王学在17世纪中几乎已将潜能发挥殆尽了。但一体两面，王学的弱点也只有在熟透期才会明显地表现出来。方以智除了因为家学的缘故必须面对王学的局势外，他另有禅宗的继承问题。禅宗经五家七宗后，在晚明有复兴趋势，方以智所继承的曹洞宗该如何面对真正的人间性，这个议题也被提上了议事桌，不能不处理了。方以智和王夫之面对同样的问题，同样的困扰，他们也同样从《庄子》书中，发现到平行的处境。庄子是带动晚明思想家思考17世纪思想困局的精神导师，笔者认为晚明哲人的视座是有道理的，因为庄子不但早他们两千年面对类似的难题，而且庄子也早于其时提出相应的判断。

墨，大体上认为有各种哲学论点而已。

"物"或"物论"的问题可能有各种的解法，但在天均之眼的朗照下，这个议题需要高看。不管《齐物论》的"物"字该上属或下属，我们没有理由回避《庄子》书中这么重要的章节提供的字眼。而且由《庄子》其他篇章，特别是《天下》篇与《则阳》篇提供的线索，我们有理由重新反思"庄子的物学"或许不是个怪异的谈法，它既有文本的依据，也有哲学的依据。笔者认为：如果我们不从心学的角度界定庄子，而是从泛存有论的道论之角度考察，那么，庄子的物论之说可谓势所必至。

我们还是回到了庄子所处的思想环境考量。庄子活在战国中期，从《天下》篇中，我们知道其时的知识局面乃是"道术为天下裂"，亦即有机而统一的思想分裂以后，百家竞鸣，处士横议。庄子当时所面对的难题是所谓的"内圣外王"的格局该如何进入？从春秋以降，"圣"的地位日高，其高的内涵一落在人格等第，"圣"成了对最高人格的礼赞；一在它指向了道之意识，亦即本心、本性这类语词所指涉的层次，道与圣共在。子思、孟子的用法如此，庄子也是。至于"外王"则指意识所对之"物"之世界。从战国早期开始，"物"的意义大致就和"存在之物"或佛教所说的"法"相当[22]。"内圣外王"的格局因此可说是"心物"的问题，只是对庄子而言，这个问题不是知识论地谈，而是实践意义也是本体论意义地谈。

---

[22] 战国时期，"物"的另外一个意义是非理性的魔咒之物，如《左传》"有物冯之"所说的"物"，此"物"另有宗教学上的意义，兹不细论。

仔细观察《天下》篇，我们发现"物"字在此篇中不时地出现，尤其从慎到以后，历经老子、庄子、惠施，在这四位哲人的思想中，"物"的问题都出现了。而且除了惠施的"历物"之说较特别，需另当别论外，我们看到"物"在这几位哲人的著作中，依庄子的理解，乃呈现由浅而深的发展。

我们看庄子如何判断慎到、彭蒙、田骈的思想。庄子认为他们有一种以物为首出的定位，人生处一世，即当随"物"宛转，人的意向与意志乃随物之"势""形"而转。更具体地讲，人的存在乃"在世存有"，而"在世存有"的实质内涵即是"与物共在"，因为人活在物的世界中。相对于《易经》主张"器"与人文的本质性关连，慎到等人所主张的却是"人—物"的勾连。慎到等人注重"物"的地位，这种选择有其合理性，但他们提出的"人—物"关系乃是尽量地去主体化，销毁意志，以至无知之物而后已。慎到之学让我们嗅出浓厚的叔本华（Arthur Schopenhauer, 1788—1860）的意志哲学（实即反意志哲学）的气味，王夫之批判为"枯木禅"，良有以也。

老子的"物"之哲学则落到天平的另一端，《天下》篇的庄子主要的关怀可以说就是如何回应老子。《老子》一书因为近年来出现不同的版本，引发各种南辕北辙的解释，他的性格反而模糊掉了。但在《天下》篇，庄子所见到的老子形象是很清楚的，老子是位深居于"神明"状态的智慧老人。"神明"意指一种幽深的意识，这种"神明"位居意识与世界存在的底层，它是实践的起点，也是终点。就实践的目标而言，它是包含感性、智性在内的生命力逆返至极所致。在具有冥契论因素的传统中，修行者在经历长期"逆"或"损"的过程之作用下，对世界淡漠，这是很常见的后果。换言之，内在本性的彰显和世界的浑化，亦即和物的钝化，常是同一种过程的两面。老子确实不能说是"无世界主义"者[23]，庄子也帮老子澄清过，说他以"空虚不毁万物为实"。如何不让物消逝于"神明"的追求中，这是老子关心的议题，庄子也同意老子很努力避免掉入体证哲学易患的窘境。然而，庄子对老子"心—物"关系的判断是老子"以本为精，以物为粗"。换言之，老子虽然不想"毁万物"，但却无法证成"物"的价值。就像他不想无掉世界，但却希望世界处于不会分化的"小国寡民"的乐园状态中。

老子有没有"物学"？他的"物"该如何解？此议题也许可以重作[24]。但庄子是第一位认定"物"在老子思想中有独特的位置的哲学家，只是他将老子思想定位为"以物为粗"，亦即"物"在价值位阶上的地位不高，老子这位哲学家是位活在深根宁极的智慧老人，客体被消纳在深层的主体之中，深层的主体事实上也就是没有发展出精神能动性的抽象统一的主体。

---

[23] 史宾诺莎的哲学或被定位为"无神论"，黑格尔替史宾诺莎的澄清道：与其说他的哲学是"无神论"，不如说是"无世界论"。参见前揭书《哲学史讲演录》第4卷，页99。黑格尔也以类似的词语替老子澄清，因为他已指出老子的"无"不是虚无之意，而是"单纯的、自身同一的、无规定的、抽象的统一"，参见《哲学史讲演录》第1卷，页131。

[24] 王庆节主张老子有"物"的哲学，可备一说。参见王庆节：《道之为物——海德格的"四方域"物论与老子的自然物论》，《现象学与人文科学》（香港：香港中文大学，2005），第2期，页261—313。

庄子相信只有他自己本人才能正视"物"的价值，老子绝非其人。在《天下》篇中，庄子说道：他的思想是"应于化而解于物"，"应于化"这种表达方式在《庄子》书中常见，庄子设想人可以活在整体性的气化推移中，所谓"游乎天地之一气"。气化即意味着整体性，这种"应于化"的规模与模态显然是无法明确化的，其界限最后确定会渗进到不可言说、无法意及的"天"的领域。但虽不能意及，不能言说，却可设想一种气感的存有之连续性。

"解于物"和"应于化"应当是同一种过程或同一种层次的两个事件。"解于物"的"解"字之义当略同"庖丁解牛"之"解"，但"解于物"仍不好解。王夫之说"非以致物，丧我而于物无撄"[25]，亦即要尊重"物"，以之为主，主体要先行悬搁（所谓"丧我"），让物在一种游化的心境底下呈显。"物"自己表达，自己决定自己，主体只待在一种回应的位置，这是另类的"因""随"的哲学，也可说是种玄化的"观物"哲学。"因""随""观"的哲学可上下其讲，我们上文提到的慎到等人主张弃知弃己，"与物宛转"，也可说是"因""随""观"的哲学。但王夫之的注解很道地，其解需要高看。在老子的"玄览"思想或佛教的"现量"学说当中，我们也可看到相似的理趣。

但"解于物"似乎可进一步解作"在物中解"，就像"游于艺"是"在艺中游"。"在物中解"是人与物合处在一种

---

[25] 王夫之：《庄子解·庄子通》（台北：里仁书局，1984），页284。

"解"的状态，就主体而言，当是游化之心；就物而言，则是"物化"状态。"物化"是庄子版的物自身，庄子对物有本真的认定，他坚持：物不可因主体之本体化，亦即心性为一，性天相通，存在与意识的隔阂打破了，因此，遂导致"无物"；也不可因主体之认知作用，不管是休姆（David Hume, 1711—1776）或康德意义的，或唯识宗意义的，遂导致"定物"的性格。庄子的"物"是非决定性的，至少不是刚性的决定性的[26]，物即化，"物"与"物化"同出而异名。"解于物"因此可解作"人参与物的气化之流"。

上述"让物自显"与"与物共解而化"两解不但不矛盾，且必须相通。因为"物自显"即是"物化"，"物化"即是物之实相[27]，就像化是世界之实相，"物化"只是"化"此作用在"物"上的体现而已。反过来说，"物"总是处于"化"中，"物"即为"物化"，"物化"即为"化之物"。在庄子的世界图

---

[26] 庄子强调万物处于流动的变化之途中，但他也强调物有"天理"，人处事应物，需"依其天理"，借用庄子"才与不才之间"的说法，他的"物"也是处在"决定与非决定之间"。
[27] "物化"在《庄子》书中两见，一见于"其生也天行，其死也物化"，此处的"物化"当指人逝世后"化"为"物"的存在。庄子对生命个体的界定由"气聚"而立，气聚成体即为个体。个体消逝，摄受统合的作用消失了，即化为气化之物。"物化"一词另见于有名的庄周梦蝴蝶之寓言中。在此处的物化意指庄周与蝴蝶之分的一种状态，我们有理由认为此处的"物化"指的是一种神话意义的变形。变形神话的解读是将重点放在"物化"的"化"字上，依神话思维，界、门、纲、目、科、属、种的区分只是方便的，原则上是可"以不同形相禅"。但笔者认为"物化"的重点也可放在"物"的性质上，凡是"物"即有"化"。

像中，所有的个体都参与一种全体性的变化之流[28]。

在这种全面运转、无处可见但又无处不在的中心参与的情况下，所有的个体都是暂时性的个体，所谓"物"；所有的个体都是由气聚的个体加上周遭不定的氤氲组合而成，所谓"化"。因此，"物"即是"物化"。物化之物的概念和其时流行的一个术语"流形"近似，《易经》曰"品物流形"，《易经》此语颇著名，但"流形"语义一直很少受到正面的看待。晚近因为出土楚简《凡物流形》，两相对照，正可相互发明[29]。庄子接受战国中期气化论的论点，但他更进一步主张：凡是"个体"的概念都不是定限的，而是在流动过程中的暂时相，而其暂时相可说都是由"物"连着其"形"之旁的气（氛围）一齐朗现的。畸人庄子的思想也有受惠于时代风土的成分，他对个体之物的理解即可说是分享了其时的共法。不管曰"物化"，或曰"流形"，这些词汇在在显示：不只是庄子的主体虚而气化，其所对之物也是虚而气化。然而，就像气化主体不能抹杀主体的通感以及整合作用，天人相济以应事。物化之物亦不可被视为幻相（如某些流于断灭空的小乘佛教所主张者），在主体的转化过程之后被虚无掉了，因为"物化"正是要使新新之

---

[28] "整体世界处在变化之流"的观点无疑地不是一家一人之学，在古希腊的赫拉克利特（Heraclitus）、魏晋的般若学都可找到这种论点，《易经》更是以"变易"定位其书。庄子的特殊在于他依一种天均的隐喻设想世界的运动。

[29] 参见黄冠云：《"流体"、"流形"与早期儒家思想的一个转折》，《简帛》（上海：上海古籍出版社，2011），第6辑，页387—398。

意在个体上有附着处。

庄子论物，常连着主体与物的关系考量。在气化主体的格局下，"气"自然可归属为主体的语汇。但自另一面而言，"气"的作用即是"化"，我们不要忘了，"化"乃是气机流动的一种真实，而"物化"一词总是连着"化"字作解，"化"要挂钩在"物"存在的前提上，"物化"使得物有了内容。在庄子的世界图像中，物的虚通是一义，主体不能并吞物化之物又是一义。庄子从玄秘的"大道"之境至日常之境，一直要给"物"安排位置。庄子要瓦解一种实体意义的生与被生的关系，不管是形上意义的道生一或道生物，或是唯心论精神修炼传统中的本心生山河大地。庄子有言道："知之所至，极物而已，睹道之人，不随其所废，不原其所起。"（《则阳》）"道"是气化历程的总合，也是物之总合，它不离开物，但也不生物。相反地，就现实的世界而言，物有其存在的优先性，物就是物，不增不损，现量而观（不原其所起）。学者只能随物而成，不可断灭空地观看物之灭相（不随其所废），也不可增益见地追求物之起源。庄子的"物"之哲学大致是对一种宇宙论模式的道之创生之否定，尤其反对由"无"生"有"之主张[30]。

---

[30] 参见王夫之对《庚桑楚》"以有形象无形者而定"，以及对《则阳》"接子之或使"诸说的解释，两说皆牵连到宇宙论的思维，接子的"或使"之说更明显。王夫之评之为"此说最陋"。参见《庄子解·庄子通》（台北：里仁书局，1984）卷25，页237。王夫之主张"有"的哲学，他认定庄子也是"有"的哲学，相对地，老子则近乎"无"的哲学。王夫之对郭象的《庄子注》不怎么看重，但两人同样支持崇有论的立场，倒是殊途而同归。

庄子是有全体论的兴趣，亦即宇宙性的兴趣，但他避免一种宇宙开辟论的思考。不但如此，庄子努力避开宇宙心论述的陷阱。庄子具有冥契论的背景，他像东西各伟大的精神修炼传统一样，也有对"一"的追求。但问题是什么样的"一"？在庄子之前，老子是首位提出"一"的伟大哲人[31]，"一"之前冠上无以复加的状词"太"字，即成了"太一"。庄子颇赞美老子其人，但又不以其说为究竟。笔者认为关键处在于"一"中的主体与物的关系，依庄子的体证哲学，体证至极的景象虽然难以形容，但他仍保留物的独立性，物在超越状态中，自生自化。我们且看"心斋论""心养论"中所呈现的景象："处无为，而物自化，堕尔形体，黜尔聪明，伦与物忘，大同乎涬溟。解心释神，莫然无魂。万物云云，各复其根。"（《在宥》）庄子论"物"的本真，亦即"根"的状态，虽然必须在意识的转化状态，亦即"解心释神"的心境中才可呈显。但不要说他没有提出"心生万物"，庄子主张：连道也不生万物。"心养论"说得很清楚：心斋之境乃是"伦与物忘"，不是没有物，只是"物"此际不再以对象义出现。庄子始终强调物有超越性的自体因，它自化，自有其根，不可并为"心"的质素。这种胜义的"物"只有在"忘"的主体状态下，才可得其实义。我们马上会看到：只有在"无知""忘"这样的状态下，"物—我"共在的实相才可真正地显现。

---

[31]《老子·三十九章》云："昔之得一者，天得一以清，地得一以宁，神得一以灵，谷得一以盈，万物得一以生，侯王得一以为天下贞。"

五 心 有 天 游

在日常经验中,人的经验乃是与物共在,因此,"与物相处"即成了人生经验的实相。物构成了不可绕过的"他者",一种既与气化主体共感却又没被并吞的他者。就始源的经验而论,物化之物不是被理智设定之物,也不是被本体论意识设定之物,它自己决定自己,物化之物会在主体与世界的邂逅中传来讯息。但物之自运自化,不属于科学理性世界的命题,它仍有待于体证者的意识加以朗现。体证者能体现万物深层价值的意识可称为游化意识或游之意识,庄子假借鸿蒙之口道:只有"游",主体才可具体地游化于物之本相[32],我们由此可论"游"。

如前所述,"遊"字原来表示"旌旗"在空中飘动,所以原作"游"字,乃因旌旗飘动状态恍若在水中游动。"遊""游"两字的体现者于空中者当是飞鸟,于水中者则是游鱼,鸟飞鱼游同样被认为表现一种流动的自在感。相对之下,人作为芸芸众生中的一员,他的存在受限于他的结构,人的限制性结构之一乃在他是陆上的动物,他的躯体只能行走于土地之上,这种限制是他的存在处境。由于"大地之子"的身分使然,人对于空中飞鸟与水中游鱼既羡且妒,飞翔与水游的意象

---

[32] 参见《庄子·在宥》"云将东游"一段。

也就自然而然地成为诗人追求精神自由的象征[33]。出自《中庸》的"鸢飞鱼跃"是最著名的"自由"之意象,但"鱼鸟作为精神自由象征"此一传统的建立者,恐怕还是要追溯到庄子。

庄子讨论游鱼、飞鸟、自由的关连,普见于其著作的各篇章,但最受人瞩目者当是《逍遥游》篇破题所说的"鲲化为鹏"的神话,以及《秋水》篇所说:庄子与惠施两人在濠梁之上,见鱼出游,因而争辩鱼乐不乐的议题。这两种鱼在不同的脉络中,恰好反映了"游"的两种展现的场域,一个是广漠无涯而具个体性的场域,一个是游观个体而与之共在的场域。两种场域的主体所对者虽有广狭之分,但主体以超自觉的神化流行显出自由,亦即心有天游,此义却是相同的。

论及广漠无涯的"天游",我们马上想到《逍遥游》篇中的那头硕大无比的"鲲"。超乎寻常的大鱼在《庄子》书中不时会出现,庄子对海洋的传说显然不陌生,他频频使用海洋传说的主题显示其思想成分中蕴含了一种神秘地理学的消息,这种神秘地理学很可能和庄子的族群之历史追忆有关[34]。《庄子》

---

[33] 兹举曹植与陶渊明为例:曹植描述奔波在外的游子,披襟面对习习的清风,叹道:"游鱼潜绿水,翔鸟薄天飞。眇眇客行士,遥役不得归。"流离失所的意象在曹植诗中一再地出现。同样地,当陶渊明身处仕隐间的矛盾不得其解时,他也不免感慨:"目倦川涂异,心念山泽居。望云惭高鸟,临水愧游鱼。"(《始作镇军参军经曲阿作》)相对于疲惫的行士,游鱼与翔鸟是自由的象征,曹植的感慨与陶渊明的惭愧是有道理的,他们两人的回应在中国历代诗人的诗作中屡见不鲜。逯钦立校辑:《秦汉魏晋南北朝诗》(北京:中华书局,1983),册上,页460、册中,页9820。

[34] 参见前揭拙作,《庄子与东方海滨的巫文化》一文。

一书中的"大鱼"之象征除了有"自由"义之外，另一种含义当是"潜能"义，"潜能"是"能"的潜存者，鲲是蕴积能量的神物。事实上，鲲即是海洋的象征，它的人格化即为海神禺彊[35]，禺彊、鲲、海洋同样指向一种深不可测的玄冥向度。"自由"只能建立在潜能的转化上面，也唯有潜能转化为现实后，"自由"才有可能。

在庄子系统中，能量之大者当然是体道者之独与天地精神同往来，此种彻底自由的象征即是大鹏鸟。在《逍遥游》篇中，庄子假借"鲲化为鹏"的寓言，指出自由所以可能，其前提在"化"。化者，转化之义，只有作为潜能寓意的鲲转化成大鹏以后，一种无碍的、辽阔的世界才可以展开。庄子假借大鹏高飞，旨在透过一种宇宙意象的想像作用，来显示一种精神的"化境"。"哲学家们在梦想什么呢？梦想者无休止地追随着飞鹰的天体飞行。这环绕高空绘出的如此优美的圆圈是多么辉煌的飞行。多么富于魅力的飞行！游泳只知直线行进。而人必须像飞鹰一样飞行才能具体明白宇宙的几何

---

[35] 袁珂认为鲲鹏与禺彊的神话颇有关连。《山海经》除有禺彊之神外，另有禺虢其神，其文曰："东海之渚中，有神，人面鸟身，珥两黄蛇，践两黄蛇，名曰禺虢。黄帝生禺虢，禺虢生禺京，禺京处北海，禺虢处东海，是为海神。"袁珂解释道："鲲实当为鲸。而北海海神适名禺京，又字玄冥，此与庄周寓言中北冥之鲲（鲸）岂非有一定之关联乎？而鲸，字本作鱷，《说文》十一云：'鱷，海大鱼也，从鱼，畺声。'又与禺彊（禺京）之'彊'合……然而禺彊不仅海神而已，实又兼风神职司。"参见袁珂：《山海经校注》（台北：里仁书局，1982），页248—249。

学。"[36] 飞翔与水游的意象之旁通被勾勒得恰到好处。巴舍拉这位诗人哲学家也是位梦幻的哲学家，梦幻并不比现实梦幻，就像神话不见得比历史少掉真实。"鲲化为鹏"的神话即告诉我们深刻的人格转化的道理，此神化的"化"有二义，第一是"转化"的意念，第二则是指转化后的"化境"。

飞翔的梦想可能是人类所有梦想中最深根固柢者，因为它带有对人类有限性的克服、超越、转化，是人不甘屈服于物理／生理法则的一种异化之投射。在遥远的神话年代，这种梦想不见得是意识的变装。它是一种真实，此种真实以神话此种原始社会的"宪章"之面目出现，神话的真实也有可能可以在一种"出神之技"（technique of ecstasy）的宗教实践中得到体证，笔者相信"鲲化为鹏"的寓言很可能有萨满教的文化因素在内[37]。在萨满教的文化中，"出神之技"是常见的，"变形"的寓言是常见的，会传达神秘知识的"助灵"是常见的[38]。《庄子》一书对这类神话主题都不陌生，更确切地说，庄

---

[36] 参见巴舍拉（Gaston Bachelard）著，刘自强译：《梦想的诗学》（北京：三联书店，1996），页260。巴舍拉收集了不少材料，证实游泳的梦想与飞翔的梦想常相连而至："梦想相互结合，相互连接。在天空中旋转的有羽翅的存在和流向其固有的漩涡的水流结成盟友。但是飞鹰的旋转最为美妙。"（页259—260）水游与飞翔两相比较，飞翔的象征更强，庄子也时常运用水游与飞翔的意象，但运用"飞翔"的次数更多。

[37] 耶律亚德对萨满教的界定即从"出神之技"着眼，参见 M. Eliade, *Shamanism: Archaic Techniques of Ecstasy*.

[38] 参见拙作：《升天变形与不惧水火——论庄子思想中与原始宗教相关的三个主题》，《汉学研究》，第71期（1989年6月），页223—253。

子所运用的萨满教文化因素当指中国东方海滨的东夷之巫教文化。庄子与殷商文化之关系极密切，庄子大概是中国思想传统当中，运用东方巫教文化最成熟的哲人[39]。

放在"巫教""飞翔""游"这样的主题轴线底下考量，我们可以确定庄子为什么那么喜欢运用至人升天远游的意象："予方将与造物者为人，厌则又乘夫莽眇之鸟，以出六极之外，而游无何有之乡。"（《应帝王》）最美的意象当是出自《逍遥游》篇那位美丽的姑射仙子："肌肤若冰雪，绰约若处子，不食五谷，吸风饮露，乘云气，御飞龙，而游乎四海之外。"庄子的至人可在空中高飞，自由自在，他们无疑是后世游仙的始祖，也是远古大巫的嫡孙，更是庄子"逍遥"精神的人物显像。但庄子思想虽与巫教有关，但他更根本的关怀则在于对巫教的克服，我们自然不会将这些叙述当作庄子真正的喻旨，我们毋宁相信庄子言在此而意在彼。这些意象表达了："游"是伟大而庄严的身心活动，它带着一种宇宙性的性格，牵动了世界的精致运转。主体是游动的整体性，"游"是直通而没有对象的障碍之活动。

"游"指向了主体的解放心态，也指向了与物无对而共游的模态，在此种无对的情境中，共在的氛围常由乐、自在、美、恢弘诸种感觉所渗透，"得乎至美而游乎至乐"（《知北游》），庄子面对大自然，如是礼赞道。然而，游之主体虽然是真正的主体，现实的主体却不是游的主体，我们的日常生活基

---

[39] 参见拙作《庄子与东方海滨的巫文化》一文。

本上不是以"游"的方式呈现，孟郊云："出门即有碍，谁谓天地宽？"(《赠别崔纯亮》)孟郊是科举的常败将军，他的感慨当然不足以作为日常心态的典型。但日常生活的主体不足以论及"游"之奥义，这也是事实。所以只要谈到游，我们即不能忽略掉"鲲化为鹏"蕴含的工夫论意义，"游"一定连着"化"，而"化"则必然有主体转换的意义[40]。支道林对郭象的批判虽然带有佛教的色彩，但却是我们论庄子的逍遥义时不能忽视的注庄故事[41]。

"游"字的核心义之一可能与冥契经验有关，如果要勉强给它定性的话，庄子的"游"接近外向型的冥契论。但"外向型的冥契论"或"冥契论"一词无法穷尽庄子的"游"字之义，庄子之"游"的真实内涵也不在此处。我们看庄子的"游"预设了一种精致化的形气主体的精神，具有更明确的主

---

[40] "游"具超越义，需预设工夫论的前提，东方的证道叙述中，心性论的语言和形上学的语言在某种独特的心灵境界中，被视为可以相互诠释。我们看到庄子的"游"字往往带有如下的义涵：(一)"万物一体"，如言"游于物之所不得遁而皆存"；(二)超越时间相，如言"相忘以生，无所终穷"，"复之挠挠，以游无端"；(三)超越空间相，如言"入无穷之门，以游无极之野"。超越时空，万物一体，这是冥契主义者最常见的报导。这些经验的叙述一转，很快的就触及到"有无""一多""动静"的哲学问题，而庄子的"游"，正是浮游在此"无有者""万物之祖""物之初"的境界。"游"字有理由可诠释为证道的语言，但本文重点不在此，庄子哲学的重心也不在此，故言尽于此。

[41] 参见拙作《注〈庄〉的另一个故事——郭象与成玄英的论述》，收入郑志明主编：《道教文化的精华》(嘉义：南华大学宗教文化研究中心，2000)，页297—335。

体的力动性格。庄子论人，其主体不是落在意识主体，而是落在形气主体上面。形气主体的完整称呼当是"形—气—神"主体，这种"形—气—神"主体的运作面虽有时以"气"为主，有时以"神"（心）为核心，但当以"神"（心）为核心时，"神"（心）总是连带着极广而极隐微的"气"一起作用的，"气"被视为"心"的边缘层[42]。这样的"形—气—神"主体是种扩散的主体，神带着气扩充到空间的每个角落，就像空气中声波的回荡，就像水中波纹的扩散一样。

由于人身是流动的身体，是"流形"，所以"游"带有的无尽之感落在主体上讲，即是"体尽无穷，而游无朕"（《应帝王》）；落在意识上讲，即是"游心"或"心有天游"（《外物》）的叙述；如果落在形气主体中非意识层的形体感受层面，即是"游乎天地之一气"（《大宗师》）。"游"字不管落在形、气、神的哪一端，我们可以看到"游"的主体都是"全体"参与的，所谓"全体"，即是全部的身体连着气化的周遭世界。一种与物和谐的气化状态才是世界之本真，与气化状态共振的具体动感才是人应该有的本真性存在。"游"是蝴蝶效应的蝴蝶，它的讯息传至六极八纮的每一角度[43]。庄子善言一种宇宙气感的

---

[42] 如果心气同流，那么，有宇宙心即有宇宙气，心量无限，气机也就无限。
[43] 这就是列子所说的："一体之盈虚消息皆通于天地，应于物类。"（《列子·周穆王》）"其有介然之有，唯然之音，虽远在八荒之外，近在眉睫之内，来干我者，我必知之。"（《列子·仲尼》）《列子》这两段话恰好可用以印证庄子的"游"或"气"之概念。不管《列子》是否所谓的"伪书"，但《列子》的许多论点和《庄子》文本显然关系匪浅。

游,此际之游所对者是没有特定对象的"广漠""无何有"的大自然或是浩瀚之感的心境。

浩瀚感（immensite）一词是笔者借自巴舍拉《空间诗学》的重要概念，笔者相信：它可能就是此书最重要的内涵。"浩瀚感"不需要回忆，不需要对象，它就在我们的身体内，"与一种存有的扩张状态"紧密关连。换言之，"浩瀚感"是"此在"的一种规定，它是连着"形—气—神"一体难分的神秘之整体感。笔者认为孟子的"浩然之气"、庄子的逍遥意识庶几近之。但人生处于世，很难不与"物"相遇，而所谓的大自然，其实也是各种非定相之物所组成的世界。行文至此，我们不妨进入庄子的第二条鱼的世界。

在庄子与惠施的"濠梁之辩"的情节中，游鱼出游是被视为可以得到自在之乐的。乐是情感语汇，从庄子开始，它还是修养至深的一种境界语汇，此乐显然不是经验意义的鱼之属性，也不仅是纯粹主观的"心法"，它是被视为体道者心境的一种物我关系之体现。也是从庄子开始，"观游鱼以体道"成了一种哲人的风尚，程明道喜欢蓄小鱼，观其天机，即是一个可与濠梁之辩相互争辉的案例。

"濠梁之辩"此篇隽永的小品因为海德格（Martin Heidegger, 1889—1976）论及共在（Mitsein）的议题时曾特别标举之，因而颇引起国人的注意。海德格的"共在"思想旨在破除笛卡尔主客二分的认识论魔咒，就"此在"的内涵分析，"此在"即是在世存有，即是"共在"。"共在"先于主客的二分，它是主体的本真状态。海德格讨论"共在"问题时，援引濠梁之辩的鱼乐问题作引子，可谓神解。

然而，为什么人、鱼"共在"，庄子才可知"鱼乐"？个中的关节仍待厘清。众所共知，如按一般的辩论常规来看，庄子不算赢家，惠施也没有输。庄子最后说：请循其"本"，他所以知道鱼乐，乃是"知之濠上"（在濠上看到就知道了）。"本"是双关语，它既可指向话头所起的瞬间之时间，也可指向问题的根本或依据。"知之濠上"既是最原初的经验，但庄子不无可能表示道：答案也就是在观赏的那一刹那，时间的原初也就是事件的理据。

何以原初地看到鱼游即知鱼乐？答案显然不是类比，庄子论及人对人，或人对物的了解之问题时，从来不用"类比"去解决。也不是相互主体性，虽然"主体"（subject）此一词语据海德格所说，它曾被用于人之外的事物，物也可以有"主体"[44]。但我们还是不太容易相信"鱼"和庄子的主体性可以分享。如说是"移情"，此解未尝不可成一说，但"鱼乐"变成了主观的投影，庄子的原义明显地不在此处。既不是比量，也不投射，又非交互，游鱼为何乐？这个简单的现象几乎变成了循环不息的莫比尔斯带（Möbius Band）难题。

---

[44] 本书审查意见书之一指出：此义"源自西方的主词—述词命题结构，尔后，命题主词 subjectum 等同于 substratum，而与 substance 有所类同，遂有主体混同于实体（如黑格尔精神现象学序言）的理解。人作为主体的现代命运，起自笛卡尔。海德格的脉络可参考《世界图像的时代》或《尼采》（下卷，15 节；17 节）"。谨此致谢。

但庄子果断地跟我们讲：知之濠上！"濠上"很难作文章，因为我们如果将"濠上"改成"碧潭桥上"或"浊水溪边"，答案应该不会受影响，庄子还是会说：他知道"鱼乐"。所以问题出在"知"上。明显地，庄子所说的"知"不是主客二分的知，凡立在主客二分之上的知，则不管是比喻、移情或交互主体性，鱼乐之说都不能成立。"我知"与"鱼乐"要同时成立，只能落在"我知的心情"和"鱼"的关系没有分化的前提下，鱼和我共同处在特殊的氛围中，我乐因而鱼乐，此解才有意义。这样的"知"是种非认知性的直觉之知，直觉之知也可以说是无知之知[45]。在无知之知的朗现下，主客共同被一种氛围所穿透。此时既无主，亦无客；既无内，亦无外。这是种"游"的状态，"明确性""对象性"都浑沌掉了。庄子在游心也是游气的作用下，鱼是以"非对象"而又"与主体共在"的样式出现的，因而庄子与游鱼一同进入浑化之气流中，庄乐鱼亦乐，但两者同时亦不自知其所乐[46]。

庄子以无知的游心游观游鱼，因而知鱼乐，鱼与人同享法悦。由此一小品出发，我们可以理解庄子的圣人为何那么地

---

[45] 笔者上述的解释受到底下两文的启发，一为戴君仁先生《鱼乐解》一文，此文收入《梅园论学续集》（台北：艺文印书馆，1974），页251—254；另一为张亨先生《从"知之濠上"到"无心外之物"》，此文收入《思文之际论集——儒道思想的现代诠释》（北京：新星出版社，2006），页381—400。

[46] 试对照程伊川对"颜子之乐"的反拨："颜子箪瓢非乐也，忘也。""忘"也是一种"无知"。两者的"无知之乐"当是出自同一理据，兹不细论。

"无知","古之真人,不知说生,不知恶死。其出不訢,其入不距。翛然而往,翛然而来而矣。不忘其所始,不求其所终。受而喜之,忘而复之"(《大宗师》);"德人者,居无思,行无虑,不藏是非美恶。……倪乎若行而失其道也,财用有余而不知其所自来,饮食取足而不知其所从,此谓德人之容"(《天地》);"浮游不知所求,猖狂不知所往"(《在宥》)。庄子的圣人总像是宇宙的游民一样,没有目的性,没有分别心,浪荡于天壤间,纵一体之所如。人的存在逼近于自然的存在,知情意处于未萌发的状态[47]。其实不是未萌发,而是充分萌发以至超自觉的状态。

不管面对浩瀚的大自然,或是面对自然之物,游的主体情态是种非感性之乐,游的运动状态是种非分别的感通状。"天游"既指涉一种宇宙性的气感,也指涉"观物"时一种非认知性的直觉之感。庄子对芸芸众生的迷茫虽常发不由自已之悲情,治《庄子》者亦多衰世之人,但《庄子》或许不见得是衰世之书,此书也不见得特别容易激发世纪末的存在感[48]。恰好相反,庄子也许相信真正的主体是带着"与物为春"的游的主体,而"与物为春"的基调或许和残秋的意绪不相冲突。

---

[47] 参见大桥良介《Self and Person in Non-anthropological View》,此论文发表于 2013 年 11 月 29 日台北台湾大学人文社会高等研究院举办之"东亚视域中的'自我'与'个人'国际学术研讨会"上。
[48] 这是钱穆先生的看法,参见《庄子纂笺·序目》(台北:三民书局,1974),页 7。钱先生此序的历史沧桑感特浓,另有思想史的意义,兹不赘述。

六　乘　物　游　心

庄子的"游"总是会带给读者一种浩瀚之感,这种感觉是建立在气化主体之感通上的。换言之,我们越是脱离了个体的局限,越由主体中深层的但也是精致化的"气"或"神"所带动,越能享受"游"所显示的自在朗畅之感,也就是越能呼应人的本真的状态。

然而,如果游之主体是主体应有的模态,那么,我们不能不面对一个现实的处境:我们总是处在社会情境中,而社会情境是由人与物共组而成的。社会中的人不同于原始自然世界中的人,就像社会中的物不同于自然世界中的物一样。我们提出的这个疑惑,庄子也想到了。庄子不是远古的神巫,不是后世道教的仙真,也不是退隐江湖的隐士,他处在国际关系诡谲多变的战国中期,是宋国一位中下级的官僚。庄子有家庭、朋友、同僚,他处于复杂的人群关系当中,但他又具有很强的同情共感的人格特质。在众声喧哗中,庄子诚然有很浓的孤独感,但他却又情不能自已地想将他的言论说给芸芸众生听的。如何在人间世逍遥游?庄子给予的答案是"乘物以游心,托不得已以养中"(《人间世》)。

落实到具体的人间世来,我们不难发现"人间世"其实也是"物间世","物间世"也是"人与物之间之世"。在"乘物以游心"的构造中,我们首先碰到的就是"物"与"心"的关系。在设想中的原始状态，主体与物本来即有共感、共在的系连，但人总会长出（outgrow，亦即长而出之的意思）原始的系连。在我们一般可感受的经验世界中，如果"游"意指一种无待的宇宙性意识，而"物"不管是以自然的总体之面貌出现，或是有限之物以被观赏的面貌出现时，主体与物的关系是可以共化共游的。但这种"物"通常见于观赏的心境，在具体的人间社会较少见。在我们与物共构的世界中，具体的人是用物之人，物在主体与目的之间。"物"既可以是主体所对的他者，一种异于主体的他者性；也可以是主体的延伸，是在世的主体不可能缺少的媒介，物我合一（如盲者的手杖、低头族的手机）。"物"不可能绕过，因此，不能处理"物"即无"游"可言。

晚近治庄子哲学者，常会想到"庖丁解牛"的微言大义，对此段名言多有论述。此牛经后人的不断诠释，新义时出，它已不知被理智的光刀解剖了多少次。但因有庄子的加持，此牛不死，原始版本的"庖丁解牛"遂有"原型"的地位，后人的诠释遂不能不回返到原初的旨义。庄子借此寓言，想向我们传递何种消息呢？无疑地，"庖丁解牛"是项技艺的行为，技艺是庄子很喜欢言说的题材，庄子借此以说明"由技进道"的过程。然而，技艺的故事从行为的角度观察，固然是技艺。但从技艺的施力点一方来看，乃是主体的问题；从着力点一方来看，则是"物"的问题。技艺问题更精确地说，则可说是"主体应物"的问题。

应物的前提是"物"的存在，所以此一事件的根本前提，乃是此"牛"是赤裸裸的他者，它构成了主体的对立面，而且是不可绕过的对立面[49]。其次，面对着不可化约的他者，主体须通过它，但又与之融释在一起。在过程中，主体必须认识此牛自然有其秩序，这是种非人为的秩序，可称之为"天理"。这种天然的理路不是出于主体的设定，而是自然之存在，因此，主体之应物乃应此物之天理，这就是"依其固然"之意。再接着知其天理，即是如何依天理以应物。然而，日常经验的主体之应物不足以言游，因为现实的存在乃是粗糙的感官主体之存在，所面对之物亦为粗糙之对象，所以应物多斫伤相残，所谓"族庖月更刀"是也。"刀"如果象征主体，那么，平常的应物可以说是两败俱伤，因为刀残了，而牛也被施虐得不成样。

"游于物"很难脱离上述的三点前提，但却要超越这些前提。"游"的主体需要通气，需要转化"物"的障碍为具体的通路。然而，在日常的存在状态下，有物有对，有形有知，这种主客对分的格局是无法跨越的。主体因而需经实践而升华、转化，亦即原本五官分立而各有职司的身体功能不能不变为循耳目内通而感官浑化。此时主客关系的主体乃凝感官作用于物相，感官越凝聚于物象之一端，反过来看，主体也会越深入于感官之根的向度，因而，遂有"官知止而神欲行""以神遇而

---

[49] "对立"是就经验之表象而言，事实上，物我总处在"不知"当中的互渗互化。

不以目视"的经验，原有的各种分殊性展现的感官机能被气身之感所整合。庄子论工夫时，我们比较注意到意识的自我凝聚、转化，以进入超越之境，如"心斋""坐忘""丧我"诸义所说者。然而，庄子的工夫论之特殊者，在于他强调在技艺的行为中，主体也有工夫作。笼统说来，技艺中主体的转化类似"熟能生巧"的结果，然而，"熟能生巧"只是初阶的条件，庄子要求的是巧之出神入化，因而达到主体的超越。庄子此种在行为中体道的进路在后世的禅宗或王学并不陌生，但在公元前4世纪，这种具体的实践哲学毋宁是罕见的。但更重要的因素是：庄子、禅宗与王学虽然都主张当下的具体实践，但庄子的哲学对"物"特别看重。

　　技艺提供我们很重要的线索，庄子虽然没有像马克思一样公然地将劳动提升到人的本质，但技艺是类似手工艺的劳动，技艺使得我们在心学与气学的诠释争辩中取得平衡的立场。因为技艺的行动总牵引出心物两端，当这种直觉之感的"气"或"神"运作于物时，物同时遂失掉原来粗糙的、静止的质性，它处于流动的物化状态中。物化状态不对感官开放，但却流荡于至虚之心中，亦即"物化"之物与主体之"神"有种超自觉的契合作用。因着这种不自觉的契入，对象失掉其所"对"的"他者"之身分，主客共处在具体的气化运转之中。"由技进道"的行动不是片面的，它牵引了主体与物，而且是发生于现实经验背后或深层的世界之事件。依庄子的规定，凡非自觉所及的功能即谓之"天"，当主客两者皆融入非主体意识所及的层次时，即可谓"以天合天"，"以天合天"乃是超分殊之上的主体之原初功能与非认知意的万物本身的理之相合。

为什么具体的逍遥要"乘物以游心"，因为只有经由与物相对，进而浑化的阶段，心之天游才可能达成。在这种"乘物"的过程中，我们看到"物"的本来面目被超越地保留住了，而主体的本来面目也因工夫的转化，主体进入一种神化而非认知的运作模式。庄子论技艺最重要的篇章，一为《养生主》，一为《达生》。当技艺不能润泽生命时，即无"游"可言；反过来说，当生命无法完成"物"之天理时，主体亦无游可言。庄子指示：恰好在我与物皆返入本真的状态时，两者才得同时完成自家的目的，主体游时物才化，物化时主体才算是处于游的自在状态。技艺的完成同时意味着生命的净化与完成。

庄子的"乘物"理念给我们一个很大的启示，此即庄子的思想体系固然有心学，但庄子的心学不碍他也有物学；庄子虽然很注重主体的转化，但这不碍他倾注物本身的客观存在。物自本自因，自造自化。庄子的"物"与"心"保持一种精致的平衡，"物"在实践的意义上讲，是客观的，是不可绕过的他者，但"物"不是海德格意义下的存有者，它的性质总是与主体的运作共在。"自由是对必然的认识"，黑格尔高度赞美史宾诺莎这句名言，这句话对庄子思想中的"自由"与"必然"之关系，一样也适用。庄子或称"自由"为"逍遥"，或为"游"，而"物"则是主体实践的必然之限制。当限制是主体之游所必备时，限制即非限制，而是内在的条件，内在的条件即非条件，而是主体的游之辩证因素。

从庄子这些应物的篇章，我们看出人世间的任何物，如庖丁的牛、梓庆的树、轮扁的材、工倕的土、吕梁大夫的水，它们存在最重要的特性就是它们存在的特性，它们的特性即是它们的"理"。它们的"理"处于"化"之中，处于"化"之流行的"理"可谓"天理"。庄子的"应物"论总是要求学者先客观地了解物之理，这种初步的了解是个磨合的过程：有主体，有物，物走入主体之中，主体也走入物之中。但这种走入有各种的层级，先是主体与物渐熟，应物渐巧，与物的关系愈形深入，深至两者相契相入，主体与物不再是认知的主客关系，而是行动的伙伴关系。此际，感官认知的图式由身体的图式所接收，处于气化流行的物与处于气机感应的形气主体同时呈显，此时的行动是无客体相也无主体相的综合行动，庖丁于"无知"的状态中，"官知止而神欲行"，刀之运作与骨骼之结构契合无间，行动的目标于无知无相的构造中完成。工倕的手和陶器的土的关系，吕梁大夫的身体和游泳时的水之关系，轮扁的刨具和木材的关系，无不呈现这种"无知而冥合"的结构。

战国时期是物论兴盛的一个年代，强调物的客观性并不是特殊的看法，而应物哲学在当时也相当普遍，尤其我们现在称之为黄老道家的著作中，颇多应物的论点。大体说来，这些黄老道家都强调物的客观性，也强调主体要客观不偏地因循万物之理，不要主观地干扰之，这种非主观的回应模式可称之为"因"，黄老道家皆有因的思想："天道因则大。"黄老道家甚至于可以承认物固然有其客观性，但客观的理也是会演变的，但演变也有种演变的模式，这种模式可谓为"势"。若此"物理""因""势"的概念，庄子亦有之，庄子、黄老道家共享了一些思想因素。然而，即使只是初步翻阅两造的文献，我们也会觉得庄子和黄老道家的应物思想颇有差距。在《天下》篇中，宋钘、尹文的思想地位并不高，彭蒙、田骈、慎到也只是"慨乎皆尝有闻者也"，亦即略知消息的门外汉。庄子终不以他们的"物论"为然，这些先行者必须被超越。

相对于慎到、彭蒙等人瘫痪主体的动能，主体所从事者只是"因"物而行。老子的立场恰好相反，他的立论完全是从内在性的意识入手，主体自我深化，深化到深不见底的世界之根据处。老子相信：主体和世界一样，总会带有多元、复杂的趋势，整全的分裂意味着价值的破裂，因此，学者当力挽，亦即强挽主体与世界不断分化的自然趋势，逆返原初之点。此后，学者即当居于此深根宁极的境界中，不要与物婉转。老子的心物关系与黄老道家的慎到等人所主张的恰好落在两极，至少从《天下》篇的观点来看，老子与所谓的黄老道家所主张的物论是不同的类型。

放在后世建构出来的道家系谱中来看，庄子的物论与老子、黄老都不同，借着海德格存有与存有者的划分，我们有理由宣称：庄子的"游"之主体使得"物"可以拥有"存有"的地位，因为正是在"乘物以游心"的构造中，心得其游，物亦得其化。"乘"字让我们联想到巫教中人与动物助灵的关系，巫教的大巫师常乘作为助灵的龙、鸟以升天，庄子的"乘物"不免有此意象之旁通，而此隐喻连类之旨当是指向：逍遥是要"乘物"的。庄子虽曾受惠于巫教传统，但他的"乘物"之论早已超出"物"仍带有神秘气息时的"乘物"之论，就像他的"游"已远非列子御风飞行或姑射神人乘云气的那种格局所能比拟的。

七　结语——未济的圆游

从气化主体（形气主体）、天均主体到游之主体，本文绕着主体诸相打转。我们看到庄子主体观的一大特色，乃是其主体都是带着整体性的性格，《天下》篇称之为"大全"。所谓的"大全"，我们不妨称之为某种的宇宙意识，在"大全"意识的朗照下，我们看到《庄子》的文字呈现了非凡的壮美之姿，此种壮美首先见于时空的格局被大幅放大[50]。先秦诸子中除邹衍当另计外，我们再也找不到精神行旅如是辽阔的哲人了。但邹衍虽有难以思议的时空观，其思想却很难和主体的转化牵连在一起。比起庄子笔下的至人、真人"以无翼飞"的境界，后世

---

[50] 庄子论时间，则"以八千岁为春，八千岁为秋"（《逍遥游》）；论空间，则"计中国之在海内，不似稊米之在大仓乎？"（《秋水》）事例繁多，兹不赘引。

诗人的游仙诗，如郭璞之游仙诗或庾信的步虚词，相形之下，皆气馁心虚，顿失颜色，他们诗中的主人翁之精神地位最高无法踰越地仙的位阶。

时空格局的扩大和意识空间的扩大是一体的两面，庄子的主体带有浓烈"浩瀚感"[51]，这种感觉大概是古今读者读《庄》时都可以领略的具体感受。《庄子》一书之所以会成为安抚乱世士子心灵的弦曲，读之可"重增其放"[52]，其来有自。庄子的主体是心连着气，人连着天，一齐运作的。在"气"（天）的扩张回荡之作用下，庄子的主体必然带有非思虑，甚至非感觉所能触及的面向。至人的人格构造总是以意识"养"非意识成分，也以非意识"养"意识成分，天人交相养，神气入玄冥。庄子的非意识不是佛洛伊德的潜意识，也不是荣格的集体意识，而是心性形上学意义下的无意识。意识之于非意识，就像庄子运用的譬喻，如行路即足之所履的土地与撑起一切行走可能性的大地之区别[53]。有了大地作支撑，每一步才可走得稳。同样地，有了非意识的天作支撑，实践每一桩意识事件才可恰到好处。

带动意识与非意识的连结有一个神秘的点，它可隐喻性地

---

[51] 参见巴舍拉（Gaston Bachelard）著，龚卓军、王静慧译：《空间诗学》（台北：张老师月刊出版社，2003），页279—311。
[52] 语出嵇康：《与山巨源绝交书》，《嵇中散集》（台北：台湾商务印书馆，四部丛刊初编缩本，1979）卷2，页6。
[53] 参见《庄子·徐无鬼》："故足之于地也践，虽践，恃其所不蹍而后善博也。"

称作"环中","环中"是主体中的主体,却不落于身体的任一方所。"环中"是行动的中心,它就像陶均运转中的陶盘,扇门开阖时的底座,也像车轮辗转时的轴心,笔者用的这些比喻都出自《庄子》[54]。环中的旋转模式据说是"外化而内不化","内不化"的中心其实是神秘的"化与不化"之统一。此"不化"之所以找不到现实的定点,之所以能与"化"统一,乃因它是动态的平衡点,但又有动态的均衡之外的本体论之盈余[55]。所以它虽然需要在每一个动态的点上呈显出来,却不可化约为动态的力量之述词。至人之要务,首先在如何朗现这个"不化"的中心点?其次,如何使"不化"的中心与化的气之流行合一?这是逍遥游的关键。

从"不化"的角度着眼,庄子的游不能不预设着工夫论的朗现,"游"不是现实世界的状词,它是工夫论下的境界语言。庄子说有真人而后有真知,我们可以接着他的话说:有真人而后有真游。游的底蕴是先天之气的流宕,属于不可臆想的"天"之成素,但此超越之游却需具体化于世界中的身体,它涌现于四肢、百骸、万物。庄子的"游"因此总是"中心"地体现于浑圆运转中,游即为天均之游,这是种体现的"圆游"。

---

[54] 参见拙作:《无尽之源的卮言》,《台湾哲学研究》,第 6 期(2009 年 3 月),页 1—38。

[55] 亦即"不化"不离"化",但"不化"之所以有独立的意义,乃在它具本体论意义。庄子虽不言"本体",但他的思想给超越的实在性保留极大的空间,只是此超越的实在不离气化的流行,庄子的思考与后世"体用一如"的思考近似。

"圆游"扎根于人格及世界存在的深渊,它由不可测的源泉升起,神气同流,进而带动整体人格及周遭情境的氛围。

真正的游是圆游,而圆游因是整体的,所以总是世界性的。然而,庄子的"世界"不会是空无的世界,也不会只是自然的世界,世界是物的世界,也是"器"的世界[56]。严格说来,只有人有世界,而世界是人与器物共在的结构。"游"不可能脱离这种"共在"的结构,所以"游心于物"是无可逃脱的命运。庄子的游因而就连着"物化"及物之"天理"的面向一齐朗现,亦即只有形气主体先感应物之化,再凝聚于物之理,因而与物宛转,无厚入有间,如此方有逍遥可言。"无厚入有间"不仅限于庖丁之技为然,庄子述说了那么多技艺的故事,所有"技近于道"的技艺都是"无厚入有间"的。

庄子的"游"带有的精神自由之密度真是奇大无比,殷海光晚年重新反省中国文化的问题时,即曾慨然叹道:"许多人拿近代西方的自由思想去衡量古代的中国而后施以抨击(胡适和我以前就犯了这种错误),不想想看:在思想上,老子和庄子的世界是多么的自由自在?特别是庄子,心灵何等的开放。"[57]殷先生是位伟大的反抗者,一个人树立了一道抗衡党国与封建文化的万里长城,他早年对中国文化的批判不遗余力,临终前的感叹弥足珍贵,给后人带来极大的启示。

---

[56] "器"是文明的概念,也是价值开显的载体,人文化成之物乃可谓器。
[57] 陈鼓应编:《春蚕吐丝——殷海光最后的话》(台北:世界文物供应社,1969),页34。

但在肯定殷海光对庄子的肯定之余，我们还是不能不再面对"自由与必然"的复杂关系。因为依据"人"的定义，人不可能只是自然人，人的存在本来就是社会人的存在，"社会人"是论述不言自明的前提。而庄子对于人在社会与人在自然的感受有极大的差异，庄子的大自然总是可亲近的，大自然"有大美而不言"，可观可游。相对之下，庄子的社会观却是个充满矛盾、冲突、虚伪的斗争场。观庄子在《人间世》此篇所述，政治世界的人总是日以心斗，走向封闭、阴冷、老死："其厌也如缄，以言其老洫也。近死之心，莫使复阳也。"可见"人间"一词带有多负面的义涵。"人间"一词所以多负面之意，乃因"真人"少，嗜欲深者天机浅，无奈人伦世界中的长者、尊者偏多嗜欲深者。庄子的圆游论极佳，只是在人间世里，如何圆游？这恐怕是庄子圆游论中最困扰人的关节。

显然，庄子对政治层面的问题非常困惑，他也知道不能不面对。面对大自然，可以天游；面对器物，可以神与物游；但在异化的"人间世"中如何游？这个疑问正是他的圆游论中最难解决的一个难题。事实上，任何理论至此都要面对"命"的限制，庄子说的"无知""无我""忘己""丧我"诸种说法自此皆束手无策。庄子只能叹道："知其不可奈何而安之若命。"或说："托不得已以养中。""不得已""不可奈何"之语正显示世间没有真正的完满的圆游。苦难碰到了，只能承担。庄子的感慨当然也可以解释成说：真正完满的圆游要包含一种必然性的缺憾，其游才完整。

庄子到底是人间世中之人，事实与理念上皆是如此，所以他的游不能不带有存在的悲情。圆游之所以为圆游，一方面乃当其主体在其自体。主体参与自然气化或主体乘物以游心时，形气主体皆带着宇宙性之感。但这种自在感在面对"人间世"时，即不复可得。然而，如果真正的整全不能不包含反面的因素在内，那么，我们有理由说：圆满的本质即带有缺憾，圆游总是不圆的。前儒常《庄》《易》同参，《易》止于《未济》一卦，庄子的圆游止于"不可奈何"，由此看来，同参之说自有条理路。

肆　庄子的卮言论[1]

环中者，天也。六合，一环也；终古，一环也。一环圜合，而两环交运，容成氏之言浑天，得之矣！……庄子之道所从出，尽见矣！盖于浑天而得悟者也。庄生以此见道之大圜，流通以化成，而不可以形气名义滞之于小成。故其曰"以视下亦如此而已"，曰"天均"，曰"以有形象无形"，曰"未始出吾宗"，与《天运》篇屡诘问而不答其故。又曰"实而无乎处者，宇也"，皆浑天无内无外之环也。其曰"寓于无竟"，曰"参万岁而一成纯"，曰"薪尽而火传"，曰"长而无本剽者，宙也"，皆浑天除日无岁之环也。故以若丧其一、以随成为师天之大用，而寓庸以逍遥，得矣！其言较老氏橐籥之说，特为当理。周子太极图、张子清虚一大之说亦未尝非环中之旨。（王夫之《庄子解》）[2]

---

[1] 感谢评审者的建议，虽然着重点不一样，但笔者仍调整了部分的文字，并对全文作了修饰的工作。
[2] 王夫之注《则阳》篇"冉相氏得其环中以随成"，《庄子解》（台北：里仁书局，1984），页229—230。

一　前　言

先秦诸子中，庄子是少数彻底地反省过语言问题的思想家，而他的反省通常是从负面入手，这一点很多人业已谈过。与语言反省连带而来的问题，乃是如何透过语言表达思想，这点虽也有人谈过，但力道不够。上述这两个问题当然关连非常密切，但前者可以视为对语言的后设反省，它呈现的是一种语言哲学的立场。后者则是一种叙述论的观点，语言是一种途径，是一种体现。由于这两种视野切割得不够清晰，叙述论的论点讨论得尤其不足，因此，连带地也就影响了我们对庄子语言理论的了解，笔者觉得庄子思想中关于言语表达的问题仍大有可说。

本文首先试图描述"庄子主张无言（ineffable）"这个命题是如何形成的，庄子的"无言"论确有各种的涵义，庄子在语言与实在间所划下来的区隔线也是很清楚的。但庄子看语言不只是从"语言与客观实在"着眼，他也考量到"语言与精神表现的关系"之问题。庄子相信使用理想的"语言"可以领悟言说及非言说两层，并且在每一言说情境中都可呈现具体的普遍。本文认为"卮言"是此问题的关键，它是庄子"浑圆"的原型（archetype）在语言表现上的展示。这样的"浑圆"显现在神话领域里的"浑沌"创造；显现在天文学里的"浑天"说；显现在生活世界则为"陶均"的隐喻。第三节笔者将着重解释卮言的具体风格及它与"滑稽"的关系;最后两节则将从形气主体的观点入手,探讨"卮言"作为"道言"在什么意义下可以成立。

笔者在先前曾撰文探讨相关的主题[3],近年来因对庄子的身体观与隐喻论有较多的了解,才发现一种漩涡的"浑圆"意象可以视为庄子思想的根源喻根(root metaphor),这种浑圆的喻根也见于庄子描述的身心表现——包含"语言"在内。本文希望从此入手,可以澄清前文许多模糊的论点。

二 无言的理由

庄子对语言相当不信任,这是有大量的文献可以为证的,最典型的叙述见于《齐物论》一文。庄子在这篇重要的文章中,提到语义之不确定、客观检证标准之不可能、学术辩论之戕害大道、实相之刹那变化难以把捉等等的重要命题。庄子这一篇文章应当有现实的指谓,他的论敌主要指向战国时期以言辩驰赴诸侯的儒、墨、名、法诸家。但庄子的目的不仅于此,他的反省是彻底的,他的主张背后有一严肃的解构立场。举凡语言、概念、认知、学问体系,无一不被他列入批判扫除之列。简单地说,庄子的主要论点是认为"语言"与它所指涉

---

[3]《卮言论——庄子论如何使用语言表达思想》,《汉学研究》第10卷,2期,1992,页123—157。

者了不相涉,《知北游》所谓"至则不论,论则不至"。既然"论""至"两相妨害,则语言尚有何功能可言?在佛教东传之前,论及语言的本质性缺陷者,再也没有人超过庄子。如果我们说庄子是中国古代最重要的语言怀疑论者,或者最接近现代的解构论者[4],这样的论断不是不能说的。

既然对语言不信任,必须扫除排荡,扫除至极,庄子会追求一种无言的境界,这样的观点不难想像而知。《庄子》一书中,也有大量的文献支持此说,所谓"大道不称""不言之辩""不道之道"(《齐物论》),"得意而忘言"(《外物》),"道不可言""至言去言"(《知北游》),所说无非斯理。《知北游》篇记载"知"游于玄水之上,广向天下寻求"道"的寓言,更是将庄子的"无言"之说推向了前所未见的高峰。依据这则寓言,最能说出无言之道的黄帝之地位反而落在"中欲言而忘其所欲言"的"狂屈"之后,"狂屈"的地位又落在三问而三不答的"无为谓"之后。"无为谓"的故事隐隐然有《维摩诘经》所揭述的维摩居士之风:一话不说,顿入不二法门。"沉默"思想最高的层次就是当下沉默,连"沉默"之语都沉默下来。

---

[4] 庄子思想与解构主义同风,晚近学者论之已多,比如奚密《解结构之道:德希达与庄子比较研究》,此文收入郑树森编:《现象学与文学批评》(台北:东大图书公司,1984),页201—238;廖炳惠:《洞见与不见——晚近文评对庄子的新读法》,此文收入《解构批评论集》(台北:东大图书公司,1985),页53—140;沈清松:《庄子的语言哲学初考》,此文收入《台湾大学创校四十周年国际中国哲学研讨会论文集》(台北:台湾大学,1985),页97—112;钱新祖:《佛道的语言观与矛盾语》,《出入异文化》(新竹:张天然出版社,1997),页149—185。

任何的"无言"哲学推进至《庄子》或《维摩诘经》的层次，恐怕再也无以复加了。

庄子由怀疑语言到肯定超乎语言的无言之价值，这一条线索在《庄子》一书中是可以找到明确的线索的，但这样的线索是否是唯一的，这就有待斟酌了。我们知道庄子语言哲学的核心议题是"语言与道"的关系，但庄子的"道"的层次可以有各种的谈法。连带地，所谓的"无言"也有各种的类型。我们如果把"无言"论置放在"语言所指涉的实在"这样的背景下考量，那么，庄子说的"道"与"语言"的紧张关系应当至少有底下三种的意义。

1. 首先，"道"如果是指体道者所体验的一种冥契的状态，那么，道与语言必然不相及，因为在冥契的状态，无时无空，无一无多，说是一物即不中，"不可言说"（ineffable）构成了此一特殊体验的本质。

2. 其次，"道"如果指一种未被言说所切割的本初状态，一种设想的生活世界中最原始的经验的话。那么，语言与道也是不相及的，因为言说的抽象作用必然无法完整地呈现最原始的完整经验。

3. "道"如果更落实到生活中的分殊之道，尤其是作为"工具人"的技艺之道上面，语言也是无法传达此种道的核心——know-how，它传达的只是形式的语义层。

就第一种情况而言，"道"是个超越的概念。它是一种"没有经验内容差异之纯一之体"。此时所谓的世界，事实上是既无世（时间），亦无界（空间），几乎所有的冥契主义者都承认有这样的一种境界。在此境界中，个体溶进了无限，主体与客体泯然无分，因此，对世界之领悟，严格上说来，并没有主体意义之领悟，亦无被领悟的客体意义之世界。庄子学说的重点并不在此，但他承认有这样的一种领域，我们看《庄子》内七篇中，凡围绕着工夫论展开的叙述，最后总会有类似"天地与我并生，万物与我为一"的语句出现[5]。"心斋""坐忘"，皆具斯义。《大宗师》篇言及"不死不生，不将不迎"的"朝彻""见独"境界，其言尤为深邃。

朝彻、见独之时既然无经验内容可言，因此，自然也是无一句话可说。而且，此时既然主客为一，能所泯灭，因此，不但无话可说，而且也无法说，"既已为一矣，且得有言乎？既已谓之一矣，且得无言乎？"（《齐物论》）"无法说"是冥契者最常见的一种报导，詹姆士（Willam James）将它列为冥契主义最核心的四项特征之一[6]。在无法言说的状况底下，我们不

---

[5] 此两句出自《齐物论》，古今注家通常认为此两语是庄子的正面命题，但也有学者提出反驳，认为这两句是庄子引名家——尤其是惠施——的说法，然后再加以抨击，参见 A. C. Graham, *Chuang-tzu: The Seven Inner Chapters and Other Writings from the Book Chuang-tzu* (London: George Allen & Unwin, 1981), p.51。后面这种说法在文义上有种理路，也可解释得通。但即使我们相信后者的解释，我们仍宜注意：庄子与惠施在主张"天地一体"的观点上，并没有出入，只是一出自名理，一出自玄理而已。

[6] 蔡怡佳、刘宏信译：《宗教经验之种种》（台北：立绪出版社，2001），页458、459。

能期望庄子"如何呈现他的语言"。

如果第一种"无言"观是普世的冥契主义中最常见的论述的话，第二种的类型对它们则比较特殊，只是这种特殊的类型在庄子思想及庄学传统中却蔚为大宗。庄子认为学者要了解"古人之大体"，他当安于分裂以前的整体状态，亦即安于理智尚未从世界中摄取对象，"形"（figure）和"景域"（field, background）两相融释的层次。他说："天地有大美而不言，四时有明法而不议，万物有成理而不说。圣人者原天地之美，而达万物之理。"（《知北游》）这就是"通天下一气"或"游乎天地一气"之意。然而，"游乎整全，通乎一气"此事如何可能？我们不当忘记：当我们说我们想"领悟世界之全体性"时，我们不是从无何有之乡的非时空性观点立论的，我们是站在具体意识的"领悟者"之立场而言的。既是领悟者，他的领悟即不能不预设着有领悟之意识及被领悟之物之区别。在人被抛置到这个世上，成了个体之后，我们如何还能设想一种前个体性的原始混沌状态？

"在个体之中寻觅一种前个体的原始和谐"是种艰难的事业，但在庄子看来，"前个体性的原始和谐"乃是人的本来状态，所谓本来的状态，意指人根源的存在原本即是与世界同在。当我们与世界接触前，其实我们已在世界之中。庄子哲学有一根本性的命题：此即"气"是"世界"根本的构成因素，它遍于一切，既是所谓的物质之终极本源，也是构成感官认识作用的根本要素。换言之，庄子的"人"的性格乃是"气化之人",乃是"与世同处气化一体之人"[7]。如果海德格的"此在"（Dasein）必然预设着"与世同在",庄子的"人"也是一种"与世同在"的"此在",只是此种"此在"建立在中国的气化身体观之基础上。依据此种人观,当感官尚未突显其功能时,亦即处于"虚"的状态时,人已是一种未自觉的气之流行之存在；而世界尚未被摄取成为貌相声色前,也就是尚未成为"对象"前,它也是一种未经减损的气之流行状态。此气之流行与彼气之流行,就其时之模态而言,其实无彼此之分,也无心物之分,而纯是一气之流行[8]。

在现实经验上如何才能和本真状态一样的一气流行？亦即如何与化同体？这种命题牵涉到工夫论,不是本文的关怀。我们所以要突出这个问题,仅是要指出下面这点现象：庄子认为人可以活在一种化而无分、与世同在的具体和谐,这是种尚未分节化（articulate）的境界。在这种具体的和谐中,人/世界泯然无分。严格说来,不是无分,而是粗糙的感官知觉无法分,因为一切精微的变化都溶进此情境中。人在此情境时,只能体之,而不能言之。因为没有两种经验是同一的,没有两样个体是相同的,也没有存在于不同时空而又能自我等同的经验或个体。实在是永远的变化之流,它像量子论的量子,总是无

---

[7] 参见拙作《从"以体合心"到"游乎一气"——论庄子真人境界的形体基础》,收入本书附录。
[8] 有关庄子的气论较详细的解释,参见大滨浩：《庄子の哲学》（东京：劲草书房,1966）,页213—231。小野泽精一等合著：《气の思想》,第三章,第一节（东京：东京大学出版会,1978）。

法定位的。语言报导实在，只会带来孤立化、抽象化的减缩。

如何回到"对象"之前的物之面貌，就像庄子在濠梁之上如何理解鱼之乐？面对非对象、非语言之"物"，庄子说，只能以"无知之知"知之，或说，以神遇之。"无言"的世界范围内自有"无声"的感通模式。

第三种"无言"论见于庄子对具体的生活之道，尤其是对"技艺"的描述上面，这类的言论密集地见于《养生主》与《达生》篇中。依据庄子对于技艺的理解，真正的技艺之核心是种艺术的创造，它无法明文化，无法程式化。庖丁解牛的秘密在"官知止而神欲行"，轮扁制轮的秘诀不存在于言论教导，而是"有数存焉"。笔者曾从身体哲学的立场解释此一现象，笔者认为庄子的主张意味着创作的主体不是意识的心灵，而是包含身体展现在内的身心连续体，亦即为身体主体。身体主体的运作既然不以意识为中心，而是得手应心、全身参与，因此，其运作的机制遂非语言所能尽其蕴。有关"技艺与道"所蕴含的"无言"之问题，笔者既然已有此专文论述[9]，此处不再赘言。

我们上文所指述的前两种"无言"观恰好相对应两种实在观，这两种实在观的区别很隐微，但在《庄子》诠释史上分别代表两种不同的解释模式，前者可以说是冥契主义的类型，这种类型我们可以在成玄英或陆西星这类具有强烈宗教实践兴趣的道士之著作上看到。后面这一种类型我们可以称作气化论的

---

[9] 参见拙作《技艺与道》，收入本书第六章。

观点，这样的观点比较像奥图（Otto）所提到的一种"自然的冥契主义"[10]，这样的冥契思想往往见之于诗人、画家身上，他们面对自然时，可以体受到某种神圣而优美的氛围，他们觉得自己与自然合为一体。但如实说来，这样的合为一体并没有超出时空的形式之外，因此，也不具有冥契主义常见的"超越的""永恒的"基调。如果我们要从后世的《庄子》诠释者当中找到比较接近气化的整体论的例子，笔者认为非郭象莫属了。

不管是在"朝彻见独"或是"游乎一气"的状态下，语言都是多余的，这时候的人应万物的方式是非主体性的、非逻格斯（Logos）的，我们在《庄子》书中确实都可以找到这类的论述。但是这两种立场真的是庄子的根本主张吗？前一种"无言"观格调固然高，但它极可能流于虚空而毁万物的无世界主义者，这也是黑格尔常批判的那种抽象的、直观的东方式本质主义。后一种则是将庄子视为道家美学的体现者，"圣人游于万化之途，而放于自得之场"，他的感官知觉处在不断的流动当中，主体是气化的，而对象总是变形的。主客牵引离合，新新不已。在这种流动而不确定的氛围中，万物无言独化，世界弥漫了一股美感的气息[11]。

"无言"为庄子所雅言，但"无言"真的是庄子唯一的立

---

[10] R. Otto, *Mysticism East and West* (New York: Macmillan Company, 1932), pp.73—76.
[11] 叶维廉先生大部分的美学著作几乎可以说都在为"无言独化"这个概念作注脚。

场吗？就像"见独"与"游乎天地之一气"为庄子所雅言，但一种超越的"见独"境界，与一种深层意识所显现的"美感之连续体"的境界，恐怕未必是庄子唯一衷心向往的实在。我们知道庄子在《天下》篇中特别提到他与老子的不同，在于老子这位博大真人"以本为精，以物为粗，以有积为不足，澹然独与神明居"，或者说：他"以深为根，以约为纪"。这样的老子比较像我们前文提到的那种活在自本自根、也是与物同根的深层意识中的哲人，他对道的体证是种观照的直观。但庄子恰好要从这样的深层意识中走出来。庄子一说自己是"充实不可以已"；又说自己"弘大而辟，深闳而肆"；再说自己"其理不竭，其来不蜕，芒乎昧乎，未之尽者"。这样的庄子具有一种动态的表现的性格，在他生命深处，一种旋转的动力永不竭息地将深层的内容带出，随出随化，随化随出，这样的生命动能也表现在语言观上。我们前文已说过：庄子无疑地很能体受无言之美，游纵独化之境，但这样的叙述不会是完整的故事，完整的故事要包含动态的语言观在内。

一种不断生起的动态语言是什么呢？一种深入到生命底层的创造性之语言是什么呢？庄子在中国语言哲学最重要的篇章《齐物论》中竟保持了他一贯的沉默。

三　浑圆的卮言

庄子在《齐物论》中的沉默并没有维持多久，在《天下》

篇与《寓言》篇中，他自己揭开了谜底：能够有语言长处、无其短处、且可适合体道之士使用者，乃是一种叫做"卮言"的语言。为行文方便起见，我们不妨将此两篇相关的文字罗列如下：

> 以天下为沈浊不可与庄语，以卮言为曼衍，以重言为真，以寓言为广。独与天地精神往来，而不敖倪于万物，不谴是非，以与世俗处。其书虽瑰玮，而连犿无伤也；其辞虽参差，而諔诡可观。(《天下》)

> 寓言十九，重言十七，卮言日出，和以天倪。"卮言日出，和以天倪"，因以曼衍，所以穷年。(《寓言》)

从这两段文字，我们可以看出庄子对于如何使用语言的自觉程度。《天下》篇乃综论庄子思想旨趣的篇章，其中描述语言的部分竟占有相当大的比例。而《寓言》篇乃《庄子》一书之序例[12]，隐藏了打开宗庙之美之"钥匙"[13]，其列举寓言等语言表现方式，乃是深思熟虑之举，此更不待言。

然而，我们列举的这两段文字焦点并不完全集中在"卮言"，在《天下》篇中，谬悠之说—荒唐之言—无端崖之辞—不与庄语—卮言—寓言—重言—连犿—诡谲，这些词汇无一不是描述庄子的语言或其风格。即使在《寓言》篇中，也是寓

---

[12] 参见王夫之：《庄子解》(台北：广文书局，1964) 卷27，页1。
[13] 张默生：《庄子新释》(台北：台湾时代书局，1974)，页817。

言—重言—卮言三者并列，我们有什么理由特地标举卮言，将它视为一种最高层次的语言？

要找出证据不难，我们如要求庄子条文列举式地明说，大概不容易。但庄子向来不隐藏什么，一切问题答案如同天籁，它如其自如地存在。卮言是什么？《寓言》篇中庄子并没有轻下定义，他只是说此种语言可以"日出，和以天倪，因以曼衍"，可以穷其一生，受用不尽。但什么事物才可以"日出，和以天倪，因以曼衍"呢？这些话不是表示一种无穷无尽、生生不息的源头吗？而能生生不息、无穷无尽者不是只有"道"才可能做到吗？事实确是如此。我们如果比较引文中对于卮言的描述，以及前面引《齐物论》"夫言非吹也"一段，可以发现两者旨趣上之同归处。为了证实此点，我们底下转从"卮言"探讨起。

"卮言"一词先秦典籍罕见，事实上仅见于《庄子》一书。此言大概是庄子自创的哲学语汇，因此，要解开卮言的语义，我们很难从其他的哲学文献获得可靠的佐证。从语义分析"卮"之含义，乃成为后代注疏者常循的途径。至目前为止，有关"卮言"的解释不少，但比较早也比较流行的解释有以下三种[14]：

1. 卮作圆酒器解。王先谦引申郭象注解道："夫卮器，满

---

[14] 参见王叔岷先生：《庄子校诠》（台北："中研院"历史语言研究所，1988），下册，页1090—1091。木村英一：《庄子の卮言》，此文收入《中国哲学の研究》（东京：创文社，1981），页329—331。

则倾，空则仰，随物而变，非执一守故者也。施之于言，而随人从变，己无常主者也。"

2. 卮，假借为支。司马彪认为卮言乃"支离无首尾言也"。

3. 卮乃巵之俗字，王叔岷先生云："巵，俗作卮……《说文》：'巵，圜器也。圜，天体也。'朱骏声云：'浑圆为圜，平圆为圆。'然则'卮言'即浑圆之言，不可端倪之言……卮言浑圆无际，故'为曼衍'。"

以上三种解释虽然层面不同，但都与庄子的哲学相容，但比较之下，笔者认为第一、三种解释更为贴切。这两种解释虽然有实物与抽象观念之别，但无疑地有共同的母胎，此即皆以"圆"之语意为基盘。其中，尤以第三种"浑圆"之解更是符合《庄子》一书的表达方式。然作"圆酒器"解的卮言未尝不可视为一种浑圆之言的运用，甚至于，如果我们认为庄子喜欢用具体的意象取代概念的语言，则"圆酒器"之解未尝没有可能是庄子的第一选择。

本文所以说第一选择，当然意味着：也许还可以有其他的选择。顺着汉语孳乳不息的常态，以及庄子喜欢用"多方引发式"，而不喜"认知性的咬文嚼字"看来[15]，庄子选择卮言，本来就不排除多种相容的义涵在内。

卮言作为一种浑圆之言，其实不难发现，晚近的一篇文章追溯此种语言的源头时，直将目标对准老子，此文说道：

---

[15] Kuang-Ming Wu, *Chuang Tzu: World Philosopher at Play* (New York: Crossroad/chico, 1982), p.30.

《老子·十一章》云："埏埴以为器，当其无，有器之用。"……其深层含义是：这里的中空的空，是作为一种形而上者的道来规定作为形而下者的器存在的，器物作为形而下的存在，只有与这种道体保持须臾不可离的统一，才成其为存在物。这种"中空"之物在《老子》一书中经常就是道本身或道的象征……《寓言篇》里的"卮言"是从这里直接起源的，它不过是《老子·十一章》中"器"的形象化而已。卮在这里绝不是一种形而下的"圆酒器"，也不是"支"（"支离之言"），而是象征着道本身，而卮言就是描述"道"的"大言""大辩"和"不辩之言"。也正因此，它才能"和以天倪"，才能"不言则齐""得其久"，达到齐物的境界。[16]

此文的解释颇有理趣，《老子》的"埏埴以为器"，确实是以中空之物象征道。然而，中空之物与圆酒器之解并不冲突，在老庄语言的隐喻中，浑圆与中空往往同时生起，而浑圆作为一种象征之基型，似乎尤为根本。底下，我们列举下列出自《庄子》书中的浑圆之象征，作为卮言语义之佐证。

1. 陶瓮：老子说"埏埴以为器"，指的实为陶器。我们前面引《天地》篇"汉阴丈人"的故事，陶瓮也是作为一种纯白之道之象征。《达生》篇云："工倕旋而盖规矩，指与物化而不

---

[16] 刘士林：《庄子"卮言"探源》，《中州学刊》，第 5 期，1990。

以心稽。"同样是以制陶象征道之运行。

2. 天均：天均固可作"自然均平之理"解，然早在崔譔的注解里，已明言："钧，陶钧也。"

3. 天倪：郭象解为"自然均之分也"。然据《释文》引班固说法，所谓天倪乃"天研"也[17]。研者，䃺也，石磑也。故天倪乃比喻天地之生成变化，一如旋转之大石臼或辘轳台[18]。

4. 道枢：道枢固然可解作道之"枢要"[19]，但就喻根解释可以看出另一面相。"'枢'本来是作门扉开闭之轴，环穴之中嵌入此枢，则扉可自由开闭。'道枢'意指立脚绝对之太一，超越一切对立与矛盾，因此，可在千变万化之现象世界中，自由自在，如如相应。"[20] 以门户喻道，我们也可在《易传》中见到[21]。但庄子这里用的门户不单指其变化无穷，而且兼指其开阖旋转时，包含相对，而又与物无对。"彼是莫得其偶，谓之道枢"，此语言实蕴含着圆形运转之隐喻。

5. 环中：《寓言》篇言"始卒若环，莫得其伦"；《齐物论》言"枢始得环中，以应无穷"；《田子方》篇言"始终相反

---

[17] 卢文弨亦云："倪，音近研，故计倪亦作计研。"班、卢两说俱见《庄子集释》，页109。
[18] 参见木村英一：《中国哲学の研究》，页324。
[19] 成玄英疏语，前引书，页68。
[20] 福永光司：《庄子·内篇》（东京：朝日新闻社，1966），页51。
[21] 如《系辞上》言"成性存存，道义之门"（台北：台湾商务印书馆，四部丛刊初编缩本，1983，卷7，页44）。"阖户之谓坤，辟户之谓乾，一阖一辟谓之变。"（同上，页46）《系辞下》言："乾坤其易之门邪！"（卷8，页50）

乎无端，而莫知乎其所穷"；《则阳》篇言"冉相氏得其环中以随成，与物无终无始，无几无时，日与物化者，一不化者也"。皆以圆环喻道，而《则阳》篇所言尤为切中事理。在道家传统中，以圆环喻道是种相当常见的手法[22]。

6. 漩涡：以水喻心，这是中国思想常见的隐喻，庄子亦然。在有名的壶子四门示相的境界中，最高的境界是"未始出吾宗"。"未始出吾宗"却又是"因以为弟靡，因以为波流"，此一层次类似云门宗所说"随波逐浪"的位阶[23]，这是东方式圆融的化境。化境预设辩证的统一，但如就名相的分析而言，"太冲莫胜"乃是心体的指谓，是称理而谈的自我指涉。"太冲莫胜"之境综合"鲵桓之审""止水之审""流水之审"三水，最后两水一静一动，而第一种"鲵桓之审"则是巨大之漩涡[24]。三渊并列，漩涡首出，它与止流二态之水共生，这种意象与陶均运作兼含中心、动、静三态相似。

7. 车轮：《老子》有"三十幅共一毂，当其无，有车之用"

---

[22] 参见王叔岷先生《庄子校诠》，页782，注14，引《鹖冠子·世兵》篇及《淮南子·精神》篇文字。

[23] 云门宗德山缘密禅师有"函盖乾坤""截断众流""随波逐浪"三句之说，而以"随波逐浪"意境最高。参见普济：《五灯会元》（北京：中华书局，1992），下册卷15，页935。

[24] "鲵桓"，《列子·黄帝》作"鲵旋"，桓、旋皆是盘旋之义。鲵者，大鱼也。"鲵旋"意指巨大漩涡状。"审"字如依《释文》说法："崔本作潘，云：回流所钟之域也。"则不管三渊或是九渊，皆是回流的种种变形，"涡旋"作为喻根的意思更是突显。详说参见杨伯峻：《列子集释》（北京：中华书局，1979），页22。

之言。庄子在《天道》篇里"桓公、轮扁问答"一节谈的虽是由技进道,可言者糟粕之事。然而以车轮为喻,仍残留着圆空之意象。另《天下》篇有"轮不辗地"之辩,此辩虽为名家名理之谈,但庄子述之,不无视为圆之象征之意。

8. 瓢:《逍遥游》篇记载惠施曾向庄子抱怨大瓢无用之论,庄子提出一种反命题,认为无用方是真正的大用。庄子和惠施此处的寓言引用大瓢为例,以阐释何谓有用无用,此事绝非偶然。因为在道家文献以及中国南方文化中,瓢是极重要的神话象征之一,它用以象征富饶、创造及救赎,许多神话皆与此相关[25]。此神话象征一经道家人士转手,即成为形上之道之隐喻,庄子也利用它来瓦解世俗的实用心态,并指向一种超越定限、与化同游的精神。

9. 镜:《应帝王》篇言:"至人之心若镜",以镜喻心,古今常见。拉岗(Lacan)等心理学家以镜比喻儿童人格成长之阶段,佛道两家则喜以镜比喻人心之圆融无滞,道士更言古镜具有无穷之法力。庄子此处对镜的解释虽然用以形容至人的虚灵心,但其喻根仍扎基于圆镜所代表的神秘能量。圆镜浑圆无端,映象一切,用以喻道,再自然不过。明镜、止水在儒道修炼传统中,一直相提并论,它们的源头和流程都极为

---

[25] 详细的论述参见刘尧汉《中华民族的原始葫芦神话》,此文收入《彝族社会历史调查》(北京:民族出版社,1980)。闻一多:《神话与诗》,页56—68,此书收入《闻一多全集》(北京:生活·读书·新知三联书店,1982),册1。

悠远[26]。

10. 抟而飞：《逍遥游》篇开宗明义即道北溟之鲲化为大鹏的故事。"鲲"字语义多歧，但其语根不无隐含圆形之意[27]。事犹不仅如此，一般专家都同意"鲲化为鹏"乃用来比喻至人精神之畅通无碍。但庄子描述大鹏高飞时，说道："抟扶摇而上者九万里。"《释文》云："抟，徒端反。司马云：'抟飞而上也。'……崔云：'拊翼徘徊而上也。'茆泮林云：'司马云：抟，圜也。扶摇，上行风也。圜飞而上行者若扶摇也。'""圜飞而上行"固然可解"抟"之语意，"徘徊而上"也未尝不可视作圜飞的一种意象。《老子》言"专气致柔"（《第十章》），《管子·内业》篇云"抟气如神"，两者也是以圆形描写气之模态。《逍遥游》此处所说，意象极美，且符合神话象征理路，似可不用另立他解[28]。

11. 万物运行轨道：《老子》言"反者，道之动"。庄子论道，与老子间有参差，但重视其运行轨迹如环浑合，在这点的理解上面却没有什么出入。所以说："始终相反乎无端，而莫知其所萌。"（《田子方》）又云："消息盈虚，终则有始。"（《秋

---

[26] 关于镜与巫教或道教的关系，参见福永光司：《道教における镜と剑——その思想の源流》，《东方学报》，45期（1973）。田中胜藏：《剑、镜、玉の呪的性格》，《史林》37卷，4期（1954）。刘艺：《镜与中国传统文化》（成都：巴蜀书社，2004），页108—200。

[27] 韦昭、薛综、段玉裁皆训鲲为"鱼子""鱼卵"，参见郭庆藩：《庄子集释》（台北：河洛图书公司，1974），页3。

[28] 参见王叔岷前书引诸家之说。另参见刘武：《庄子集解内篇补正》（台北：木铎出版社，1988），页4的补充，及对改字说的批评。

水》）这些词语都预设着圆形循环的观念。

12. 古圣王之相：《庄子》一书中的圣人或圣王往往具有"圆"的义涵，我们且举"壶子"与"冉相"为例。壶子是《应帝王》篇的圣人，他以"未始出吾宗""虚与委蛇""因以为弟靡""因以为波随"，吓走神巫季咸。壶子乃葫芦之神格化，委蛇、弟靡皆指圆转无定之状。《则阳》篇中的"冉相氏"不知其相为何，但此帝"得其环中以随成"，则此帝固为浑圆之象征也。

13. 浑沌：《应帝王》篇有南海帝儵、北海帝忽欲报中央之帝浑沌之德，帮他日凿一窍，结果七日，七窍开而浑沌死之故事。此处的浑沌当然是象征道之整全，庄子这里浑沌的用法是对《山海经》浑沌神话的改造。神话中浑沌毫无面相，浑圆如丹火，然自识歌舞[29]。立于中央又浑圆无面相，此描述自然与"环中""天均"等同一归趣。

依据以上佐证，卮言作为一种浑圆之说与庄子的其他描述是互相一致的。事实上，以圆象征终极实在，不仅见于《庄子》；在《易传》中，我们也可见到圆形象征道体之记载[30]；

---

[29] 参见《西山经》，《山海经》（台北：台湾商务印书馆，四部丛刊初编缩本，1983）卷2，页16。郭璞注已指出庄子中央帝的寓言出自此处。"浑沌"的神话极复杂，然影响又极为深远，详细而又有趣的讨论参见罗梦册：《说浑沌与诸子经传之言大象》（上、下），《东方研究》卷9，1、2期，1971。另见 Norman J. Girardot, *Myth and Meaning in Early Taoism* (Berkeley, Calif: University of California Press, 1983)，尤其是其中的三、四章。

[30] 如《系辞上》言"蓍之德圆而神"（前书，页46）。

佛教的"陀罗尼",原义亦为中贯以轴心的圆形物,旋转不已,如陀螺状[31]。在许多不同的文化传统中,我们也可见到圆的象征[32]。圆,可以说是一种最古老、最普遍的原型。就大分类而言,庄子也属于此传统,但他更重视的是一种涌现不已的浑圆隐喻,也就是其圆更像是种漩涡(或称作旋涡)。

我们如进一步分析上面十三种隐喻,可以发现它们具有如下的共同特色:

1. 具有一不变的核心,而核心落于中央:陶瓷的中空、天均的中央转轴、天倪(天研)的转轴、道枢的立足旋轴、环中之中心点、漩涡之涡心、车辆之车毂、浑沌之为中央帝,所说皆是。这个中心定点用以定住其自体,但同时又带动变化。无可否认地,此中心定点即为道之即己状态,用《老子》的话讲,也就是超越而孤离的"天地之始"之"无"。

2. 超越相对,而又成全相对:圆形之物没有起点,没有终点;但随时随地都可以有起点,也可以有终点。由于无起始终止可言,所以也就没有绝对的对立。一切的对立都只是旋转中刹那的模态,等时移势转,一切的对立可能从此解消,但也可能再重新建构。从正面的观点来看,核心的枢轴虽使得一切的对立无自性,一方面却又使得一切的对立可在新新不已的旋

---

[31] 参见印顺:《陀螺与陀罗尼》一文,收入《华雨香云》(新竹:正闻出版社,2000),页176—177。

[32] 参见钱锺书:《谈艺录》(香港:龙门书局,1965),页130—134、369—370。更详细的资料参见 M. Lurker 著,竹内章译:《象征としての圆》(东京:法政大学出版局,1991)。

转中适时呈现。所以绝对之于相对，乃同时兼具生成与破坏两面。道枢之"是亦彼也，彼亦是也。彼亦一是非，此亦一是非。果且有彼是乎哉？果且无彼是乎哉？彼是莫得其偶"，冉相氏之"得其环中以随成，与物无终无始，无几无时，日与物化者，一不化者也"，皆可从此第二点着眼。

3. 能随时与物变化：如果说"超越相对而又成全相对"可以视为空间性的功能的话，"与物变化"则不妨视为时间性的功能。冉相氏得其环中后，"日与物化"，然所以能日与物化，乃因有"一不化者"。庄子的思想中没有片刻暂停的实在，世界瞬息万变，但一般人因为无法掌握住中心之圆，情绪随日转移，因此也就无法了解世界本身只是一连串的变化。反过来，至人因为体悟中心圆，心中笃定，所以反而可以领略外在世界之变化无常，这也就是"古之人外化而内不化，今之人内化而外不化，与物化者，一不化者也"（《知北游》）文句的内涵。

简而言之，浑圆的象征所以频频使用，乃因它可以联系绝对／相对、永恒／变化。话说回头，如果卮言基本上和天均、环中、道枢、浑沌等同属一种表达性的范畴的话，那么，卮言是否也具备了与这些神圣语汇相类似的性质？

事实确实如此，在《寓言》篇里我们看到庄子将"卮言"与"天倪""天均""环"相提并论，即可略窥此中讯息。庄子将这些语汇并列，似乎是将它们当成综合命题，尤其在"卮言日出，和以天倪，所以穷年"这样的语式底下，我们更容易联想"卮言"与其他叙述性的语言之间必有差异。但事实不是如此,"卮言"如果当作一种狭义的语言技巧看待的话,它确实需要"和以天倪"。但"卮言"我们如果取根本义理解的话,它不需要"和"以天倪,因为天倪就是"卮言"本身存在的一种模态;它也不需要"因以曼衍",因为无穷无尽的曼衍乃是"卮言"本身的一种展现;至于"穷年"之说也不需要再论,因为卮言既为道体之象征,自然有穷年的能力,而百姓也需要穷年以赴,不可须臾离也。简而言之,天倪、曼衍、穷年不是卮言以外,与卮言相对、进而相和的事物,而是内在于卮言,可由卮言依时依地依人适如其分地展现出来。如果不嫌推论太远的话,我们可以借用康德的语汇说:"天倪""曼衍""穷年"等述词都是"卮言"的分析命题,不管何时何地,其语义都可由"卮言"导衍而出。现在我们既已说明天倪具有联系永恒 / 变化或绝对 / 相对于一炉的质性,则与天倪同一层次,且可视为其母体的卮言自然也具有这样功能。

　　事实很清楚,庄子说的卮言是种非常特殊的语言。形式上来说,它与圣人及浑圆之道的象征同层。我们如果不健忘的话,当还记得本文一开始引用的王夫之的话。王夫之认为"环中"是庄子最基本的象征,而这种象征是从浑天之说来的。王夫之的观察相当深刻。"环中"(即本文所说的浑圆)的象征确实贯穿《庄子》全书,从形上学、生死观念以至自然观念莫不如是。而"环中"之喻与古代天文学的浑天之说有关,这种假说也是有可能的[33]，但笔者认为浑天之说可能还不是最根源的母体，它应当还是一种导出的说法。浑圆象征最根源的出处，当如晚近论者指出的，它是出自浑沌的创造神话。庄子虽然没有使用情节式的、时序性质的创造神话论述，但他无疑地利用空间性的、结构性的"浑沌"隐喻，用以描述道之诸种模态[34]。从神话到庄子哲学，无疑地已经经过长期的转化演变，但这种转化演变并不是一种断层，恰好相反，笔者毋宁相信庄子是先秦思想家中最能体现神话智慧的哲人。准上所说，如果"道"是浑沌的哲学语言转译，而卮言又是由此一神话母题导出的话，则卮言会具有特殊的传达功能，不难想像而知，因为基本上它已分享了浑沌之道之功能。

四 三言与滑稽

我们既然把卮言提升到与浑圆之道或与至人境界同等的层次，那么，凡至人有意与世界沟通，即有卮言，卮言的首出地位似乎已经解决了。可是，前文我们引用过《寓言》篇、《天

---

[33] 先秦到底有没有浑天说，这是争论很久的老问题。晚近由于考古学的新发现，先秦已有之说大受重视，有的学者甚至可具体主张"上限为公元前700年，下限为公元前360年"。见徐振韬：《从帛书〈五星占〉看先秦浑仪的创制》，收入《中国天文学史文集》（北京：科学出版社，1978）。另参见同书收入郑文光《试论浑天说》一文。

[34] 参见 Girardot, *Myth and Meaning in Early Taoism* (Berkeley: University of California Press, 1983), pp.11—15。

下》篇的文字,不是看到与"卮言"并列的还有"寓言""重言"吗?此外,庄子不是还提到要用什么样风格的文字才能使至理恰当显现出来吗?这些文字怎么解释?犹有甚者,两千年前大史家司马迁为庄子作传时,曾提出了如下的解释:"其学无所不窥,然其要本归于老子之言。故其著书十余万言,大抵率寓言也。"[35]《史记》一书对人物的判断,一般而言是可靠的,那么,《庄子》一书"大抵率寓言也"可不可从呢?

司马迁的判断是可以理解的,其说有因,在《寓言》篇里,庄子已经和我们说过"寓言十九",亦即"寄寓之言十居其九"[36],因此,说《庄子》书大抵率寓言,不是讲不通的。当然,这种说法会碰上统计的小问题,因为《寓言》篇也跟我们说过"重言十七",如果寓言和重言两个互斥,显然庄子的话就不能成立了,否则,十之九加上十之七会是什么结果呢?不过,前人早已指出"庄生书凡托为人言者,十有其九,就寓言中,其托为神农、黄帝、尧、舜、孔、颜之类,言足为世重者,又十有其七"[37]。所以庄生书"大抵率寓言"的命题还是可以谈的。

不管寓言、重言两者的数字如何调和,《寓言》篇很清楚地告诉我们:这两种语言占据《庄子》一书绝大的比重,如果把这两种语言排除在外,《庄子》书所剩下的即没有多少,其

---

[35]《史记》卷63,《老庄申韩列传》(台北:鼎文书局,1979),页4。
[36] 王先谦引宣颖说,参见《庄子集解》(台北:台湾商务印书馆,国学基本丛书)卷7,页66。
[37] 同上,页66,引姚鼐注解。

分量也不可能可以和寓言、重言相比。显然，要接受《寓言》篇的数目，又要主张卮言是庄子最重要的语言，唯一可靠的办法是在两者间的联系上着眼。

我们首先考虑寓言、重言、卮言有什么不同。据《寓言》篇的解释，"借外论之"的语言乃是寓言，亦即假托事物以申明道理之语言。"重言"则是引用古今圣哲权威使人看重的语言。这两种语言当然时常重叠，寓中有重，重中有寓，有时不易清楚划分。但和卮言相对照之下，这两种语言又有共同的特征，此即它们都是语言技巧之事。庄子鉴于世人难与庄语，因此，蓄意制造一种语言以表达情意。卮言的情况不一样，它是至人表达时最基源的模式，一切语言都是由此基源的模式展现出来，甚至连非言说而又可沟通的知觉姿势也都由此导出。"卮言"和其他的两言根本不在同一个层次，结论很清楚：

> "卮言"意义之内容乃是为了表现庄子所谓的"超言说之道"，所显现出来的"无言论之言论"，此大体可明也。至于"卮言日出"，说的乃是"每日言吐卮言"。卮言"所以穷年也"，则意指此乃一生生涯之事。前述所谓"寓言十九"、"重言十七"，同时说的也是卮言，此断无可疑。依据《寓言》篇的讲法，庄子的语言全部都是卮言，只是其中的十分之九以寓言的形式表示，十分之七以重言的形式显示而已。[38]

---

[38] 木村英一：《中国哲学の研究》，页331。

《庄子》一书确实都是卮言，寓言、重言只是卮言的两种变形表现而已。张默生说它们"三位一体"[39]，比喻很活泼。但王夫之说得更好："寓言重言与非寓非重者，一也，皆卮言也，皆天倪也。"[40]

如果"卮言"是至人与物沟通的模式，寓言、重言都只是卮言的变形，《天下》篇所说的"谬悠之说，荒唐之言，无端崖之辞"，"其书虽瑰玮，而连犿无伤也；其辞虽参差，而諔诡可观"。这几个语汇都是描述风格的语词，它们的理论的层次也不会比卮言高。瑰玮，宏壮之貌也。连犿，据成玄英疏，是"和混"之意。参差者，虚实不一。諔诡，犹滑稽也。理论上讲，这些语言也都当由卮言导出，或者是描述卮言的状词。

底下，我们再解释另一段的"说""言""辞"：

1. 谬悠之说：成玄英疏："谬，虚也。悠，远也。"《释文》云："谬悠，谓若忘于情实者也。"王叔岷先生云："案：'谬悠之说'即虚远不实之说也。《说文》释谬为'狂者之妄言'，《齐物论》长梧子谓瞿鹊子曰'予尝为女妄言之'，庄子故尝托诸妄言矣！"[41]

2. 荒唐之言：成玄英疏："荒唐，广大也。"《释文》云："荒唐，谓广大无域畔者也。"

3. 无端崖之辞：成玄英疏："无端崖，无崖无绪之谈。"

---

[39] 张默生：《庄子新释》（台北：洪氏出版社，1977），页14。
[40] 王夫之：《庄子解》（台北：里仁书局，1984）卷27，页248。
[41] 参见《庄子校诠》，页1345。

这里的"说""言""辞"与前面讲的其书其词之风格，显然可以互相注释，彼此支撑。

庄子的寓言、重言、卮言所要彰显的文字风格正是上述的谬悠、荒唐、无端崖。《庄子》书广大宏壮（"荒唐""瑰玮"），不拘小道，这是任何读者都可以感觉出来的。而其书内容如环中日出，宛转相生（"连犿"），对而无对，略无崖际（"无端崖"）[42]，这种特色也正是"卮言"一词必然会含有的风格。最后，我们还发现庄子的文字会带给读者一种虚实参差、俶诡难定、谬悠不测的强烈效果。

庄子描述自己文章风格的文字，由于是状态词，而不是对象词，因此不易掌握其具体内涵。但我们如知道他这些文字指向一种境界语言，则不难感受到它们所衬托出来的氛围。最简单的参照系统，莫过于将这些语言与庄子眼中的世俗语言相对照：世俗语言最大的特色乃是其强烈的片面性、抽象性，而庄子的语言正是要瓦解掉片面性、抽象性，让语言复活，重新溶入具体的、气化的、新新不已的情境之中。

谬悠（参差、俶诡）、荒唐（瑰玮）、无端崖（连犿）之言都是不想与世人"庄语"，而且都想瓦解世人（尤其知识分子）

---

[42] 真正无崖际，永远相对而生者，莫如圆球型态，《天下》篇记惠施理论，其中有"今日适越而昔来。连环可解也。我知天下之中央，燕之北，越之南是也"，"连环"上下两语，一指时间，一指空间，两者大抵皆指圆形观念。参见牟宗三先生：《名家与荀子》（台北：台湾学生书局，1979），页19—24。此三条命题当合为一条命题看待，庄子对这种命题当然不陌生。

拘囿于语言牢房的思维习惯，其中谬悠之说这种意图尤为明显。而时人看待庄子，也不免认为庄子以言杀言，语默相生，其用心乃如同古希腊辩士或战国时期的某些骈辩一样，为的只是惊世骇俗，笑绝天下。《史记·孟子荀卿列传》描述荀子著书的动机时说道：

> 荀卿嫉浊世之政，亡国乱君相属，不遂大道，而营于巫祝，信机祥。鄙儒小拘，如庄周等，又滑稽乱俗，于是推儒墨道德之行事兴坏，序列著数万言而卒。[43]

在荀子的眼中，庄子乃是"滑稽乱俗"的代表人物。以荀子之注重统类、注重析辩的认知性格而言，当然无法接受庄子的立场，所以不得不慨然著书，校正其风。

荀子能否校庄子之枉，以趋其正，可能需要仔细检证。但荀子认为庄子"滑稽乱俗"，却说得毫厘不差，庄子所以著书，为的即是要以其"滑稽"大乱世俗，否则，卮言日出，出出也就算了，没有必要将文字存留下来。滑稽也是一种"不可与庄语"下的语言，《史记》有《滑稽列传》，文中记载淳于髡、优孟、优旃诸人，以滑稽态度或语言，谈言微中，终成事功。为何淳于髡等人不正言恳谈，而偏要滑稽微中？其原因乃是他们想沟通的人君对于庄语已无兴趣，听不进去，所以谈者不得不

---

[43]《史记》（台北：鼎文书局，1979）卷74，页627。

逆反正规的语言格局，造成一种语义的转移、对照、决裂，使人君在开怀之余，忽然有所了悟。据司马迁的叙述，淳于髡等人滑稽，但其结果却比正言规谏还好，这也可说是另外一种的无用之大用。

什么是滑稽？它为何有这么大的用途？政治上的效用我们且不管，但很值得玩味的，滑稽与卮言竟然有极为密切的关系。司马贞《史记索引》解滑稽之语义云："滑，乱也；稽，同也。谓辩捷之人，言非若是，言是若非，能乱同异也。"[44] 他把"滑稽"一词视为复合词，所以拆开来解释。洪兴祖注《楚辞·卜居》"将突梯滑稽，如脂如韦"，则云：

> 滑音骨，稽音鸡。五臣云："委屈顺俗也。"（《文选·卜居》五臣注）扬雄以东方朔为"滑稽之雄"（《汉书·东方朔传》）。又曰："鸱夷滑稽。"（《汉书·陈遵传》）颜师古曰："滑稽，圜转纵舍无穷之状。"（同上）一云："酒器也，转注吐酒，终日不已，出口成章，不穷竭，若滑稽之吐酒。"（崔浩《汉记音义》）[45]

洪兴祖提出的三种解释与司马贞的理解不同，但语义的范围颇有重合之处。"滑稽"的语义相当纷歧，除了上述的四种

---

[44]《史记》卷71，页1。
[45] 洪兴祖：《楚辞补注》（台北：台湾商务印书馆，四部丛刊初编缩本，1983）卷6，页94。

解释外，在我们现在的用法中，"滑稽"一词类同俳谐。而以"俳谐"注"滑稽"，其实也是早已有之[46]。

看过卮言后，再看到滑稽，总觉得两者的面貌极为相似。"卮"可解作圆酒器，亦可解作浑圆；滑稽可解作转注吐酒之酒器，亦可解作"圜转纵舍无穷之状"。两者竟雷同一至于斯！卮言超越彼是两边，而又可成全两边；滑稽一方面"委屈顺俗"，一方面又可"言非若是，言是若非，能乱同异"，两者的功能极为相近，此又不待多言。最后我们回头看"卮言"的另一种解释——"支离"之言，此功能当是语义的引申，但又与滑稽的"乱俗"之功能接近。比较滑稽与卮言后，笔者认为我们有理由相信：滑稽事实上是卮言的表现，两者具有共同的"家族类似点"[47]。依据姜亮夫的解释，这种类似点为什么见于两者之间，我们可以理解得更清楚。因为"滑稽"原本是古中原江汉地区的方言，它用以泛指一切"圆转"之物[48]。核心观念相近，难怪连引申义都颇为相似，如说有出入，最多不过滑稽更多了一层俳谐罢了。

我们假司马迁言"滑稽"之语证成卮言与它的关系，语虽旁涉，但绝非无关。我们前文引成玄英注"俶诡"一语，他使用的注语正是"滑稽"两字，而"谬悠之说"既然是虚远不

---

[46] 参见木村英一：《中国哲学の研究》，页 335。
[47] "家族类似点"的观念参见 Ludwig Wittgenstein, *Philosophical Investigation* (New York: Macmillan, 1953), Part I, pp.65—75.
[48] 姜亮夫观点参见《楚辞通故》（济南：齐鲁书社，1985），四辑，页 551—557。

实之言，也是狂者之妄言，因此，当可视为另一种类型的滑稽。庄子除多次使用滑稽的寓意人物，用以形象化其理想人格外[49]，他也不忌讳滑稽妄言，与世猖狂，我们且举例如下：

> 齐谐者，志怪者也。谐之言曰："鹏之徙于南冥也，水击三千里，抟扶摇而上者九万里。"（《逍遥游》）
> 吾闻诸夫子："圣人不从事于务，不就利，不违害，不喜求，不缘道，无谓有谓，有谓无谓，而游乎尘垢之外。"夫子以为孟浪之言。（《齐物论》）
> 予尝为女妄言之，女以妄听之……丘也与女皆梦也，予谓女梦亦梦也。是其言也，其名为吊诡。（《齐物论》）

谐、孟浪、妄言、吊诡这些语词指的都是狂者之妄言，亦即为滑稽之言。这是庄子自己公开讲的，事实上，滑稽之言如同卮言日出，也是无所不在的。

庄子的语言就像帝网上的明珠一般，一一不同，而又一一相摄，庄子眼中真正的世界是变动不已的世界，最好的语言也是变动不已的语言。既然变动不已，就不宜用定义定死，庄子宁愿让语言像《齐物论》中的天籁之风一样，随物宛转，妙趣

---

[49]《徐无鬼》篇言"黄帝将见大隗乎具茨之山……滑稽后车"。《至乐》篇亦言："支离叔与滑介叔观于冥伯之丘，昆仑之墟，黄帝之所休。"成疏："滑介犹滑稽也。"两者皆将滑稽人格化，且两者皆与黄帝有关，黄帝也有圆中的形象。黄帝与滑稽相合，这样的结合不是偶然的。

自生。这对我们想用概念掌握卮言的人而言，当然平添许多不便。但经由庄子之多方触发，我们对卮言的实质内涵体验得更深。我们除了知道就技巧而言，寓言、重言也是卮言外，还知道就风格而言，卮言还显现了荒唐、无端崖、瑰玮、连犿的面貌。而为了反对世俗执着性的庄语，卮言更可自我转化为滑稽（谬悠、诙诡、吊诡）之言，这不妨视为卮言的功能面。

五　形气主体与卮言的生成

如果卮言是浑沌神话在语言世界的表现，而作为宇宙开辟神话的浑沌神话又是一切始源神话的原型的话，那么，我们几乎可以确定：卮言也将是一切语言的理想原型，而且也是语言的"始源"。只是这样的"始源"不是时间意义的，而是一种本体论的创造，这就牵涉到卮言、主体与神话的关系。卮言作为语言的原型与其他始源神话作为事物的原型有一点大不相同之处，在于语言是人的本质性因素，而且，此功能严格上说来，只有在人身上才会显现，因为只有人的主体才会有此创造的功能。语言与主体的建构关系极为密切，从洪堡特（Wilhelm von Humboldt）以下，这样的想法已经成了极有力的论述，我们当然不方便硬将庄子拉到这样的阵营里来。但话又说回来，庄子的思想是否和这种潮流搭不上线呢？恐怕不是如此，我们应该想想《山海经》中的"浑沌"的形象：这是一个有机体内部自有韵律、自具能量的圜状太初巨物。圜中有能量涌现，而且其涌现有种韵律，这样的形象放在语言的创造上，其创造的主体状况为何呢？"浑沌"此主题所以会特别引起我们的兴趣，乃因以往研究中国神话的学者大抵都认为"没有创世神话"是中国神话的一大特色，但最近的研究趋势显示事实并非如此，恰好相反，中国不但有创世神话，而且种类齐全[50]。其中浑沌可能是中国最重要的创世神话，这样的论点似乎得到越来越多人的支持。浑沌神话有几则重要的出处，其中出自《庄子》的即有两处，一般研究浑沌神话者多会注意这两份材料，其中最重要也是最著名的材料见于《应帝王》篇末章"南海帝为儵，北海帝为忽，中央之帝为浑沌"这则寓言。另外一则寓言则见于《天地》篇所述汉阴丈人的故事，汉阴丈人修浑沌氏之术，其人"明白入素，无为复朴，体性抱神，以游世俗之间"。为了活在遗世独立的心境中，他抛弃了省事省力的桔槔，宁愿抱瓮上下坡地灌溉。陶瓮圆空，这是另一种浑沌。

　　这两则"浑沌"寓言的含义都很深远，第一则寓言的浑沌帝的下场大家都知道，当儵、忽两帝想报其德，帮助他日凿一窍。结果，七日后，浑沌死，这则故事"反感官分化"的意图非常清楚。第二则寓言的抱瓮老人修"浑沌氏"之术，境界当然很高，但庄子假孔子之口，认为这样的"体性抱神"仍非究竟，就像《天下》篇评老子，认为他是博大真人，但仍未臻乎究竟一样。《应帝王》篇的寓言与《天地》篇所说有连续性，

---

[50] 参见叶舒宪：《中国神话哲学》（北京：中国社会科学出版社，1992），页329—336。

两者的意义相互补充。因为感官之未分化，这同时也意味着意识之未分化，浑沌之圆是道家追求的目标。但意识如果只停留在浑沌之圆，它即无法落实到具体生活，这终究是种抽象的道。所以它仍需辩证的超升，达到分化与未分化的统一。连接这两则寓言最重要而且也最有趣的线索是浑沌氏内在化了，它由开辟神话的主题蜕变为意识转换的词汇。宇宙开辟的原始阶段名之为浑沌，意识最深层的发源处亦名为浑沌[51]。神话的浑沌如果是种有动力的圆中之道，我们预期深层意识的构造恐怕亦不出此。

事实正是如此，我们看到庄子描述意识的深层结构时，不像老子特别喜欢强调其寂静幽玄面，相反地，庄子毋宁喜欢突显寂静之中，仍有动力缓缓地从圆心升起。《天地》篇记载夫子之言曰：

> 荡荡乎忽然出，勃然动，而万物从之乎！此谓王德之人。视乎冥冥，听乎无声；冥冥之中，独见晓焉；无声之中，独闻和焉。

此处的无形无声不是寂然不动的在其自体的深层意识，而是意识之中隐然有股绵绵的动力从中生起，这是种来自原始根

---

[51]《在宥》篇说："堕尔形体，吐尔聪明，伦与物忘，大同乎涬溟；解心释神，莫然无魂……浑浑沌沌，终身不离。"这是庄子的"心养"论，心之深处即浑沌。

源的创造。这样的寂静无言却充满了生机，巨大的能量完全蕴含在黝黑的深渊中。

《田子方》篇记载孔子见老子的故事，亦同此旨义。孔子见老子时，老子恰好新沐完毕，神情恍若遗物离人而立于独。接着老子就向孔子解释"立于独"乃"游心于物之初"之意，其情况如下：

> 心困焉而不能知，口辟焉而不能言，尝为汝议乎其将：至阴肃肃，至阳赫赫。肃肃出乎天，赫赫发乎地，两者交通成和而物生焉。或为之纪，而莫见其形；消息满虚，一晦一明。

老子说起此段话语时，恰好新沐完毕，"方将披发而干"。这样的造型非常奇特，笔者怀疑这样的姿态可能有特殊的修行的义涵。体姿的问题姑且不论，我们看出这段生动的话语显示庄子认定的寂静无言中，却是充满了活泼的生机。如果沉默有破坏的沉默性，有沉潜的沉默性，也有创造的沉默性的话[52]，那么，庄子这段话着重的样式应该是创造的沉默性。

庄子很注重沉潜的沉默，但他更注重的是创造的沉默。这种创作的沉默可以解成"默"与"言"的关系，也可以解成"静"（不动）与"动"的关系。庄子思想侧重"动""化"，这

---

[52] 参见古东哲明《沉默》，收入久野昭编：《神秘主义を学ぶ人のために》（东京：世界思想社，1989），页77—99。

是一般研究庄子思想者多注意到的面向，但如实说来，他侧重的实乃动、静的统一，在不断的流变中仍有一维系之点，这也是他常说的"古之人外化而内不化：与物化者，一不化者也"（《知北游》）；"物物者，与物无际；不际之际，际之不际者也……彼为盈虚非盈虚，彼为衰杀非衰杀"（《知北游》）。在变化之中有一非变化之点，就像在旋转的陶器或车轮中，有一带动旋转的阿基米德点。

陶器是道家极喜欢用的隐喻，老子说："埏埴以为器，当其无，有器之用。"庄子《天地》篇的汉阴丈人的灌水陶瓮，《达生》篇的工倕"旋而盖规矩，指与物化，而不以心稽"，所说皆是不动而永恒旋转的中心与变化之世界的结合，皆是"外化而内不化"。但这样的内不化不是死寂，而是壶子四门示相中"机发于踵"的"天壤"之象[53]，是"大块噫气"根源处的"天籁"。落在人身讲，即是"圣人之呼吸以踵"的先天之气，人身固是一容器也；落在天地讲，即是"橐籥"中之玄机[54]，

---

[53] 王敔说："天壤"意指"天气入于壤中"。"天壤"之境是"善者机"的生命之源。宣颖解释道："诸无所有，而一阳之复，根于黄泉。"引自钱穆：《庄子纂笺》（台北：三民书局，1974），页65。

[54] 《抱朴子·畅言》说宇宙最高原理的"玄"，"范铸两仪，吐纳大始，鼓冶亿类，佪旋四七"。葛弘解释玄与万物的关系，即运用了鼓风炉（橐籥）与铁器的类比。参见王明：《抱朴子内篇校释》（北京：中华书局，1980），页1。贾谊充满悲情的《鵩鸟赋》中之名言："天地为炉兮，造化为工；阴阳为炭兮，万物为铜。"使用的也是一种隐喻，只是贾谊反其意而用之。贾谊之言见司马迁：《史记·屈原贾生列传》（台北：台湾商务印书馆，景印文渊阁四库全书，1983），页536。

天地亦是一大容器也；用尼古拉·库萨（Nicolaus Cusanus）的话讲，即是"spiritus spirans"，此语既指呼吸之灵气，亦指漩涡之大气[55]。就神话或秘仪的思维而言，我们可说陶均＝橐籥＝浑沌＝人体＝天体，这是不断生起、离合的动力之浑圆，更恰当地说，乃是统一动静两端的漩涡。

"卮言"就意象而言，可谓漩涡的语言，或是陶均的语言。我们此一描述并非自我作古，庄子在《寓言》篇论语言问题时，已提到语言性质的不确定性，或者"他者性"；但自另一方面而言，这种语言他者化的性质又在"卮言"的生成流转中，得到恰当的位置。所谓"非卮言日出，和以天倪，孰得其久。万物皆种也，以不同形相禅，始卒若环，莫得其伦，是谓天均。天均者，天倪也"。天均之言、天倪之言都是"卮言"，任何语言只要参与到浑圆中心的创造性，即属卮言。《寓言》篇论语言表现的这段话与《齐物论》论及道（或道与语言）的名文，文字高度雷同[56]。这两段话语的主词不同，而述词相同，

---

[55] 参见松山康国：《风についての省察》（东京：春风社，2003），页94—96。

[56] 《齐物论》说："道行之而成，物谓之而然。恶乎然？然于然。恶乎不然？不然于不然。恶乎可？可于可。恶乎不可？不可于不可。（据《寓言》篇及各家校补）物固有所然，物固有所可。无物不然，无物不可。故为是举莛与楹，厉与西施，恢诡谲怪，道通为一。其分也，成也；其成也，毁也。凡物无成与毁，复通为一，唯达者知通为一。"《寓言》篇说："恶乎然？然于然。恶乎不然？不然于不然。恶乎可？可于可。恶乎不可？不可于不可。物固有所然，物固有所可。无物不然，无物不可。"两段文字如出一手，可见"道"与"言"关系之密切。

这种现象很可能是两不同主词共有相同的泉源，同根而发。换言之，人的深层意识依浑沌圆转的模式，不断自环中之处涌现道与言。

道与言同根而发，放在人身来讲，也就是语言与精神的生成同步发展。这种观点下的"卮言"绝非乍看之下那般特别，它背后的理论预设是有个传统的。笔者追溯孟子的"知言养气"说时，提出孟子"不得其言，勿求于心；不得于心，勿求于气"的命题，与《左传》所说"味以行气，气以实志，志以定言，言以出令"（昭公九年），及《大戴礼记》所说"味为气，气为志，发志为言，发言定名"的思维模式相近，三者都是气—志—言的构造，这种构造显示"在人真正的言说或听觉经验中，'语言的内涵与运动模式'或'语言的客观指涉与精神向度'是分不开的"。[57] 换言之，语言一方面有指涉世界的功能，但另一方面也有将心理世界混沌的内容明朗化、分节化的作用。依照儒道两家共享的中国形—气—神的身体观，人身是不断自深处涌现，也不断同时与自然交通的有机体。精神内容的呈现与语言内容的呈现同根而起，亦即气—神与气—言在始源处是无从分别的。

我们一旦确定了庄子的身体观的表现性格，以及气—神和气—言（或说气与精神、气与语言）的同根性，即可了解庄子

---

[57] 拙作：《儒家的身体观》（台北："中央研究院"中国文哲研究所筹备处，1996），页185。

描述理想的语言——卮言时，为什么充满了与"道"述词类似的语汇——化、无竟、无待、环中，也运用了相同的喻根——陶均的运转。而真正的道与卮言的发生处都是在一种可以类比宇宙开辟的人身深处产生的。人身就是陶均，呼吸以踵之气即为宇宙开辟之玄机，即为外化而内不化的天枢。

六 两行的"道言"

庄子的语言观是《庄子》著作中最令人困惑的一个焦点，我们很少看到有哪位思想家像庄子那般不信任语言：语言不能认识真实，也不能沟通，它负载了许多的意识形态，而且是虚伪意识最好的化妆师。因为对语言不信任，连带地，我们看到庄子强调一种超越语言的直接体认。这种直接体认所及的或许是种超越的悟道经验，或许是种气化的实在，或许是种建立在形气主体上的技艺之道。不管是哪一种，庄子认为它们都不是语言所能指涉的，所以人当"无言"。

庄子对语言的不信任确有大量的《庄子》文字可作佐证，而这种负面的语言观与后世的玄学及佛学的语言观颇有近似之处，几股思潮合流，我们在魏晋、隋唐，甚至衍生到宋明，以至当代，都可看到"语言"与"道"相对反的论述。尤其在心学当令的时期，一种超越语言与思议之上的"本心"或"本体"被视为学问的终极目的，因此，语言价值之成为"干屎橛"，几乎成了不可避免的历史结局。而"不着一字，尽得风流"，也变成了最重要的美学命题。

然而，庄子的语言观也可以另外地解释。当代学者论及中国的美学或艺术哲学，往往强调庄子的语言观之正面质性。宗白华、徐复观、叶维廉诸先生莫不如此。他们的论证角度不见得相同，但在庄子的语言观与艺术创作间拉上一条关连的线索，这点却是一致的。当代学者这种诠释倾向，我们在晚明的方以智、王夫之与傅山等学者身上，也可看到相类似的诠释策略。晚明这些学者通常强调庄子与儒学精神的相通[58]，相通的因素当中即包括语言观的因素。傅山甚至有"道言"一词，此言极为生动。依据这种看法，"道"与"言"的关系不是"道可道，非常道"（《老子·第一章》），不是"言之所不能论，意之所不能察致者，不期精粗焉"（《庄子·秋水》）。而是可解释成语言承载道，道也需语言才能显现。

后面这种解释事实上也可以从《庄子》文本中找到相当数量的文字支持其说，我们前文引用到《寓言》篇与《天下》篇的文字已足以说明庄子不是不懂语言策略，也不是不能肯定语言文字的价值。而就对后世的影响而言，我们也可从苏轼到闻一多一连串的重要文人身上，听到他们对庄子的语言艺术以及语言观的礼赞。

---

[58] 参见拙作：《儒门别传——明末清初〈庄〉〈易〉同流的思想史意义》，锺彩钧、杨晋龙主编：《明清文学与思想中之主体意识与社会·学术思想篇》（台北："中央研究院"中国文哲研究所，2004），页245—289。徐圣心：《"庄子尊孔论"系谱综述——庄学史上的另类理解与阅读》，《台大中文学报》，17期（2002年12月），页21—65。

上述两种语言观的历史影响当然是不对等的,"语言与道对反"的声浪显然超过"道言"之说。然而,两条相反的解释途径确实是存在的,没有一条消失过。

笔者认为庄子对这两条路线的差异是相当了解的,而且也是他刻意表达出来的。就语言的负面功能而论,庄子无疑地强烈质疑语言的客观指义的作用,这样的语言是一种社会传统下继承过来的语言,是先于人的意识成长的既存结构(fore-structure)之"他者",是与人的理智结构相呼应的声音表现。在这点上,庄子对语言的批判是不遗余力的。

如果说庄子对"语言的社会意义面向及认知意识面向"采取完全负面的看法的话,他对语言的"主体"面向,也就是精神表现面向却是高度地肯定,事实上,也就是庄子认为精神的表现不可能超过"语言"这一关。针对这一点,庄子使用了"卮言"这个奇妙的语词。制陶时,陶器的旋转是不能自已的,永恒的核心使得变化不已的成分逐渐聚合成形。庄子认为人的本质也带着"表现"的性格,人的人格内涵需要一些通道才可以明朗化,其中最重要的通道即是语言。我们看到庄子论"卮言"与论"道"所用的隐喻与描绘,两者大体雷同,即可了解语言与意识的表现乃同根而发。

上述的说法隐然带有洪堡特—卡西勒之风,笔者前文极简略地带过他们的名字,此处则公开承认:庄子理解"卮言"与"道"的关系,其论证与洪堡特理解语言与人的精神之关系,是相互呼应的。且看洪堡特下面的说法:"语言产生自人类本性的深底，所以在任何情况下我们都不应把语言看做一种严格意义的产品，或把它看作各民族人民所造就的作品。语言具有一种能为我们察觉到，但本质上难以索解的独立性。就此看来，语言不是活动的产物，而是精神不由自主的流射。"[59] 我们且再看下面一说："语言与精神力量一道成长起来，受到同一些原因的限制，同时，语言构成了激励精神力量的生动原则。语言和精神力量并非先后发生，相互割绝，相反，二者完全是智能的同一不可分割的活动。"[60]

我们如果把洪堡特的语言观和庄子的卮言摆在一起看，应该可以看出两者的思维是近似的，不同处在于两者所依托的身心基础不同。庄子的卮言建立在中国气化的身体观上，亦即在形气的身体主体上面，所以"卮言"之能动性、创新性，似乎更加明显。再进一步论，笔者相信庄子的形气主体就像儒道传统身心观的预设一样，都要建立在与浑沌万有的同一本源上。因此，总会带有形上的性格。总而言之，卮言既然与精神同源而生，同步发展，所以一旦论其根源及流程，卮言遂不得不贯通言默、动静的整体流域。

有没有道言？显然是有的。只要精神需要展现于体表及世界，它即要与语言一体生起。语言的层次甚深，如实说来，人的修养有多深，他所体认的语言之层次即有多深。"道"贯有

---

[59] 洪堡特著，姚小平译：《论人类语言结构的差异及其对人类精神发展的影响》（北京：商务印书馆，1997），页 20。
[60] 同上，页 50。

无、语默、动静,卮言亦然。

《寓言》篇曾演义"卮言"之义:"不言则齐,齐与言不齐,言与齐不齐也,故曰:言无言。言无言,终身言,未尝言;终身不言,未尝不言。"[61] 成玄英在"言无言"下有注:

> 故能无言则言,言则无言也。岂有言与不言之别,齐与不齐之异乎!故曰言无言。

王叔岷先生在"未尝不言"下亦引申发挥道:

> 《齐物论》篇:"无谓,有谓;有谓,无谓。"亦即"终身言,未尝言;终身不言,未尝不言"之意。破执着、空泛而归于圆融,所谓如轮转地,着而不着者也。[62]

两注都是当理之谈,铢两相称。最好的语言确实是包括言默两面,说与不说,皆落环中。庄子语言观的两条路线之争,在卮言的运作下,竟可意外地和谐。

---

[61] 此段文字原有脱落、衍文。第一句的"言无言"另本作"无言";"未尝言"另本作"未尝不言",据王叔岷先生,前揭书,页1093—1094校改。

[62] 同上,页1094。

伍 厄——道的隐喻

一 前 言

庄子思想的一大特色乃是一种动态的生命观，但现代语言的"生命"一词还不足以揭露庄子的特色，考虑到"气"的因素，笔者宁愿使用"动态的能量观"一词。然而，不管用的是动态的生命，或是动态的能量诸语汇，庄子特别着重一种无穷无尽的变化历程，这是相当清楚的。在《天下》此类似全书提要的篇章中，庄子提及自己思想的特色是"天地并与！神明往与！芒乎何之？忽乎何适？……其理不竭，其来不蜕，芒乎昧乎，未之尽者"。比起此篇论及其他诸子的语言，我们可以说其他诸子的思想皆有一特定的内容，而庄子思想的特色却不在他有什么具体的主张，而是在表现精神活动本身。精神活动是种自由的创造，它的出现是种向前的涌现，也是对过去刹那接着刹那的否定，随立随扫，随扫随立。如果我们比较和庄子并称的道家巨子老子的思想特色——"澹然独与神明居"，更可对照出深层的心体观与动态的精神表现观的差异。

《天下》篇所描述的庄子的思想之特色很像是其人风格的

描绘，而不像条列的学说宗旨。其实不尽然，因为精神活动的特性正在于它的当下之永恒创造，说是一物即不中。庄子对人的精神活动好像也没有说明，事实上不是如此，因为庄子是最早使用"精神"此一复合名词的中国哲人。《刻意》篇言："精神四达并流，无所不极，上际于天，下盘于地。"庄子这里所说的可以四达并流的精神好像不只是一种意识的功能或属性之谓，它像是位作用者（agent）；但此作用者不像是一种可以脱离躯体、独立存在的灵魂，不宜将它实体化。我们即使暂且很难正面地去建构庄子的"精神"图像，但至少可以将实体化的"灵魂"概念或属性化的"思维或想像"概念排除在外。

庄子的"精神"概念诚然不易译成当代的汉语，但也不至于神秘到不可说。诚如许多研究已一再指出的，庄子用以表达精神的概念是"气"此一语词，在庄子的体系中，气既是个生命的语汇，也是个自然的语汇。是意识的构成因素，也是身体的基质。精神一旦带有"气"的质性，就不可能没有实在论的、感通的、变化的因素在内。庄子对于"气"的解释或许不是独特到独一无二，他的观点毋宁是种共法，但庄子却是先秦时期表现"气"概念最透彻的一位哲人。本文不是想讨论庄子的"气""气化"或"精神"的问题，上述所说，只是作个引子。本文是想看庄子如何表述此说是一物即不中的精神之能动性。

笔者认为庄子运用了早期文化的一些神圣因素作为表达的基本隐喻，这些基本隐喻基本到成为庄子思想活动的剧场，庄子在此剧场上演出，读者看到的往往是庄子的演出，而没注意到撑起此演出活动的舞台。换言之，这些基本隐喻可视为视野中的 field，庄子的思想命题则可视为 figure。庄子用独特的隐喻作为表达旨意（tenor）的载体（vehicle），读者见月忘指，忘掉了载体。就阅读事件而言，见月忘指可能是正确的阅读方式，但我们如果颠倒能指与所指的关系，未尝不可探照出另外的趣味，本文想要处理的正是照明出作为支撑思想活动的隐喻背景。

上述的"隐喻"是现代的语汇，庄子并没有使用，他用的是"寓言"和"卮言"。"寓言"是寄意之言，"卮言"是浑圆之言，两者与"隐喻"的语义皆有出入。但庄子使用"寓言"与"卮言"，旨在破除抽象的认知语言，同样想完成极艰巨的任务：用语言表达"道"。这样的功能又与"隐喻"有相通之处。"寓言"与"卮言"两者当中，"卮言"因具备外化而内不化，且可成全双边的特性，与道尤近，更可视为道言[1]。因此，本文采用"卮言"一词，借以陈述《庄子》书中根源性的隐喻。

二　归　墟

顾颉刚在《〈庄子〉和〈楚辞〉中昆仑和蓬莱两个神话系

---

[1] 关于庄子的卮言，参见拙作《庄子的"卮言"论——有没有"道的语言"》，刘笑敢编：《中国哲学与文化》第二辑（桂林：广西师范大学出版社，2007），页12—40。此文大幅改写自旧作《卮言论——庄子论如何使用语言表达思想》，《汉学研究》10卷，2期，页123—157。

统的融合》一文中提到：庄子的著作运用了两个大的神话体系的题材，一个是东方的姑射神话，一个是西方的昆仑神话[2]。姑射神话是个仙岛神话，这个神话的题材有与世隔离的仙岛、不食人间烟火的仙女、长生不老的食物，是标准的乐园神话。小川琢治更认为姑射神话其实就是后世流传更广、名气更大的蓬莱神话，两者同出而异名[3]。姑射（蓬莱）是仙岛，昆仑则是仙山，昆仑神话的本质也是乐园，姑射与昆仑坐落在神话地理的东西两极，同样是理想世界的原型。

庄子虽然同时运用了东西两极的神话，但笔者认为对庄子而言，姑射神话的地位重要多了。笔者先前撰文探讨庄子与巫文化的关系时，发现庄子明白借自《山海经》或与《山海经》共享的姑射类型的神话题材不少，笔者曾举出下列七条资料，以证此义。

1. 是《逍遥游》篇的"北冥有鱼，其名为鲲"。据袁珂的考证，此内容与禺疆神话有关。因鲲即为鲸，而北海神禺疆即为禺京，禺京又名北冥。《庄子》与《山海经》的资料两相吻合。

2. 是同篇的姑射山与神人。此段名文描述神人"肌肤

---

[2] 文见《中华文史论丛》（上海：上海古籍出版社，1979），第2辑，页31—57。
[3] 小川琢治认为姑射山与《列子·汤问篇》所述之方壶、蓬莱、瀛州三山之神话相同，其地在朝鲜之南。参见《支那历史地理研究》（京都：弘文堂书店，1928），页262。

若冰雪，绰约若处子"，其美妙造型显然曾经文豪之手而成，但其原始面貌可在《海内北经》与《东山经》等处见到。

3. 是《齐物论》篇的汤谷与十日。"汤谷"与"十日"牵涉到后羿射日此有名的神话事件，《海外东经》《大荒东经》等处皆有相关的载录。

4. 是《在宥》篇的云将与鸿蒙。此篇记载"云将东游，过扶摇之枝而适遭鸿蒙"之事。扶摇之枝实为扶桑，扶桑即东方神秘地点的空桑。

5. 是《天地》篇的苑风与归墟。此寓言描述"谆芒"想到东方的"大壑"，结果在东海之滨碰到"苑风"之事。

6. 是《达生》篇的夔与流波山。据《山海经》所述，夔住于东海的流波山。

7. 是《外物》篇的任公子与波谷山。此段内容描述任公子蹲在会稽，钓到大鱼时，白波若山，后来得以喂食大众之事。此段内容与《山海经》所述波谷山相合。

笔者分析这七条资料，发现它们大部分出自《大荒东经》，而且都与燕齐海滨文化有关[4]。以这七条资料为线索，笔者似乎逐渐了解庄子为什么对海洋知识那般地熟稔，对神秘而神圣的神话地标归墟那般地向往。再想及他常以拟人化的神鸟（燕子与凤凰）比喻至人的德行，还有他与神木扶桑极黏密的意结，

---

[4] 参见拙作：《庄子与东方海滨的巫文化》，《中国文化》，第 24 期，2007，页 43—70。

这些因素加起来，在在都可以看出他和东海之滨实有非常的关连。笔者在《庄子与东方海滨的巫文化》一文中指出：庄子的东方海滨情结和他的殷商文化背景有关。因为殷商源自燕齐海域，其后代又封于商丘，为宋国。庄子乃宋之蒙人，蒙恰为殷商之旧墟，又为新宋之辖域，庄子的东方海滨情结是有历史风土的原因的。

殷商—海洋—巫文化是构成庄子思想背后的重要情节，但庄子之所以频频使用这些题材，还有更重要的理由，笔者认为与归墟神话所代表的能量之转换有关。

"归墟"在《秋水》篇中称作"尾闾"，北海若向洋洋自得的河伯提到尾闾的伟大："万川归之，不知何时止而不盈；尾闾泄之，不知何时已而不虚。""归墟""尾闾"之语显示此地点为天下之水所归，而水在战国诸子的思想中，普遍具有生命的创造之义。这个东海之中神秘的地标在《天地》篇中称作"大壑"，大壑之为物"注焉而不满，酌焉而不竭"。大壑最大的特色在于它无尽的容量，与转换生命基质的能量，它广纳天下水，又吐出天下水，而自身始终如如不动。

"归墟"是战国时期最著名的神话地理之一，这个地点是因一神秘的宇宙性事件而起。据说在遥远的洪荒时期，十日并出，热酷天下。东夷的传奇英雄后羿向上帝借得彤弓之后，乃引矢直射，射下九个太阳。九个太阳落到东海中央，造成了一个无底的大洞，一说是造成了一块庞大无比的石块，名之曰沃焦。沃焦虽是被射落的太阳之遗骸，但其热能依旧充沛，水流灌注即化为云烟，此所以名之为沃焦。天下名川无数，东流入海，然海水不增不减，因为沃焦之热能与东注河流的水量恰好取得了平衡，宇宙因此取得了均匀的状态，得以继续存在下去。

归墟与射日神话有关，这是此神话的叙事基调，然而，它的深层意义尚未穷尽。依据《庄子》《山海经》以及一些相关资料的记载，我们看到归墟神话和扶桑神话是紧密联在一起的。扶桑又名若木，它生于东海之中，更切实的说法是生于汤谷，汤谷又叫温源谷。由"汤""温源"之名，我们可以想像此深海海谷的热能有多充沛。由此进一步推想，笔者认为汤谷应该就是归墟，归墟的另一名称"沃焦"也是表达此地具足热能之意。扶桑所以要生于此热能盈漫之区，乃因它负有特殊的使命，因为每日太阳会从海底爬上扶桑，随后西行，没于昧谷，再沿水底东行至归墟，完成它一日的行程[5]。归墟看来不只是九个太阳的埋身之地，它也是每日的新太阳的诞生地。如果依据《大荒东经》的说法，也许九个太阳并非被射落，它们只是因为还没值班，所以暂时居于扶桑树的"下枝"，要值班的太阳则居于"上枝"。十个太阳只有上下班的问题，没有存亡的问题。

归墟如果不只和射日神话相联，而且更和广义的太阳神话联结，它的重要意义就不难看出来了。依照神话思维，太阳的

---

[5] 屈原《九歌·东君》结尾说"杳冥冥兮以东行"，王逸注解道："言日过太阴，不见其光，出杳杳，入冥冥，直东行而复出。"洪兴祖：《楚辞补注》（台北：长安出版社，1995），页109—110。

升起、白昼的诞生往往具有特别神圣的意义。因为只有光线乍射，划开了最原始的浑沌黝暗，新的秩序才能形成。1920年代，一身疲惫的精神分析学家荣格（C. G. Jung, 1875—1961）决定暂时从欧洲退出，遁入美洲、亚洲与非洲的"初民"社会，以求寻得被理性思维层层压抑住的深层自我。他发现到上述各地皆有不同类型的太阳崇拜："从天地初创时，灵魂便一直怀有对光明的欲求，和走出原始黑暗的不可遏抑的渴望。当夜晚来临，一切显出深深的沮丧情调，每个灵魂都被对光明不可言喻的渴望所攫获。这种紧张的感觉可以在原始人的眼睛里看到，也可以在动物的眼睛里看到。动物的眼睛里有一种悲哀，我们无法得知这种悲哀是与牠的灵魂有关，还是潜意识向我们说话的深刻信息。这种悲哀也反映了非洲的情绪，对种种孤寂的感受。这种原始的黑暗是一种母性的神秘。清晨，太阳的诞生对当地人之所以具有深远意义，原因也就在此。光明到来的那一瞬间就是上帝，那一瞬间带来了补偿和慰藉。"[6] 也不只非洲的初民有此渴望，事实上，许多民族的创造神话皆显示出：光明乍显，突破黑暗，都被视为是创造的第一步。由此义一转，我们也可以说：每日太阳的东升都可视为是新生的开始[7]。

从扶桑—太阳的神话着眼，笔者相信《逍遥游》篇有名

---

[6] 荣格（C. G. Jung）著，刘国彬、杨德友译：《荣格自传：回忆、梦、省思》（台北：张老师文化出版社，1997），页342。

[7] 详细的论证参见卡西尔著，黄龙保等译：《神话思维》（北京：中国社会科学出版社，1992），页109—119。

的鲲化为鹏的神话虽是变形神话的类型，但此变形是建立在太阳—扶桑的主题上的。鸟作为太阳的象征，可以说是普见于各地区的主题。汉代以后，太阳通常和乌鸦联结，所以有金乌之称。在大汶口文化以及良渚文化中，太阳与鸟的密切关系更是突显，而且此鸟颇有可能是凤凰。准此，则大鹏可视为太阳之象征，而鲲化为鹏，"抟扶摇而上者九万里"，此"扶摇"当如《天地》篇所说的"扶摇之枝"的"扶摇"，亦即为扶桑也。"大鹏抟扶摇而上者九万里"，这个叙述和《大荒东经》所说的"汤谷上有扶木，一日方出，皆载于乌"，两者所说为同一回事，其底层的结构皆为"太阳沿扶桑树而上九万里"。

  太阳的新生是一切能量的源头，没有太阳，就没有生命，这种生生不息的能量出自深不可测的宇宙大黑洞。黑洞中的沃焦是否真为巨石，恐不可知。然最合理的推测：此一深不可见之黑洞具有无穷的热能，所以它才又名为"汤谷"，又名"温源谷"，"温源谷"与"汤谷"应是指涉同一神秘地点[8]。这样的宇宙性大黑洞是"无"，但此"无"实为一切"有"之源头，"大壑"是创造性的"无"。而立于大壑中的扶桑树则是通天之宇宙轴，它虽位在东海之中，但在"天为圜道"的神话思维模式笼罩下[9]，此大陆东方的海域之中被视为永恒创造的宇宙之

---

[8] 郭璞云"温源即汤谷也"，引自《山海经校注》（台北：里仁书局，1982），页354。

[9]《吕氏春秋》对此常有发挥，如《大乐》云："天地车轮，终则复始，极则复反，莫不咸当。"最明显的论点当然见于《圜道》篇。

中，一切的能量随着太阳升起由此而出，一切的能量也随着太阳西沉而敛光匿影。夜晚太阳潜海东行，再神秘地转至扶桑树下，等待隔日从汤谷再起。归墟—扶桑是转换明、暗，其实也是转换有、无的总开关。

大壑至无，但本身不仅是创造的源头，而且也是秩序之母体。就秩序的母体此点而言，大壑被视为己身自备最原初的韵律——这一点很容易令我们联想到《山海经》中的浑沌怪兽亦具备此质性[10]。韵律的由来和少昊神话有关，少昊在五行配置已成制式的年代是被置放在西方金的位置上的，但我们有充分的理由认定少昊原为东夷族神，曲阜固为少昊之墟也[11]。少昊传说曾悠游海上，掉琴瑟于大壑，此一事件乍看平淡，但古书却颇张扬此事。古书之所以张扬，乃因琴瑟掉入深海，海天因而充满和谐韵律，这被视为一种宇宙性的和谐，最原初的秩序母体。《玉海》引《通历》说少昊"用度量作乐器"[12]，度量即是所谓的规矩，宇宙开辟最根本的依据。《孝经钩命诀》记载"少昊乐曰大渊"，笔者认为此"大渊"当即为大壑，"大渊乐"乃是用以纪念少昊弃琴瑟于东海之神秘事件。在初民社会相当长的一段时间内，音乐、秩序、数字很容易神秘化，它们常被

---

[10]《山海经》的浑沌住于"天山"，亦即宇宙轴之山，而且"识歌舞"，亦即自具和谐之韵律。

[11] 参见《左传·定公四年》，杜预注。李学勤编校：《春秋左传注释》（台北：台湾古籍出版社，十三经注释整理本，2001），册84卷54，页1781。另参见《左传·昭公十七年》，"秋，郯子来朝"一节所述。

[12] 王应麟：《玉海》（台北：华联出版社，1964）卷8，页1。

提升到一种宇宙性的展现，宇宙整体被视为有种神秘性的"预定的和谐"。因此，都有乐的成分。我们在后世的《史记·历书》《礼记·乐记》，甚至《庄子·天运》论"帝张咸池之乐于洞庭之野"处，都可看到这样的载录。如上所说，则大壑之无不但是一种动力因的创造性之无，它也具备了一种形式因的成形成物之无。

完整的大壑神话意义应当比我们今日所知的丰富许多，有些环节显然散落了，但当日庄子对"大壑"不断涌现新能量、蹦出新形式的作用不但不陌生，而且还心向往之。所以除了在《逍遥游》篇破题处即揭举此义外，我们在《秋水》篇中又看到了北海若一发不可收拾的礼赞。在《天地》篇中，庄子又假"谆芒"东游碰到"苑风"的故事，摊展出大壑无穷创新的意义。类似的主题也见于《在宥》篇所提"云将东游，过扶摇之枝而适遭鸿蒙"这段文字。在后面这两则庄子有托而然的"寓言"中，代表生意的"苑风"、神鸟、元气、宇宙树、大壑交相升起。云将与谆芒东游大壑，绝非观国之光而已，如何汲取此无底深谷之生生不息的能量，如何再将此潜存的力量转化为升华的动能，这才是云将与谆芒东游的目的。

三　浑　天

神话的地理学提供了庄子无尽能量的隐喻，我们终于知道云将东游、谆芒东游，都是为一大事因缘而游，不只是艺术心灵的体现。除了神话的地理学外，庄子对可以代表当日知识水平的天文学也极感兴趣，神话的天文学提供了他相同的功能。

存在本身就是秘密[13]，任何个体的存在都不可思议，世界的存在更是神秘中的神秘。存在的神秘最容易引发深刻的哲思，战国时期就是宇宙论问题最炽热的一个时期。儒家的荀子有《天论》，不世出的大诗人屈原有《天问》，道家哲人鹖冠子有《天则》，杂糅百家的《吕氏春秋》有《圜道》，《管子》有《宙合》。《庄子·天下》记载当时南方有黄缭此一畸人，曾"问天地所以不坠不陷，风雨雷霆之故"。名家巨子惠施针对黄缭的问题，"不辞而应，不虑而对，遍为万物说。说而不休，多而无已！"看起来是场激烈的辩论。邹衍是当时最受人君欢迎的思想家，他当然不会缺席，他甚至赢得了"谈天衍"的雅号。战国时期，黄老道家很流行，我们如果忘了此一流派，名单就不会完整。而黄老道家最显著的特色，正在于"推天道以明人事"。郭沫若说：战国时期，"关于天体构成的疑问，在当时的知识界是有普遍的关心的"。[14] 我们看现存的战国时期的文献，不能不同意郭沫若的观察是符合史实的。

庄子对宇宙的运行也是充满了好奇，天文现象在《庄子》

---

[13] 我这里借了马塞尔名著 *Mystery of Being* 的书名，当然也分享了书中的旨意。

[14] 参见郭沫若：《屈原简述》，《郭沫若古典文学论文集》（上海：上海古籍出版社，1985），页260。

一书中占有相当重要的位置。在《天运》篇的开头中，"庄子"即对宇宙运行的现象提出了按捺不住的质询：天如何运行呢？地如何自处呢？日月是否争执于黄道赤道呢？是云为雨，还是雨为云呢？"孰主张是？孰纲维是？孰居无事推而行是？意者，其有机缄而不得已邪？意者，其运转而不能自止邪？"本文的基调非常像屈原的《天问》，《天运》与《天问》如果没有影响的关系，至少可视为是同一种问题意识下的产物，两者很可能分享了共同的天文知识[15]。天体知识固然是历代天文学常讨论的主要议题，但这个议题的意义从来不能捆绑在自然科学领域内理解，它总会侵入了思想的领域。宋代的朱子、象山即曾对天之现象好奇不已，并由此引发一生的思想冒险。《庄子·天运》亦然，它的提问既是自然知识的议题，也是形上学的议题，我们如论及古代中国的宇宙论，庄子这篇文章是有相当的代表性的。

荀子将"天"的知识视为官人之学，君子所不道。庄子不是"官人"，但他却汲取了当时流行的天文知识，津津乐道之。庄子所运用到的天文知识很可能是浑天说，浑天说是中国古代三种主要的天文学说之一，与盖天、宣夜并称。根据汉人的说法，这个学说的宗旨可以简述如下："天如鸡子，天大地

---

[15] "设问文学"之说参见藤原岩友：《巫系文学论》（东京：大学书房，1969），页68—81、281—297。藤原岩友认为对天的思考是战国时期一股重要的思潮，《天问》《天运》诸篇显现的设问文学可视为战国诸子的共同论述，它代表理性自觉的精神。

小，表里有水。地各承气而立，载水以浮。天如车毂之过。"[16] 浑天说最显著的特色在于其浑圆的外貌；其次，天地上下皆为水；另外一个特征乃是浑圆之中有一设想中的核心，此核心就像车轴带动车轮与座车的运行，它也带着浑天永恒地回转。和盖天、宣夜另外两种天文学说相比之下，浑天说不见得在知识的解释效率上更强，但它似乎较具美感。更重要地，它和"浑圆"此重要的宗教象征相容，可以满足时人的宗教情感之需求。根据王夫之的解释，庄子很快地被这种学说迷住了，他的所有重要理论可以说都是从浑天说衍生出来的[17]。

王夫之将《庄子》书中的浑天说因素评价如此之高，是否有依据呢？笔者认为有的。首先，比起盖天说、宣夜说来，浑天说特别强调天地皆浮于水而行，这个命题如果切成一半，单论大地，就是大地四周皆为海所包围。"四海"的概念在先秦时期，大概有特殊的涵义，不见得是那么平常。古籍中，作为巫书的《山海经》的空间结构即以四海立论，"四海"可视为

---

[16] 《春秋元命苞》，安居香山、中村璋八编：《重修纬书集成》（东京：明德出版社，1988）卷4·上，页34。依据文义，"地各承气而立"此句前当有"天"字。

[17] 王夫之在《天下》篇论庄子学说宗旨处有解云："尝探得其所自悟，盖得之于浑天；盖容成氏所言'除日无岁，无内无外'者，乃其所师之天；是以不离于宗之天人自命，而谓内圣外王之道，皆自此出；而先圣之道百家之说（言其）散见之用，而我言其全体，其实一也。则关尹之'形物自著'，老子之'以深为根，以物为纪'，皆其所不事；故曼衍连犿，无择于溟海枋榆，而皆无待以游。"《庄子解》（北京：中华书局，1964），页284—285。类似的话语散见全书，兹不细引。

巫文化的一个概念。庄子也重"四海"，在《秋水》篇中，北海若教训识见褊狭的河伯说："计四海之在天地之间也，不似罍空之在大泽乎？"《逍遥游》篇破题即言"北冥""南冥"，后代的天文学家即以此证明"四海"之说[18]。

其次，汉代有一奇特的"地动"之说："地有四游，冬至地上北而西，三万里。夏至地下行南而东，复三万里。春秋分其中矣！地恒动而不止，人不知，譬如人在大舟中，闭牖而坐，舟行不觉也。"[19]此一说法颇容易令人联想到地球自转之理论。事实大概不是如此，学者或认为这是因为冬夏之间太阳与大地视线距离不同所产生的一种理论，因此，其动只是一种平面的移动。但从纬书所说，我们可推测出"地浮水""地如船移"这两项因素，这是浑天说的特色。谈到地动，我们不妨注意底下这段《庄子》佚文："海水三岁一周，流波相薄故地动。"[20]"四海围绕"与"地动"这两个因素应当有浑天说的影子。

浑天说预设了有一旋转天地的轴心，如同车轮之回转，这条轴心和大地透过设想中的绳索系联住。《天运》篇质疑的"孰纲维是"的"纲维"，指的大概即是这条绳索。这条轴心贯

---

[18] 何承天即以庄说作为浑天"四方皆水证也"，参见《宋书·天文志》（台北：艺文印书馆，出版年月不详）卷23，页5。
[19] 参见《尚书考灵曜》，《重修纬书集成》卷2，页32。
[20]《艺文类聚》《初学记》《太平御览》等类书皆引用过此语，详见王叔岷先生，《庄子佚文》第104条。此书此文收入《庄子校诠》（台北："中央研究院"历史语言研究所，1988），下册，页1401。

穿天壤间，使得天地在运转中不致飞散。庄子虽没明言此一轴心，但大意固在。《昭明文选》李善注引用一则《庄子》佚文，多少透露了此讯息，其文如下："阙奕之隶，与殷翼之孙、遏氏之子，三士相与谋致人于造物，共之元天之上。元天者，其高四见列星。"[21]战国时期流行"九天"之说，"九天"有分野说的九天与立体的九重天两义，浑天说所牵涉者当以九重天为主。能高出四表、平视列星的位置，当是位在九天的最高处[22]，也可以说是位在九天的起源处，"元天"之"元"已透露了此一讯息。依据宇宙轴贯穿三界的法则，元天当处在此轴线的顶点，而它的另一头之对照点或为黄泉，或为大壑。屈原《远游》篇结尾处有云"上至列缺兮，降望大壑"，笔者怀疑列缺正是元天所处位置，大壑则是深不可测之凹底，列缺—大壑此纵贯线正好位于宇宙轴的两头。

庄子对天文学——当然是神话的天文学——嗜好很深，如果上述所说的四海、地动、元天三点不免要作推论的话，我们不妨直接面对《庄子》文本，举王夫之特别重视的一则文字以见其大要：

---

[21] 颜延年：《车驾幸京口侍游蒜山作诗》，李善注引《庄子》佚文。《昭明文选》（台北：五南出版社，1991），页572。《庄子佚文》，第61条。
[22] 王夫之解《庄子》书中的浑天说隐喻，以"七曜天以上、宗动天之无穷"为最高处，如《庄子解》，页229—230所说即是。然宗动天乃耶稣会教士传来之新概念，参见《明史·天文志》（台北：鼎文出版社，1982）卷25，页340。先秦的第九重天之名已不可考，"元天"之说也只是一种合理的推测而已。

冉相氏得其环中以随成，与物无终无始，无几无时。日与物化者，一不化者也，阖尝舍之！……容成氏曰："除日无岁，无内无外。"（《则阳》篇）

古人名为容成氏者有三人[23]，但庄子所言之容成氏当指传说中创作历法之黄帝之臣。王夫之高度赞美此段话语，他说："浑天之体：天，半出地上，半入地下，地与万物在于其中，随天化之至而成。天无上无下，无晨中、昏中之定；东出非出，西没非没，人之测量有高下出没之异耳。天之体，浑然一环而已。春非始，冬非终，相禅相承者至密而无畛域。其浑然一气流动充满，则自黍米之小，放乎七曜天以上、宗动天之无穷，上不测之高，下不测之深，皆一而已。"[24] 王夫之的结论是："庄子之道所从出，尽见矣，盖于浑天而得悟者也。"

《则阳》篇此段所述，确实很容易令人联想到浑天说的隐喻。浑天说一来描写的是天体运行的轨道为浑圆，浑圆没有视角，没有终始。受此影响，所以《庄子》书中特多"未始"之言：未始有天，未始有人，未始有始，未始有物。其次，由天

---

[23] "容成氏"之名道家典籍常见，《汉书·艺文志》阴阳家有《容成子》十四篇，房中家又有《容成阴道》二十六卷，容成氏其人大概是秘教传统中的传说人物。俞樾进一步考证容成氏有三，一为黄帝之君，一为黄帝之臣，一为老子之师。俞说是根据古籍所记归纳而得，实情恐无稽可考了。俞樾之说引自郭庆藩：《庄子集释》（台北：河洛图书出版社，1974），页888。

[24]《庄子解》卷25，页229—230。

体的运行而有时空的概念——尤其是时间的概念，几乎皆依日月星辰的运转而设立，有天体然后有时间。然而，在浑圆亦即环中之道的运转之下，所有时空以及时空之内的事物都循环化了，相对化了，都失去了独立性，但也都可相待而起。不化的"一"者，日与物化，也就是永不断裂地成就相对而生的事物，此之谓"随成"。

天体的运转定位了东西南北与春夏秋冬，亦即定位了时空的秩序。我们对于时间的思考往往受限于空间的模式，动态的流动因此很容易流于空间的几何图式。然而，庄子的时间观是个圆形的模式，圆形的时间每个周期会重来一次，一个很关键性的周期是"岁"或"年"。一年之春夏秋冬后，尚有另一次的春夏秋冬。《齐物论》有"今日适越而昔至"之说，就线形时间而论，不可解，就圆形时间而论，则没什么不能解释的。庄子的圆形时间不一定是重复之循环，但确是种独特的重复运动。在岁岁相接之际，如除夕夜子时，或周人建子所重视的冬至的亥子之际，乃是新旧旋转之枢纽，具有极关键性的地位。

上古的天文学说不仅定位了空间，也定位了时间，王夫之从冉相氏一节解出庄子运用的浑天说隐喻，笔者认为具有相当的说服力。笔者愿意再对"冉相氏"一语略进一解。"冉相氏"一语注家多以为其人乃古之圣君，但此一圣君古书罕见，其相何相，终不可解。笔者怀疑"冉相氏"可能是"浑沌氏"的另一分化，冉相氏具浑圆之相。《山海经》中的浑沌"状如黄囊，赤如丹火"，其形状可说是"冉相"。"随成"固是"随物而成"，但笔者怀疑"随"有"椭"的意义，随成不无可能隐含浑圆而成之义。

《则阳》篇"冉相氏"一段话是神话形貌的叙述，在《齐物论》则作："彼是莫得其偶，谓之道枢。枢始得其环中，以应无穷。"两则的文字高度雷同，只是一则以古圣人名之，一则以玄学概念名之。我们不妨说："冉相"是神话版的"道枢"，"道枢"是哲学版的"冉相"。如果我们放到浑天说的模子考量，则"冉相"所重者在"浑圆"一义，而"道枢"所重者在"环中"，亦即在牵动变化中的不化处。

"道枢"一语首见于《庄子》一书，这个术语很可能是庄子综合了哲学语汇的"道"与名物语汇的"枢"两者而成。"枢"之语义有歧义，它不无可能意指车轴，"道枢"因此可能运用了车轮的隐喻。但先秦道家诸子所用的"道"字往往意味着天道，黄老道家依天道以明人事，即是显著的事例。天道的用法可指向形而上学之道，但也可指谓天体的运行，"道枢"因此也可解作"天道运行的枢纽"。《淮南子·原道训》所谓"经营四隅，还反于枢"，虽然也可以说是以车轮为喻，但更具体的内涵，则是用浑天说的太一——四维的概念解释天地的存在。

《则阳》篇对"冉相氏"的描述与《齐物论》的"道枢"如出一辙，恐非偶然。另外一则恐非偶然的相似文句见于我们前文引用过的《天地》篇文字"夫大壑之为物也，注焉而不满，酌焉而不竭"，与《齐物论》"注焉而不满，酌焉而不竭，而不知其所由来，此之谓葆光"，两者的文字高度雷同。"葆光"一词，前人有解，其解非不可通，但其义颇怪[25]。《淮南子·本经训》引同样文字，但"葆光"作"瑶光"；《文子·下德》文字亦同，但"瑶光"改作"摇光"。"瑶""摇"音通，"摇光"一词于义尤长。考"摇光"为北斗七星中的第七星，位于杓端，颇有些神秘的功能。"注焉""酌焉"这类的动词预设了容器的概念，大壑是容纳天下之水的大容器，斗是容纳酒浆稻麦的小容器[26]。"葆光"如果不是北斗七星中的摇光，"注焉而不满，酌焉而不竭"之语即不可解。

庄子在《齐物论》中居然用到了北斗七星中摇光的意象，而且摇光象征的意义竟然和管领天地能量消长的总枢纽之归墟一模一样，这是个值得深思的线索。庄子没有告诉我们：为什么他要运用摇光的意象？但北斗七星是群星当中最具神秘功能者，于古已然，至今在道教及民间习俗中仍然如此。考《淮南子·天文训》有云："帝张四维，运之于斗。"又说："紫宫执斗而左旋。"《史记·天官书》也说："斗为帝车，运于中央，临制四向。"《淮南子》与《史记》所说的帝当指太一，亦即北极星。太一不动，张开四维，系住天地，使之不坠[27]。又运转北斗，北斗七星如同车轮般左旋，斗杓则是转动的支轴。斗杓

---

[25] 向郭注云："任其自明，故其光不蔽也。"成玄英《疏》的文义略同。
[26] 《文子·下德》对"摇光"的解释即为："摇光者，资粮万物者也。"可见北斗七星兼具饮食两种量衡的隐喻。
[27] 依据《淮南子·天文训》的说法，此四维为：东北的报德之维，西南的背阳之维，东南的常羊之维，西北的蹄通之维。

三星中，尾端的摇光此星位置最突显，它"居中而应，历指十二辰，摘起阴阳，以生杀万物"。三代历法有建子、建寅、建丑之别，其依据皆依摇光所指方位而定，所谓"斗建"是也。"斗建"其实是"摇光建"，北斗七星居阴布阳、生杀万物的功能都聚集在它身上了。

　　庄子运用摇光的意象，我们现在知道大概是取北斗主阴阳消长、生死变化之意，北斗之斗也是能量转换的中心，就像地理中的归墟一样。然而，北斗还需要一位运转的帝——太一、北极、紫宫之谓也。《庄子·齐物论》在论"摇光"之上，另有"天府"之说，"天府"乃是能知"不言之辩，不道之道"者，也就是能了解言行尚未启动的潜能之全体者，宣颖在此有注："浑然之中，无所不藏。"[28] 北极固然位在北方，但又被视为在天地之中；它是能量之总发源地，但又被视为其能量可转移到与它义属同一作用体的北斗七星。在"部分即全体"的神话思维原则下，浑然之中的"天府"是可以暗喻北极太一的。

　　摇光可解，天府可解，《庄子》书中另一独特的概念"天门"应该也就不难了解。《庚桑楚篇》："有乎生，有乎死，有乎出，有乎入。入出而无见其形，是谓天门。天门者，无有也，万物出乎无有。……而无有一无有。圣人藏乎是！"天门是生死有无的枢纽，所以说"天门者无有也"。谁能领会此天门，即能理解存有之奥秘，所以说"圣人藏乎是"。"门"在

---

[28] 宣颖：《南华经解》（台北：艺文印书馆，无求备斋庄子集成本，1974）卷2，页4，b面。

《易经》与《庄子》书中皆可象征由无至有的关卡,也可以说道由"无形"到"有形"的转换口,《庚桑》篇所言,文字尤为显赫。

天门是生死存亡的门户,单单看此观念,也可以想像此词语当有"宗教"的前身。天门又名阊阖,屈原神游昆仑山,进而上天庭时,必须经由天门:"吾令帝阍开关兮,倚阊阖而望予。"王逸注:"阊阖,天门也。"洪兴祖补注曰:"阊阖,始升天之门也。天门,上帝所居,紫微宫门。"[29]"天门"是原始天文学中的重要概念,升天的必经管道,也可说是生死的转换点。依洪注,阊阖与天门大概是大门与内门的关系,但都是天门。汉代流传下来的诸多器物,其中多有"天门"之意象[30]。庄子以"有无"取代"生死",但天门的意象却始终如一。

当我们将摇光、天府、道枢、天门隐藏的喻根解出之后,发现摇光、天府、道枢、天门皆意味着浑天之圆转无穷而又不离其宗。我们如将这些意象配合"枢始得环中,以应无穷"的"环中",配合"圣人和之以是非,而休乎天均,是之谓两行"的"天均",再配合"和以天倪,因以曼衍"的"天倪",不难看出庄子是用浑天与陶均这两个最根源的隐喻当作贯穿《齐物论》一文的主轴。天均、天倪两个语词皆意指陶均,或陶均的

---

[29]《楚辞补注》,页41。
[30] 参见孙作云:《天问研究》(台北:中华书局,1989),页119、325。谢明良:《记一件汉代青釉壶上的"升天图"》,《历史博物馆馆刊:历史文物》第6卷,第1期(1996年2月),页37—44。

变形，庄子所运用的陶均隐喻，我们下一节还会讨论。

比较浑天与陶均的隐喻，首先，我们发现两者皆表不断圆转之义，这样的圆转喻根比起曼荼罗，或圆之隐喻，多出了动态的、变化的、创新的成分。其次，我们看到对立的两端在圆转之运中，相待而生，相对而灭，相互对转。任何对立的语词因此失掉它的自性，东西、昼夜、善恶、长短，无一不是如此。第三，浑天与陶均所以能圆转不止而又不散，乃因有不可见的核心或枢纽贯穿其间，这个神秘的核心点带动了无穷的变化。

从浑天的隐喻着眼，则凡《庄子》书中从超脱的观点观看物物相对而起、相生而化，或看到无穷的时空之流转，或看到独守一不变之点（中、宗、枢等等）以引发气化流行者，这些文字都有可能运用了浑天说的隐喻。王夫之说："庄生以此见道之大圜，流通以成化，而不可以形气名义滞之于小成。故其曰'以视下亦如此而已'，曰'天均'，曰'以有形象无形'，曰'未始出吾宗'，与《天运》篇屡诘问而不能答其故，又曰'实而无乎处者宇也'，皆浑天无内无外之环也。其曰'寓于无竟'，曰'参万岁而一成纯'，曰'薪尽而火传'，曰'长而无本剽者宙也'，皆浑天除日无岁之环也。"[31] 王夫之自是解人，他的文本的依据主要是从容成氏所说的"除日无岁，无内无外"两语而来。笔者认为王夫之的观察非常深刻，庄子之所以

---

[31]《庄子解》，页230。

常有类似"太空人"的观点[32]，乃因浑天已构成了他的著作的根本隐喻。依"浑天"的视角观看天下，这样的视座不仅见于《齐物论》《则阳》等篇章，也不仅止于王夫之所举的例证，我们在《逍遥游》篇的"天之苍苍，其正色耶！其远而无所至极耶！其视下也，亦若是而已矣！"在《大宗师》篇的"孰能相与于无相与，相为于无相为。孰能登天游雾，挠挑无极"，[33] 在《应帝王》篇的因以为波流、因以为弟靡的"未始出吾宗"[34]，在在都可以看到一种圆融而化的天之视角。例证族繁，不及遍举。

四　陶　均

在《齐物论》篇中能和天道圆运的意象配合者，厥为"天钧"。考"天钧"一词因有另本作"天均"，所以郭象、成玄英皆以为此语表达"均平之理"。王先谦赞成其说，并引申发挥道："案《寓言》篇亦云：'始卒若环，莫得其伦，是谓天均。

---

[32] 方东美先生特别喜欢强调庄子此一意象，如《原始儒家道家哲学》（台北：黎明文化事业公司，1983），页43。他的说法在前贤的议论中未尝不可找到同调。荀子说"庄子蔽于天而不知人"，语气固然不友善，但其实有看到类似的面相。
[33] 挠挑，犹宛转循环也，《鹖冠子·道端》云："复而如环，日夜相挠。"详细考证参见刘武：《庄子集解内篇补正》，页168。
[34] 刘武言：此"宗"字，上承"天壤"之"天"，暗伏下文所说"尽其所受于天"之"天"字。《达生》篇言"其天守全"，又云"圣人藏于天"，《在宥》篇言"神动而天随"，皆不出"宗"义。参见《庄子集解内篇补正》，页193。刘武说此"天"意指无为—自然，此解固可，然而就喻根而言，"天"亦可视为扎根于浑天说的基础上的不变之"宗"。

天均者，天倪也。'此作'钧'，用通借字。"[35]《齐物论》不管是解作整齐万物之论文，或是整齐讨论万物之论文，它都有讲究"均平"之义，由此，前贤之说自然符合庄子的意旨。

然而，庄子固然重视均平之理，但在《齐物论》中，所有的均平之理乃是在圜道运转中，两端同时升起、对转而致，所谓"彼是方生"之说也。《经典释文》注《庄》引崔譔之言曰："钧，陶钧也。"刘武同意此解，并引申道："《汉书·邹阳传》：'独化于陶钧之上。'张晏云：'陶家名模下圆转者为钧。'故《寓言》篇云：'始卒若环。'凡陶钧有枢。上文'道枢'，天钧之枢也。休乎天钧，即承上文'枢始得其环中'句。"[36] 两说洵是无误。根据刘武的注解，不但《齐物论》的"天钧"该作陶均解，连《寓言》篇所说的"天均"也是陶均的意思。"天钧"的"钧"是"陶均"，而不是"均平"，这是相当清楚的，王先谦的注解恰好颠倒了。

"天均"如果意指天以陶均为隐喻，"天倪"亦宜仔细分辨。"倪"有"端"义，或"分限"之义，"和之以天倪"因而可表示"和以自然之分"。然早在班固已提出"天倪"即"天研"，"倪"为旋转之大石臼，"天倪"乃是天以旋转的石臼为隐喻所造出的一个语词[37]。石臼不是陶均，但如果就比喻而言，

---

[35]《庄子集解》（台北：木铎出版社，1988）卷1，页17。
[36]《庄子集解》卷1，页51。
[37] 参见《庄子集释》页109引《经典释文》之说。另参见同页引卢文弨之言：古书"计倪亦作计研"，更足以证成此义。

这两者同样具有浑圆、旋转、轴心等要素，"天倪"可视为"天均"的变形，这也是《寓言》篇何以说"天均者，天倪也"的道理所在。

钧、倪皆为圆转者，陶均是陶制圆转之器物，尤有胜义可说。陶器在道家—道教传统中一直占有相当特殊的地位。老子说："埏埴以为器，当其无，有其器之用。"陶器中空，可承万物，恰好可以表征道之无的作用。《庄子·天地篇》有名的"汉阴丈人抱瓮灌圃"的寓言，也是假借陶瓮之浑白无瑕为喻。陶瓮的作用可以和人的生命机制相合，而不会引起异化，不像机械制的槔，虽省事，但其机事会带来机心。根据庄子的说法，汉阴丈人修的是"浑沌氏之术"。浑沌氏之术，"明白入素，无为复朴"，素为颜色之始，朴为树木之始，浑沌氏之术所修的乃是一种极始源的原初心态，过的是素朴未分化的生活。

陶器与浑沌术联结在一起，这是条极值得玩味的线索。"浑沌"的寓言在《庄子》书中共两见，庄子的寓言显有所本。考《山海经》的浑沌怪兽，位于天山，状如黄囊，赤如丹火，六足四翼，实识歌舞。此处的浑沌应该是种宇宙卵，它可能出自东夷的鸟图腾[38]，是东夷创世神话的一环。它的形状是椭圆形的，而椭圆有可能是时人对大地的另一种联想。这样的宇宙卵内部具足动能，所以赤如丹火；内在自有理则韵律，所以实

---

[38]《山海经》说天山"有神焉"，其名为"浑沌"。另外的版本"焉"作"鸟"，此版本的文字有可能是对的。因为"浑沌"既然有"四翼"，因此，它不无可能是以怪异面目出现的神鸟。

识歌舞。"浑沌"有可能是中国最重要的创造母题,它的源头之一当是宇宙卵神话。

"浑沌"主题的另外一个源头,或者说另一个次型则是来自器物造型的陶器。陶器具备神秘的功能,在许多初民文化中,它都用来象征创造。尼采(F. W. Nietzsche)在《查拉图斯特拉如是说》一书中描述主人翁向犹太—耶稣宗教的创造主呼喊着索取创造自己的自由,"宁可自己作上帝",因为原来的上帝老了,死了,"这从来没有完成其手艺的陶匠,他失手得太多了。而祂还以自己的失手推诿于他的陶器并创造物"[39]。尼采理解的上帝形象即是一个陶匠的意象,只是这位陶匠的技术不太高明而已。不只一个"老祖父"形象的上帝以陶匠的面貌出现,丰饶女神的创造模式也是如此。埃利希·诺伊曼(Erich Neumann)在《大母神》此皇皇巨著中,援引许多例子,有力地证明了在许多所谓的初民社会,制陶是女人垄断的知识,男人不得参与。因为陶器中空,就像女性的腹部;陶器由土所制,就像女性是大地的化身;陶器可容纳象征生命的水,女性的腹部也具备了类似的功能。依据神话的逻辑,女人 = 容器 = 身体 = 世界的创造[40]。

---

[39] 尼采(F. W. Nietzsche)著,林建国译:《查拉图斯特拉如是说》(台北:远流出版社,1989),页294。笔者更动了一个字,以求通顺。

[40] 参见埃利希·诺伊曼(Erich Neumann)著,李以洪译:《大母神》(北京:东方出版社,1998),页42。原来的公式"世界"一词只有两个字,笔者加上"创造"一词作为补语,为的是突显重点。

陶器用以象征原始的母体，亦即浑沌，而浑沌则为创造之源，此一事件的中国版即是女娲创世的神话。女娲如何创世，书缺有间，比较难确实指认。但透过她造人之传说，我们可以猜想她创造的模式于一二。根据《风俗通》的解说，在未有人民的洪荒时代，女娲"抟黄土作人，剧务，力不暇供，乃引绳于絙泥中，举以为人"。[41] 女娲的造人用到土，用到绳，这明显地是运用了陶均的创造隐喻。我们如果了解汉字字根有"娲"字的"呙"字旁者，其义多有圆洼之意[42]，更确切的说，也就是多有浑圆漩涡之意。我们如果也了解"土"除了象征女人外，也象征了"釜"或"陶均"，且有创造力之蕴含[43]。我们即不难理解：女娲的创造运用了陶均的隐喻，是有悠远的历史的。

《风俗通》的成书虽晚，但它保存的女娲传说，应该起源甚早。了解女娲曾依陶均模式造人，我们即不难了解前引老子说："埏埴以为器，当其无，有其器之用。"田骈说："天地之间，六合之内，可陶冶而变化也。"[44] 文子说："阴阳陶冶万物，

---

[41] 应劭《风俗通》，引自《太平御览》（京都：中文出版社，1980）卷78，页5。

[42] 如"旋涡"之"涡"、"行窝"之"窝"、"蜗牛"之"蜗"、"锅鼎"之"锅"皆是，此说似有人先行提过，其文待考。

[43] 《易经》特重《乾》《坤》两卦，有乾元、坤元之说，乾坤皆健，表示"坤"也有创造力。至于坤为釜为陶均，《说卦传》有说。《说卦传》原文"钧"字作"均"字，前贤多作平均之义解之，此解甚谛，但笔者认为此"均"字不无可能兼指"陶均"之"钧"。

[44] 马国翰辑：《田子》，《道家佚书辑本十七种》（台北：世界书局，1979），页12。

皆乘一气而生。"(《文子·下德篇》)或鹖冠子说:"(天)醇化四时,陶埏无形,刻镂未萌。"(《鹖冠子·泰鸿》)四者皆以陶均造器比喻道之创造万物。这种玄学性的创造观不但有源有头,而且后继者极多,贾谊《鹏鸟赋》云"大钧播物兮,块圠无垠",只是较为人知的一个例子而已。庄子的"天均"之说亦当放在此脉络下考量。

陶均既然成为道体创造的喻根,而道体的创造是一切的创造之源,因此,陶均自然而然地也就成为一切创造的喻根:"工倕旋而盖规矩,指与物化,而不以心稽,故其灵台一而不桎。"工倕是庄子喜用的匠人意象中的典范,陶均之术则是庄子喜用的技艺主题中的极致。工倕又名巧倕,又名倕,他是传说中各种工艺的发明者[45]。庄子强调技艺达到圆满之境时,都可达到身心浑然,主客交融的层次。但所有技艺中,陶艺可在浑转中,以指头思考,以手掌为主体,其出神入化,尤堪称羡。更重要的,所有技艺中,似乎只有陶艺的形态最接近天道的创造(浑天说),也最接近宇宙原初的创造(浑沌说)。古籍记载的工倕的创造目录中,虽然没有陶器,但工倕即义均,义均或作叔均,此"均"字可能有陶均之义,所以庄子所述,恐亦有本。不但如此,他更进一步将工倕提升到体道之士的境界。

---

[45] 《海内经》说:"帝俊生三身,三身生义均,义均是始作巧倕,是始下民百巧。"《吕氏春秋·古乐篇》《墨子·非儒》《世本》等古籍皆记载工倕始创各种工具器物之事。有关工倕的种种考证,参见袁珂:《山海经校注》,页461—462、469—470。

如果工倕可视为庄子理想的艺匠的话,壶子则可视为另一种理想人格的典范。壶子之名当有双重的象征意义,首先,它的形状与葫芦相关,葫芦也称壶芦,即匏瓜也,它的象征可以追溯远古的伏羲神话[46]。其次,"壶"直接就字义言,它意指的是作为容器的壶,它是一种陶器。就第一层意义而言,葫芦在后世的道教传统中,被视为极重要的法器,此道教法器的源头在先秦时期早已存在,《庄子·逍遥游篇》记载惠施曾告诉庄子:魏王赠他"大瓠之种,我树之成,而实五石",结果反而不知该如何处理之事。庄子答道:"何不虑以为大樽而浮乎江湖!"后世道教画常有浮游江湖的葫芦,其源头当可追溯到《庄子》此处的记载。不但如此,看到"大樽"与"大瓠"两词,笔者怀疑《庄子·胠箧》书中出现的远古洪荒之圣王尊卢氏,恐怕就是匏瓜的神格化。其次,就第二层意义而言。瓠可加工为樽,亦可用土仿制之为陶匏,《礼记·郊特牲》说:"郊之祭也……器用陶匏,以象天地之性也。"又说:"昏礼……器用陶匏,尚礼然也。"郊祭和婚礼都是礼之大者也,其礼皆与生命之创造有关。器用陶匏,正是因为它具创生之义。

壶此一人造器物即可视为一种陶匏,壶子是陶匏的拟人化。在《应帝王》篇那段有名的与巫者季咸之斗法中,壶子先示之以地文、天壤,继之示以太冲莫胜,最后以"未始出吾宗",定出两者境界之相去霄壤。壶子在第三阶段的"太冲

---

[46] 参见闻一多《伏羲考》第五节"伏羲与葫芦",此文收入《神话与诗》(北京:三联书店,年月不详),页55—68。

莫胜"时,心气回到自体,毫无朕兆可寻。他的心境如同"鲵桓之审、止水之审、流行之审"。"审",《列子》引相似文字作"潘"。潘者,洄流之意也。鲵桓、止水、流行其相不同,但同具洄流之状,同处平静状态,所以称作衡气机。心境既平静无波,而又具洄流状,此种叙述看似怪异,但我们如将它视为"动而无动"的始源创造模态,或许不难理解。壶子的境界还不仅止于第三阶段的衡气机,最上一层乃是动态的和谐,也就是在弟靡、波流中,未始出吾宗。弟靡、波流是动、是化,"未始出吾宗"则是静、是一。庄子认为"古之人"(亦即真人)的行为模式是"外化而内不化",浑天、陶均恰恰好都有"外化而内不化"的构造,而且这样的"外化而内不化"当处在具体的情境当中,如云门禅所谓的"随波逐流"句。壶子四门示相的第四门即揭举了此一境界。

陶均的隐喻和浑天说的隐喻相合,更有一语词"钧天"可说,钧天的内涵相似,不必再论。倒是论及陶均,我们不免想到老子除讨论"埏埴为器"外,也提过"天地之间,其犹橐籥乎?"的"鼓风炉"隐喻。橐籥中空,内含生气,一吸一吐,火势不断。此一隐喻除缺乏浑圆意象外,中空及生气的能量相同,方便起见,我们可以将它视为器物隐喻中的一个次型,最基本的模型当然是陶均。庄子《大宗师》篇所说:"今一以天地为大炉,以造化为大冶,恶乎往而不可哉!"用的也是鼓风炉造物的意象,这个创造的隐喻在《庄子》书中,意义比较不是那么明显,所以本文不继续挖掘下去了。

五　风

橐籥是鼓风炉，鼓风炉中最重要的动能当是风，"天地为炉兮，造化为工，阴阳为炭兮，万物为铜"。贾谊《鵩鸟赋》此段名言明显地借自《庄子·大宗师篇》的语言，但在橐籥整组功能中，贾谊对器物（炉）、使用者（工）、燃料（炭）、材质（铜）都交代了，但对促成燃料发挥作用的空气（风），却没有着墨。贾谊不言，或许是偶然，或许是他有些迷惘。因为庄子在前引《天运》篇论天地的存在状态时，也对"风"的始末感到好奇："风起北方，一西一东，有上彷徨。孰嘘吸是？孰居无事而披拂是？敢问何故？"

庄子对风的好奇，不是没有原因的。风作为自然世界中常见之物，可以说属于日常世界中最日常经验的一环。然而，风无形无象，可感而不可状，"风随着（自己的）意思吹，你听见风的响声，却不晓得从哪里来，往哪里去"。[47] 它常处在定义、类别、必规范之外。风随季节不同而暑寒有别，它因人的呼吸及体表之感受而变换质性，因此，风又往往被赋予神秘的功能，它是带来生死消长的作用者。在人类历史的初阶，对于风的规范或解释是个极大的精神工程，中国古代即多"宁风""占风"之术。"风产业"在推动文明发展的历程中，曾扮

---

[47]《约翰福音·三·八》。"（自己的）"三字为笔者所加，文义可以更清楚。

演相当重要的角色。

庄子时期，四方风的观念已流传了很久，并且在儒家的经书《尚书·尧典》与巫书的经典《山海经》中载录了下来，经典化为正统的论述。根据《尚书》《山海经》以及上一个世纪从甲骨文获得的佐证，我们知道四方风的叙述有极久远的历史，而且也有自然知识的涵义[48]。《山海经》所记的东方及北方之风两则故事可为例证："东方曰折，来风曰俊，处东极以出入风。"（《大荒东经》）"北方曰鹓，来之风曰狻，是处东极隅以止日月，使无相间出没，司其短长。"（《大荒东经》）有关四方风的考证文章颇多，细部的争议仍在，但至少我们知道四方风的概念是和四方的方位、四季的循环、时空的神格化连在一起的。时空是一切经验的基础，神格化则可说是种"圣显"（hierophany）的作用，"圣显"乃是初民对任何时空定点意义化的先决条件[49]。风既然可与时、空、神并列，共同成为世

---

[48] 最近的故事主要源自胡厚宣因刘善斋所藏甲骨有四方风名，人或疑伪，胡厚宣乃从古籍及"中研院"所藏甲骨资料，交互稽核，证实其文。参见《甲骨文四方风名考证》，《甲骨学商史论丛·初集·上》（台北：台湾大通书局，1972），页369—381。胡文之后，古史名家多有续论，参见杨树达：《甲骨文中之四方风名与神名》，《积微居甲文说》（台北：大通书局，1974）卷下，页52—57；陈梦家：《土地诸祇》，《殷虚卜辞综述》（北京：中华书局，1988），页582—594；严一萍：《卜辞四方风新义》，《大陆杂志》，第15卷第1期（1957），页1—7；李学勤：《商代的四风与四时》，《中州学刊》，第5期（1985），页99—101；饶宗颐：《四方风新义》，《中山大学学报》，第4期（1988），页67—72。

[49] 参见耶律亚德（M. Eliade），杨素娥译：《圣与俗》（台北：桂冠图书公司，2000），页61—69。

界秩序的四象（quaternity），可见风已神话式地被视为构成万物存在的核心要素。

笔者所以特别举四方风中的东、北两风为例，乃因笔者认为东北两风的结构可在《庄子》书中找出。《天地》篇记载："谆芒将东之大壑，适遇苑风于东海之滨。苑风曰：'子将奚之？'曰：'将之大壑。'曰：'奚为焉？'曰：'夫大壑之为物也，注焉而不满，酌焉而不竭。吾将游焉！'"谆芒很可能是东方大神句芒，而苑风很可能是北方大神颛顼的"风"格化[50]。此篇寓言的背景当是冬春季节的转换，庄子假借春天—东风大神谆芒来到神秘的时空转换枢纽（归墟）附近的海滨，遇到仍滞留于其地的冬风—冬神颛顼，因此展开一场玄理的对话。谆芒由圣治而德人而神人，层层论进，而终之以"万物复情，此之谓混冥"。在这场对话中，庄子借着归墟与东风的神秘作用，表达无尽（不知其所自来，不知其所从）[51]、朗悟（照旷）[52]、复性（万物复情、混冥）的理念。

《天地》篇假借东风北风的对话，寄托庄子的卮言的大义。《天地》篇的假借似非独断，可能有当时所理解的气候学的理由。《天运》篇一开头连问好几个自然知识的问题，其中明白

---

[50] 丁山先生已先说出此义，参见《中国古代宗教与神话考》（上海：上海文艺出版社，1988），页92。

[51] 这两句话是用以描述"德人"的政绩，这个形容词和大壑的"注焉而不满，酌焉而不竭"同一架构，理趣亦同。

[52] 悟觉经验常以光明意象表之，庄子亦然，如"朝彻见独""虚室生白"等著名之语皆是，此处的"照旷"承"上神乘光"而来，作用亦同。

说"风起北方"。古籍记载风所出之地名曰"风穴","风穴"正是位在北方。然而,既有四方风,又何以说风起北方?"四方风"意味着四象性的空间概念,这样的四方风各不相属。而"风起北方"似乎隐藏着循环的概念,类似贞下起元的构造,这样的四方风与四季的循环不无配套或类比的关系。我们前引《大荒东经》论北方风的句子,中有"处东极隅,以正日月,使无相间出没,司其长短"。这样的结构极像《尧典》的"叔仲"所作的"寅宾出日"的工作。"司其短长"有特别的涵义,殷人特重冬夏两至日,饶宗颐先生征引卜辞多例,证明"司其长短"之"长短"意味夏至、冬至之日长、日短。北方神主要的工作之一是管理冬至、夏至,使太阳能正常运作,不出差错。

周历以建子之月为岁首月,冬至在十二月,其时正处冬春之交。此际被视为黄钟之始,黄钟则为十二律之始,一个小宇宙循环的开端;此际也可能被视为诸风之始,风气始末相联,所以有风起北方之说。冬至后,草木复苏,土功开始,宇宙重新恢复生机。《国语·周语》记载虢文公谈藉礼的仪节——瞽师听协风、太史视土脉、农正陈藉礼等等,正是以藉田的仪式体现此一宇宙性的情感。弗雷泽(J. G. Frazer)在名著《金枝》中,也指出从北非、西亚到欧洲,都有重要的季节仪式。这些仪式都显示严冬酷寒,代表世界死亡。大地回春,则被视为宇宙性的全面复活[53]。谆芒与苑风的对话,有一深层的结构,

---

[53] 弗雷泽著,汪培基译:《金枝》(台北:桂冠图书公司,1991),册上,28—45章。

也可以说有极深远广阔的背景，它与藉礼都是历史极悠久的农业季节仪式的哲学体现。

当曼荼罗—四象式的四方风空间布置被循环的四季风的表述取代时，冬春的交际，也可以说北方与东方的交际，即成了极重要也可以说极神秘的交会点。《山海经》四方风的东、西、南风皆分别见于《大荒东经》《大荒西经》《大荒南经》，只有北风仍见于《大荒东经》，此可怪之一。猰为北方神，却"处东极隅以止日月"，此可怪之二。然而依据循环的图像，"东极之隅"岂非正好处在和"北极之隅"的接连处，此种表述只有和时空的错综化联想在一起，才比较好理解。"东极隅"的空间转折点就像冬至的时间转折点，都是为循环的联系点而设，笔者不认为现行《山海经》文本有笔误[54]。无论如何，《山海经》的北风与东风藕断丝连，沆瀣一气，这是可以肯定的。

解开《山海经》的冬春、北东的纠结，我们反过来不但可以更明确地理解《天地》篇的谆芒—苑风的对话，我们还可以对《庄子》一书破题所提的"鲲化为鹏"的故事更深入地看。鲲，即为鲸。考《山海经》记载海神有禺䝞、禺虢二名，两者皆"人面鸟神"。北方海神为禺䝞，又名禺强、伯强、禺京，禺京是鲸（鲲）的神格化。禺京之父为禺虢，为东方海神。

---

[54] 袁珂认为"东极隅"当为"东北隅"之误，此可备一说。但笔者认为不需要改字解经即可解得通时，最好不要改。即使原文真作"东北隅"，笔者认为其义仍和本文要表达的意思相容。袁珂之说参见《山海经校注》，页358—359。

《淮南子·坠形篇》又说"隅强,不周风之所生也"。禺强既为海神,又能生四风之始的"不周风",可见祂有可能是海神兼风神[55]。禺强与不周风的关系,当是祂生不周风,而不是反过来说。但神话的逻辑常混淆主客及因果的顺序,隅强与不周风的关系可为见证。禺虢与东风及东方的关系也是如此,禺虢也是海神兼风神。

禺京、禺虢、谆芒、苑风等等,还有些细详的考证问题需要处理,为免瓜蔓,此处从略。笔者所以提出这个问题,乃因"鲲化为鹏"是《庄子》一书极重要的寓言,但我们观看它的结构,可以解开它的密码。笔者认为此寓言固然在强调人格的转化、升华,其目的在"逍遥"一义。但庄子所以表述此人格转化的语言构造,却是来自北风转化为东风的隐喻。北冥之鲲,当即为北海之海神兼风神禺京(禺彊)。鲲化为鹏,海运徙于南冥。此处空间的北冥到南冥,实际上是时序的冬天到春天。南冥因为与北冥对照,所以只能在方位上定位为"南"。事实上,鲲鹏的神话与归墟神话有关,归墟固坐落在遥远的东海中的神秘地标,所以"南冥"之"南"当意味着"东"的意思。如果上述解释可以成立的话,鲲化为鹏的神话内涵,其实是庄子假借四季风的转移,以及假借风特有的出入生死存亡的神秘力量,用来表达人格的转换可以带来旋乾转坤的效果。

---

[55] 关于禺彊、禺虢的关系,参见袁珂的考证:《山海经校注》,页248。

冬风（死寂）转化为春风（生机），意味着人格的彻底转换，其形象则为大鲸鱼转化为大鹏鸟。风起于北方的不周风，就像阳气起于祈寒的冬至之日，两者虽然都处在它们生命周期中最黯淡的时期，但剥极复来，谷底即意味着回升。《易经》的《复卦》显示的正是冬至日短，阳气始升，万物逐渐茁壮之象。阳气是生命的跃动，风、日有此跃动，一切生命也都有此跃动。庄子理解的生殖模式有多种，但最理想的生殖是"风化"，亦即生物不须透过身体的交往，他只要经由两目对映，或因念头一转，即可在风中交感成孕，这是种最精微的生命之跃动。庄子认为鸟中的"白鹢"以及走兽中的"类"就是最好的例子。除此之外，《山海经》中还提到"思士、思女"这类的奇人以及鹕䳜这类的奇鸟，他们也都是借"风化"而生殖[56]。"风化"所以能生殖，无疑地是"风"提供了神秘的生命能量。

风在春天生命的能量特大。《天地》篇的"谆芒"可能即是"句芒"，"句芒"是春神，祂的本尊不无可能是燕子。"一只燕子不能造成春天"，但燕子却可视为春的使者。《庄子》书中，由燕子之属的鸟所化身而成的圣人特多（意而子、谆芒、子桑户），由此切入，可以想见《庄子》书中颇受忽略的生命

---

[56] "思士" "思女" 出自《大荒东经》云："思士，不妻；思女，不夫。"郭璞云："言其人直思感而气通，无配合而生子。"细节参见袁珂：《山海经校注》，页346。鹕䳜"自为牝牡"，见《北山经》，《山海经校注》，页68。

哲学之向度。另一种与燕子—春风的地位可以相比的鸟类,即是神话中的凤凰(大鹏鸟)。凤凰出于东方[57],此鸟"羽翼弱水,暮宿风穴"(《淮南子·览冥篇》),凤凰是典型的太阳鸟,也可以说是风之鸟。当大鹏从海底升起,抟扶摇而上九万里时,我们不难想像其风量之大。

风在《庄子》书中最重要的功能,还不仅在于四季循环的风之转换。我们从先秦典籍的记载,可以看到风的历史行程,它由神秘的风混合着神秘的玛那(mana)之作用,逐渐转向作为存在的流行的"气"。《齐物论》说:"大块噫气,其名为风。""大块噫气",此词语用了身体=大块的隐喻,大块吞吐气息,就像身体吐纳呼吸一样。风的根源来自地母的深层,就像人身的呼吸之根源来自生命的底层。"真人之息以踵,众人之息以喉。"这种深之又深的"呼吸"实即是生命本质的震动,所以最深入实相的听是"心斋"之听,学者要听到意识到达不了的沉默之声:"毋听之以耳,而听之以心;毋听之以心,而听之以气。"(《人间世》)"气"是比"心"更源头的作用,可视为一种原初之思。在许多宗教或文化传统中,空气、呼吸、灵魂的概念往往相通,庄子亦然。但庄子在此原始智慧的基盘上,发展得更加彻底。

世界有了庄子之后,风不再只隶属在某一定点,也不再

---

[57] 据《艺文类聚》卷 90 引《庄子》佚文,凤凰乃南方之鸟。然《山海经·南次三经》云:"丹水出焉,而南流注于渤海,有鸟焉,其状如鸡,五采而文,名曰凤凰。"凤凰固东方之神鸟也。

只是某一神祇的专属品。风是大地的生气,它因宇宙的噫吁而生。宇宙不是简单定位下的,或者机械法则作用下的物块,它是个完整的大块之生命体。它的生命之震动即是风,泠风则小和,飘风则大和。不管是厉风带来的众窍为虚,或是余风的调调刁刁,凡有存在处,即有风气的酝酿转化,也就是都有生机在萌芽。

当原始巫教的风之神秘由一种深层的气之概念所取代时,我们看到原本可御风飞行的神人也就由可转化身心、一气而游的至人所取代。前者是普见于萨满文化中可升天远游的巫,列子可能是此一传统中除了屈原外最后的一位"大巫",也是巫文化转化到道文化最关键性的人物。列子"御风而行,泠然善也,旬有五日而后返",而且据说其御风之术已达化境,"不知风乘我耶?我乘风乎?"[58]然而,就庄子的观点看,这样的神技终究仍有局限,它仍是"有待"。列子仍处"有待",换个方向看,则是"风"不再处于绝对的位阶。"风"就在精神的变迁中,不知不觉地被超越了。

真正的无待,是能够"乘天地之正,而御六气之辩,以游无穷者"。这样的"乘"与"御",已不是原始巫师所驾御的神秘动物——所谓的"助灵",以遨游天壤;也不是如列子或后世吕洞宾那般的游仙之乘风飞行。庄子是假借神巫或游仙的叙事架构,然后抽梁换柱,以神气之游取代凌虚飞行。就在一种

---

[58] 列子乘风飞行的境界很高,门槛不低:"眼如耳,耳如鼻,鼻如口,心凝形释,骨肉都融。"参见《列子·黄帝篇》。但庄子还是不满意。

物我同根的层次上，世界处于波状的连续性中，游者也进入一种化而无分的氛围，他回到"物之初"的原始乐园状态。

六 无尽的身体 [59]

归墟是神话地理中的定点，但归墟带动了天河与人间之河的量能的转换，也规定了日出—日落—日出的固定途径，这样的途径意味着一种循环的图像。浑天说的天以北极为中心，围绕大地无穷地向左运行，这个隐喻很明显地运用了循环的意象。陶均的隐喻模式更是一目了然，制陶器的轴心带动土钧，急速地回转。风无形象，但四方风可以空间化地和四方比配，也可以转化为时间性的四季风之循环。前者的风穴以及后者的冬至，可能是诸风盛衰起伏的转折点。上述这四个用以表达能量生生不息的意象皆意味着一种动态的循环，如果说得更精确些，当是它们都使用了漩涡的隐喻。

漩涡有一核心，此核心在意象上是动而无动的，就像陶均的中心轴一样。但这动而无动的核心却带动了整体的运转：相对而起，相互转化，彼是相因。此一核心即是归墟说中的沃焦，浑天说中的北辰，陶均说中的轴心，风说中的风穴（或冬至）。庄子固然可视为"化"的哲人，但"化"如果没有带动"化"的化者，事事物物很容易在急旋中粉碎于虚空。"在向外

---

[59] 这句话从"体尽无穷"（《应帝王》篇）转化过来。

扩张的旋体上旋转呀旋转／猎鹰再也听不见主人的呼唤／一切都失散了／再也保不住中心／世界上到处弥漫着一片混乱"[60]，叶慈（W. B. Yeats, 1865—1939）的歌咏反映了初民最深邃的智慧，也反映了当代人所面临的精神危机。如何在变动的世界中寻找一个神秘的即动即静的宇宙轴，它带动世界，又成全一切的相对，遂成了问题所在。"古之人，外化而内不化。"古之人其实即是庄子所说的至人、神人，"外化而内不化"则是庄子对理想人格的定性。

无穷的能量虽然遍布于皇天、后土（陶）、清风、海涛（归墟）之中，庄周时常闻其风而悦之，但有限的人如何可以拥有源源不绝的能量，这个问题依然存在。上述这些大自然的能量终究不是人可以拥有或创造的，庄子只能仰观俯瞰，即物游玄。见之于文字时，多半是采取"卮言"或者所谓的隐喻之意。庄子终究不像屈原般地去实践陵阳子明的修炼法："餐六气而饮沆瀣兮，漱正阳而含朝霞。"[61]饮沆瀣，漱正阳，可得长生。陵阳子明的修行法大概意味着太阳或某种气具有类似 mana 的神秘能量，因此，透过外在的服食，可以吸汲其魔力，用以转化人的身体机能。战国时期流行治气养生

---

[60]《基督重临》，袁可嘉译，收入飞白主编：《世界诗库》（广州：花城出版社，1994），册 2，页 588。

[61] 语出《楚辞·远游》，王逸有注云："《陵阳子明经》言：春食朝霞。朝霞者，日始欲出，赤黄气也。秋食沦阴。沦阴者，日没以后赤黄气也。冬饮沆瀣。沆瀣者，北方夜半气也。夏食正阳。正阳者，南方日中气也。"参见洪兴祖：《楚辞补注》，页 166。

之说[62]，庄子对此道应不陌生，但大概没什么太大的兴趣。

然而，当庄子对自我的认定逐渐由风的哲人转移到气化哲人的身分时，他发现到：无穷的能量源头就在人的身上，不必外求。而在人身上的能量之存在模式还不只一种，我们最容易联想到的是一种秘教式的身体观，且看底下这段名言所述：

> 慎女内，闭女外，多知为败。我为女遂于大明之上矣，至彼至阳之原也；为女入于窈冥之门矣，至彼至阴之原也。天地有官，阴阳有藏。慎守女身，物将自壮。

上述这段话出自黄帝与广成子的对话，这一段对话是《庄子》书中最著名的"仙话"。仙话有仙话的逻辑，但就本文的立场看，广成子这段话意味着人身是个容器，这个容器可以自成一完整而封闭的小宇宙。这个小宇宙的外形虽若微不足道，但就容器自身来看，它却自成一个交相循环的天地。循环的两端是"至阳之原"与"至阴之原"，体道之士可在两端之间纵横自在。从《老子》开始，我们已知道：任何的个体皆由阴阳组合，冲气而成[63]。但一般人受制于形躯之机括，不得复性返初，只有体道之士可以重演宇宙的造化。

身体在东方的宗教中，通常都具有可以与大周天类比的小

---

[62] 孟子、公孙尼子、荀子皆提及治气、养气之说，道家诸子亦多有相关的叙述，《行气玉佩铭》及《楚辞·远游》更是此道最明显的见证。
[63] 《老子·四十二章》："万物负阴而抱阳，冲气以为和。"

周天之涵义。中国的身体观因具备气—经脉的体系,更可以说具备了不断交流的能量循环系统。在此一可类比浑天的身体中弥漫了不断涌向全身、溢出内外、四周流动的能量。这样的气化身体观仍可再分成几种次类型,引文所见的身体比较像浓缩而密闭的体系,它的内部的能量之流动有个方向,由阳而阴,由左而右,由上而下。或者走反向的循环途径,全躯环绕,昼夜不息。黄帝或广成子的对话常被后世丹道人士引为无上秘法,它所揭露的身体观被视为远比医学的气—经脉体系深邃多了。后世丹道人士的诠释是否说过了头,或许有仁智之见。由于《庄子》不是医书,我们很难期待它会对生理知识或医学知识作太充分的说明。但由"缘督以为经"以及各种可疑的迹象看来,笔者认为庄子对一种神秘的身体观,亦即以更内在的奇经八脉—丹田—先天之气所组成的修炼体系并不陌生。只是诚如王夫之所说的,庄子思想的精义绝不在此。

《在宥》篇描述的广成子的仙论对我们了解庄子的身体隐喻正负互见,它一方面显现了一种阴阳交合的器物图像,人身就像炼丹师的葫芦或丹炉一样,芦(炉)中酝酿着乾坤交泰的讯息。但一方面,广成子要求学者封闭一切感官,人的存在因而内在化,也可以说退缩化到密不透风的状态,这就不见得是庄子的原义了。在另一篇也很有修炼说影子的文章,庄子提及身体与能量的关系则较合理。此文说:"至阴肃肃,至阳赫赫,肃肃出乎天,赫赫发乎地,两者交通成和而物生焉。或为之纪,而莫见其形,消息满虚,一晦一明,日改月化,日有所为,而莫见其功,生有所乎萌,死有所乎归,始终相反乎无端,而莫知其所穷。"(《田子方》篇)文字很缥缈,典型的庄子论"无穷"时会呈显出来的叙述。引文的意象流转疾速,不易定位,但入手处并不难找。此一叙述的原始发声地点很值得注意,因为这是老子对自身处在一种极独特的身心状态——亦即"形体掘若槁木,似遗物离人而立于独"的身体姿势,以及"游心于物之初"的心灵状态——的描述。老子这种体姿如果没有反映某种特别的宗教经验,这是不可理解的。然而,庄子假借老子之口描绘的此段叙述却没有将身心的经验私秘化,我们看到的是内外之间一种气机的循环交运、始卒若一。大周天的圆周气运与小周天的圆周气运彼此交融,神秘的中心点虽然无法方位化,但可以隐喻地看出它正从中心不断地外涌、上涌、四周涌。

在许多秘教教义中,身体都被视为宇宙的缩影,宇宙是个大身躯,而身体则是个小宇宙,庄子看待身体与宇宙的关系,大体也是如此。但比起其他的秘教传统,庄子的身体观更重视一种脱体(ecstasy)的性格。身体的脱体性意味着身体的本质在于不断走出自己,它与一种静态的、认识论性质的物性大不相同。庄子的身体观之所以是脱体的,乃因它建立在气化论的基础上,身体本身一方面是气化的暂时结构,一方面又同时处于不可见的气化的历程。透过了气化不断向前展伸与向四周旁通的作用,人格的基质与时俱化地产生了新的形式。身体之为"体",与身体之为"脱体",两者同时成立。庄子的身体观，笔者曾称之为支离的身体[64]，这是对照于孟子的践形观而说的。如就身体理论而言，笔者毋宁将之视为形气论的一环，而且是此种身体观最典型的代表[65]。形气论的身体观预设了人的身体具有"气化为形"的结构与"形化为气"的解构，"体"的双面性在《庄子》一书中表现得特别显著。

如上所述，气化的身体无可避免地就是脱体的身体，但脱体的身体只是故事的一面，它无法穷尽庄子的气化身体论的内涵。庄子可能是中国哲人中，运用身体论述最成功的一位哲人。身体可以被他运用成"得至美而游至乐"的美感主体，也可以被他运用成批判人世价值的解构主体（如支离疏所现者）。然而，庄子的身体论不只是属于自然气化的放散系列，我们有强烈的证据显示：庄子很注重身体主体的创造功能，而这样的创造能量存在于形气主体的极度凝聚以及其形气神的一体化。笔者认为至少在语言与技艺这两个层面上，庄子提出先秦哲人无人可以比拟的创造主体之丰饶意义。

在语言的创造性上，庄子提出一种理想的语言是"卮言"，这是一种浑圆酒器式的语言。卮言去除陈腐，远离两边，它是

---

[64] 《支离与践形——论先秦思想里的两种身体观》，此文收入拙编：《中国古代思想中的气论与身体观》（台北：巨流出版社，1993），页415—449。

[65] 笔者所以主张可以以形气论代替身体论，以形气主体代替身体主体，乃因此一术语有传统的气—经脉的身体观作基础。而且此一术语可以很自然地联系身与心、意识与自然的关系，此一术语比起源自梅洛庞帝的"身体主体""身体图式"或"肉身化"之说，有更好的立足点。此间理论细节，有待他日发覆。

自旋转中的核心涌现出的"道言"。我们可以说：呈显卮言的主体为卮言主体，卮言主体是连着身体气化呈显的主体。理想的语言即来自此无穷的深渊，它的特色在于它永不停歇的去故出新。这样的主体反映到技艺的创造上也呈显了类似的模式，技艺的主体是超越主客、不以物象为对象的一种创造行为，它的动能来自身体主体的深处。不管是语言的创造或是技艺的创造，庄子强调其时的身心状态都当有"凝神"的前提，亦即身心的能量束缩到极微之点。一旦身心浓缩到极微，气反而反作用力的扩张到极强，感官极度精致化或活化，人的创造行为因而产生主客交融、时空变形的准悟道状态。这就是庄子所说"枢始得其环中，以应无穷"的内涵[66]。

"凝神"与"脱体"（美学的意义则为"游化"）是庄子身体观相反相成的两股作用力，这是"外化而内不化"此一原则的再度体现。这个"内不化"的点看来不像是种理论的预设点，它当有实证的依据。但"内不化"不是定死的一点，它的位置不像是后世丹道人士设想的落于某种修炼身体观的神秘部位。庄子大概不会将"外化而内不化"当成一般的自然事件，它显然也是有待体证而成的。《庄子》书中颇有论及精神修炼的工夫论名句，如"堕肢体，黜聪明，离形去知，返于大通"的"坐忘论"；如"气也者，虚而待物"的"心斋论"；如

---

[66] 上述所说，参见拙作《技艺与道——道家的思考》，此文收入《王叔岷先生学术成就与薪传论文集》（台北：台湾大学中文系，2001），页165—191。以及《卮言论——庄子论如何使用语言表达思想》一文。

外物、外生、不死不生的"朝彻见独论";如"审乎无假而不与物迁,命物之化而守其宗"的"登霞论"。这些语言都显示"外化而内不化"是有待证成的境界语言,这个境界语言一方面显示其时的境界广漠无涯,一种盈满极大感的身体感觉经验;一方面也显示人的身心内部有一极度束缩性的动能发源地,庄子称之为"独""宗",只是它很难以物理空间定位之。

身体的秘密在于它是意识与自然的交会地,它是物—我、己—他、内—外的转介站。庄子在身体的深处发现到创造的源头,在此源头上,一切黝暗沉寂。但从这种绝对无的深渊中,涌现了动能与形式,"视乎冥冥,听乎无声。冥冥之中,独见晓焉;无声之中,独闻和焉。""晓"是寂天漠地中创造的刹那叱咤,"和"则是诸声未分化、万理仍交融的始源阶段。庄子的寂寞虚无之中,有动能与理则的始源形式存焉。至人所行者,只是将此一深渊的动能提升上来,布于全身,产生形气神的交织化,以及人与自然的一体化。

"天从一中分造化,人于心上起经纶。"这是邵雍论天人关系的名句,庄子看待造化的源头大概也不出此诗所述。

七 结 论

《庄子》是先秦典籍中最注重"变化"概念的一部经典,庄子已如此自我论定,从郭象以至当代通儒,言及此义者尤多。本文作的工作,其实也是对这个主题的重新诠释。只是笔者的聚焦点是从气论或者当代所说的能量论着眼，尝试解开《庄子》一书连绵不绝的意象之流的密码，这些意象之流以卮言、寓言、重言的形式跃上战国学术的舞台，卮中有寓，寓中有重，重中有卮。浅见所及，笔者认为庄子运用了四种来自于自然界的自然意象，这些意象因为同样具足了无穷创生的能量，除了陶均的隐喻外，也可以说都具有壮美的因素，因此，不免有些神秘化，或者说神圣化了。但自然界虽然气化时出，其源头终究离人较远。庄子最后在作为小周天的身体上面，确立了体现大化生生不息的真正源头。

讨论庄子气化论的文字不少，古今注《庄》典籍多有采取此种诠释观点者。笔者认为可以和本文形成对照系统的，一是向郭的庄子注，另一是陆西星的注解。向郭的"独化说"在《庄子》注释史上占有极重要的位置，"独化说"意指万物自生自化，是自己的存在因。万物自身之外、之上、之后，再也没有超越的源头。万物自化，但物与物之间因为气化的感通，它们共同构成一个永不停歇的流动变化之场域。向郭此种现象论的诠释观点可以说是将庄子的气化论往庄子本人都没料想到的方向上，所作的最淋漓尽致的发挥。向郭的"物自生—独化说"在美学上有极大的影响，此一影响即便到了当代，仍可看到它顽强的生命力。

相对于向郭的化的现象论的解释模式，宋元后的内丹道士对庄子的解释，则侧重一种更精微的身体观的解释模式。内丹道教的基本预设在于透过能量逆返的方式，在人身上重新经验宇宙创化的历程，而这样的设想之所以得以成立，乃因内丹道教相信创化之源在自然亦在人身之上，这股创化之源是形成"个体物"的源头，所以也称作性命之源。性命之源极隐微，而只有人有能力唤醒这股深沉的动能。内丹道教诠释庄子，出发点即在于认定庄子思想的核心要因在于炼精化气，炼气化神，炼神还虚。亦即庄子思想的核心落在精—气—神的身体观上面，这种身体观是先秦时期普遍流行的形—气—神的构造的更内在化。陆西星《南华真经副墨》解释庄子，即依此一模式进行。碰到庄子的工夫论语言时，他这种精微化身体的解释模式更是突显。

以向郭为代表的魏晋玄学之解释模式和以陆西星为代表的丹道的解释，恰好呈现一组有理论意义的对比。两者都强调气的流量，向郭所重者，乃是现象论意义、无体、无本式的全体气机之鼓动；陆西星所重者，则是一种密度极浓的金刚钻似的先天之气之维系，他解所谓的"纯气之守"即依循此理路。如果我们以庄子的"外化而内不化"作为判教的法语，向郭与陆西星恰好各得一边。向郭的世界是目眩神驰的气化之流，主体溶进自然的流变之中，这样的世界中几乎无"内"可谈。陆西星的世界则是进入精微身体的精微之点，此点虽被视为无小大精粗可言，事实上是从世界撤出，进入极内的身心底层。这样的诠释方向可以说由庄子再走回了老子，陆西星的世界可以说无"外"可言。

笔者相信庄子说的气化流行既不是向郭的现象论模式，也不是陆西星的丹道模式。庄子讲的气化流行虽遍布一切，但却有"不得其朕"的源头；反过来说，庄子虽也肯定对造化之源的体证是必要的，但这样的造化之源又不能孤守虚明，它流布于造化流行之中。笔者的诠释比较接近明末方以智及王夫之的注庄观点，不但如此，笔者相信他们本人所喜欢的思想类型也是种有根源意义的浑圆之流行。

如果庄子的虚无中有绵绵不绝的造化之源，造化之源的生气遍布三界，涌现为万物，那么，这种强调创生的庄子为什么会被归类到道家？他与《易经》在理论上又有什么异同？我们只要想到庄子对无穷的气化之偏好，上述这些重大的议题根本不需要多作思考，自然而然地就会涌现上来。而且，笔者相信这些议题早晚会密集地涌进学术的论坛。本文从喻根的角度切进《庄子》文本，这样的着眼点较少见于前贤的著作。但喻根所传达的主要论点倒不是自我作古，《庄》《易》同流的说法古已有之，明末觉浪道盛、方以智、王夫之、钱澄之这些杰出的学人当时即面临过这个问题，他们已作了极好的回应。尽管如此，笔者认为这个问题仍留有相当宽广的理论发展的空间。

陆 技艺与道[1]

一 两种知与两种技艺

道家思想，尤其《庄子》一书对中国的技艺影响甚大，本文说的"技艺"意指运动领域的技术与美学领域的艺术，这是众所共知的事实。"解衣磅礴""得心应手""踌躇满志"这些流行的成语可谓家喻户晓，它们都出自庄子的技艺论的章节。但同样地，道家思想，尤其《庄子》一书对语言、知识、技术有相当严苛的批判，这也是众所共知的事实。从司马迁、竹林七贤以下，我们只要想到反文明的人与事，庄子大概都可以提供很典型的事例。这两个众所共知的事实到底是矛盾的？或是《庄子》一书有众多的作者，所以立论不同？

笔者认为答案在两者之外，庄子既赞成技艺、知识，也反对技艺、知识，问题在于他所赞成者或所反对者，究竟是何种

---

[1] 此文原作《技艺与道——道家的思考》，刊于《王叔岷先生学术成就与薪传研讨会论文集》（台北：台湾大学中文系，2001），页165—191。2007年又刊陈明、朱汉民编：《原道》（北京：首都师范大学出版社），第14辑，页245—270。近日重写，此文和原作大不相同，形同新作，此文可视为定本。

类型的技艺？在底下的文章中，笔者将指出庄子追求的是一种与身心修养相关的知，我们不妨方便称之为"体知"[2]。"体知"既指感知的身体，也指此种知具有身体的亦即个人性的成分。他反对的是一种理智片面发展的知识，或者说：以认知心为核心所发展出来的知识。技艺论以"知"与行动为核心，因此，技艺论不能不带出知识性质的问题，也不能不指向一种主体的批判。

如果庄子的技艺论指向一种主体的批判，体知才是真正的知，笔者将宣称：那么庄子整体思想的定位可能需要挪移。庄子思想的主轴可能是一种行动哲学，行动哲学意味着只有身体全身朗现的知才是生命的实相，体知所处理的物之向度也才是物之实相。这样的实相在静态的认知活动中，以"对象"的面貌呈现出来，"对象"是"物"失掉本来面目以后为主体所置定之物，它是物之异化。所以技艺之知不仅成就生命的目的，也成就了物的原状。技艺之知会带来更深层的庄子整体思想定位的问题。

在底下的行文中，笔者将以《庄子》这本书的材料为主，以《列子》所说的相关资料为辅[3]，希望证成"技艺之知是体

---

[2] "体知"一词借自杜维明先生的用法，依笔者的理解，"体知"意同"身体主体"，"身体主体"意指身体即主体，原来作为意识语汇的"主体"由"身体"所接收，身体即带有感知、诠释的作用。它既非躯体，也不是意识主体，而是身心互融，与个人具体情境相关，且带有气性诠释向度的主体。

[3] 有关《列子》一书的争论史最方便者莫过于参考郑良树：《续伪书通考》（台北：台湾学生书局，1984），中册，页1326—1371。及他最近的另一篇著作：《〈列子〉真伪考述评》，《中国文哲研究通讯》第10卷，第4期（2000年12月），页209—236。

知"这样的一个观点。笔者会用到的《列子》文献,主要是其内容和《庄子》技艺论文本颇有重叠之章节,或者是和"体知"有关的文字。《列子》一书的真伪问题咻呶难定,"伪书"之说由来已久,民国学界持此说者尤多。引用《列子》一书,确实需要谨慎。但晚近学界的趋势,似较偏向认定此书成书过程较复杂,真伪不可一概而论。本文重点在思想内部的析论,所用的《列子》材料大多可与庄子技艺论的观点或文献相呼应,考证问题不必触及。笔者相信这些重叠的文字是有本的,至少其内容可以相互发挥。就理论的诠释而言,即使这两本文本的作者不同,其学术论点仍可相互照映,笔者没有理由不使用这么重要的文献。

二 纯白不备

论及庄子对技艺的批判,本文要从《庄子·天地》篇一则有名的故事谈起:孔子的学生子贡南游至楚,他返回晋国,途经汉阴时,看到有一位老农在经营田地。但见此位老农抱着陶瓮,上下园畦灌溉,极为辛劳。子贡向他介绍有一种机器"后重前轻,挈水若抽",供水极为快速,其名为"槔"。没想到这位老农拒绝了,而且忿然作色,笑道:

> 吾闻之吾师,有机械者必有机事,有机事者必有机心。机心存于胸中,则纯白不备;纯白不备,则神生不定;神

生不定者，道之所不载也。吾非不知，羞而不为也。[4]

子贡听了，俯而不对，惭愧得不得了。他后来将此事告诉孔子，孔子解释道：汉阴丈人所说的"吾师"乃是浑沌氏，浑沌氏一派追求的是种统一浑融的心境与生活方式，所以同时摒弃机械、机事、机心，汉字传统的"机心"一词就是这样来的。

这则故事相当戏剧性，文章显然是庄子的寓言，绝非史实。海森堡（Werner Heisenberg）提到现代科学带来的问题时，曾特别举这个例子为证，说明现代科学带来的问题有多大[5]。古今中外反文明之哲人多矣，海森堡所以特别选择此故事为例，应该是特别经过选择的。海森堡身为现代量子物理学的奠基人，又是亲眼目睹残酷二战的见证人，他对物理与哲学的关系，以及科技带来的伦理学效应，感受特别深刻。《庄子·天地》篇这则寓言所以特别受到青睐，在于此文不仅指出汉阴丈人抱持的态度是彻底的素朴主义，而且还指出丈人及丈人之师对此素朴主义有一根源性的理解。陶瓮与机械、纯心与机心在此被视为对反的两极，而且，这种对反还不是技术性的，而是本质上两者即无法并存。我们能够想像：一种机械会

---

[4] 引自郭庆藩编：《庄子集释》（台北：河洛图书公司，1974），页433—434。以下《庄子》引文，同此版本，不再注明。
[5] 海森堡（Werner Heisenberg）著，刘君灿译：《物理学家的自然观》（台北：云天图书有限公司，1970），页9—10。

没有操作的法则（机事）吗？使用者运用此机器时，他能不用心将此法则运用到工作上去吗？也就是能够不用机心吗？如果不能的话，依据汉阴丈人的理解，那么，文明与道、机器与心性在本质上就是对反的。

汉阴丈人不是道家文献中出现的唯一的反机械文明的例子，我们甚至可把"机械"两字拿掉，明白地说：汉阴丈人只是道家文本中一位反文明的典型人物而已。如果"文明"的指标是工艺的兴起、都市的集中、知识的累积，许多了解道家文献的人大概都相信：道家对所有的文明相当不信任，批判严苛。"道家反文明"这种印象式的标帜由来已久，而且我们不能不同意：它不是没有依据的。因为即使仅就《庄子》文本而论，里面有些篇章的作者对技艺的批判即是相当清楚的，我们信手拈来，就可以举出一大堆的例子。尤其外篇中的《马蹄》《骈拇》《胠箧》或杂篇中的《渔父》《盗跖》这些篇章，它们的内容简直可视为反文明宣言，卢梭（J. J. Rousseau）《爱弥儿》的东方前驱。

在这些篇章中，庄子严厉批判文明的堕落，违反人性后，他更以布道者的口吻宣称道：

> 故纯朴不残，孰为牺尊！白玉不毁，孰为珪璋！道德不废，安取仁义！性情不离，安用礼乐！五色不乱，孰为文采！五声不乱，孰应六律！夫残朴以为器，工匠之罪也；毁道德以为仁义，圣人之过也。（《马蹄》）

礼器、音乐、制度全是人性的异化，它们出自人的创造，但这些创造却不是人性的完成，而是导致人性的丧失。庄子说：这是失掉"常然"所致。"常然"意指正常之状，正常是非人为的本来状态[6]。回到"常然"也就是恢复到自然的状态，"自然"的语义很复杂，但至少有一个主要的意思是和"文明"或"名教"对反的概念。"常然"即"自然"，都意指一种不受文明或人为干扰的本来模样，这种意义的"本来"之神秘难知其实不下于后来三教唯心论传统中的"本来性"，但《庄子》某些篇章对和技艺相关的器物、制度、规范一并打杀，希望回到不被规定的原初人性，这样的思想倾向是很清楚的。

由上引《马蹄》之文可知庄子对文明的批判永远不会只限定在器物的层次，道家对器物的批判总是指向对社会制度的批判，"橛"的批判是"礼乐"批判的先行事件，也可以说是一个象征。在儒家传统中，古代的圣王总是作之君、作之师，他是道德的楷模，也是文化的英雄，儒家道统中的尧、舜就是典型的人伦与文明的建设者。人间秩序的建构很难没有器物的象征意义以作绾结，社会固然是人与人的结合，但此结合总是透过"物"的中介作用，以完成情谊的交流、宗教情感的融会等等的目的。传说时代中的圣王常是人伦典范兼文化英雄，儒家建构上古黄金时代时，固然依此法则，墨家何独不然！即使某

---

[6] 庄子说：天下的"常然"是"曲者不以钩，直者不以绳，圆者不以规，方者不以矩，附离不以胶漆，约束不以绳索"。一言以蔽之，也就是未分化的原始状态。

些被后世归类为道家的黄老学派在建构上古"至德之世"时，他们依托的圣王，如黄帝，也是典型的人伦典范兼器物的创作者，此之谓"作者之谓圣"。

圣人的定义是"作者"，他既创作人伦秩序，也创作绾结人间秩序的各种媒介——器物、组织、规范，这样的圣人和真常惟心系的圣人，不管是佛教的高僧大德、六朝重玄道教的高道或是宋明时期性天相通之大儒，都大异其趣。先秦时期这种"圣人"不只见于儒家，大概当时凡提出积极哲学者，如墨家、法家甚至黄老道家，都有此种主张。但庄、列的文明批判不仅如此，它最后会指向主体的批判。道家人物对文明创造的主体依据，亦即理智，批判甚深，这是众所共知的事。老子"为学日益，为道日损"两语是道家工夫论的总纲领，也可以说是总源头。老子所要"损"的心灵作用除了炽热的感性，另外就是发达的理智[7]。

怀疑"知"的功能，这是道家诸子共同的意见，庄子在这方面更不遑多让，《庄子》一书的两篇名文《齐物论》与《天下》篇可以说是对"知"的总批判。我们都知道：在《天下》篇中，庄子将中国思想史上的黄金时代，视为大道一再堕落的黑暗时代，学术越发达，它离整全之道越远，这种"百家往而不返"的悲惨后果，乃缘于诸子理智的片面发展。他们在哲学

---

[7] 我们且听老子的呼吁："大道废，有仁义；智慧出，有大伪。"(《老子·十八章》)"不出户，知天下；不窥牖，见天道。其出弥远，其知弥少。"(《老子·四十七章》) 引不胜引，不再赘述。

上的成功,很吊诡地,却是他们不幸不见天地之纯、古人之大体所致。《天下》篇的关键字是"一""纯""大全""大体",总体性的义涵是很清楚的,诸子百家争鸣被视为干扰了天和气清的万古宁静。但《天下》篇的整全思想为何,仍须作进一步的澄清,底下随文再论。

《齐物论》的反知,至少某种意义的反知也是很清楚的,此篇是庄子书中极重要的篇章,颇有专家甚至认为是最重要的一篇名文。在此篇中,庄子有论述,有感慨,卮言日出,庄谐并行,但总归之于对"知"的不信任。他相信最好的时代是"有以为未始有物者";接着是"以为有物矣,而未始有封也";再接着是"以为有封焉,而未始有是非也"。有了是非以后,世界就走样了。底下接着的文字就因之以蔓衍了,先是昭文,接着是师旷,再来是惠子,庄子一一点名,一一质疑。这三子虽有成就,但所成就者为何,就说不准了:"若是而可谓成乎?虽我亦成也。若是而不可谓成乎?物与我无成也。"文气似断还黏,正反抵消,随立随扫,一法不立,这是典型的庄子语言风格。庄子对知性主体的批判深入到极玄秘的层次,似乎有肯定即有否定,有见即有不见,我们在此文中可以嗅到后世三论宗的气息。

从语言到学术,从器物到制度,笼统来说,也就是所有文明的展现都是负面的。历史既然是种堕落的时间历程,所以救济之道,乃是逆返到文明未判前的浑沌:"人性婉而从物,不竞不争。柔心而弱骨,不骄不忌。长幼侪居,不君不臣。男女杂游,不媒不聘。缘水而居,不耕不稼。土气温适,不织不衣。百年而死，不夭不病。"(《列子·汤问》)[8] 先秦道家道子的著作中时常可见到这类的言论[9]。这是"终北国"的世界，终北国是道家乌托邦的缩影，它也是典型的原始乐园之论述，原始乐园是反历史的论述，历史的开展也就是苦难的开始。只有从历史跳跃到超时间的向度，由世界跳跃到虚拟（或者也是更真实）的乐园，苦难才可以解消。此时此境，一切都是现实，也都是实现，既无潜能，也无发展，唯是"不 X 不 Y"的当下。"不 X 不 Y"的当下也就是永恒的当下，技艺与理智都退回到浑沌的原点[10]。

以汉阴丈人为代表的庄子反技艺论如放在道家的文明论的框架下考量，是一个相当有代表性的例子，它成立的依据是浑沌的思维模式。浑沌是时间冻结的原始整全，汉阴丈人主张透过个人意识的退回浑沌，因而将社会的发展也拉回到未分化的原始状态，历史则是当下永恒的延伸，浑沌中实无社会历史可

---

[8] 杨伯峻：《列子集释》（北京：中华书局，1979），页 102—103。以下引《列子》文字，依此版本。

[9] 我们且再各举一则文献，观看他们理想的国度究竟为何："小国寡民。使有什伯之器而不用。使民重死而不远徙。虽有舟舆，无所乘之，虽有甲兵，无所陈之。使民复结绳而用之。甘其食，美其服，安其居，乐其俗。邻国相望，鸡犬之声相闻，民至老死，不相往来。"(《老子·八十章》)"至德之世，其行填填，其视颠颠。当是时也，山无蹊隧，泽无舟梁；万物群生，连属其乡；禽兽成群，草木遂长。是故禽兽可系羁而游，鸟鹊之巢可攀援而窥。"(《庄子·马蹄》)这些都是另类的"终北国"。

[10] 参见拙作《论道家的原始乐园思想》，《中国神话与传说学术研讨会论文集》（台北：汉学研究中心，1995），页 125—169。另参同一本论文集所收胡万川《失乐园——乐园神话探讨之一》一文所说，页 103—124。

言，器物与技艺自然也只是多余的存在。

三 官知止而神欲行

道家对技艺的批判当然很明显，不管就理论的深度或就材料的广度而言，皆是如此。但古代典籍中，《庄子》与《列子》两书却又拥有最多赞美技艺（包含运动与艺术创作在内）的材料，这两组材料似乎是矛盾的。笔者认为这两组定位分歧的文献虽然有了义、不了义之别，但只要各安其位，不见得会相互冲突。因为既然道家有两种知的抉择，技艺即不能没有两种类型的区别，而且这两种知与两种技艺间还有本质上的关系。上节我们已探讨庄子的反技艺论，本节我们将正面地看待庄子的技艺论。我们先看脍炙人口的庖丁解牛的故事：

> 庖丁为文惠君解牛，手之所触，肩之所倚，足之所履，膝之所踦，砉然向然，奏刀騞然，莫不中音，合于《桑林》之舞，乃中《经首》之会。文惠君曰："嘻！善哉！技盖至此乎？"庖丁释刀对曰："臣之所好者，道也，进乎技矣。始臣之解牛之时，所见非牛者，三年之后，未尝见全牛也。方今之时，臣以神遇，而不以目视，官知止而神欲行，依乎天理，批大郤，道大窾，因其固然，技经肯綮之未尝，而况大軱乎？良庖岁更刀，割也；族庖月更刀，折也。今臣之刀十九年矣，所解数千牛矣，而刀刃

若新发于硎。彼节者有间,而刀刃者无厚;以无厚入有间,恢恢乎其于游刃必有余地矣。是以十九年,而刀刃若新发于硎。虽然,每至于族,吾见其难为,怵然为戒,视为止,行为迟。动刀甚微,謋然已解,如土委地。提刀而立,为之四顾,为之踌躇满志,善刀而藏之。"文惠君曰:"善哉!吾闻庖丁之言,得养生焉。"(《养生主》)

这个故事太有名了,它的关键概念是"道也,进乎技矣!"意思如下:我所喜爱的是"道",它超过"技"的层次了。我们如果从工夫论的角度观察,不妨将这句话的语言颠倒一下,改成"由技进于道矣!"似乎更能突显此故事的主旨。"由技进于道"意味着操作者经过反覆练习,熟能生巧,技术可以进步到出神入化的层次,踏入"道"的领域。这种技术升华的事件是日常经验中常见到的事实,似乎没有什么文章可作,但大块文章的神韵正藏在文字的细节里。

我们不妨注意这则叙述中几个突出的论点:

首先:庖丁解牛不是依赖感官,而是靠着"神"。在出神入化的状态中,感官当凝止于某定点上,运作者是"神"[11]。

---

[11] "官知止"三字的解读通常将"官知"连续,作复合名词用,其义如感官知觉,"止"则作"停止"义解,此解于义理上说得通。但对照下文"神欲行","神欲"必须也作复合词用,但先秦文书无此例,如"知""欲"皆作动词,"止"字作《大学》的"宅寓"义解,如"止于至善""止于丘隅"之"止"字,则文理、义理两通。此解承冯耀明先生告知,谨致谢忱。

其次：他解牛时，没有见到"全牛"，换言之，解牛的"对象"与一般认知的对象不同。

第三：他解牛时，全身都参与，而且全身的动作像乐舞般地和谐，它是连绵一片的有机体。

第四：他一开始解牛时，还没神乎其技，固然需要专心一志。等他由技进道，解牛碰到困难时，仍需视止行迟，怵然为戒，亦即要摄收全体感官。

庖丁解牛，解牛这个事件之所以能够完成，当然要预设屠夫对牛有某种的知，进而能够依此知以解牛，但这样的知是实践的，它是种技艺。技艺之知最大的特色是这种知不只存在于大脑，它更具体化于全身，尤其具体化于手上。引导解牛行为的主体，绝不是理智，而是全身。当主体由身体引导时，意识的功能即散布于四肢百骸，通常作为意识中心的感官知觉反而会浑沌化，它失掉原先的宰制性功能。所以庖丁解牛时，两个明显的身体特征是同时来的，此即"官知止而神欲行"及"身体运动的一体化"。"官知止而神欲行"这句话是对身体的意识层之描述，它的意义与《淮南子》解释"太冲"的话"聪明虽用，必反为神"同义[12]，"神"超越了耳聪目明，但又统合了耳

---

[12] 见《淮南子·诠言训》，《文子·符言》篇也有类似的话语，但《文子》以"大通"代替"太冲"。"太冲"语出《庄子·应帝王》篇，"太冲莫胜"一语意指太冲心境、阴阳调和，无法胜之。"胜"字在《列子》书中作"眹"字，其义亦通，意指无征兆可寻的"太冲"心境。《淮南子》与《文子》的解释显示了一种生命能量的逆转，这种生命经济学的叙述在道家或道教文献中不时可见。

聪目明。神不只统合了耳聪目明，它还统合了全身的动作。全身在神气的流行中，它们的展现彼此配合，互渗互入，它们事实上成了最完美的有机体，庄子用音乐及舞蹈来比喻这种最完美的身体展现。

一件完美的技艺必然要全身参与，而不只是理智之事，甚至也不只是意识层面之事，这完全符合经验的事实。博兰尼（M. Polanyi）有力地证明：知识不是抽象的，它与人的存在有关，这就是所谓的"个人性的知识"[13]。个人性的知识牵涉到"个人的"部分，我们姑且不论。但博兰尼接着指出：任何知识固然都有核心，但这核心需要有许多不可言说、无法明文化的意识支持，两者紧密配合，这种知识才可以实现。知觉经验核心的部分，我们称作焦点意识；辅助的部分，我们叫做支援意识。一件技艺行为可以说是焦点意识与支援意识的配合，配合得好，即技艺成功；配合不好，即是失败。游泳时的焦点意识固然在手脚的动作，但呼吸吐纳，转颈侧头，五官凝摄，气机浑融，全体身心都要互相配合，游泳者才能顺利前进。不能配合时，全身的动作一定彼此冲突，身心互相矛盾，体力消耗

---

[13] 博兰尼（M. Polanyi，大陆学界译为波兰尼，本文从彭淮栋译）很强调知识的私人性质，传统的观点则重视知识的抽象普遍性。博兰尼的提醒很重要，但两种知识如果当成对反的，问题也很大。因为知识一旦可表述，即使包括"知识是个人性的"或"悟是不可言说、超越理智的"，这样的叙述仍然不能没有抽象的性质。在知识的传承上，即使一些典型的运动性技艺如游泳、单车、射箭等，抽象的规则型知识对尔后的"得手应心"之个人性知识仍是有帮助的。

殆尽，目标却依然遥不可及。游泳如此，骑马如此，骑自行车如此，跳舞如此，任何运动无不如此[14]。

焦点意识与支援意识配合，包含艺术创作与运动在内的技艺才可以做得好。但支援意识是无法明文化，无法枝节化的，我们的腹腔要吸进多少容积的空气？我们的血气要流动多少的能量？我们的肢体要伸缩多大的摆幅？我们才可以游得好？此事永远无法确定，意识追不上身体的展现。支援意识的展现模态，因人、因时、因地而不同，运用之妙，存乎一身。然而，可以确定的，一件完美的技艺行为绝不可能只是出自大脑的指令，它是由全身发出的。既是全身发出，所以这种行为出现时，行为者虽然可以体会到全身参与的美感，但他往往不能意及，他甚至怀疑：这件行为是不是他做的[15]？到底行为者是谁？如果不是意识主体发动的，难道另有主体？

正是另有主体！《庄子·天道》篇提到轮扁讽刺桓公读书，事实上只是读古人之糟粕时，以自己经验为例。轮扁说道他自己斫轮时，"徐则甘而不固，疾则苦而不入。不徐不疾，得之于手而应于心，口不能言，有数存焉于其间"。这样的"数"不但无法传授给他人——甚至包括他自己的儿子，事实上，连他自己都说不出来。全世界知道个中诀窍的只有他的

---

[14] 参见 M. Polanyi, *Personal Knowledge* (Chicago: The University of Chicago Press, 1962), pp.49—65。另参见同氏著，彭淮栋译：《意义》（台北：联经出版公司，1984），页 23—51。
[15] 杜甫《独酌成诗》云"诗成觉有神"，诗人的创作经验证实了庄子的观察。

"手",因为心手一如。既然心手一如,所以"得之于手而应于心"固然讲得通,"得之于心而应于手"也未尝不言之成理,"得手应心"或"得心应手"遂成了中国艺术思想中最常见但也最玄秘的观念。其实,此玄秘亦无玄秘可言,它乃是任何出神入化的技艺必具备的先决条件:主体是全身,它的焦点意识在心手合一处,身体的其他部分成了支援意识。

身体的任一肢节或任一器官皆可成为身体主体的焦点意识,但由于"手"在人类的劳动,同时也可说在人类的演化史上居有举足轻重的地位,所以人在世界的创造离不开手。手是所有器官的器官,工具中的工具,手与技艺的关系尤深,主体透过"手"的延伸于物,创造了文化世界。我们不会忘了:"技艺"的"技"字即是由"手""支"组成,意即由手牵物;"作为"的"为"亦即"为学""为道""为人"的"为"乃是"人手牵象"的象形字[16]。作为伦理核心的"父"字乃手持某物组成,另一种重要的伦理关系的"友"字则是双手交涉的图式。作为空间根本定位坐标的"左""右"两字,其字的造型也是分别由"手"与"工"及"手"与"口"组合而成。"手"的秘密藏在汉字的构造中,早期的中国文明史可以说是"手"的创造史。

但"手"与"艺"的关系不能揭开更深层的秘密吗?海

---

[16]《说文解字·爪部》:"为,母猴也,其为禽好爪。爪,母猴象也。下腹为母猴形。王育曰:爪,象形也。古文为,象两母猴相对形。"许慎据汉代字形如是说。然而,依据甲骨文,"为"乃手爪牵大象之形。

德格说:"手所能具有的本质是一会言说、会思的本质,并能在活动中把它体现在手的劳作上……手的每一动作都植根于思。"[17] 海德格是对"手"情有独钟的哲人,手被他视为进入真理的门户,只有 Zuhandenheit 才真,Vorhandenheit 不真[18]。海德格的哲学论点新颖动人,出人意表,但其门径却不见得容易进入。但就他将"手"与"思"结合而论,却非自我作古,而是远有所承,也不难了解。窃以为:他的论点和18世纪冯特以下"语言手势"的论点,颇可相互发挥。"语言手势"之说在 19 世纪的民族学或语言学著作中,仍然馨香不断,泰勒与布鲁尔论原始思维时,皆曾大力宣扬其事。海德格很强调主体的"出窍"(ecstasy)性格,主体的跃出性格使得主体在口说之前即已参与世界,对世界有基源的诠释作用,而主体也不再是主客分立的主体,而是在世主体。在世主体可以说就是身体主体,"手"是身体主体主要的展现者,它有种非智性主体所发出的"思"。

凡对道家思想不陌生的人,对海德格此一说法应该也不会陌生,因为庄、列也喜欢突显手在"由技进道"历程上的特殊作用。比如"手"在传奇性的工匠——倕身上,即发挥了神奇的功能:"工倕旋而盖规矩,指与物化,而不以心稽。"制造陶

---

[17] 海德格著,李小兵、刘小枫译:《什么召唤思》,收入孙周兴选编:《海德格尔选集》(上海:生活·读书·新知三联书店,1996),下册,页1218。
[18] 此两语有几个不同的汉字译语,笔者接受"即手性"与"前手性"的译语,这两个概念是《存有与时间》的重要概念。

器，这是种技术，它当然需要法则。但制造完美的陶器，工匠所必须具备的条件是超过法则——不是不要法则，而是超越法则，所谓"盖规矩"。孟子说："没有规矩，不能成方圆。"此义无误。但只停留在规矩，终究是与道无缘，这也是事实。在道家传统中，陶器象征道，这种神圣的象征大概是普世的[19]。陶器在中国文明的黎明时期扮演重要的角色，所以道家诸子运用起这个意象来，当然更是得心应手[20]。

工倕制陶，作主者是与物化的"指"，而不是心。"与物化而不以心稽"的不只是工倕之指，这种化境也见于许多的艺术家与匠人之身体展现，我们且再看底下这则故事所述。造父向泰豆学驾车之道，泰豆跟他说"其术"如下：

> 得之于足，应之于心，推于御也，齐辑乎辔衔之际，而急缓乎唇吻之和，正度乎胸臆之中，而执节乎掌握之间。内得于中，而外合于马志……然后舆轮之外可使无余辙，马蹄之外可使无余地。未尝觉山谷之险，原隰之夷，视之一也。（《列子·汤问》）

轮扁"得之于手而应之于心"，而泰豆却是"得之于足而

---

[19] 陶器、神圣与女性三位一体的关系，这是普见的神话主题，参见诺伊曼著，李以洪译：《大母神》（北京：东方出版社，1998），页131—137。
[20] 参见拙作《道与玄牝》，《台湾哲学研究》，第2期（1999年3月），页163—195。

应之于心",但驾车的"得之于足"是不可能离开驾车的手与控制马匹的马衔与辔口的,看来:关键处还是"衔—辔—手—足",心是最后的,或者说心就在"衔—辔—手—足"的运作历程里,不可在腔子里。故事没完没了,但总归是收拾手足,自作主宰[21]。学问之道无他,求其手足心气合一而已矣!

既然作主的是手(轮扁),是指(工倕),是足(泰豆),手、指、足的意识大概没办法像大脑那么集中,所以巧匠完成一件神妙的技艺行为时,当时往往不自觉,事后则不禁大叹神奇,庄子、列子时常举射箭为例,说明此义,大概"射"在当时士子的教育上占有举足轻重的地位的缘故。最有名的是列御寇与伯昏无人的竞技,这则寓言同时见于《庄子》的《田子方》篇及《列子》的《黄帝》篇。列御寇"引之盈贯,措杯水其肘上,发之,适矢复遝,方矢复寓",一箭连着一箭,连环发射,真是神乎其技了。但伯昏无人说:真正的至人是"上窥青天,下潜黄泉,挥斥八极,神气不变",他射箭是"不射之射"。"不射之射"甚有理趣,庄、列没有进一步解释什么样的射才叫"不射之射",我们不妨看当代一位德国哲学家如何向日本禅师习得一种不用意识、由箭自射的"它射"技艺。

---

[21] 程子说"心要在腔子里"。见《河南程氏遗书》,《二程集》(北京:中华书局,1981),册1卷7,页96。陆九渊说:收拾精神,自作主宰。见陆九渊:《象山先生集》(台北:台湾商务印书馆,四部丛刊初编缩本,1965)卷35,页30。笔者改造先贤用语,不是蓄意诙谐谬悠,而是笔者相信:有意义的行动之主体当是身而不是心,更恰当地说,当是身心一如的形气主体。

这位向日本禅师学习射艺的德国哲学家对射箭并不外行，但他习射的目的不在射箭本身，而是日本禅宗的训练传统注重学者经由一项"艺"的管道，如剑道、花道、茶道，以进入身心一如的体验。"射箭"也是时常被运用的一种"道"，这位日本禅师要求哲学家的不是射中红心，而是在射箭中获得"禅"之体验。换成庄子的语言，也就是这位德国哲学家被要求"由技进道"，由意识主体进到形气主体。哲学家与禅师的互动颇为曲折，故事说来话长，但关键就在如何证得身心一如，由箭自射。这位德国哲学家吃尽苦头，终于获得这种神奇的经验后，他不禁赞叹道：

> 我怕现在什么也不明白了，即使是最简单的事情也成为一团糟。是"我"张弓呢？还是弓把我拉入最紧张的情况？是"我"射中了靶子呢？还是靶子打中了我？这个"它"，用肉眼看时是心，还是心眼看时是肉？还是两者都是？两者都不是？弓、箭、靶子和我，都互相融入，我已无法再分离它们，也没有分离的必要了。[22]

完成"无射之射"的技艺时，主客模糊了，身心模糊了，是"它射"，而不是"我射"。但"它射"的"它"亦不可解，

---

[22] E. Herrigel 著，顾法严译：《射艺中的禅》（台北：慧炬出版社，1979)，页 144。

所以终究还是"无射之射"。

主客模糊，身心模糊，我射耶？它射耶？此事看似神秘，回到道家文本来，却又有些熟悉之感。我们不妨看下面这段话所说何事？"内外进矣！而后眼如耳，耳如鼻，鼻如口，无不同也，心凝形释，骨肉都融。不觉形之所倚，足之所履，随风东西，犹木叶干壳，竟不知风乘我耶？我乘风乎？"(《列子·黄帝》) 这段话出自列子之口。列子"师老商氏，友伯高子"，学道有成，"乘风而归"后，颇有学生有意跟他学习，但这些学生个性急躁，急功近利，所以列子就向他们道及他当年如何刻苦求道，终于有成，其境界如以上引文所述云云。我们如果把列子和 Herrigel 这位德国哲学家的话语作一对照，不难发现：除了"射箭"和"乘风"的技艺不一样以外，两者的结构如出一口。这种超主客的经验，在后世的诗话、词话、文论、画论里，是屡见不鲜的[23]。

---

[23] 兹举二说为证。清代旗人画家布颜图说他画山水的经验道："吾之作画也，窗也，几也，香也，茗也，笔也，墨也，手也，指也，种种于前，皆物象也。迨至凝神构思，则心存六合之表，即忘象焉，众物不复见矣。迨至舒腕挥毫，神游太始之初，即忘形焉，手指不复见矣。形既忘矣，则山川与我交相忘矣。山即我也，我即山也。惝乎恍乎，则入窅冥之门矣！窅冥之中，无物，无我，不障，不碍。"语见曼殊震钧：《天咫偶闻》(台北：广文书局，1970) 卷 5，页 11—12。我们且再看罗大经如何描述曾无疑画草虫："方其落笔之际，不知我之为草虫耶？草虫之为我也！此与造化生物之机缄，盖无以异。"参见《鹤林玉露》，收入《稗海》(台北：艺文印书馆，百部丛书集成初编，1966) 卷 6，页 11。这样的语言虽然有可能已成为套语，画家辗转引用，源头难找，但它的母胎应该就是列御寇之"不知风乘我耶？我乘风乎？"

解牛不是庖丁在解，而是带动全身运动的无名主体在解；射箭不是伯昏无人在射，而是一位在他身体中的无名主体在射；制陶不是工倕在制，而是某位无名主体在制；驾车不是泰豆在驾，而是带动他的手、足、衔、辔合而为一的无名主体在驾。一言以蔽之，完美技艺的创造者不是意识，而是身体。只有意识退位，它的作用散布到全身，全身精神化以后，技艺才可以有质的飞跃，由匠艺升华至道的展现。精神化的身体即是身心合一的身体主体，在技艺的创造中，它的重心可以在指、在手、在脚、在腹、在呼吸，但不管在哪一部位，身体其他的部位也要共襄盛举。"手之所触，肩之所倚，足之所履，膝之所踦，砉然向然，奏刀騞然。"每件优雅的技艺都合桑林之舞，都中经首之会，都是舞神湿婆（Shiva）的神秘之姿。一技一世界，世界就在他一举足、一扬眉的身体之韵律流转中，完美地诞生了。

四　所见无全牛

当技艺的主体由意识变为身体时，主体的性质变了，技艺的对象也失掉了被认知的身分，它不是意识所对，而是身体主体所参与之物。"身体主体参与到技艺对象"此句话不好理解，因为在日常的用语中，我们通常认为"主体"很难和"个体"脱离开来，"个体"此"形"乃是"主体"运作的条件，是博兰尼所说的那种"框架"[24]。但我们如果将"身体主体"一词还原到道家"形—气—神"的身体观，则"身体主体之参与"并无难解之处，因为"形—气—神"的身体观既保留了"形"此一"个体"意义的框架，同时，"气—神"的因素则绾结了身心的功能，也绾结了身体感知与生活世界的意义氛围。笔者称呼建立在"形—气—神"构造上的主体为"形气主体"，"形气主体"的概念假如能够成立，则人与世界的互渗乃是人之所以为人的本真状态，是一切经验成立的基础。圣人（或伟大的匠人如庖丁、梓庆）之所以成圣，乃是他可以体现这种原始勾连的一体感，并深化其意义。

回到"庖丁解牛"的故事，我们所以说"身体主体参与到技艺对象"，当然不是说"形"到了对象内部，而是在"解牛"的过程中，形气主体始终是参与到"牛"的意义构造里的。不，当说：在解牛之前，主体与牛早已秘响旁通，彼此参与。这种参与乃是神气之流通，神气既在此（庖丁），亦在彼（牛）。既然在彼，但神气又不是个体性的意识，所以神气所遇之物遂不可能是认知意义的完整图像，亦即不是《达生》篇所谓的"有貌相声色者"，所以它会由"对象"义回归到其自体。但对形气主体而言，此回归自体之物另有一种非认知意义的面貌。用现代的话语讲，这是种变形的意识状态（state of

---

[24]"框架"类似形式因的"形式"，它是人文活动不能或缺的内在因素，没有框架即没有作品，它不是泛泛而论的形式。参见博兰尼著，彭淮栋译：《意义》，页101—116。

altered consciousness），所以庖丁所见无全牛。牛非全牛，物非其物，列子所述纪昌学射之故事尤为神奇。

> 昌以牦悬虱于牖，南面而望之，旬日之间，浸大也。三年之后，如车轮焉，以睹余物，皆丘山也。乃以燕角之弧、朔蓬之簳射之，贯虱之心，而悬不绝。（《列子·汤问》）

虱子可以由小变大，大到像车轮一般，因此，射者自可轻易射中。列子此段话颇似战、汉时期一些文人的设论，也不无后世笔记小说中的传奇民谭之风味。但究实而论，纪昌的经验就像庖丁的经验，完全解释得通。因为我们在生活世界真正经验到的空间绝不是物理性的空间，而是主体性的空间，这种空间的意义与主体相涉相入。一旦主体的条件改变了，空间的形式也会改变，在空间中的物体的性质也就跟着改变。主体出神入化了，空间的形式与主体所对的物象，其变形的幅度应该会更深更广。事实上，空间知觉的改变是运动神秘经验中常见的一种类型，一位足球选手运动时曾体验到某种的高峰经验，他说道其经验如下：

> 我成了这项行动的部分，球是所有事物的存在，就是这么一回事。那儿没有环境或肉体自我，也没有我的身体或环境的知觉。足球取代了所有的事，是一思想的

主体。[25]

环境消失了，足球变成全部，它甚至成了思想的主体。这个情况就像泰豆与造父驾车，世界缩小成了车轮与马蹄，车轮与马蹄则扩大成了唯一的世界。也像纪昌射箭时，周边撤退成急速浓缩变小的背景，虱子变得如车轮大。又像 Herrigel 射箭，引发箭中红心的好像是弓本身，而不是射箭的哲学家。

空间结构改变，对象与主体意义改变，接着而来的后续效应，乃是物我的关系也会在一种变形的结构中改变其原有的质性。通常，一件完美的技艺行为乃是主客的合一，主体的神气参与到技艺对象的内在质性里去，再也难以分别。当足球队员说他经历到这种神妙的高峰经验时，没有环境没有我，"足球取代了所有的事"，亦即足球统摄了主客。这种叙述我们绝不陌生，且再看下列来自《庄子》与《列子》的报导：

> 大马之捶钩者……于物无视也，非钩无察也。（《庄子·知北游》）
>
> （吕梁男子游水）始乎故，长乎性，成乎命。与齐俱入，与汩皆出，从水之道而不为私。（《庄子·达生》《列子·黄帝》）

---

[25] 引自曾俊华：《运动的神秘经验研究》（台湾师范大学体育研究所硕士论文，1990），页 27—28。

（承蜩老丈）吾处身也，若厥株拘；吾执臂也，若槁木之枝。虽天地之大，万物之多，而惟蜩翼之知。吾不反不侧，不以万物易蜩之翼，何为而不得。(《庄子·达生》《列子·黄帝》)

（詹何）临河持竿，心无杂虑，唯鱼是念。投纶沉钩，手无轻重，物莫能乱。鱼见臣之钩饵，犹沉埃聚沫，吞之不疑。(《列子·汤问》)

这几则有名的故事都意味着：完美的技艺乃是物我之合一，但此种合一的状态预设着"身体主体已渗进客体，安之居之，与之合一"，所以捶钩者与钩合一，游水者与水合一，承蜩者与蝉翼合一，钓鱼者与鱼钩合一。这种"合一"意味着它是超理智、无法明文化的，这时的"物我关系"是种由技进道所形成的变形之物我关系，它不能用物理空间的质性去类比。

完美的技艺事件是原始物我关系的一种完成，也是对世俗的物我关系的转化。笔者所说的"世俗的物我关系"意指在日常的经验中，我们的知觉经验是有构造的，我们的视野所及总有焦点所在的主要意象（figure），主要意象则坎在广大的视野（field）上，作为背景的视野与从视野背景中突显而出的意象乃是人类视觉经验的常态构造。figure 与 field 的分野应该也可以运用到听觉、嗅觉诸种知觉上去，五官的意象总是连着淡晕暗黄的不定氛围连结到广大的知觉背景上去的。技艺经验改变了这种日常的物我关系，我们观察一件完美的技艺事件，发现其时的主体的精神力道高度集中，庖丁要"视为惕，触为止"，詹何要"心无杂虑，唯鱼是念"。这种主体力量的集中会造成知觉的变形，知觉的变形会产生意象的极大化，以及视野背景的虚无化，意象与视野背景彻底地脱钩，它成了唯一的世界。

"意象的极大化与视野背景的虚无化"意味着变形的知觉经验不能再以"认知心"的模式理解之，认知心模式中的主客都是确定性的，物依"范畴"的性质呈现之。但技艺经验中的物我关系虽然不再受认知图式的统辖，却也不是否定掉日常经验中的认知因素，而是转化之，升华之。庄子宣称发展到了顶点的物我关系为"以天合天"。"天"者，本真之谓也，前一个"天"字意指形气主体的本真状态，后一个"天"字意指技艺意象的本真状态。庖丁解牛，他在变形的知觉状态中，将解牛的技术（包含对牛的知识）溶进刀子的运作中，刀子的运作又和牛的生理结构紧密配合一起。当解牛者的意识与刀子融成一片时，刀子遂失掉平常所说的工具之性质，它成了"扩大的主体"之有机成分。用博兰尼的观点说，庖丁的手与刀联结处即成了焦点意识，全身的其他动作则沦为支援意识。工具主体化，或者说：工具与意识一如，这是技艺主体的最佳状态，主体在无知的状态中完成身心内外的统合，以无知知，以无为为，这种非个体性意识的状态就叫作"天"。

技艺事件中的"物"之一方也需另解，物自身有其非对象化的结构,这种结构内在于物本身,它的细微处不见得可以被解剖学式地指认出来。庄子的世界图象中,所有的物和世界总体总处在流动的氛围,物即"物化","物化"这种细微隐密的构造出之于天,所以叫做"天理"。"天理"不同于一般的"理"者在于前者是技艺主体所对,而不是认知主体所对。后者则是认知主体所对,而不是技艺主体所对。完美的解牛事件乃是以此天入彼天,或者说:彼是互入,这就叫作"以天合天"。"以天合天"意味着技艺的身体主体不当将对象对象化,亦即它不是以理智平观万物,分类万物,宰制万物。但不以认知主体作主,并不是说抛弃掉理智的功能,而是吸收之,转化之,以深入事物实相,与之合一。

庄子的技艺事件都意味着"以天合天"的因素,但谈及此义谈得最好的当是"梓庆削木为鐻"的故事,"以天合天"一语其实即出自此则故事,内容如下:

> 梓庆削木为鐻,鐻成,见者惊犹鬼神,鲁侯见而问焉,曰:"子何术以为焉?"对曰:"臣工人,何术之有!虽然,有一焉,臣将为鐻,未尝敢以耗气也,必齐以静心。齐三日,而不敢怀庆赏爵禄;齐五日,不敢怀非誉巧拙;齐七日,辄然忘吾有四肢形体也。当是时也,无公朝,其巧专而外骨消,然后入山林,观天性,形躯至矣,然后成见鐻,然后加手焉;不然则已,则以天合天,器之所以疑神者,其是与?"(《庄子·达生》)

一件完美的技艺事件无异于一桩脱胎换骨的修行之旅,技艺即修行事件,技艺论述即工夫论。梓庆之言如果移之于道家圣人之口,内容一样适用,伟大的工匠也是要有伟大的修行的。在各种艺术当中,好像雕刻艺术最容易体现"以天合天"的精神。"以天合天"的精神推衍至极,我们可以说:镰早就在树木里了。据说米开朗基罗雕刻大卫像完毕后,曾慨然叹道:大卫已经在大理石里面了,我只是把多余的部分去掉。这则逸事流传甚广,其理相同。

如果说镰早就在树木里,人像早在石头里,那么,为什么我们看不到呢?显然,此时不能用肉眼看,而当全身去看。但是,为什么有道者不少,类似梓庆不敢怀庆赏爵禄、非誉巧拙,甚至可达忘我境界者亦非无人,为什么他们无法"以天合天"呢?我们不妨设想:老子、庄子、列子的心性体验应该都是很深的,梓庆要求的主体境界对他们来说一定不难达到,但他们大概没办法创造出鬼斧神工的乐器座架。老、庄、列不行,传说中的伏羲、神农、黄帝也不见得行,巨匠与圣人必有分矣!

显然,问题是在这些道家圣人没有"镰"或"石雕"的知识。真正的"以天合天",还是要预设技艺的主体连着知识一齐转化,也可以说一齐透明化,它们全化为神气的流行。技艺主体的"天"不是道家喜欢运用的婴儿隐喻那般的天真,它必然隐含了知识的内容,它是"人"与"天"具体的统一。换言之,"为镰"的完美知识为"天理",但"天理"的获得是建立在对经验性的"理"的理解上面,"天理"与"理"不是对反的关系,而是进阶的关系,形气主体使得"理"升华为"天理"成为可能。一般论道家的知识概念时,大抵认为道家很难赋予知识(理)本体论上的正面性意义,这固然是事实。但就具体的体道行为而言,道家(至少庄子)却必须肯定知识具有不容跳跃过去的中介性质,只是它的位置有待超越,被吸收,并且加以转化。我们论道家思想的美学影响时,对于知识的诡谲性格,恐怕不能不严肃地考虑[26]。

庖丁解牛,一开始所见皆全牛,庖丁的意识既浮躁,刀子也容易折损,这是"以人戕天",也可以说是"役物戕天"的阶段。而完美的技艺乃是知识溶进意识再溶进牛的全体生命,三者密不可分,它们的性质齐登法界,其本体论的原初地位同步到达,却又可以达成技艺的目的,这才叫以天合天。因为就

---

[26] 完美的技艺是由技进道,由知识(规矩)而神化,此义甚明,但论者往往忽略技艺、知识、规矩是不可或缺的一环。后世文人中,苏东坡大概是对道家美学体认特别深的佼佼者,我们且看他在《文与可画筼筜谷偃竹记》一文中的警告:"画竹必先得成竹于胸中,执笔熟视,乃见其所欲画者,急起从之,振笔直遂,以追其所见,如兔起鹘落,少纵则逝矣。与可之教予如此,予不能然也,而心识其所以然。夫既心识其所以然而不能然者,内外不一,心手不相应,不学之过也。故凡有见于中而操之不熟者,平居自视了然,而临事忽焉丧之,岂独竹乎。"《文与可画筼筜谷偃竹记》,《苏轼文集》(北京:中华书局,1992),册 2 卷 11,页 365。文与可画竹,"其身与竹化",其人其技是"庖丁解牛""梓庆为𬭚"的北宋版。但这三人的神技是有先决条件的,他们都需要先具备认知性的知识,进而体之,神化之,这种打底的曲折性知识是不可少的。"成竹在胸"是中国美学史上的一则美谈,但此成语预设的经验知识与实际操作的因素常被忽略了。

对象而言，不管它是被解剖，或被制成镰，或被制成陶，成品的样式都被预设在"物"的本质里面，所以技艺对象在一件圆满的技艺事件中，被视为是其本性之完成，而不是异化的受害者。自另一方面言，技艺的主体如要能充分体现此技艺，他本人的人格必须彻底转化，后天的经验知识必须溶入深层的神气流行当中，这样的结果也被视为其人人格之完成。此完成与彼完成合，所以称作"以天合天"。

五 技艺与养生

庄子谈技艺的文字多集中在《养生主》与《达生》两篇，这是个相当独特的现象，但也是常被疏忽的现象。庄子将"养生"与"技艺"摆在一起，相提并论，看来不会是偶然的。代庄子想，我们可设想庄子会认为：世俗的技艺就像世俗的语言，它们是道的异化，因此，如果真有一种性质与之对反的语言或技艺，它们自可代表生命之完成，这样的解释似乎可通。然而，毕竟笼统。

不过，我们如果仔细分析庄子、列子谈技艺的章节，或许会发现事情不是那么难了解。我们第一节引用到汉阴丈人宁用陶瓮、不用桔槔的反文明故事，我们当时只将故事说了一半，还有下文。此则故事下文提到子贡惭愧地将此事告诉孔子，孔子跟子贡解释道：汉阴丈人修的是浑沌氏之术，所以他要从机械、机心的环境里抽离出来，退回到未分化的原始整全上去。

"浑沌"原本是神话的概念，它的本尊是神话中的原初巨兽，浑圆、识歌舞、知韵律，代表原始未分化的整全。道家诸子常借助神话以建构哲思，庄子尤为巨擘，"浑沌"即是一个明显的例子。

在乱世中，人能退回深根宁极之心境，以深层的无意识作为隔绝俗世的桃花源，澹然自处，安享天年，这样的选择当然显示了一种很高的精神境界，一般人不容易达到。但是，孔子批判道：汉阴丈人毕竟只是"识其一，不知其二；治其内，而不治其外"。孔子的评论意味着：人的存在总是在社会中存在，在一种分裂的"二"之结构中存在，现实的社会是个文明业已发轫的社会，它不可能倒退回去。汉阴丈人的选择可以同情地理解，但毕竟不自然，因为只要是社会即不可能是存在与本质同一的凝结物，即不可能只有浑圆而无内外、上下之分的结构。在孔子当年，在庄子当年，甚至在我们这个年代，我们都可找到汉阴丈人的同调，这些汉阴丈人们对文明相当不满，他们希求一种同质的、离俗的心境与环境，所以他们抛弃了一切，甚至包含家庭与社会，进入荒野以及深层的心境，追求一种所谓的精神自由。他们越追求，自由跑得越远，"浑沌氏的浑沌"从来不是人可以有的选项，它只是个幻象。

汉阴丈人的逃避与孔子的评骘是历史上一再重演的故事，细节无庸再论。但庄子假借孔子之口所表达的意思还可更深层地了解，我们不妨考虑技艺论中"物"的角色。在《则阳》篇中，庄子曾提出"知之所至，极物而已"的命题，亦即我们不可绕过"物"而思求一种形上的理境。庄子的"极物"哲学在晚明曾大发光辉,庄子的物论确实需要严肃地看待,因为不管我们作形上学的思考,或就人生向度的实践哲学考量,我们都当正视:真正的世界乃是与物共在的世界,"物"不是我们主体之外或主体之间的外在项目,而是与我们的主体共在共游。"物"是任何人生处境都无法避免的,面对"物"的"共在"性质,我们如何在器物、规则、组织环绕的环境中,仍能自在,不伤生,这才是具体的智慧。

有"物"即有面对此物之道,亦即有物即有"技"。回到技艺的例子上来,学者该努力的不是跳开射箭、舞蹈、制陶、游泳、解牛、抓蝉等种种的世间活动而不顾,然后幻想退回原始的社会,以期获得自在。因为形气主体的本质是气化的涌现,而且是与物共游地呈现,主体与世界早已藤缠葛绕地纠结在一起。只要有"箭"此物,即有射箭之技;只要有表现功能的足,即有足之舞蹈;只要有陶之物,即有制陶之艺。"物"与"物之技"或"物之道"同时呈现。"技"和"物"同是主体本质的成分,而不是外加的。学者该努力的乃是如何身处在这些技艺活动中,参与之,神化之,但又不会造成自己的异化。不但不会异化,而且,他还要设想如何使性命获得更具体的美满,这就是庄子所说的"乘物以游心"的道理。

我们的设问不是事后诸葛,两千年后的凭空发问,而是庄、列当年即如此设想。文惠君听到了庖丁解牛的经过后,他说:他得到养生之道了。技艺论中的养生之道是有条件限制的，我们不会忘掉：《养生主》篇开宗明义即批判一般的"知"，它说："吾生也有涯，而知也无涯，以有涯随无涯，殆矣！"学者追求知识，如形追影，永无了期。相反地，学者如果能善加处理"知"的问题，他即可"尽年"。《达生》篇的主旨亦如是："达命之情者，不务知之所无奈何……形精不亏，是谓能移，精而又精，反以相天。"想要畅达真实的生命的人，总需要正面地处理"形精"的问题，而又能确切体认"知"的限度。《达生》篇所说的"形"当指"形体"，"精"则指"精气神"之"精"，"精"是一种类似生命本质的概念。一个人如能在技艺活动中维系"形精"的能量，不稍亏损，他即有机会"移"，"移"当指变化体质之意。他如能下工夫使"精"更成为"精"，很可能进一步可以赞助上天，完成女娲般地"补天"之功能。显然，庄列的技艺论是别有怀抱，"养生"是他们思想重要的一环，技艺连着生命问题一并而来[27]。

庄子《养生主》的"养生"不是养身躯之生，而是"养性"，这是一般治庄者大体都接受的解释。就像他的"达生"，不是达生理生命之生，而是希望达到"形精不亏"，这也是一般治庄者都同意的论点。但庄子所以用"养生""达生"之语，

---

[27] 王叔岷先生立《庄子》三十三篇新系统，"养生"一义列在第三。《养生主》《达生》《至乐》《刻意》《缮性》《让王》《盗跖》诸篇属之，然《至乐》《让王》《盗跖》所说实非庄子胜义，庄子论养生的文字集中在《养生主》与《达生》两篇，两篇都与技艺息息相关。王叔岷先生之说参见《庄学管窥》，《庄子校诠》（台北："中央研究院"历史语言研究所，1994），下册，页1444。

而不用"养性""达性",除了"生""性"两字原本同源,而且意义大幅重叠以外,庄子选择了"生"字,更足以见出生命问题之纠结复杂,难以调理,而又必须调理。就这点而论,庄子确实近于存在主义者的关怀[28],但因为庄子的生命观扎根于深层的性命之学的基磐上,所以庄子的"以技养生"遂不能不涉及根源性的生命机能与现实生命的关系,笔者将以"神的体现"及"联觉的展现"二义展示之。

庄子的"神"义与"气"义时常混用,如要区分,"神"代表的是本体层次的妙用,"气"则是经验义(如现实状态的身心)之功用,但因为庄子重圆融义,所以庄子使用这两个概念时,不免会交叉运用,不加区别。但就以"技艺养生"而论,笔者认为庄子主张的乃是如何将这种带有特殊直觉功能而又难以言说的生命动能之神加以体现出来。笔者曾经为文指出:道家的"神""气"概念是建立在特殊的身体观基础上的,作为构成生命要素的"神"或"气"之呈现模式乃是神连着气,气连着神。一言以蔽之,这是种形气神的身体观,而五官乃是同一种气神的分殊性展现,其不可测的玄秘底层是相通的。庄子说至人的境界为"循耳目内通,而外于心知"(《人间世》),这样的境界是由感官向深层内在翻转后所得。庄子的名

---

[28] 从存在主义的角度诠释《庄子》,在1960、70年代,此风曾一度相当流行。典型的立场参见福永光司,陈冠学译:《庄子》(台北:三民书局,1969),尤其是《序说》部分。陈鼓应先生早年著作《庄子哲学》(台北:台湾商务印书馆,1966),旨趣亦近似。

言"无听之以耳,而听之以心;无听之以心,而听之以气",这段话意指学者循着耳(感官)心(意识)不断向内翻转深化,最后可达到气通为一的层次,这段话所说的也是这个道理。简言之,圣人、至人不只达到泛泛而称的至高境界,他需要身心和谐,神气流通于身体整体,以及身体内外之间,浑融无碍[29]。

"听之以气"是至人特质之一面,生命的动能弥漫于以身体为中心的场域之间;但庄子又说:"圣也者,达于情而遂于命也。天机不张,而五官皆备,此之谓天乐。"(《天运》)在神气弥漫于意义的场域之时,生命的能量反而凝聚于某个神秘的点。从这种机体圆融的圣人观入手,我们可以了解庄列为什么特别强调技艺、生命与道的特殊血缘关系。我们看到庖丁解牛"官知止而神欲行",这种神的运作超出了官知——不是不用知觉,而是超出知觉之神乎其神。"知止"的"止"字当指感官凝结在某一个定点,其用法如《大学》所谓"知止而后有定"的"止"字。老丈承蜩,据说也是"用志不分,乃凝于神",他不是不用手眼等感官知觉,也不是不用心,他是将所有感官、意识的能量凝聚到未分化的原点。我们不妨回想列子乘风飞行时"眼如耳,耳如鼻,鼻如口,无不同也,心凝形释,骨肉都融",所说究竟为何,这不是意味着五官都是"联

---

[29] 参见拙作:《从"以体合心"到"游乎一气"——论庄子真人境界的形体基础》,《第一届中国思想史研讨会论文集:先秦儒法道思想之交融及其影响》(台中:东海大学文学院,1989),页185—214。

觉"(synesthesia)的展现,它们都是由同一种作用(神气)所汇通吗?甚至身心的作用不是也统一了吗?

在联觉的状态中,身体、意识、气机、神感全化为同质性的存在。体合于心,所以生理的机能与意识的机能合而为一;心合于气,所以意识的机能与自然的感应作用合而为一;气合于神云云,其境界更是进入非思量分别之层次[30]。当身心的能量、性质全转化为神气的展现时,它即拥有最精微的讯息,身体可以作非意识所及的精致调整,所以原则上它可以表现出最完美的技艺。因为技艺这时已溶为身体展现的有机成分,无法分别,每一刹那的行动都有全身所有的生理的与知识的能量参与在内,这种技艺活动可以说建立在"体知"的基础上。

为什么"技艺"的问题和"养生""达生"的问题有关?"养""达"这样的语汇预设了目的论的内涵。庄子看待生命,显然预设了一种发展史观,也可以说是目的史观,生命的发展是由现实的身心状态向神气浑融的深层生命的回归。但庄子处理这种向深层生命的回归问题时,不是采取宗教冥契论者常见的那种"复性"的模式,虽然"复性"的工夫论模式追根溯

---

[30] 笔者上述的话语借自《列子》的一段著名的故事,据说老子的弟子亢仓子能够"耳视而目听",鲁侯听了大惊,亢仓子向他解释:传闻是错的,他"能视听不用耳目,不能易耳目之用"。怎么说呢?亢仓子解释道:"我体合于心,心合于气,气合于神,神合于无。其有介然之有,唯然之音,虽远在八荒之外,近在眉睫之内,来干我者,我必知之,乃不知是我七孔四支之所觉,心腹六藏之所知,其自知而已矣!"至于"神合于无"云云,乃是将"无"的形上学意义带进来了,其义更玄,兹不论述。杨伯峻:《列子集释·仲尼》卷4,页73—74。

源，庄子正是奠基人之一，他对宗教的修炼传统显然很熟，也有所吸收，但最后毕竟脱离了永恒回归的冥契路线。庄子相信生命发展的模式，即使是深层的无之意识的展现，也不一定要走遮拨的路线。相反地，透过动态的跃出，主体也可以达成五官浑圆的结果。

庄子的生命发展史观既有逆觉遮拨的路线，也有气化日出的路线。就工夫的模式而言，庄子和宋明理学家或孟子，颇有可以比较之处，因为他们的工夫论都同时拥有静态的逆觉模式以及动态的本心连着气化扩张模式，但重点都将体道的要求和行动结合在一起。当理学发展到主体动态的机能被充分地展现的明代，也就是心学的心气功能被提升到理论的及实践的高度之后阳明年代[31]，庄子也越来越被辨识出其人文化成的性格，这样的平行发展看来不是偶然的。在人生的所有活动中，技艺大概最容易表现一种"超乎感官、理智之上的直觉力量"，这种直觉力量是要建立在全体身心转化成同质性贯通的机体之基础上的。庄列理想的人正是这样的人格范例，庄列所以常利用

---

[31] 王阳明时以"气"释"良知"，此解可视为理学通义，但将良知与气上提为心体的功能，则与朱子异。阳明之后，作为心体之气的哲学日益显著，从唐鹤征到刘宗周，代有其人。至于晚明的王夫之、方以智更将气由心体连到道体，一种体用一如的宇宙论（用牟宗三先生的语言讲，也可以说是本体宇宙论）展现得特别开阔。笔者将建立在本体概念上的气论视为先天型气论，自然主义型的气论则视为后天型气论，两种气论的分别参见拙作：《两种气论，两种儒学》，《异议的意义——近世东亚的反理学思潮》（台北：台湾大学出版中心，2012），页127—172。

运动型人物、匠人、艺术家作为他们的人格典范，其来有自。

如果超乎分殊感官之上的联觉状态是庄子理想的生命模态的话，反过来说，理智的片面发展即是戕生最重要的力量。在冥契论传统中，对感性与智性的否定是很常见的主张，无可否认地，庄子也有这种否定哲学的成分。但放在技艺哲学的角度下考量，庄子将养生问题和理智的批判结合而观，更显得意义的重大。庄子技艺论的理论特色在于他强调一种整合理智而又超越分殊性的理智之上的全体之知的角色，这种全体之知是形气主体的运作模态。

庄子身处在智性文化高度发展的战国时期，"如何处理知"一直是扭绞庄子思想发展的一道难题。无疑地，庄子持一种"建立在形气主体上的体知论"的立场，所以论者如说庄子反文明，或说庄子认为知识是戕害生命的，这种论题如果不是错误的，至少也是片面的。我们有充分的理由说：庄子虽然对知识的积极功能殊少肯定，更多的情况是极为怀疑，在《庄子》一书中，我们可以找到相当多的佐证支援"知识反生命"之说，但庄子不反智。他视"与人存在无关的知识"是戕生的，但如果"知识与人的存在相关"，那么，它是润生的，因为这样的知识要与全身的构造溶为一体，成为体知。"体知"是种"全体之知"，"全体之知"实即"体知"的内涵，我们不妨在一个意义上将"体知"视为"全体之知"的简称。我们看到庄子对这样的知是热情拥抱的。

庄子的知识论的核心问题可以说是"体知"与理智的关

系之问题，"体知"或"全体之知"是对应于理智建构功能的分殊之知而成立的，它成立的条件在知的全身化。如果我们从"分殊之知"是主客对立的，而"全体之知"是主客互参的观点着眼，我们也可以说："全体之知"是以"无知之知"的模式呈现出来。"无知之知"的说法很容易浪漫化，因而失掉其知识论上的意义，其生命哲学的作用也容易被淡化，更大的损失是一种进入体道之门的工夫被遗忘了。事实上，"理智造成道的遗忘"与"无知之知乃道之门户"，这两个命题是同时成立的。庄子将工夫论的问题带进技艺论的论域，绝非错置问题。有关"无知之知"的问题，细节仍可再论，姑撮其大义，细论留诸他日。

建立在全身气机融合上的"体知"不但不戕生，还可养生，它是至人人格属性的成分。庄子对任何类型的知识的要求，总是要求一种可以和全身运转韵律相容的类型，如果有这样的语言，那就叫做"卮言"，"卮言"是种体现的语言[32]。语言如此，知如此，政治亦如此，他们要求的是 how 的问题，而不是 what 的问题，如王弼所谓："绝圣而后圣功全，弃仁而后仁德厚。"[33] 任何有知识可说的领域，重点都是学者如何体知，而不是如何认知。体知使得客体面的"知"（亦即物之理）

---

[32] 参见拙作：《卮言论——庄子论如何使用语言表达思想》，《汉学研究》第 10 卷，第 2 期（1992 年 2 月），页 123—157。

[33] 参见王弼《老子指略》，引自楼宇烈校释：《王弼集》（北京：中华书局，1980），册上，页 199。

非表象化，物以自家面目呈现出来；它同时也使得主体面的"体"充实化，亦即世界化。生命与世界（或说：生命在世界）遂得充实饱满，两无欠缺。

六　技术的年代

庄子的"技艺"是双面夏娃，就像他的语言论也是双面夏娃，我们要找到否定的论述和肯定的论述都可以找得到，也都可成说。关于这种两歧的现象，最方便的解释是将篇章的作者归属到不同的名下，既然作者不同（比如说：庄子与其门生），所以论点不一，这样的现象就很好解释。

然而，诚如前文所说，在《庄子》内七篇中，我们也看到了庄子对技艺颇有批判，因此，"以作者问题解决思想问题"此策略的合法性不一定站得住脚。事实上，技艺论评价两歧的现象应该内在于庄子思想本身，其纠结不难解开。如果技艺是出之于认知性的主体（机心），而且此机心所运用之机械是为人为的秩序服务——通常的情况也就是如此，那么，庄子没理由喜欢这类的技艺。然而，如果技艺是种存在型，它与人格的完成紧密相扣，而人格完成的一种表征乃是其人身心功能的一体化。换言之，技艺的主体是身体，而不是意识，那么。庄子没有理由不支持这种技艺。不同的技艺依赖不同的知而建立，有对象之知即有对象之技，有超对象之知即有超对象之艺。两种技艺论划清后，我们有必要更深层地反思道家技艺论引发出来的一些解释。

技艺论首先带来的是"知"的问题，笔者认为以庄、列为代表的道家的技艺理论既不反智，也不代表支持科学。它强调的是种包含主客在内的整体论的（或者说"场的"）具体哲学，在"进乎道"的技艺活动中，主体不是宰制的操作者，客体也不是被凝视的抽象之对应物，而是两者以原初的身分一齐呈现。笔者这里所说的"原初的"意义采取的是中国哲学传统的用法，它不是时间的意义，而是本体论的意义，一件"由技进道"的技艺事件意味着主客双方都能回复到自家本真的状态。换个角度说，亦即我们日常经验中的技艺事件，不管主体或是客观，都处在非本真之境。我们读过庄子、列子告诉我们的许多故事，了解一般的技艺事件之主客双方总是处在对峙的状态，如庄子所说的："知者，接也；知者，谟也。"（《庄子·庚桑楚》）技艺之知与技艺之物总是相刃相靡，格格不入。结果物伤器残，主体也处在戕残斫损的状况。

技艺行动的中心乃是包含主客两者在内的形气主体，形气主体总是与世同在的，它是种"场"。技艺主体的场之性格可从两方面考虑。如果从"人是意义的彰显者"（其他有情与无情皆无彰显意义的能力）考虑，那么，我们说真正的技艺主体是形气本身。形气主体透过技艺，自家的本来面目遂得彻底地展现，形气主体因而既有体道也有养生的作用。如果我们从客体面讲，形气主体透过技艺，它可以转化世俗的主客对立构造，让物之本相以自如的状态呈现出来，物处于游化状态中，所以技艺使得"物"也可以不异化而自行显现。

庄子技艺论的表达方式是前近代的,其中的内涵多隐而未发。但它的原始洞见是相当深刻的,它对"知"的批判与对"神"的重视,绝不过时。不但不过时,由于近代科技与资本主义量产方式以及全球化行销方式结合,带来极大的问题,庄子技艺论当年所揭发的问题反而益显深刻,它应当多少可以给现代世界带来一些解决,至少是重新反省技术问题的曙光。晚近哲人批判"科学理性"或"工具理性"者多矣,庄子所以常被引为先行者,绝非无故。我们不妨再参考其中一位对道家思想特表同情的哲人的观点。

海德格对当代的技术意志批判甚厉,他认为现代技术之本质与现代形上学之本质是相同的。现代形上学的形成是个复杂的思想史课题,不可能有绝对的断代可以一刀切,也不可能有绝对唯一的奠基者。但海德格认为其中最关键的人物当是笛卡尔。海德格说:在笛卡尔之前,"主体"一词不只限定在人身上,万物皆可用。等到笛卡尔以"我思故我在",突显所谓"主体"的精神后,与所谓的"主体"相对的事物即化为表象,它失去了原先的性质。为了省事,我们且看海德格如何说:

> 直到笛卡尔时代,任何一个自为地现存的物都被看作"主体";但现在,"我"成了别具一格的主体,其他的物都根据"我"这个主体才作为其本身而得到规定。因为它们——在数学上——只有通过与最高原理及其"主体"

（我）的因果说明关系才获得它们的物性，所以，它们本质上是作为一个他者处于与"主体"的关系中，作为"客体"（objectum）与主体相对待。物本身成了"客体"。[34]

主客分列，主体的性质变了，它成了用理智规定事物的设定者；连带地，客体的性质也改变了，它只有被设定在主体的观照中所呈显的因果关系网里，它的本质才确定下来。这样的思想带来相当深远的影响。

> 随着对"我"的特别强调，也即对"我思"的特别强调，对理性因素和理性的规定就取得了一种别具一格的优先地位。因为思想是理性的基本行为。随着"我思故我在"，理性现在就明确地并且按其本己的要求被设定为一切知识的第一根据和对一般物的所有规定的引线。[35]

现代技术与现代形上学的本质是相同的，一旦表象的思维形成了，人的核心因素被逼到理性的"我思"这点上，他与存有的原始系联就断掉了。而所谓的客体被逼迫成为理性—技术意志的被规定者之后，它与存有的系联也断掉了。海氏对现代技术意志无孔不入，全面渗透到文明的建构里去，忧心忡

---

[34] 海德格著，孙周兴选编：《现代科学、形而上学和数学》，《海德格尔选集》，下册，页882。
[35] 同上注，页883。

忡[36]。笔者认为，他为什么会欣赏濠梁之辩与梓庆削木为鐻的故事，这应当与他抱着"技术意志全面性地宰制当代社会，现代人无所逃于天地之间"的焦虑有关。

海德格对道家思想兴致甚高，这是许多学者早已指出的事实，此事的内涵自有待专家作更进一步的解释，笔者无能赞一辞。但放在"道／技艺"的关系下考量，海氏所以会被道家吸引住，此事似乎不难了解。因为对庄子而言，一种以理性为中心、切断意识与身体及周遭世界关连而形成的"认知主体"，他是相当陌生的。或许该说：他并不陌生，庄子对理智片面发展之祸害，了解甚深，前贤少有人能与之相比者。正因为不陌生，所以他才会那么反对理智的片面发展。我们前文已一再说明：庄子的技艺主体是形气主体，形气主体在展开技艺的行动前，它和世界及世界中的物已非自觉地穿透在一起，所以技艺主体意味着它是消纳"物"与"世界"之理于全身行动中的主体。技艺主体诚然是意义的赋予者，但它的赋予意义是在与潜存的与世共在的结构上进行的，意义具有公共的性质，技艺主体不是独断的决定者。

就"客体"而言，一种被理智规定的"对象"，庄子对此亦觉得不可理解。即使在技艺的活动中，技艺的客体也从来

---

[36] 详情参见海德格《现代科学、形而上学和数学》《世界图像的时代》《技术的追问》《科学与沉思》诸文，收入《海德格尔选集》，下册，页847—978。冈特·绍伊博尔著、宋祖良译《海德格尔分析新时代的技术》（北京：中国社会科学出版社，1998）一书的析论颇扼要，亦可参考。

不是以"对象"的身分出现，它与技艺主体永远处在"化"或"游"的一体呈现当中。"游"是物我关系中不可或缺的一环，我们不是认知物，而是"游物"。反过来说，"物"的本真状态不对认知心开放，"物"总有认知之外的意义氛围，它在化中，"物"即"物化"。主非主兮客非客，彼是莫得其偶，谓之道枢。庄子说：打破对待、操控，进入一体而化，这才是合于道之技艺之初步展现。这种技艺不是表象性的，它是本来面目的彰显，技艺主体不可对象物，而要游物，这是庄子技艺论第一步的要求。

最佳的情况下，技艺活动对"物"还是种"完成"。就像梓庆为镰，梓庆不可以随便找任何竹子下手，他要尊重每根竹子的天性，庄子称呼之为"天理"，并从当中寻找最切合"镰"的竹子。竹子不只是材料，每根竹子都有天性的，匠人必须尊重它。但匠人如何能尊重它？亦即它如何能体认每根竹子的特殊天性？匠人必须先有修养，他自得本性之后，还要对"镰"的图式与个别竹子的关系有先行的了解，纳智性所得于形气主体。此后，主体以无知之知为主导，依循物之天理，全身共同响应，在超自觉的主客冥合状态中，完成技艺的行为。超主客冥合也就是主客双方的同步完成——用庄子的话说，这样的方式就是"以天合天"。

庄子对技艺为什么特别关心？对匠人为什么特别同情？是否因为他自己当过"漆园吏"这样的官职，所以对劳动阶层特别关注？以庄子之富于人情味，共感能力甚强，"阶级出身论"

或"职业出身论"的设想是合理的,但问题的关键不在此。如果我们接受亚里斯多德"人是使用工具的动物",如果我们再接受海德格将"物"从工具论的、认知论的意义转化为与"此在"共在的意义,那么,我们对技艺的地位应该会另有认识,我们将会发现:庄子论技艺,不只是论人生中某一面向的活动,而是论具体的,而且是整体的人之生命。因为人的生命总是与物共在的生命,抽离了"物"的关连,人的本质就需要重新定义了。

当技艺的问题变成主客的与心物的问题,"何谓技艺"就变成人的本质的问题。当科技理性成了时代的主轴,物变成了对象,进而变为材料因的材料时,庄子的技艺论就不能不是这个时代的批判哲学。21世纪比起庄子之后的任何世纪,可能更符合庄子期待的"千岁之后,知其解者,犹旦暮遇之者也"的那个想像的年代,庄子是我们这个时代的哲人。

柒　无知之知与体知

一　前　言

对"无知"的礼赞,似乎是东方文化(尤其是中国文化)很显著的公共形象,在林语堂、铃木大拙这些东方文化代言人的著作中,我们不时可以看到这类的观点[1]。甚至铃木大拙本人的形象即像位大智若愚的禅师。林语堂、铃木大拙等人所塑造的"愚人礼赞"之中国文化现象不是没根据的,我们上文说的"大智若愚"即出自老子的语言,老子本人就坦白说过自己"愚人之心"也哉! 我们也不会忘了孔子曾很自在地说及自己的无知,"无知"似乎成了智者的标记,虽然"无知"的内涵可能大不相同[2]。

---

[1] 林语堂甚至将"由知识的智慧进步到愚憨的智慧"当作人类文化该发展的目标,参见林语堂成名作《生活的智慧》(上海:上海书店),页 16。此书所说的智慧可以说即是"无知"的智慧。
[2] 《论语·子罕》:"吾有知乎哉? 无知也。"承蒙倪梁康教授指出《论语》此处所说的"无知"与苏格拉底用语的"无知"接近,庄子的用意与之不同。倪教授所言甚是,笔者的援引虽是行文策略,但仍宜略加说明,以清理路。

然而，无知者未必真无知，孔、老的无知毋宁显示了面对真理时的谦冲心态。真正礼赞无知并将此概念提升到体系内的核心位置者，莫过于庄子。《庄子》文本中有不少关于"无知"的礼赞，凡对《庄子》文本不太陌生的读者大概都读过下列的故事：一位名为"知"的人"北游"于玄水之上，他遇到"无为谓"向他请教"道"的道理，他三问，无为谓三不答。"知"后来又遇到"狂屈"，问了他同样的问题，狂屈本来想回答却"忘其所欲言"。"知"最后碰到了黄帝，问了同样的问题，此次得到了明确的答案。"无为谓""狂屈""黄帝"三人的境界高低立判，就像《维摩诘经·入不二法门品》所示的，一字不说的维摩诘居士的境界最高；说"一字不说"的文殊师利次之；能说出各种"不二"大道理的菩萨又次之。庄子说的故事出自《知北游》篇，观"知""无为谓""狂屈"之名以及"北游"之语，我们知道这则寓言是庄子编造出来的。类似的故事在《庄子》书中不断出现，根据字面的票面价值论，越是聪明者实质上越笨，代表文明之祖的黄帝给了正确的答案，所以位阶最低，反而无知者才是真正的知道者。《庄子》一书直可视为《愚人礼赞》。

然而，如果我们真的将庄子眼中的圣人解释成智能的低能儿，庄子被诠释成生命退化论的支持者，这样的诠释太违背日常生活的常识，似乎也违反了《庄子》学史上的常识，很难被接受的。庄子喜欢讲荒唐之言，无端崖之词，日常语意的"无知"应当不是完整的叙述，很明显地，在《庄子》书中，"无知"不代表混乱，也不代表没有目的性。它带有的那些缥缈的言外之意，似乎指向了语义表层以上的领域，或指向一种更高的精神机能。庄子的叙述常会前后映衬，不会一次讲完，"无知"的故事还有续集，我们不妨再细读《庄子》下面这则故事：传说中的古圣王黄帝遗失了一颗神秘的"玄珠"，黄帝派"知"去找，找不着；派"离朱"去找，也找不着；再派"吃诟"去找，还是找不着；后来派了"象罔"去执行这项艰难的任务，没想到象罔很从容地找到了这颗玄珠。黄帝因而感叹道："异哉，象罔乃可以得之乎？"依据历代注家的解释，我们知道："玄珠"代表智慧，"珠"是神话动物龙的秘宝；"离朱"也是神话的动物，它当是太阳神鸟。太阳是光明之源，眼睛是展开光明之境的器官，"离朱"代表目明[3]，离朱索求遗失的玄珠以形影；"吃诟"意指言声，代表索求玄珠以声闻；"象罔"即"罔象"[4]，似有实无，老子所谓"大象无形"，庶几近之，"玄珠"最后竟然被"象罔"以无所求而自然得之。

庄子喜欢寓言，"黄帝遗其玄珠"即是一则典型的寓言，此则寓言中的"离朱""罔象"都是神话中的怪物，"吃诟"一词甚怪，有可能是连绵字，也不无可能是神话中的词语。本寓言的核心在于"知"与"罔象"的对照，"罔象"此词语

---

[3] 孟子说的"离娄之明"的"离娄"当也是离朱，有关"离朱"的神话源流，参见袁珂：《山海经校注》（台北：里仁书局，1982），页192—193、203—204、302—303。

[4] "象罔"即"罔象"参见王叔岷先生：《庄子校诠》（台北："中央研究院"历史语言研究所，1994），册上，页425—426。

的名称也怪，它有许多化身，但同样意指怪物，"魍魉""方良""彷徨""蹟羊""罔养"等同为"罔象"[5]。原为怪物之名的"罔象"难以定义，无法则可依，所以"罔象"此连绵字遂有"无象"或"无相"之意。"无象""无相"虽可谓"无"，然而，似乎又不是"无"字所能界定。"罔象"一词值得留意，它可以打败"知"，以"无知"取得玄珠，显然此"无知"有另类的"知"之功能，所以才可以无知知，以无知得，"罔象"是开启我们进入庄子"无知之知"概念内涵的钥匙。

两种"无知"的故事所以需要被提出，乃因它牵涉到中国哲学史中一组著名的词语："知"与"无知之知"。这组词语的对举在中国思想史脉络中一直有很强的论述力道，僧肇论"般若"与"惑取之知"，王畿论"知"与"乾知"之别，即是显例。但最早提出两种知的分别者，不管以义计或以名计，都是庄子。庄子在《人间世》篇中说到："闻以有翼飞者矣，未闻以无翼飞者也；闻以有知知者矣，未闻以无知知者也。"知与无知之知的分流从此开始。在源头处，庄子即将两种知的分化放在"心斋论"的叙述下定位，我们在后文还会阐释"心斋论"蕴含的"无知之知"的特色[6]。显然，庄子的"无知"是个幌子，为的是导向一种符合更高目的的"无知之知"。"无知之

---

[5] 参见江绍原：《中国古代旅行之研究》（上海：上海文艺出版社，1989），页92—100。
[6] 我们如将"黄帝遗其玄珠"的结构和庄子论"心斋""坐忘""见独"这些重要的工夫论语言相互比较，不难看出前者基本上只是工夫论语言的戏剧叙述，兹不赘述。

知"无疑地也是一种"知",庄子无意将"知"一笔抹杀。

笔者虽然早已注意庄子"无知"与"无知之知"的特殊性,但由于"无知"这个概念还会牵涉到孔子所说的"我有知哉,无知也"那种谦虚的人生态度,以及类似"滑稽""支离"那种 fool 或 trickster 人格原型的议题,这两个相关的议题都当另文探讨,而笔者尚未触及。所以对于一种牵涉到心灵"知"的阶层之理论,当时并没有恰当地加以处理。最近几年,因为诸缘会合[7],对"无知之知"的议题有些较成熟的想法。因而另撰本文,以整合"无知之知"与"体知"的观念[8],借以显示庄子对于"知"的另一种体会。

---

[7] 主要的因缘有三。首先,笔者注意到几位专研分析哲学的学界朋友撰文讨论行动理论与庄子的技艺论之关系,参见方万全:《庄手论技与道》,《中国哲学与文化》,第六辑(2009年12月),页259—286。冯耀明先生对方先生此文提出不同的意见,参见冯耀明,2014年4月16日于台湾清大哲学所演讲稿"Skill and Dao in the Zhuangzi with Special Reference to the Third Chapter on Nourishing Life"。其次,拜读大桥良介教授讨论庄子"鱼乐"的文章,大桥良介,"Self and Person in a Non-anthropological View",2013年11月29日于台湾大学人文社会高等研究院举办之"东亚视域中的'自我'与'个人'国际学术研讨会"上宣读。大桥教授有京都学派与现象学的背景,他的论文提供了另类的视野。加上笔者近年探讨理学工夫论的问题时,不能不面对承体起用的"德性之知"(牟宗三先生所说的"智的直觉")扮演的角色之问题。笔者撰有专文讨论其义,由于内容尚需修改,此处仅能引而不发。

[8] "体知"此概念发自杜维明先生,杜先生在《论儒家的"体知"》《儒家"体知"的现代诠释》《身体与体知》诸文对此概念皆有所阐释,这些文章收入《杜维明文集》(武汉:武汉出版社,2002)第5卷中。

二　神　巫　之　知

"无知之知"是《庄子》一书中重要的主题,"无知之知"是心灵获得某种知识讯息的功能概念,这样的心之功能与所获取的知识讯息和认知心之功能与所获取者的类型不同,它指向了一个独特的意识事件,至少是准意识事件。这样的事件是非认知性的,可深入物之本相的直觉。至于"体知"一词意指体现之知,杜维明先生译为"embodied knowing",这一个概念还有较复杂的内涵[9],但顾名思义,这个概念意指在身体上具体体现的知。由于随着文化传统的差异,或者哲学家个人思想体系的不同,"身体"一词的概念也有很大的歧义,我们只要想到佛教的"法身",道教的"分身",《易经》的"流形",即可了解"身体"一词不见得那么有共识。然而,作为一种不是解剖生理学而是现象学意义的"身体",自马塞尔、梅洛庞帝以来,已非冷僻之谈。杜先生的用法虽然和王阳明的"良知"同调,但和当代的体现哲学显然也有近似之处。

我们且从"无知之知"论起!如果我们稍加分类庄子所说的"无知之知",发现它适用的范围从深层的心气之间的会通,以至于生活世界的人我之间、人与生物之间、人与器物之间的

---

[9] 李明辉先生有较扼要的整理,参见《康德论"通常的人类知性"——兼与杜维明先生的"体知"说相比较》,此文收入陈少明编:《体知与人文学》(北京:华夏出版社,2008),页214—227。

感通，最后还可指向人的生命风格。"无知之知"这个概念横跨的幅域颇广，笔者稍加分类，分为四种。这四种"无知之知"并不是种类之差异，它们是同一种主体概念的不同领域之运作。底下我们将观察庄子所举的故事之内涵。

首先，"无知之知"的语义总难免带些玄妙诡异的韵味，它往往意味着一种不经由言语沟通、理智推论而能洞见他人心意的知，类似"他心通"。这个概念很容易引发我们"超心理学"（parapsychology）或幻怪之学（occultism）的联想，《庄子》书中确实也有这类的例子。这种类似他心通的"无知之知"的概念源于巫文化，庄子与巫文化的关连很密切，此事却常被忽略，这个学术议题需要再受检视[10]。在《庄子》一书中，笔者认为最足以突显此类"无知之知"的章节，莫过于《庄子》《列子》皆言及的壶子四门示相的故事：郑有神巫曰季咸，知人之死生存亡、祸福寿夭，非常灵验，列子见之心醉，归以告壶子。壶子要列子带季咸来给他看相，第一次见面，季咸判壶子必死，壶子却说：这是因为他示之以地文。地文的意思大概是"块然若土地"，表示没生机，庄子说：这是闷无生气的"杜德机"[11]。

---

[10] 笔者曾撰过两文探讨庄子与巫教的关系：《庄子与东方海滨的巫文化》，《中国文化》，第 24 期（2007 年春季号），页 43—70；《升天变形与不惧水火——论庄子思想中与原始宗教相关的三个主题》，《汉学研究》第 7 卷，第 1 期（1989 年 6 月），页 223—253。

[11] 土者，吐也，吐出万物，它常用以象征生命，但土地亦具密藏之意，这也很吊诡地具备了死亡的象征功能。参见 M. Eliade, *Patterns in Comparative Religions* (New York: The New American Library, 1974), pp.250—253。

第二次，壶子示之以天壤。"天壤"大概是天气入土地，生机已萌，庄子说：这是"机发于踵"的"善者机"。第三次，示之以"太冲莫胜"。"胜"者，朕也，朕兆也。庄子说："太冲莫胜"是动态平衡的"衡气机"。第四次，示之以"未始出吾宗"。顾名思义，我们大概知道：此心境显示一种无从揣测、无迹可循的绝妙风光。

上述四相中，前面两相意味着心境与体表有种"表里相映"的关系，"里"会体现于"表"，由"表"可侦知"里"之内涵，"表里论"常见于中医或人伦品鉴的政治学。康德批判的相面术[12]，其理论也接近此义。依据"表"与"里"的对应结构，季咸可由壶子的脸色神情，知道其人之生命迹象。关键在后面两层，"太冲莫胜"的层次与前两层不同，因为已没有"表"可侦测，所以才称作"莫胜（朕）"。无朕兆可寻的前提在于"太冲"，"太冲"一词甚为奇特，依据《淮南子·诠言训》的解释，"太冲"意指一种特殊的身心修养境界："神制则形从，形胜则神穷。聪明虽用，必反为神，谓之太冲。"[13]《淮南子》的解释非常重要，它指出了《庄子》此概念的形体论基础。"冲"意指一种像水般的流动的状态，"太"此词语则意味着一种极高的层次。落实到身心状态上讲，"太冲"意指耳聪目明这种形体的功能被转化了，形体返回至"神"。神者，伸也，形体成

---

[12] 康德著，邓晓芒译：《实用人类学》（重庆：重庆出版社，1987），页 200—209。

[13] 刘文典注：《淮南鸿烈集解》（北京：中华书局，1989），下册，页 488。

为融通一片的流动状[14]。至于"未始出吾宗",壶子表现出来的心灵模式是"虚而委蛇,不知其谁何。因以为弟靡,因以为波流"。这是在活动中保持深根宁极的境界,是种化境,动静一如,无端无相。后世的禅宗与王学文献中,常见到此类叙述,庄子是这类化境叙述的始祖。这种又要深入全体又要主体与全体的气化之流共韵同律的叙述,只能是种理想类型的化境,它被认为是超越一切规定的不可思议,难怪季咸要惊之而走。

壶子与季咸的沟通是超言语的,它是在深层的意识中完成的。季咸是巫者,巫有种神秘的直觉之能力,这种直觉不须透过理智,不须经由言语,即可获得他想要的消息,这种能力类似后世所谓"他心通"。庄子思想和巫教颇有渊源,他不是巫教思想家,但大概不会否认巫具有神秘的能力。在遂古之初的传说时代,巫曾是垄断智慧的智者,时序进入战国后,他们当然已不再享有智者的光圈,诸子百家取代他们的地位。但从庄子的观点看,战国的诸子百家理智用事,以辩论为乐,其心智离未分化的整全远甚。庄子横空出世,应运而生,身处巫风传统浓烈的宋国,他一方面展开对神话(巫教)的批判,一方面也展开对理智思潮的批判。巫者与诸子都有限制,但两相对照之下,庄子或许宁愿选择站在神巫这一边。然而,巫到底层次

---

[14] 文子的话语与之类似,它说"神制形则从,形胜神则穷,聪明虽用,必反诸神,谓之大通。"(《文子·符言》)"大通"是庄子讲述坐忘境界用的语汇,"离形去知,返于大通"(《庄子·大宗师》),文子以"大通"释"太冲",两者正可互训。

还低，他不能深入性命本质，所以当巫者以巫术力量窥伺他人心灵的秘密时，反而被境界更高的壶子反制了。壶子的取名很值得体玩，此语当来自道家的象征葫芦，壶中自有天地，此壶岂是区区神巫所能窥测者耶[15]！

季咸与壶子的"四门示相"的故事内涵很丰富，但其"无知之知"的情节因深入意识深层，属顶尖的秀异阶层（可以说是巫教的精英阶层）的事件，在日常经验中未必常可见到[16]。然而日常的生活经验中，人与人之间不见得没有此类经验。《大宗师》篇记载子桑户、孟子反、子琴张三人"相与友"，他们的"相与友"是"相与于无相与，相为于无相为"，他们能够"登天游雾，挠挑无极，相忘以生，无所终穷"。庄子说：他们三人曾共唱一曲后，遂"相视而笑，莫逆于心"。类似的情节见于同篇的"子祀、子舆、子犁、子来"四个人，他们的友道的标准也是一样的，结果也是"相视而笑，莫逆于心，遂

---

[15] 葫芦的象征参见 Victor H. Mair（梅维恒），"Southern Bottler-Gourd Myths in China and Their Appropriation by Taoism,"《中国神话与传说学术研讨会论文集》，册上，页 185—228；小南一郎：《壶型の宇宙》，《东方学报》，61 期（1989 年 3 月），页 165—221。

[16] 壶子与季咸的故事自然也可以有另外的解读。依现代的认知科学，我们都知道许多非焦点意识所及的支援意识是可以提供许多讯息的，如媒体所报导的神牛、神马之类的聪明动物并没有那么"神"，这些牛、马的神迹其实不是来自牠们的计算能力，而是来自牠们有更精致的察言观色之本能，牠们应当都是"Clever Hans"。季咸与壶子的他心通未尝不可解作季咸、壶子对人的身体语言有更精致的理解。我们的身体时常会提供讯息，但自己却不自知，如有洞明世事人情者，可直觉地领略个中意涵。

相与友"。庄子对世俗的伦常观很有意见,但在后世所谓的五伦中,却非常重视友谊一伦,这点很值得留意[17]。

庄子在《大宗师》篇中,将友道建立在体道的基础上。然而,"相视而笑,莫逆于心"的经验可以更普遍,它隶属生活世界的事件,从文学作品到日常经验中都可见到此事。"满堂兮美人,忽独与余兮目成。"(《楚辞·少司命》)屈原善以言情,而情之透露常是经由非言语的眼睛流波所致。"楚王台上一神仙,眼色相看意已传。见了又休还似梦,坐来虽近远如天。"(《瑞鹧鸪》)欧阳修并非以描绘风花雪月见长的词人,其观察却情切若是。眼色相传的能力应当是普世的,最近偶然读到20世纪爱尔兰抒情诗人理查德·韦伯的诗,也看到类似的题材:"我深思的目光掠过你的脸庞,而你茫然的双眼注视着虚空。我知道我难以启口的一切,均已吐露,却未留下任何痕迹。"[18] 若此眼波,亦即"无知之知"所传达的非语言之讯息,常是扑朔迷离,却又刻骨铭心,它是小说、戏曲中永不缺席的主题[19]。

---

[17] 王阳明之后的儒者极重视朋友之道,朋友一伦在明中叶之后成为儒林活动的地标,"庄子儒门说"也恰好在这个时期发展到了巅峰,这两个现象之间或许有关连。

[18] 近因阅读抒情论述,偶见此诗,恰可作为"无知之知"之证词,引见罗杰福勒编:《现代西方文学批评术语辞典》(沈阳:春风文艺出版社,1988),页224。

[19] 有意者不妨观看金庸小说,尤其是《笑傲江湖》书中男主角令狐冲与女主角任盈盈因故深陷恒山悬空寺灵龟阁,两人全身被绑,动弹不得,只能眉目传情。此则叙述可视为眉眼沟通之经典作,可谓:虽小说之道,亦有可观者焉。

列维那斯（Emmanuel Lévinas）的脸庞哲学也可以说建立在这种非言语沟通的基础上，兹不赘述。

三 "知之濠上"之知

"无知之知"除了见于生活世界中的人与人之关系外，庄子思想之特殊者，在于他主张：在人与动物之间，也可以有"无知之知"。人与动物间的"无知之知"其实也可视为一种"他心通"，但这种用法的"心"之内涵与日常语义所用者不同，我们一般认为"心"的功能有多种，理智总是其中主要的一种，但生物很难说具有类似人的认知或自身反思之能力。虽然在东方思想中，常有泛心论或宇宙心之论，庄子未必不能接受泛心论的解释。但为突显"无知之知"的重层向度，我们将人与动物的感通而知的因素独立出来，视为较人间世界的感通论更进一层的"无知之知"论。所以说更进一层，乃因人与人的非言语感通在理论上虽然玄秘，但却是人文世界的事实，它仍是人伦境界的事件。但人与万物或包含动、植物在内的生物之感通而知，这样的事件不属人伦领域，而是进入与自然交会的领域，这种事件的性质进入美学或形上学的领域。

论及人与动物的感通能力，我们有理由相信最可无言相通者当是基因组合与人类的基因排序相近的猩猩、猿猴，或与人类长期共同生活演化的猫、狗等动物。然而，庄子的"无知之知"所以能够成为重要的美学或形上学议题，其源头却是源于一条鱼的启示[20]！庄子之前，孔子、老子虽都已说过不言之教的论点，他们两人的不言之教的论点确实都带有浓厚的形上学或美学的内涵，孔子的"天何言哉！四时行焉，百物生焉"之说尤具悠远、闲适的韵味。但孔、老之语都是个人的造道之语，于理论之主张则是点到为止，不像庄子借着庄子、惠施两人的观鱼之举，将此义宣之于天下。

庄子在濠梁上看到的这一条鱼传达了如下的讯息：在以理智为中心的认知、辩论、意识形态之外，还有另一种类型的知。既然庄子喜欢运用寓言拓展论域，我们依样画葫芦，不妨再度反思底下这则有名的濠梁之辩的故事所说为何：庄子和惠子在濠梁之上，共同观赏桥下的鯈鱼。庄子叹道："鯈鱼出游，真是快乐。"惠施反问道："你不是鱼，怎知鱼快乐？"庄子再反击道："你不是我，你怎么知道我不知道鱼乐。"惠施跟进道："我不是你，所以不知道你；你不是鱼，所以你也不知道鱼，故事不就是这样吗？"庄子最后说出底下这则名言以反击之：

> 请循其本！子曰"汝安知鱼乐"云者，既已知吾知之而问我，我知之濠上也。

---

[20] 濠梁上的"游鱼"和北溟的"鲲"，可能是先秦思想史上最著名的两条鱼，濠梁之鱼观自在，东海之鲲论转化，两者一小一大，分别带领学者进入庄子的玄奥世界。

这则对话非常隽永，它是《庄子》书中极吸引人注意的一段美文，各种讨论都有[21]。笔者认为："请循其本""知之濠上"这两语是问题的关键。

此则寓言终结于庄子的评论，我们不知道惠施最后如何回应。由于文章是庄子写的，文章的结构颇容易引发人"后息者胜"的想法，庄子似乎被视为辩论的赢家。但很明显地，惠施对庄子的每一句质疑都是合理的，都符合日常经验。"乐"是情感的语汇，观者观鱼，有"乐"之感，一般人也可以有这种经验，所以乍看之下，读者很容易接受庄子的叙述。但惠施的反驳如何能被驳倒呢？我们如何确定与人异类的鱼也有"乐"呢？作为人类感性的属性之"乐"为什么可以运用到非人类的物种上去呢？即使鱼真的乐，庄子又如何跨过物种的差异，知道鱼乐呢？如果"他人之心能不能理解"是个麻烦的哲学难题，难道"鱼之乐能不能理解"就会比较轻松吗？庄子还是很公正的，他给他的老友充分质疑的机会。文章虽然终止于庄子下的按语，不免予人球员兼裁判的联想，但整体的叙述并没有一面倒地倒向庄子这边。

庄子与惠子的辩论很难说对错输赢，因为两个人所看到的

---

[21] 参看张亨先生：《从"知之濠上"到"无心外之物"——戴静山先生〈鱼乐解〉述义》，收入《思文论集——儒道思想的现代诠释》（台北：台湾大学出版中心，2014），页433—452。颜昆阳：《从庄子"鱼乐"论道家"物我合一"的艺术境界及其所关涉诸问题》，《中外文学》第16卷，第7期（1987年12月），页14—39。

鱼不一样，所用的"知"不一样。惠施的论辩很有理路，庄子却没有顺着惠施的理路回答，他走上了一条独特的道路。当庄子说"鯈鱼出游从容，是鱼之乐也"时，他这种报导是建立在未经反思的经验之基础上，是前于诠释的。用佛教的话语讲，也就是其报导乃是"现量"的语言。但庄子的"前于诠释"事实上有种"前诠释"的向度，有另类的理解的功能，因为早在观者意识地领会鱼乐之前，他早已不自觉地体会到鱼乐了。知道总在领会之后，事实早已存在理论之前，当观者还没下明确的判断前，他其实已非反思地体会了鱼的性质，鱼与观者之间早已讯息相通了。所以经过一连串的争辩之后，庄子说他所以知道鱼乐，其知的来源乃"知之濠上"，亦即他站在濠梁之上时，就知道了。庄子虽然和惠施不断对话，但他似乎一直依循自己的理路思考。

儒、道诸子常透露出一种前表达的知，这种前表达的知不只见于人与人之间，它也见于人与生物之间。庄子的"知鱼乐"之观点是儒、道通义，并不是他个人的创见，在日常生活中，这种经验也不难找到。《世说新语》记载简文帝曾慨然叹道"会心处不必在远，翳然林水，便自有濠濮间想也。觉鸟兽禽鱼，自来亲人"[22]，简文帝是位通玄之士，他的话语很明显地是给庄子与惠施之辩下一转语，但我们也有理由说：他的赞

---

[22] 刘义庆撰，刘孝标注：《世说新语·言语》（台北：台湾商务印书馆，四部丛刊初编缩本，1979）卷上之上，页38。

叹只是报导了常人常有的经验而已。问题是：这种经验如何解释？

解释的方向或许可以将理解鱼乐不乐的问题视为他人心灵（other minds）的老议题下的一个变项，在如何理解他人心灵此议题上，我们可以设想几种解释。一种常见的解释是类推。我们因为自己有过某种经验，所以类推他人也有这种经验。孟子说过："他人有心，予忖度之。"顾敻《诉衷情》："换我心，为你心，始知相忆深。"不管是公谊或是私情，不管就道德的养成或就知识的扩充来说，类比常被视为是一种认知的方法。然而，在"莫逆于心"的例子上，我们很难确认两人拥有共同类型的经验，所以他们彼此可以类推而得。就通常的例子来看，我们相视而笑时，并没有经过一种推理的过程。在"知鱼乐"的例子上，我们更没有任何理由说：这种感觉是经由推论所得。

另一种可能的解释是"移情"作用，"移情"之说原出自德国美学哲学家李普斯（Theodor Lipps, 1851—1914），朱光潜先生将此概念引进中国之后，也曾被广泛地运用。"移情"之说用以解释人对生物或自然的情感颇能自圆其说。因为我们一方面很难相信山水有情，草木有意；但一方面我们确实又常觉得"好鸟枝头亦朋友"（翁森，《四时读书乐》）、"我见青山多妩媚"（辛弃疾，《贺新郎》）云云。在日常生活中，自然物的有情与无情这两组情感现象都是常见的，但摆在一起并观，不免矛盾。然而，我们如采取"移情"的解释，亦即原本是观者的情感，因为其美感的作用，自然移之于无情的山水花鸟等自然物上去，所以一切有情、无情都拟人化了。所以上述这组乍看矛盾的情感现象就不再冲突了，"移情"说不失为一种说得通的解释[23]。

"移情"之说较之"类比"之说，比较符合经验。然而，"移情"之说其实并没有比似乎什么都没有解释的"当下"之说更合理，因为"移情"之说仍预设了"情"只有在主客分立下的"主体内部"才拥有的性质。"情"是人才有的属性，但人有"同情"的心灵功能，所以人与物交涉时，很容易将自己的情感投射到外物上去。当学者处理语义扩张的问题，或处理所谓的原始思维的问题时，"移情"的现象很容易被提出来。然而，"移情"之说预设了主客对立的前提，也预设了"情"的纯粹内在性，这种提法其实不是那么符合原初的经验，它不见得可以当成反思的起点。事实上，"移情"说对于"情"如何移，并没有太多的解释，一个"纯粹内部的情移到对象上去"的问法本身更是个会被质疑的前提。

绕了一圈，我们不妨考虑大桥良介教授提出的"无知"之说，大桥教授解释庄子"鱼乐"之知的问题时，他针对"类比""移情"诸说，一一反驳，然后下结语道：庄子只能以"无知"知！如果庄子知道，就永远不会知道；正因不知道，

---

[23] 朱光潜解释庄子与惠施的濠梁之辩，即用"移情说"解释，参见《文艺心理学》（台北：台湾开明书局，1959），页35。

所以知道。大桥教授的"无知"说理趣十足，带有很浓的东方味。我们如果接受庄子的鱼乐之说具有"知"的涵义，但又不接受"类比""移情"之说的有效性，那么，另类之知——包含以"无知"知之——的提法很容易就浮现上来。但或因会议论文的缘故，为何只要"知"，即不可能知道鱼乐；只有"无知"，才可知鱼乐，大桥教授并没有作更充分的解释。

无法以"知"知，这句话可能意味着不可知论的立场。通常我们会说有些宗教领域的事不可知，或有些形上学的疑惑属非理智思辨所及的领域，如佛陀的"十四难"：如来死后有没有灵魂？生命是身体还是不是身体？时间有限抑无限？世界有边或是无边？这类的问题皆是[24]。康德划下人类理性的范围，不准越界探询不可知的形上学谜题，与佛教所说虽然不属于同一种思路，但倒殊途同归。"不可知"也可能意味着：一切非"知"所及的生活世界的领域，它或许指向不是理智处理的范围，如情感、美感、信仰的领域，人处此际，鉴赏能力或共感能力可能更重要。当然，庄子所说的"无知"也有可能指向一种另类的知，亦即"无知之知"，它被认为是人类具有的一种更高一层的知，因此，不属于上述所说的范围。

---

[24] 上述的四个问题铺陈成十四个质疑，即"十四难"。因为据龙树所说："诸法有常无此理，诸法断亦无此说"，说"常"说"断"，皆落一边。"十四难"语出龙树：《大智度论》，《大正新修大藏经》（台北：新文丰出版公司，1985），第25册，第1059号卷2，页74。《大智度论》对"十四难"的解释又本之于《杂阿含经》《中阿含经》等原始佛典所说的"十四无记"。佛说对思辨形上学的排斥让我们联想到康德的立场。

如果我们对《庄子》文本不陌生的话，应该可以猜测他在濠梁上的知是"以无知知"，此种"无知之知"应当指向了另类的但也是更高阶的"知"。如果"无知之知"既不推论，也不移情，亦即它不经由时间的历程而得，那么，我们很快地就会回到探讨的原点，庄子所说的"无知之知"只能是"当下的知"。"当下"一词在后世禅宗与理学文献中常见，其义此处姑且不论，但如只取日常语义用法，一样够用了。如果此语取空间隐喻的话，它意味着一个没有展延性的点，就在此点上，一个贯穿主客（也就是包含观者与鱼在内）的"全体"的关系呈现了，这样的现象该如何解释？是否意指当下即是终极的，不可再往前推论？就像禅僧喜欢说的——"拟议即乖"。

然而，就实践而言，或许拟议即乖，后世禅师的警告是有道理的；但就知识的探讨而言，却不能不拟议。我们如要探讨庄子"无知之知"的特殊性，即不能不介入拟议的行列，亦即不能不涉及庄子思想的构造。关于庄子的无知之知，前代的注家几乎都认为：这种现象不是现实边事，而是原初之事，所谓的"原初"状态，自然不是时间意义的"原初"，而是本体论意义的原初，简言之，"当下"意指直觉之知，而这种直觉之知是奠定在庄子设想的性命之学上的[25]。前贤注解《庄子》的

---

[25] 如成玄英云："能虚其心室，乃照真源，而智惠明白，随用而生。"这些句子虽是注"此无知知者也"此句后的"瞻彼阕者，虚室生白"，但意思是一贯的。成注引自郭庆藩辑：《庄子集释》（台北：河洛图书出版社，1974），页151。

性命之学带有浓厚的超越论的返本开新之格局，这种由俗返真→依真化俗→真俗圆融的构造自有深意，也足以成说。

然而，笔者认为庄子的答案"知之濠上"不一定要采超越论的解释，庄子要惠施回到言说之"本"，他说的"本"乃是"知之濠上"的当下。我们可以设想一种符合原初经验的"本"，"本"乃是站立在桥上观鱼的、未经反思的人之存在，这样的主体是形气虚灵的主体，"形气主体"表示主体在"形气"的作用下展现，"虚灵"意指主体容物且与物交流的状态，所有个体都是通透流动的。所以一种没有受到干扰的精神经验，不可能是纯粹私人性的，它虽然以个人意识为中心，但其底层却通向于周遭的具体情境。非意识的气化的整体论是庄子哲学的基本立场，也是他提及的人的主体之本来面目。和程朱"天理森然"的世界图像以及原始佛教"涅槃寂静"的世界图像相比之下，庄子更重视的而且也是最具特色的，乃是它呈显了一种波动的世界图像，这种图像突显了一种气化的连续性之整全。

庄子的"个体"乃是在这种气化的连续体上面暂时集结的模态，个体当然都有差异性，但个体也是相通的，其不可测的底层更是通透的，个体即是"流形"。流形者，流动性的个体之谓也[26]。人以外的万物，原则上都可以与世界相通，而事实

---

[26] "流形"一词出自《易经》"品物流形"，晚近因上海博物馆楚简《凡物流形》的公布，此概念再度受到重视，此概念的内涵参见黄冠云：《"流体"、"流形"与早期儒家思想的一个转折》，《简帛》，第 6 辑 (2011)，页 387—398。

上却不能通，因为它们的存在受限于它们的生理—物理机制，它们的存在就是它们的本质，它们只能封闭于"自存"的构造，而不能有"自为"的性格。人原则上即与物相通，因为人心固然不似万物之心，人身也与万物的躯体不同，人的身心是互纽交织的有机体，它是彰显意义的光源，形气主体即是虚灵感通、与物共在的主体。就理想的"原初的"状态而言，任何人都具备了这种知，"知鱼之乐"其实是最接近原始经验的报导[27]，庄子反驳惠施的质疑道：你既然问我"汝安知鱼乐"云云，这不表示你已知道我知道了吗？

庄子的反驳不是出自辩论的技巧，故意显示智者的机智。我们都知道：常与人斗智为乐、能服人口而不能服人心者，惠施这些名家人士反而比较有这种行为倾向。庄子只是再度确认原初感觉的真实性，当语言、辩论还没有介入之前，两人其实已分享了"与鱼同乐"的氛围。这种氛围体现了一种极深的洞

---

[27] 据说海德格1930年10月在德国不来梅市作《真理的本性》的演讲，第二天又在克尔勒家中举行座谈，观众对海氏"真理即开显"之说，多感不解。对"人能把自己置身于别人的地位上"之说，尤感困惑。海德格乃向主人借了马丁·布伯选译的《庄子》德译简本，朗诵了其中的一段。海德格朗诵的即是庄惠濠梁之辩的故事，海氏借此故事解释人的主体性与间主体性（intersubjectivity）在Dasein中所产生的作用。据说：在场听众相悦以解。参见张祥龙：《海德格思想与中国天道》（北京：生活·读书·新知三联书店，1996），页451—452。周春塘：《海德格与庄子——一个超越文化的哲学问题》，《王叔岷先生学术成就与薪传研讨会论文集》（台北：台湾大学，2001）。海德格此篇演讲的内容并不难理解，他引濠梁之辩以喻之，恰可沟通两方，可谓善解。

见，围绕着"鱼游"的存在场域的一切事物完全被这种氛围所渗化，这是未经减杀的完整且原初的经验。只因这种原初的经验无法概念化，而且人格的成长通常会抹杀或减杀这种原始的洞见，大家有了"成心"。所以体道之士才需要透过"聪明虽用，必反为神"的逆返工夫，将"成心"化为"初心"，才可以于鱼见其乐，于物皆与之为春，于友则彼此相视而笑，莫逆于心。如果没有层层累积的"成心"，世界的真相就是游目流注鲦鱼出游的当下，这种呈现真相的当下乃是不可反思的当下。

四 "无知之游"之知

在"濠梁观鱼"这个未分化的原点处，无知之知起了极大的作用。无知之知的"知道"不是反省语汇，而是"即身"的语汇。在观鱼的物我关系中，去己，去意，去情，诸缘不攀，气通内外，身体成了带动旋转的道枢之枢，天均之均。它以忘我的身姿召唤了四周的氛围，有形、无形的意义的汇聚者。然而，庄子的"无知之知"之概念不仅用于静态的游观，我们看到庄子也将此机能用到至人的行动上，且看下列这些语言所述：

    1. 泰氏，其卧徐徐，其觉于于；一以己为马，一以己为牛；其知情信，其德甚真，而未始入于非人。(《应帝王》)

2. 鸿蒙曰："浮游，不知所求，猖狂，不知所往，游者鞅掌，以观无妄。"(《在宥》)

3. (儿子) 动不知所为，行不知所之，身若槁木之枝，而心若死灰。(《庚桑楚》)

第一段话的前言是"啮缺"与"王倪"对话的故事，啮缺问了王倪四个问题，王倪皆不回答。四个问题的故事在《庄子》其他篇章中出现过[28]，《庄子》一书的文脉虽说不易追踪，但前后呼应的篇章还是不时可见的。个中细节姑且不论，但结果是很典型的庄子文本之结尾：不回答或不知回答者，才是真正的答案，不知即知。在《应帝王》篇的文本中，啮缺将王倪四不答的事告诉了其师蒲衣子，蒲衣子引上古两位帝王舜与"泰氏"对比，证明帝舜之聪明不如泰氏之噩噩，不知才是对的。蒲衣子所说的"泰氏"值得注意，"泰"同"太"，庄子喜用"太"字描述一种原初的状态，如"太一""太初""泰始""泰清"等等皆是。"泰氏"此传说中的古帝王当是一种神秘的时间原点的人格化。这种时间原点的原初之人活在浑然未分的世界，他的知觉与生理的韵律一致，睡时安稳，醒时无知[29]。

《应帝王》篇这则记载的内容在《在宥》篇也有好几则类

---

[28] 见《齐物论》"啮缺问乎王倪"一节。
[29] 司马彪曰："徐徐，安稳貌。于于，无所知貌。"见郭庆藩辑：《庄子集释》，页289。

似的载录,事实上,我们可以说在《庄子》许多篇章中都可找到相应的和声,引文第二条只是一则较为人熟悉的案例。"无知之知"的概念在《应帝王》篇是以"泰氏"的型态显现出来,在第二则引文的《在宥》篇则以"鸿蒙"的面貌出现。鸿蒙者,自然元气也[30],"自然元气"指的是太初的状态,鸿蒙明显地是另一位泰氏。庄子歌咏的圣人的人格型态常是非时间性的人间漫游者,甚至是宇宙漫游者,泰氏如此,鸿蒙也如此。鸿蒙的行动不知所求,不知所往,他是位"以观无妄"的"游者"。"无妄"不免令人联想到《易经》的《无妄》卦,纵使这两个词语没有关连,但庄子相信"不知"的价值。当游者以"不知"的行为模式行于世时,他所知所为反而更接近真实,所谓"无妄"是也。相反地,当他"知"时,反而距离真实更远。在引文后面,鸿蒙还更进一步宣扬"若彼知之,乃是离之"的"反反思论",因为"反思"造成了主体与身体的分裂。"无妄"一语令我们联想到《中庸》以及《庄子》书中一再出现的"诚"字,"诚""真""无妄"这些带有浓厚儒家色泽的概念在《庄子》著作中也不陌生,这样的现象似乎不是巧合。

第三条引文出自《庚桑楚》篇,此篇提到老子的徒孙南荣趎向老子请教"卫生"的道理,老子跟他提到能达到最高段的卫生之经的人就如引言所示,乃是虚化自己、没有目的性的"至人","至人"就是能像"儿子"般的人。老子告诉南

---

[30] 司马彪的注解,引见《庄子集释》,页386。

荣趎的卫生之道有三个阶段，但不管哪一个阶段，卫生之道都是要去除行动的目的性，"行不知所之"是共同的要求。这样的至人好像退回学习之前的阶段，篇中的老子事实上即以"儿子"比喻修养至高者。婴儿是道儒两家常用以比喻完美的人格状态，这种"复初"的人格型态学反映了"复初"的工夫论格局。

类似"泰氏""鸿蒙"这样的圣人在《庄子》书中不时出现，他们是非时间性的原初状态性质之拟人化，所以庄子也用"儿子"的比喻喻之。这些原初状态之人位居气化浑然的时间原点，他们虽已入变化之流，但与原初的和谐并未断裂。除了这种"原始时间"的圣人造型外，庄子也喜欢运用神话中的人物作为无知之游的主角，从东海仙岛的姑射仙子到西方昆仑仙山的堪坏、西王母，从春季使者的谆芒到各个不知仙乡何处的至人、神人[31]，他们活动的模式似乎就是"游"，为游而游。这样的圣人的行为就表象来看，简直是失智者，他们以没有目的的行动作为行为的目的。就像谆芒歌咏的"德人"，他们"居无思，行无虑"，他们的意识结构中没有"为什么"的因素，我们如称庄子具有"反智论"这样的态度亦无不可。

上述这些语言所述的至人形象或来自哲学概念的拟人化，或来自原始的宗教象征，或来自神话人物，但形象非常一致。他们纵浪于天壤之间，仿佛是宇宙的游民。他们没有特殊的日

---

[31] 姑射仙子、至人、神人见《逍遥游》，堪坏、西王母见《大宗师》，谆芒见《天地》。

用，而且竭力宣扬"无用"的价值；他们不知道自己行为的目的，一种无名鼓动的气机接管了知觉活动的辨识功能，他们因游而游。但庄子显然不会将这种宇宙游民当作社会的"街友"，这种宇宙游民被视为道的体现者。

上述引文中，"游"字及其意象不断出现，"游"字值得注意。此字造字原为旗帜在风中飘荡，"游"字不管从辵部或从水部，不管是"遊"或是"游"，它们都带有无特殊目的性的状态之内涵。先秦重要的学术术语大概多为名词所垄断，"游"此状态词却在先秦儒、道两家思想中占有一特殊地位。"游"不是伦理语汇，但孔子很重视此字，他曾说过"游于艺"此名言，《礼记·学记》也曾以"藏焉，修焉，息焉，游焉"作为君子之学的标准。在强调伦理的绝对价值的儒家体系中，"游"这种指向主体自在游动状态的语汇居然可以脱颖而出，成为圣人礼赞的词语，这个现象是相当特殊的，"游"字蕴含了道德与美感衔接的秘密。

庄子是继孔子之后，另一位赋予"游"字重要意义，也可以说大幅扩大"游"字意义的哲人。"游"状态的人被他称为"天民"[32]，天民可以说即是天之游民，这种人可以视为对"知"、对"有限的目的性"、对"有用"的人生观的批判者，

---

[32] "天民"一词出自《庚桑楚》篇，"天民"是能达到"宇泰定者，发乎天光"的人。庄子此处的"天光"意指形气主体的朗现功能，其意与人的理智作一对照，向、郭注云"德宇泰然而定，则其所发者天光耳，非人耀"，光—耀对照犹无知之知与知之对照，向、郭注无误。

"天民"者乃"畸于人而侔于天"者也。在庄子使用的语汇中，天常和光、无知、大知、无用等性质连结在一起；人则和耀、理智、小知、有用等概念连结一起。大体说来，后者是方内之人的范畴，前者则可谓方外之人的范畴。方内之人遵守的是此世内的规则，他的主体如不是受限于理智，要不然，就是受限于特殊观点下的意识形态。相反地，方外之人是不受限于特别立场的世界公民，也是不受限于理智作用的自由人。

"方内""方外"是庄子提出的有名划分，这种借助空间隐喻以划分两种价值的设计，在思想史上有相当重要的意义，庄子可能是中国哲人中首先提出此一区分的思想家[33]。两种不同价值的区分在《庄子》一书中常可见到，小知—大知、小年—大年、人—天民等等皆是，它们都是"方内—方外"此组语的衍生物。这群组语的关系可从矛盾论或包含论解释之。矛盾论的解法是认为每组的对应概念是矛盾的，"大知"为真，"小知"为伪；"人"为伪，"天民"为真云云。包含论则认为两者不是断裂的关系，而是后者包含了前者，两者的差距是价值等第的高低，而不是对反。笔者相信《庄子》书中矛盾论与包含论的用法皆有，但包含论应为主轴。因为依据庄子整体思想定

---

[33] 参见余英时：《论天人之际：中国古代思想起源试探》（台北：联经出版公司，2014），页118—119。除了"方内—方外"，另一组具有同等影响力的词组是《易经》的"形而上者谓之道，形而下者谓之器"的"形而上—形而下"，但《易经·系辞传》的年代目前仍难取得较大的共识。

位,他主张的是圆融的整体观,"方外""无知""天民""大知"云云,都是代表一种更真实圆满的存在状态,但他们的圆融如果没有对现实层次的事物、行为、价值项之转化,其圆融即是空洞抽象的圆融,事实上既不圆也不融。

包含论的假说是依庄子整体的思维模式导引出来的,庄子设想中的宇宙实像是以"天均"的隐喻出现的。道在世界的行动是有轨迹的,它在世界的运动像是只不断涌现、不断轮转的陶均。在这种以动而不动的中心所带出的运动中,因为运动是圆周的运动,所以所有的物(事、法)在某一个观点下都是可以成立的,也都是可以互换的,此东西之所以相反而相成。换言之,一物之成都是要建立在整体轮转的全体性上下判断的。在以道之全体为背景下,无物不可,亦无一物可;无物不然,亦无一物然。庄子常被批评为"相对主义"者,如果我们从方内(所谓的世间法)的角度来看,确实许多价值(即使不是全部)都是相对的,同时因地因人而不同,而且从更高的观点看,这些判断都不见得能自圆其说,庄子所谓:"天之小人,人之君子;人之君子,天之小人。"(《大宗师》)

然而,庄子之所以提出世间论断多为相对之事,乃因他已超越于相对之上,他的意向返身进入一种非定点的视野。当意向不落于特定的目的时,即对任何目的皆无判断;当无观点(视角)的意向成为行为的意向时,所有的对象即平铺为同质性的浑沌。天民的行动的中心不落在意识里,而是落在非意识的一种气机之鼓动,气机鼓动是动态,气机不在整体之外,而是穿透了整体。"无知"因此不能不预设非认识型的"全体之知",宇宙游民明显地是天均的体现。

庄子常借助萨满（巫师）登天游雾的形象以喻至人之姿,因为在宗教人物的形象中,巫师的离体远游,显示了无比辽阔的行程,纵浪天壤比较容易显示无方所、无目的的自在感。秦汉后道教的仙人常以下棋、投壶、博弈的形象出现,笔者相信庄子的至人意象应是这些仙人的祖型。然而,庄子的天民与后世道教的仙人或今人特别推崇的自由人格其实有重点上的差异,这也是我们这一节不能不论的一个问题：一种活在即身、非反思的人格之行动有何"知"可言？笔者尝试回答道：庄子的天民之逍遥自在,其行为所以能够被设定体现了一种更高的"知"之精神,乃因当天民以无目的性的方式纵浪大化时,这样的行为脱离了一切"特定性"的因素,无知才可摆脱知的定向作用,天民以无方、无所、气机圆转的游之状态合于道之整体性运转。然而,整体不离部分,全体之知如落实于具体的人生,它不能不通过具体的知,以朗现人身辐射出的理性作用,它是非认知性的"无知之知"。

五 技艺之知

天民之游的"无知"状态非常明显,"游"总是非对象性的。"游"字通常被视为中国美学的核心概念,当魏晋士人从两汉强烈的政教伦理之网中游离出来,往外发现到自然,往内发现到美感的主体时,"游"字的重要性也同时突显出来,而"无知"与"游"的关系也跟着显题化[34]。然而,天民之游多少是要有些物质条件的基础的,即使精神之旅也要有从容余裕的生活空间为前提,我们很难想像:多少人可以过啮缺、泰氏、姑射仙人那样的生活?庄子哲学是具体哲学,他强调消融超越于当下,内七篇的结构明显地是人间生活的展开。庄子的"无知"之殊胜处不仅在至人之静观万物或至人之登天游雾,而是在他的"乘物以游心"中的主体之状态。

"乘物以游心"一词连接了"物"与"心",庄子重视"心",重视"游",这是相当清楚的事,"心""游"两字连接,《庄子》一书遂有了"心有天游"一词,以表示主体之逍遥境界。然而,论及庄子的游之精神,我们不能忘掉虽然庄子始终坚持:"游"不能限于"物",但不能离"物";就像"天"不能限于"人",但不能离于"人"一样。放在庄子两重"知"的概念上讲,也就是"大知"不能限于"小知",但不能离开"小知"。论及庄子的大知、小知的关系,最具代表性的叙述当是庄子论技艺之知所呈现出来的两种知之模态。

《庄子》在现代中国哲学史家的著作中,曾长期被视为主观唯心主义的代表。"主观唯心主义"一词虽然是现代使用的学术术语,但通其义后,笔者倒觉得这样的标签放在中国长期的庄学诠释传统中看待,仍有部分的解释力道。因为从魏晋

---

[34] 向、郭注《庄》,批判"知"甚厉,就这点而言,其注解是符合庄子旨趣的。

后，庄子常被视为获得"逍遥"的一位真人，而逍遥乃是明至人之心也[35]！也就是他体证了主体自由的精神。而至少从李唐以后，《庄子》又常被视为悟道之书，而庄子所悟之道乃是天道性命消息的宗教真理，成玄英的《庄子》疏就是这样解释的。在以往社会主义中国哲学史家的分类中，不管是魏晋的名士或唐宋的道士透过《庄子》所折射出来的世界，不折不扣即是主观唯心主义的型态。

然而，论者如果以"主观唯心论"一词定位庄子，他马上会面临《庄子》文本一个很重要的主题的挑战：《庄子》一书提供了中国哲学典籍中最丰富的技艺论的资料，而且此书所呈显出来的技艺论中的人物时常是下阶层的人物。这些人物可能是位捕蝉的老人，可能是位驭马的马夫，可能是位划船的水手，可能是位制器的木匠，更有名的是位善于屠牛的厨师。这些人物的出现是否意味着颠覆体系的社会批判？由于庄子时常发出强烈的阶级批判之声，他本人处于贫穷窘境的机会大概也不会少，所以世人有此解读是合理的。但笔者倾向于认为他选择这些下阶层的人物作为技艺论的主角之用心大概不在彰显阶级意识，而是这些技艺都是要经由长期的操作习练，乃能有成。连结书中各个故事的主角的线索是"劳动"的概念，而不是"阶级"，"劳动"与"阶级"这两个概念在当代社会当然也

---

[35] "明至人之心"是支道林逍遥义的要义，支道林提出此命题以反对向、郭的现象论之自由观，向、郭与支道林逍遥义争辩可视为魏晋时期名士玄理与教下玄理之争。

常连结在一起的,同样是左派的当令词汇。所以我们如果从"劳动是人的本质"此观点着眼,至少我们可以承认庄子是具有符合左派精神的劳动意识的。

阶级意识、技艺与劳动的关系在当代的庄子学研究是个不时会被人提出的议题,本文的重点不在此。"劳动"的问题在古希腊与古代中国都出现过,希腊社会的劳心与劳力阶级之分,以及劳动价值与知识价值的强烈区分,都是明显的例子。而在儒家传统中,也常有"劳心"与"劳力"对举的叙述。孟子的"劳心者治人,劳力者治于人"(《孟子·滕文公》)之说,在20世纪的中国政治领域,几乎被视为反动的代名词。在19世纪,"劳动"一词已成为一个时代重要的课题,马克思即把"劳动"和"人的本质"连结起来讨论,"劳动"一词和主体的建构息息相关。笔者所以将劳动的问题带上议事台上来,乃因庄子的技艺论论述中,劳动与知的关系是核心的议题,而庄子的"知"的问题之核心恰好落在主体论上。透过了技艺论中的"劳动"性质之分析,我们或许可以更进一步确定庄子"无知之知"的内涵。

庄子论技艺的故事散布在全书中,尤其集中于《养生主》与《达生》两篇,观其篇名,也可理解庄子将技艺论放在"生"的架构下展开,这是个值得注意的讯息。前代注家注解庄子的"养生""达生"之"生"字,多认为其意乃为"性",这样的注解自然无误。但更恰当的理解当是庄子的"性"与"生"难以区隔,庄子自有一套通贯生命与精神的哲学。他对当时曾流行一时的"养形"的哲学主张不会有多高的评价[36]，但这无碍于他的性命之学是透过生命的行动展现出来的，所以"生"不能不养，其义下文还会触及到。在《养生主》与《达生》篇的众多故事中，《养生主》的"庖丁解牛"一节更是普受后世学者注目的故事。庖丁的牛是儒家与道家工夫论的原型，它不但频频出现于道家文本中，在后世的理学与技艺论述中也不断出现。它与后世禅宗"十牛图"的牛，合构成中国哲学史上最重要的两头牛。

"庖丁解牛"这则故事描述一位宫中御厨向"文惠君"解释他长期解牛的过程，他先是一位生手，屠牛时牛刀的折损率甚高，但经由长期磨练后，技巧日进，终于达到"神乎其技"的境地。这位大师级的厨师说他解体一头牛时，恍如参加一场丰盛的祭典，全身弥漫音乐的节奏。等奏刀完毕后，此牛"如土委地"，瞬间瓦解。这位名为"丁"的厨师随后擦拭屠刀，游目四顾，为之"踌躇满志"。庄子善于说故事，他常以说故事代替哲学论辩，"庖丁解牛"这则叙述颇有后世说书人的趣味。庄子的重点当然不在说故事，也不在屠牛，而在"屠牛"此象征事件背后的蕴含。

"庖丁解牛"的故事非常有名，我们不妨罗列下列要点，观看以滑稽荒唐著称的《庄子》文字背后的旨趣到底为何。首

---

[36] 当时的"道引之士、养形之人"作的工夫是"吹呴呼吸，吐故纳新，熊经鸟申"，见《刻意》篇。庄子评价这样的工夫，当然不会给予太高的地位。

先，庖丁解牛要经由长期训练的过程，他的屠牛技术才可出神入化。其次，他的出神入化的表征见于屠刀不折，因为"无厚入有间"，有形的刀变成无形的尖器，看似无缝的全牛却是处处呈现孔隙的"有间"。第三，他的出神入化的表征也见于他的身心之一体化，他的身体各部分相互调和，意识活动与生理节奏恍若一体同流一般。第四，虽然身心一体化，但庖丁解牛时，全身却处于精神高度集中的状态，他的感官凝止于特定的点，而"神"开始流行，亦即"神"代替"官"（感官），或者该说，接受了"官"的功能成为运作的主体。

我们观"庖丁解牛"，无异于观摩诘居士幻华示相，庄子借这位可能是幻构出来的伟大厨师，向我们宣示一种华夏的身体哲学。庄子告诉我们：具体的人间生活是由技艺穿透的生活，技艺是人与物之间的黏着剂。人透过了技艺的事件，所有的物全化为意识结构中的项目，"物"成了人文世界的一环。这样的"物"用《易经》的话讲，就是"器"。方以智说"盈天地间皆物也"，此句话稍加转译，即是"盈天下之物皆是与主体共游之器"，王夫之所谓："天下惟器而已矣！"[37] "器"一词比"物"更带有人文精神的内涵，"器"不是洪荒世界之物。真实的人生不可能只是观赏式地游物，而是要创造之，介入之，进而与物共化之，也就是"乘物以游心"。

---

[37] 王夫之：《周易外传》，《船山全书》（长沙：岳麓书社，1998）卷5，页1028。

庄子铺陈"乘物以游心"的概念，他很务实地从现实的认知、现实的感官、现实的主客磨合开始，"磨合"意味着有"磨"有"合"。在中国传统的形—气—神的主体观或者海德格的"在世存有"的概念中，人与世界的共在是个不言自喻的前提；但人与世界相对而非同一，这种原始的间距也是不言自喻的前提。人与物泯合共在与原始区隔，两说同时成立。由于原始区隔是人的存在的前提，所以落到具体的人间活动来论，心对物的认知因此是难以逾越的程序，主体透过了认知，泯除了物我的间距。从另一方面论，物有"理"才可以呈现被认知的架构，庄子称这种物之理为"天理"。庄子的"天理"可依主体的状态而上下其讲，但其根源意义乃内在于物的可知性，这样的结构是很清楚的。庄子的技艺论因此可说始于感官知觉对物之理的体认、吸收，进而发为行动。技艺是一种"因""循"物，也是"依"乎天理的行动，这种行动是经由主体而符合"物理"，主客同步完成的事件。庄子奥妙的技艺论始源于很具体的现实，它出自日常的经验。

然而，"感官—认知—物理"这样的模式只是一般匠人的层级，它不可越过，却不宜驻留。庄子的要求是要由技进道，在具体的人生活动中体证道之流行。庄子描述这种由技进道的过程仍然相当具体，我们看到他描述庖丁如何驯化感官，让感官凝止于一点，如如不动，然后一种名为"神"的直觉活动取代了感官的位置。在感官起主导作用的时候，庖丁所面对者是样相清楚的全牛；等神取代了感官之后，他所面对者却不是全牛。"所见无全牛"意指他面对的不是认知的对象，而是一种非认知之物。神这种非认知的心灵机能可说是无知之知，因为他所见无全牛，所以是"无知"；但他却可因无知而达到最精妙的解牛效果，无知导向一种非认知的行动之知，这种行动之知可叫无知之知。

庖丁的"无知之知"指向了一种建立在形气神身体观上的行动哲学，这种神妙的行动效果在许多伟大的技艺家或运动家身上不难看到，相关的例子不少[38]。庄子的技艺论透过当代学者梅洛庞帝的身体图式、波兰尼（Michael Polanyi）的焦点意识—支援意识、瑟尔（John Searle）的行动理论而获得很好的说明。上述这几位哲人的哲学背景各不相同，但他们的论点不约而同地指向了一种身体理性的作用，亦即在我们的感官的认知之外，另有一种由全身协调引致的非认知性之知，这是一种运动的、非以理智为中心的身心作用。当认知的活动由身体全体接管后，"知"的功能遂转为"无知"，但无知却无不知。身体之知是非对象的、非反思的，它可以说是无我的谦谦君子，它只能在活动中非反思地呈现自己，它做的善事（知）连自己都不知，也都不能知。知即无知，无知反而才可以知。

由知到无知的过程也就是由"官知"到"神"的过程，由有对象到无对之象的过程。庄子论及任何技艺时，皆强调一件技艺只有当主体穿透物、吸纳物，亦即以知吸纳物之理以后，

---

[38] 参见波兰尼著，许泽民译：《个人知识：迈向后批判哲学》（贵阳：贵州人民出版社，2000），页73—82。

主体与物渐渐娴熟，化而为一，亦即主客互渗，因而产生了意识的变形，其技艺才算到家。技艺到家时，物即不再是对象，不再是主体之所待，而是主体之所游，神与物游。在神与物游的状态时，庖丁所见无全牛，老丈所见唯蝉翼。物回到自体，不再被理智所限定；主体也回到自体，理智融于形体。回到形气主体的主体之知乃是全身融化为一的身体之知，身体之知即为体知。体知无知相，因体知无对象，所以体知是无知之知。我们观《庄子》书中所有的技艺事件，其主体总是五官互凝、身心一如的"神"，而客体总是非对象义的"物如"或"物化"状态[39]。

无知之知在中国哲学的流派中并不是特殊的概念，庄子之特殊者，在于他的无知之知紧扣着体知而来。反过来说，他的体知也总是扣紧着无知之知，两者互训。因为体知是五官浑融之知，无知之知不是生命僵硬的土木形骸，而是知的功能散入五官百骸，全身知觉化，全身气虚而通，虚通而知，物我共登逍遥之境。比起儒家道德主体之证自由，或比起佛教的解脱涅槃之证自由，庄子的自由始终连着形神之气化而朗现，这不能不说是庄学的一项特色。

相关连的另一项特色，乃是庄子的无知之知之概念总意

---

[39] "物化"一词见于《齐物论》《天道》《知北游》等篇。"物如"一词是笔者使用的词汇，借自佛教"真如"或荣格所说的"心如"（psychoid）之"如"字，这些"如"字皆在破除实体义，而指向"真理""心""物"最接近的本来状态。

味着一种生活世界的即物哲学,无知之知是要在即物的实践活动中展现出来的,而即物的实践不可能没有认知的过程。庄子的无知之知因此既有具体的内容,又要通过此具体内容,以达到形气主体深处另一种非对列的物我交涉的一。程朱哲学重格物穷理的过程以至"豁然贯通",此义知者甚多。但庄子也重格物穷理,也重豁然贯通,知此义者相对之下少许多。庄子的"格物穷理"说当然不会是他的思想的主轴,它是个弱叙述[40],但却不是可以回避的议题。庄子与朱子两者的差异当然还是很明显的,兹不赘述。

六　般　若　智

我们上述所作的四种分类自然是方便法门,便于突显"无知"的内涵。毫无疑问地,庄子的"无知"意味着另一种知的"无知之知","无知之知"是与"小知"对照的"明""大知""真知",更恰当的说法乃是一种建立在身体理性上的"体知"。庄子呈现出的身体理性乃是一种带有虚化的、全体流动性的形气主体之作用,"无知之知"与形气主体的勾联是我们区分庄子与其他学派的另类知的差异之关键所在。

---

[40] 荀子批判庄子"蔽于天,而不知人"(《荀子·解蔽》),即是从此点立论。荀子这里用的"天""人"是庄子的用法,"天"指非感官机能的身体理性,"人"指感官机能。荀子的批判当然依他的标准而设,庄子当然不会不知"人",只是代表感官机能的"知"没提升到理论的核心而已。

另一种知的无知之知的论点在后世中国一点都不陌生，牟宗三先生甚至将一种建立在超越的性体之上的"无知之知"（他称作"智的直觉"）视为中西哲学的大防所在。"无知之知"也有不同的型态，为突显庄子的"无知之知"的特色，我们需要借道他者，才能返照自己，佛教的相对应概念即是我们将用以比较的参考工具。佛教强调一种有别于一般世俗知之外的般若智，是一个大家相当熟悉的例子，本节即以"般若智"作为第一个对照点。在佛教的世界观中，"无明"（avidyā）是个根本的观念，"无明缘行，行缘识，识缘名色，名色缘六处，六处缘触，触缘受，受缘爱，爱缘取，取缘有，有缘生，生缘老死"[41]。"无明"虽是无始以来即带于身，然而，"无明"还是可以突破的，因为人有"般若"之智。"无明"本是修行的概念，带有强烈的心理学的内涵。佛教后来发展出判教理论时，因判教牵涉到对法的本体论的说明，原本作为引发"现象"的心理因之无明概念遂不能不带有本体论的意思，在天台、华严的判教体系中"无明"扮演极重要的角色。此间的争辩过程极繁复，非教派中人不易进入其争论之细节。然而，大方向却也不是那么难懂。"无明"因为牵涉到现象界的存在，因此，如果要给现象界本体论的肯定的话，"无明"的性质就不能不水涨船高，总要有被肯定的一面。这种"无明"的两面性在天台的判教中展现得极为

---

[41]《大乘舍黎娑担摩经》，《大正新修大藏经》（台北：新文丰出版公司，1985），第16册，第711号。

深奥玄妙，也可以说将圆教论推向前所未有的高峰。有关无明、法性、般若的关系是天台义理的一大关节，此事专家自有解说，本文点到为止。

回到本文主旨来，也就是回到佛教原始的教义来，人人皆具般若智，这样的设定是很清楚的。至少当竺道生提出"众生皆有佛性""一阐提之人可成佛"之说后，般若智的概念已是个极清楚的概念，因为佛性不能不带上般若的功能，涅槃境与般若智可说是佛性概念的分析命题。"般若"概念虽然是原始佛教的议题，但就佛教东传的史实而言，后人只要论及佛性、理智与般若的关系，很难不联想到僧肇的诠释，尤其是《般若无知论》此名文的论点。此论是佛教思想史上的一大论，在这篇影响深远的论文中，僧肇这位不世出的天才僧侣将"般若智"与"惑智"对立起来，僧肇的这组对照组对比特别强烈，对后世的影响也特别大，般若智的特性很容易就显现而出。

《般若无知论》的文字很优美，论述的形式很严谨，但主轴倒是相当单一而清楚，僧肇是以论证经。《放光般若经》云"般若无所有相，无生灭相"，《道行般若经》云"般若无所知，无所见"，以此为前提，僧肇为之辩护"智照之用"[42]。"智"自然指的是"般若智"，"照"即"般若智"之功能，"智照"可说是般若智的体用关系。论及无限之知的内容时，中国的儒道传统常用"感"字，《易经》的核心概念可以说即是感应论，

---

[42] 以上引文参见憨山：《肇论略注》（台北：佛教出版社，1976），页82—83。《肇论》文字皆依此版本。

佛教则喜用"照"字。"感"字意味着气化的内涵,"照"则使用了明镜的隐喻,"智照"之说可说即是般若智作为佛性的主要内容。佛性的说明是中国佛教分宗分派的一大事因缘,在后世的诠释传统中,佛性常被视为可跨越一切种属分别的本体,而"照"是它的基本属性,此基本属性只有在人身上才可显现出来,此谓般若智。作为本体之基本属性的般若因而是自存的、永恒的活动,憨山注解此论时,所谓"真知独照,故无所知;绝诸对待,故无所见",其解可谓切题,类似的话语在佛教文献中极多,般若的存在、般若的绝对无待,若此诸义可说是般若义的共解,僧肇的解释也都是绕着这些共解而发的。

般若的无知之知其实不是陌生的概念,六朝时期那么流行《庄子》,《庄子》的"无知之知"说应当不是冷门的议题。何况僧肇对老、庄那么熟悉,僧肇皈依佛门前,大概也曾出入"二氏",他对庄子的"无知之知"之说不可能不关心。然而,由僧肇所设定的诸多质疑之词看来,这个概念和佛性的概念一样,在六朝时期都是被视为"新义"的。正因为是新义,所以僧肇需要不断地重复论述,语词繁复,但推进的行程其实不多。由于"无知之知"之义在今日的解读仍别有意义,所以我们还是可以顺僧肇之语进一解。

僧肇在破题处,即力言般若之义为:"夫有所知,则有所不知。以圣心无知,故无所不知。不知之知,乃曰一切知。"后来面对许多"难者"的质疑,如:"知无所遗故,必有知于可知。必有知于可知,故圣不虚知","夫真谛深玄,非智不测……真谛则般若之缘也。以缘求智，智则知矣！"难者的质疑出自各种角度，如第一则引文是说："知"要预设"可知"，"知"才非虚论。第二则引文所述更深，认为即使在"真谛"这样的理境上，也要有能所的关系，因为"般若"此特殊之智需要"真谛"之缘，才起作用，所以般若不能没有知。这些质疑的问题虽玄，但可说都绕着"知不能没有能所关系"此义展开。

僧肇于鸠摩罗什门下，名列四哲，号称解空第一，他的反应应机如流。如针对上述的质疑，僧肇或答道："真般若者清净如虚空，无知无见，无作无缘，斯则知自无知矣！"或言"夫智以知所知，取相故名知。真谛自无相，真智何由知。"他的答语词义双彰，极玄论之美。这两则的答语都诉诸词义的内涵，借以破除能所关系，第一则的答语意指"般若"的概念本来即指"无作无缘"，也就是无所知；第二则的答语则力言"真谛"的定义是"无相"，所以不可能成为"对象"义，因此，它作为"般若"的缘是虚的，般若只能以无知知。僧肇的答语如丸圆转，辩才无碍。但这些答语的有效性都得建立在人具有"般若智"的前提上。因为论者虽然质疑般若智的性质，真正的问题恰好是未明说出来的前提：人是否有般若智？

如果般若智通往真谛，通往空境，通往涅槃。相对之下，俗谛、现象界则委由一种经验性的心灵机能负责，僧肇称呼此心灵机能为"惑取之智"，也可简称"惑智"。"惑智"顾名思义，乃是带着迷惘、不正确的智能之义。当入华佛教越来越重视圆融之义时，真俗的断裂关系越来越趋向于各种类型的二谛圆融义。《肇论》可视为空宗的系统，其实在龙树的系统中，真俗原本即圆融无碍。僧肇的"惑取"用语难免引发断灭空之想，似乎有违空宗中道之义。但当异文化性质相当浓厚的般若思想传入中国之际，为证成般若智的胜义，僧肇对决般若智与惑取之智，并非不可理解之事。

僧肇两种智的分别除了意味着其间质的差异外，其概念上的差异也意味着两种独立的心灵机能。然而，就现实的存在而言，凡夫的般若智未必能如如呈现，而证悟者很难常处于般若观空的理境。现实世界总是脱离不了现象世界的拘围，空可析法空，可体证空，但经验的存在即为如是我闻、如是我观、如是我想的人间存在，般若智在现实世界的作用不可能不与了别识的作用同时运作。取"转识成智"之说，现实的般若智总是智识同流的，只是此时的"识"已化为"智"的载体，僧肇称此种圆融浑合的作用为"沤和"，具有沤和作用的般若即为"沤和般若"。"沤和般若"云者，般若智与惑取之智相合的具体智慧，所谓"般若之门观空，沤和之门涉有"（《肇论·宗本义》）。后世天台宗有三智说，亦即一切智、道种智、一切种智，一切智观空，道种智观假，一切种智观中。其说在僧肇思想中已经出现，般若智略同一切智，道种智略同惑取之智，"沤和般若"则可视为一切种智。

如果真实的人生经验中，般若智不能脱却惑取之智，"沤和"是必然的结果。那么，由般若智与惑取之智牵连到的涅槃境界或佛性的问题之意义也不能不跟着改变，这是另一个深奥问题的开始，非本文所能及[43]。我们取僧肇的"般若无知"论之，是想对照真心系统下的"无知之知"与庄子形气主体下的"无知之知"，两者的异同何在。简单地说，两者之同在于庄子与僧肇的"无知之知"都是站在生命底层，也可以说即内在即超越的先天论之基础上立论的；其差异在于庄子的"无知之知"要透过形气主体展现出来，僧肇的"无知之知"则是佛性论的分析命题，它缺少"身体"的中介力量。

七　直觉之知

另外一种常用以对比"无知之知"的概念乃是生命哲学常用以强调的一种比理智或感官更重要的直觉或力量。"直

---

[43] 简单地说，从六朝晚期，中国佛教发展出圆教的教义，天台、华严的圆教之争尤可视为佛教思想史上的巅峰之作。有关台、严之争，论者已多，笔者无能再加一词。然而，如果真俗圆融，惑取之智即不能没有工夫论与本体论的功能，"无明"一词因此不能只取心理学意义或负面性的工夫论语言之面向，而当取它具有朗现经验界现象的本体论意义。依佛教体证的世界观，境界既然可分成地狱、饿鬼、畜生、阿修罗、人、天、声闻、缘觉、菩萨和佛，除了佛境是大圆境智所现的终极理境，其他各界不能不有惑取之智的作用，因此，如果"法的说明"此种本体论的要求是圆教理论的核心因素，那么，"无明"即不能不为法性所需，惑取之智不能不被视为圆融义的般若智所蕴含。天台宗的"即九法界而成佛""断惑不断无明"或"不断断"之说，其义虽然相当奇诡，但我们如果将空宗或僧肇所说的般若智与惑取之智或智与识的关系，从主体的概念转从本体论的概念上解释，其义也不是那么难以理解。

觉"和"力量"是两个不同的概念，但在生命哲学家如柏格森（Henri Bergson）使用的"直觉"与当代法兰克福学派孟柯（Christoph Menke）所说的另类美学传统的"力量"[44]，两者同样有对"低级"的理智或感官作用之贬斥，同样宣扬一种建立在深层生命上的"无知之知"的作用，所以可一并讨论。

"生命哲学"也是一个涵义很广的词语，一般认为尼采、叔本华是这种思想的主要源头。在民国学术的建设过程中，生命哲学也曾扮演过重要的角色，第一代新儒家人物如梁漱溟、熊十力、张君劢等人对生命哲学，尤其是柏格森哲学，皆曾大力阐释，主张生命哲学与中国哲学的心性概念颇可相发明。生命哲学所以和本文的"无知之知"连得上关系，乃因生命哲学的内涵固然多歧[45]，但生命哲学家通常强调世界的本质乃变动不居，不是静止。正因世界变动不居，所以不能用理智的方式认识世界，而当运用直觉的方式。柏格森在这方面的立场尤其明显。

柏格森这位影响甚大的哲学家的著作并不多，我们单单看他几本主要著作的书名《创造进化论》《时间与自由意志》《物质与记忆》，即可了解他的基本立场。他的"生之冲力

---

[44] 参见 Christoph Menke, *Force: A Fundamental Concept of Aesthetic Anthropology* (New York: Fordham University Press, 2013)。

[45] 如以写《西方的没落》一书扬誉于世的史宾格勒也可划归为生命哲学的立场，史宾格勒的思想预设了一种生物生命的类比论，人类历史如同个人生命，有生老病死，这样的类比论也可说是决定论。典型的生命哲学家如柏格森，恰好反对这样的决定论。

(élanvital)"是哲学的核心概念,"生之冲力"是构成人的生命的本质,是真正的自我,它也是构成世界的真实,他这个基本的设定令我们联想到叔本华的"意志"之说。生之冲力是连绵不绝的活动,这种持续性的活动以线型的方式切进这个世界。相对于生命本质的"生之冲力",我们的理智只能以空间的形式,化动为静,将冲力原本所及者转化成对象。所以理智虽然可以掌握事物的形象,但它所掌握的其实只是真实的"影子"。

以柏格森为代表的生命哲学大体在一战后被引进中国,并受到哲学界的文化传统主义者的热烈欢迎,这个现象很值得重视,笔者相信这个现象背后具有文化的及哲学的双重意义。文化的意义可提升到反西方现代性的高度,在梁漱溟的《东西文化及其哲学》一书中,西方文化是以生命向前冲动的面貌出现的,梁漱溟用了一个大写意的语句形容西方文化的特色"意欲之向前要求"。这样的意欲虽然是生命的盲动,但并非没有工具理性的内涵,恰好相反,它是要带有理智作用的,所以在晚年的著作里,梁漱溟又加以补充道:西洋的生活乃是"直觉运用理知"。"生命盲动—理智—西方文化"的一体化在一战后的梁启超的著作中也可看到,梁启超与梁漱溟在 1920 年代的中国,俨然并列成为鼓吹东方文化的头号号手。

生命哲学的文化意义之内涵当然和此套思想的哲学意义分不开,儒家哲学本来就重情意,重直觉,所以生命哲学一进入一战后的中国,遂得以如盐入水,混合无间。这个现象的哲学的意义显示出东、西方两种直觉主义的接轨。现代的新儒家学者当中，或许除了冯友兰倾向于程朱理学外，其余的学者几乎都是王阳明的信徒，王学在清末民初的复兴是个重要的思想史地标。我们如果把上述的柏格森用语稍加改头换面，如把具有生命本质的世界实相的"生之冲力"改成"此是乾坤万有基"的"良知"，把空间思维、生命惰性的理智思维方式改成王学眼中的朱子学之"格物致知"，很容易找到它们的衔接点。生命哲学与现代新儒家同样有反——至少是大幅修正——西方现代性的倾向，他们修正的方案也相当类似。

说是"类似"，乃因确实也有差异。任何有意义的体系之比较总是有异有同，两者之异同之所以特别值得重视，尤其放在庄子的"无知之知"的概念下比较，乃因其异同牵涉到根本的理据之格局。很明显地，柏格森的哲学反对19世纪机械的物理观、生理观、心理观，他的生之冲力正好是唯物主义的颠倒形式，大体说来，凡唯物主义可用以解释一切现象的根本概念都被柏格森用"生之冲力"取代之。一般说来，"唯物主义"的对跖系统当是唯心主义，然而，柏格森的生命哲学恰好也反对唯心主义脱离"生命"的概念，泛论理性的建构力量。柏格森的哲学带有浪漫主义诗人歌咏大自然生命的情调，它不免让人联想起尼采、叔本华的弥天漫地的意志之说。

现代新儒家接受柏格森思想的同时，他们其实也同时认定柏格森的思想之不足，甚至"不是"。牟宗三先生曾指出现代新儒家接受柏格森哲学时，没有特别注意到柏格森带有明显的生物论或生理论的意涵，他的意思无异于说：柏格森的直觉不是阳明的良知,不是三教的智的直觉,因为他的直觉没有触及到作为本体的"物自身"的层次[46]。牟先生所加的按语其实早期的现代新儒家学者也都注意到了,熊十力、梁漱溟等人在引用柏格森的论点时,也都提到柏格森的直觉之说的生物学色彩太浓,无法彻尽诚明之源[47]。熊十力、梁漱溟等人浸润佛学与王学甚深,他们很容易在狂禅、左派王学的概念中,找到与柏格森"生之冲力"相应的论点。

我们如果以当代华人知识圈较熟悉的两种"无知之知"作对照,反思庄子的观点,不难发现到有意义的对照系统。以僧肇为代表的"无知之知"说是非身体论的,它以般若智的功能切进能所不分的世界实相,它筑基于超越论的基盘上;以柏格森为代表的直觉之说则是身体论的,但这样的直觉是在历程当中的,它缺乏中国体用论那种本体所具有"当下"之叙述,不可能是王学意义的"乾坤万有基"。而凡和柏格森同一思考模

---

[46] 此意为牟宗三先生在台大授课时,笔者亲闻其语。牟先生对柏格森直觉说的批评在1935年的早期著作《精灵感通论》已感慨言之,此文收入《牟宗三先生全集·牟宗三先生早期文集》(台北:联经出版公司,2003),册25,页511—521。

[47] 参见梁漱溟说:"柏格森于宇宙生命无疑地有所窥见,或谓其得力佛学,却未必然。佛家主于现量,而柏氏所称直觉,在佛家宁为非量,不是现量。柏氏即生命流行以为宇宙本体,此无常有漏的生灭法,不是佛家所说的无为法。柏氏所见盖于印度某些外道为近耳。"《人心与人生》(香港:三联书店,1985),页138。熊十力答牟宗三信亦云:"'本体'若只言生化与刚健,恐如西洋生命论者,其言生之冲动,与佛教唯识宗说赖耶生相恒转如暴流,直认取习气为生源者,同一错误。"熊十力:《十力语要初续》(台北:乐天出版社,1973),页4。

式的身体论哲人，不管是重直觉或重力，基本上，他们都是出自孟柯所说的"幽暗的力量"，笔者相信这种幽暗力量和庄子的无知之知，两者仍隔着不易跨越的鸿沟。

八 体知的复权

从壶子的"四门示相"到庄、惠的"知之濠上"到天民的"无知之游"到庖丁的以"神"解牛，我们发现到这些叙述蕴含的或明言的"无知"都是"无知之知"。"无知之知"不免予人神秘之想，壶子与季咸的斗法更容易令人联想后世神魔小说里的情节。但事情绝非如此，壶子与季咸斗法还是有理路可谈。我们由壶子可示季咸以"地文""天壤""太冲莫胜""未始出吾宗"，层层转进，而季咸也可理解，由此显示"未始出吾宗"是有结构的，它比前三者高，由前三者层层进化而来，亦即"未始出吾宗"的内涵建立在前三者的体知之基础上。

如果说壶子与季咸斗法显示的"无知之知"与"知"的关系较晦涩的话，庄子的庖丁解牛、梓庆为鐻、老丈承蜩等等技艺故事所显示的理论构造就相当清楚了。技如要进于道，知即要进于无知之知，但技与知不可跃过不论。由庄子的技艺之知入手，我们可说庄子的"无知之知"是身体现象学的一环，身体自有理性，理性原不仅在意识，也不仅在大脑，它是贯穿身体诸功能：生理的—心理的、意识的—非意识的、形躯的—气化的，在这些对分的功能上的综合功能。"无知之知"不是无知，也不是反知或反智，而是包含"知"在内，也就是要穿透"知"的机能，而由身体吸收之并综合之以后的直觉之知。

相对于"四门示相"及"技艺之知"的类型，庄惠的"观鱼之乐"及天民的"心有天游"看不出其间蕴含的知—无知之知的转化关系。这两者的无知之知比较像学者依遮拨（或所谓的负面性的方法）的过程所呈现者，庄子书的工夫论之大宗在遮拨一途，如"堕肢体，黜聪明，离形去知，返于大通"所示者。透过了这种遮拨的历程后，形气主体自然会呈现如如的状态，这如如的状态如应物，即可以"无知知其乐"。这种转化后的身体所知者乃身体理性所提供，非思量分别之所能解[48]。说到底，无知之知不管是依知之转化而成，或是负面性地层层遮拨而成，其依据皆指向意识底层一种气化的、非意向性的体知。

庄子的"无知之知"有一些明显不同于其他体系的特点，如果放在东方思想的脉络来讲，尤其和佛教的体系作一对照，我们发现庄子的"无知之知"很重视"无知"与"知"的连续性。在庄子学的诠释传统中，确实有股诠释的路线将庄子推往

---

[48] "非思量分别之所能解"一语出自《法华经》，禅宗僧侣常用此语。朱子非常反对这种方法，反而强调"思量分别"。然而，其"思量分别"的"格物穷理"最终恐怕也不能没有"非思量分别"的从容中道之实践，至于"豁然贯通"之事当然更属于"非思量分别之所能解"。朱子的观点和庄子的观点，尤其庄子的"技艺之知"的观点，很值得相互比较。朱子的说法参见拙作《格物与豁然贯通——朱子〈格物补传〉的诠释问题》，此文收入锺彩钧编：《朱子学的开展·学术篇》（台北：汉学研究中心，2002），页219—246。

直证先天境界的修炼哲学一途，尤其带有内丹色彩的道教诠释路径进来之后，庄子不折不扣像一位游于方外的真人。然而，我们有很强的文献学的凭据与义理内部的论证，足以显示庄子思想的特色在于提出一种新的主体范式，也在于提出一种新的智慧。这种筑基于新的主体范式上的智慧显示我们所"能"的比我们所知的还要多，我们超越理智的生命机能知道的远超出我们的理智所得。庄子的无知之智慧在工夫论上会带给我们不同于一般的修养或学习的视野。简言之，如何培养生命的潜能，如何纳理智于更宽广的主体之中，也就是如何由人返天，培养具有更大的感通力量而非认知功能的形气主体，将是庄子工夫论的重点。笔者相信：儒家教育理念的结穴也应当在此。

庄子是中国哲学传统中"无知之知"论述的奠基者，他启动了源远流长的另类之知的论述传统，这条主轴是很清楚的。但论者也很容易质疑：不要忘了，庄子同时也是中国哲学传统中宇宙心论述的奠基者，庄子称这种宇宙心为"常心"（《德充符》）。后世的心学论及本心时，常使用镜子的意象，庄子是这个隐喻传统的主要贡献者；庄子无疑地又是早期提出逆觉以证道的工夫论之奠基者，逆觉体证是被牟宗三先生视为唯一合法的工夫论论述的。由于心学在后世三教的传统中占有主导的力量，因此，庄子的"无知之知"遂常被置放在宇宙心论述下的格局加以定位。

论及直透先天的修养工夫，庄子无疑地有极大的贡献，他的"心斋""坐忘""见独"之说皆指向了性天交接的冥契之境。庄子无疑地是心学的大家，他因为有此心学才有此工夫论也才有此丰富的冥契论述。问题是：庄子的心学之心为何？如果"无知之知"可以比照"般若"，同样代表本体一种非认知性的妙用的话，我们不宜忘掉：承载两个概念背后的理论体系不一样，它们连结的主体概念也不一样。"般若"的朗照是无中介性的直接朗照，庄子的"无知之知"却始终是体现的、涉身的、连着气化的。即使在工夫入微处，主体与形气仍是交集的，亦即神与气在根源处是同构的。庄子论"心斋"云："无听之以耳而听之以心，无听之于心而听之以气。"此处的"气"字乃"神"义，如文子所谓"上学以神听"是也。庄子论"坐忘"云："离形去知，同于大通。"大通之境乃是"同则无好也，化则无常也"。"大通"仍蕴含了主体深处的气之化的因素。由耳—心—气这样的过程看来，庄子工夫论的途径乃是身体机能的不断内敛，内敛至极，即可臻至有无幽明交会之际。"心斋"既然是透过形体体现的境界，所以即使"形气"的因素化至虚无之境，这种内在的形气主体之本质仍不能不是蕴含气化的功能。

由于庄子的"无知之知"是涉身的，是涉知的，所以他的"无知之知"与身体生命的诸功能以及理性的认知活动不是矛盾的，而是包含的。"道"与"身体"在此有独特的连结，庄子的身体乃是形气主体，形气主体本身即有形上性格。反过来说，他的工夫论之形上论述要穿透形气主体显现出来，形气主体此中介性质的作用不能被完全地透明化。在佛学中，甚至在某部分的王学中，代表一种较低位阶的理智活动常被视为负面的事物，庄子不如是想。庄子当然知道经验性的理智活动之不足，理智也常是被负面看待的，但就"无知之知"的本质来论，此概念的成立还是要建立在消纳知的基础上乃克有成的。庄子的"无知之知"之根基源于"常心"这种本体的概念，这是确切的，他的工夫论以逆觉证体为主轴，这也是无疑的。但庄子以气化的连续性勾连先天、后天的层次，也贯穿诸官能的性质，"无知之知"与"知"是异层的，但也是连续的，他这种思想的特色更是昭然清楚的。

　　主体的形气构造是重要的面向，但反过来说，庄子的"无知之知"说与生命哲学的直觉论也有明显的差异，连结两者要特别小心。最明显的差异在于庄子的形气主体乃是道之载体，庄子的形气主体与佛教的般若智、儒家的良知同一等第，这种超越的主体观在生命哲学体系中总是不显，牟宗三先生以"智的直觉"之有无界定中西哲学之差异，牟先生的判断如何理解，或许见仁见智，但庄子的"无知之知"是"无翼飞者"，无翼之飞这个隐喻意指可顿入超越理境的"无知之知"，这种当下的超越之知在生命哲学中确实不易看到。两者纵有影响模糊的近似之处，但现代新儒家学者认为两者之间仍隔着几重公案，笔者认为他们的判断是需要严肃考虑的。

　　从庄子的"无知之知"与柏格森的直觉概念之差异着眼，我们可以解答庄子的"无知之知"论不免会遇到的一个问题：如果我们行动的主宰不是"知"，亦即不是意识性的自我；也不是感性直觉，亦即不是动物性生命的自我；而是由超出我们意识自我以及超出生理机能所及的无名主体所推动，那么，这个气化流动的无名主体为什么可以知？为什么所知者可以是更周延、更高一层的知识或真理？

我们很容易想到的线索还是身体的概念，晚近论身体主体的学者日多，凡提倡广义的身体主体概念者，不管用肉身、气身、身气、气化、形气云云以称呼之，这些论述大概都主张"身体"不是生物学意义下的躯体，它跨越了身心的界限，具有统合各种身体技艺、心灵机能的综合能力，所以身体发出的综合判断比理智所及者要广，要高，要深。我们在波兰尼的支援意识之说与瑟尔的身体接收理智功能之说，可看到非常明确的解释。他们的论点可以说在为庄子的"技进乎道"背书。

然而，论者更根源的质疑或许在于形气主体与世界的关系处。如果生命底层是非规范性的驱力，不管是叔本华式的、哈特曼式的、尼采式的、佛洛依德式的，而世界也是不可知的黑暗深渊，那么，这样的身体主体所提供的理性将是极大的幽暗力量，至少是难以言喻的不确定性，由这种幽暗力量所发生的综合判断如何可能有无知之知的作用[49]？问题问得好，这样的

---

[49] 在一次与作者面对面讨论的集会，台湾几位学者与孟柯本人共同研讨他的新作 *Force: A Fundamental Concept of Aesthetic Anthropology*，孟柯此书所说的 force 乃指近代美学（说是近代哲学也可）中一种非官能性、非主体性的（或说：非主体意识所及的）幽暗力量。笔者受益此书良多，极佩服此书的深邃宏阔。但对此幽暗力道本身完全不受理性规范也看不出自我规范的作用，不免心惊。本文此处所论可以说是对孟柯教授此书的初步回应。

幽暗力量的主体图像（或许该说：非主体图像）与世界的关系显然与庄子不合。庄子相信形气主体与自然世界的本根有种神秘的连结，这种神秘的连结是价值之源，是规范之源。庄子眼中的儿童，或他眼中的初生之犊，就像他眼中的大自然，都有"原初之善"。正因天地"有大美而不言，万物有成理而不说"，所以当意识主体空出自体，任由虚化主体游化时，遂可与世界无缝接轨。恰恰用心时，恰恰无心用，受庄子影响甚深的禅师这段话语是值得"神听"的[50]。

---

[50] "恰恰用心时，恰恰无心用"此联禅语出自牛头山法融禅师语，见《五灯会元》（北京：中华书局，1984）卷2，页61。永嘉玄觉的《奢摩他颂》也有此语，参见《永嘉集》，收入《中国佛教丛书·禅宗编》（南京：江苏古籍出版社，1993），册1，页10。

捌　庄子与人文之源

一　重读的必要

《庄子》这部经典就像国史上的经典一样,解释的多义性是它必然的命运。著作一旦被视为经典之后,特殊化为普遍,记号化为象征,各种不同的诠释总会出现的,宗教性的经典最明显,其他性质的经典多少也难免。即使我们不从道教徒的眼光看《庄子》[1],它依然会是部引发众声喧哗的经典,至少在魏晋时期,《庄子》一书已是当日士人共同关怀的重要典籍,名列三玄之一。再怎么看,《庄子》一书都是中国文化史上一部重要的精神修炼传统的著作,所以后世如有人将《庄子》与佛教、存在主义、马克思、海德格等等相比,我们不会太感意外。而在儒家价值体系主导的年代,如果《庄子》曾被拿来与

---

[1]《庄子》在后世道教徒眼中,自然是部宗教性的经典,它是"南华仙人"或长桑公子弟子所著的非人间之书。庄子师长桑公子之说见《真诰·稽神第四》,成玄英的《庄子疏》亦主此说。至于以庄子为"南华仙人",道经中多有此说,见《太极真人敷灵宝斋戒威仪诸经要诀》,后世道教徒也多言庄子为仙人,《庄子》书为仙书。

儒家相比，也是可以预期的。

　　本文所以提及魏晋时期的庄子学，乃因庄子思想的基本性格在此时期呈现两极分化的解释。首先，庄子与人文精神相融说在此一时期首度取得显赫的解释权，相融说在此时是以"自然名教一致说"的面貌出现的。至今保存完整的第一部《庄子注》，亦即向、郭的《庄子注》可为此说代表。向、郭的《庄子注》将庄子定位为已知"大本"，然而尚不能充分体现此大本的哲人，他天资极高，但未始藏其狂言，其地位不如圣人，孔子才是真正的体道者。就广义的观点来说，向、郭的《庄子注》可视为"庄子儒门说"[2]的前驱。向、郭此一观点大抵反映魏晋玄学家共同的认识，他们强调儒道同风，道述玄理，儒证斯境。老庄可视为"述者之谓明"的哲学家，孔子才是智及仁守的圣人，两者的地位异质异阶。

　　其次，另一种相反的解释在此时期也特别流行，此种解释认为庄子代表"非汤武而薄周孔"的系统，他抨击儒家的价值体系不遗余力，竹林七贤普遍被视为这种破坏性或解构性的庄老之信徒，阮籍著《达庄论》畅衍庄子追求超越世俗礼法的自由之意义，此论在当时具有指标的意义。而当时反对玄学与名士之风者——如范宁、王坦之等辈，他们所看到的庄子恰好也符合这种形象，只是他代表的意义完全不一样了。庄子被认为

---

[2] 关于此说在唐宋后的发展，参见徐圣心：《"庄子尊孔论"系谱综述——庄学史上的另类理解与阅读》，《台大中文学报》，第17期（2002年12月），页21—66。

破坏了人间的价值体系，"利天下也少，害天下也多"[3]。这种笔者称之为"解构型"的哲人之意象源远流长，往上追溯，司马迁也是这样看待庄子的。而身为伟大史家的司马迁所以有此看法，乃因《庄子》一书中，主要是《外》篇、《杂》篇的一些篇章提供了这样的意象。《外》篇、《杂》篇的这些篇章纵使不是庄子自著，但至少是庄子后学所著，他们也有一套足以自圆其说的庄子观。这种解构型的庄子很难说是"儒门的庄子"，因为他们所要解构者，通常就是儒家的价值体系。

魏晋时期的《庄子》文本还没有定型，《庄子》文本的取舍和庄子思想的定位是分不开的。这种文本取舍与思想定位间的具体细节我们目前仍然不太能够作出完整的判断，但《庄子》的诠释明显地是分流了。一部《庄子》，两种面貌，取舍不同，其思想定位遂会相去霄壤。笔者在下文将阐明：解构论的庄子也是创化论的庄子，解构乃就惰性的体制而言，创化则从创造的源头立论，两者相反却所以相成。

笔者认为正是依此相反相成的图像，我们发现到庄子与儒家的人文价值体系早已秘响旁通。笔者此说与时贤之论多有龃龉，但实非得已。儒家版图多一块少一块此种帝国主义式的计算作风并非笔者关心所在，历史的经验显示：学术政治版图和学术活动能量往往呈反比的关系。学术与政治权力挂钩、包山包海以后，通常生命力就开始衰竭，"权力使人腐化"此句话不只在政治领

---

[3] 此语出自王坦之《废庄论》，引自房玄龄等著：《晋书》（台北：鼎文书局，1980）卷75，页1964。

域内有效。为儒家计，它需要的是精神的活化，而不是版图的扩大。本文重新建构儒家与庄子的关系，其结果不会是两家学术版图的一消一长，而是双方互蒙其利。本文明显地以儒家的原始精神重新看待庄子，也以庄子的原始精神重新看待儒家，笔者希望儒家与庄子的"本来面目"可以更鲜活地呈现。庄子与儒家的根源性是本文的"成见"，这个"成见"乃是《庄子》此文本提供的，笔者希望本文不是所谓的以儒解庄，而是不折不扣的以庄解庄。我们现在需要作的工作，乃是光明正大地打破学派壁垒，会通庄孔，让一种更根源性的人文精神得以全幅敞现。

本文很难免踏入学派归属的争议，但本文的重心确实不在此。在底下的铺陈中，笔者将高屋建瓴，从人文精神的根源处着眼。一般认为儒家的人文精神色彩很浓厚，笔者也接受这种常识，但笔者认为儒家的人文精神有本有源，它来自于人性与天道玄秘的交会处。换言之，这是种具有超越源头的人文主义，"人文主义"一词重新定位后，我们比较方便探讨庄子与儒家关怀的价值根源之双边关系，本文可以说是另一种版本的《原道》。在底下数节，笔者将会指出具有超越义的人文精神之内涵。笔者相信：庄子对以往的中国人文传统之建立以及尔后可能的贡献，都比我们一般理解的要大得多了。

二 庄老异同

庄子在历史上的面貌是千面的，真身难觅。他的人文精神所以蔽而不明，暗而不彰，关键在于他很早即被列入道家，而且和老子并称。所以我们如从他与老子的关系入手，厘清其异同，似乎可得到答案的线索。此线索其实不难找，就在《庄子·天下》篇本身。《庄子·天下》篇就像孟子的《尽心下》篇末章、《史记·太史公自序》或《文心雕龙·序志》篇一样。这些书的最后一章类似后世典籍首章的序言。《庄子·天下》篇如果不是庄子，至少是可代表庄子的学者之著作，而此人当是某原始《庄子》文本的编纂者，此篇诠释《庄子》的权威是无庸置疑的。

在《天下》此篇中，庄子广论天下学术，我们看到庄子采取一种泛道论的形上学立场，他认为人世间的一切文明皆来自一种可称之为"一"或"太一"的"道"的创造："圣有所生，王有所成，皆原于一。""圣""王"是历史的、文明的概念，"一"是道的代称，文明的超越依据来自于形上之道的创造，依此太一之道所形成的规范即是所谓的"内圣外王"之道。庄子在此先秦时期最重要的论学术源流的文章中，采取的是一种形上学的立场，这种形上学的内涵乃是一种具有精神创造性的道，庄子更进一步对"一"或"太一"作实质的规定，他称作"神明"。"神明"当是战国时期形成的复合名词，"神"者，伸也，它意指创造性，"明"意指彰显之功用。后儒或直接援引"内圣外王"之说以印证道之全体大用，绝非无故，我们有理由认为：内圣外王之道可以视为一种原始版本的体用论。

"太一"既然是文明的公分母，一切学术的价值因此乃依它与此"太一"的关系而论。我们看此篇文章安排当时所谓"得一察焉以自好"的学术巨子之地位,从(一)墨子、禽滑釐以下,接着(二)宋钘、尹文,(三)彭蒙、田骈、慎到,以至(四)关尹、老聃,其地位一层一层加高。庄子的排序是有逻辑的,其等第所以加高的理由乃在道的精神性愈来愈加显著,墨家的价值取向基本上是外主体的;宋钘、尹文是无关主体的;彭蒙、田骈、慎到此类思想家已重精神性,但却是"枯木禅"型的。关尹、老聃层次比前述各家高出一大截,他们知道存在的统一依据在于"太一","太一"兼摄"无"与"有"。万物皆出太一,万物自身比起太一并不足贵。"太一"与"物"乃是本体论断层的差异关系,两者乃隔绝性的异质异层,所谓"以本为精,以物为粗"。关尹、老聃更重要的贡献,乃在他们知道"太一"的真实内涵在于深层的精神之本体,学者要务,即当常居于深层的精神之内,毫不溢出,这就是所谓的"澹然独于神明居"。

相对于关尹、老聃自居于深层的意识,世界处在一种未分化的朴拙状态中,庄子的世界则是精神连着气化的动能,不断地涌现新的意义形式,其理不竭,其来不蜕,永无歇期。王夫之说:庄子将自家置于老子之后,乃因庄子曾沿承老子之学,但等到自家"朝彻见独",也就是有证体经验(不只一般泛泛而言的体证经验)之后,他就自立一种可名为"天均"之学的宗旨,独立一宗于战国的思想土壤上。"均"是陶轮,"天均"是个隐喻,它意指非人为的创造力像陶轮不断运转,而构成此运转的动能是日生日成的气化,"内聚的深层意识"与"涌现的气化意识"此组对照概念可视为老庄之别。

比较老子与庄子之学,可使用不同的理论模式,但由于两家的精义多落在心性—形上学领域,言之所不能尽,意之所不能到,析辨异同极为费神。我们如能从隐喻入手,不失为一条方便理解的途径。哲学的建构离不开隐喻,从 Stephen Pepper 开始直到当代的 Mark Johnson,论者已多。但此一理解的理论工具早在前近代的东西哲人已使用过了,虽然谈不上系统化,但大义固在。我们刚刚使用的"天均"一语即出自王夫之注《庄》所用的隐喻。王夫之不但认为庄子是天均之学,他自己的学问也是天均之学,同一时期的好友方以智也有类似的主张。借着天均的隐喻,我们发现从战国时期的庄子到明清之际的王夫之与方以智之间,一条贯穿二千年儒家义理的线索浮现出来了。天均之学就像"均"字所显示的,它是以中贯轴转动的圆周运动带动陶轮的旋转,"圆""中"如何表述,此事一直困扰中国第一流的思想家。从女娲创世神话到老子的喻道,我们都可见到前人奋斗的轨迹,但直到庄子出来,我们才看到恰如其分地表现"圆""中"的形式。

透过了隐喻此线索,我们找到了相应的哲人图像。笔者认为相对于庄子使用了"天均"的隐喻,老子之学则用了神话上"大母神"的隐喻。在大母神的世界中,万物皆由母神所创造,但万物也由母神所怀抱。在母神深厚的胸怀拥抱中,万物沉入半醒半醉的无何有之乡,这是场宁静而永恒的梦。梦中的个体没有"个性","个性"只要稍加伸张,老子就会"镇之以无名之朴","个性"即会立刻被"浑化"在整体的运化当中,这是种内敛的"啬"之哲学[4]。庄子的"天均"之学反对这种钝化主体的直接性,庄子强烈主张:道体要以气化的精神主体之面貌出现。这种气化的精神主体一方面不断地创生出新的形式,但在创造中,它依据某条不可见的象征性的轴心展开,轴心的两端相转相待,交相衍化。就像"均"字所意指的陶均的运转模式:中心之轴带动陶轮不断从底层升起,作浑圆的转动,轮面各区域不断递衍到对立面的位置,东西相反而相成。庄子所用陶均、环中、车轴、归墟诸隐喻,皆是此义。

对照老庄,我们可看出"大母神"模式与"天均"模式的差别,"独与神明居"与"游乎一气"的差别,唯真心模式与物化模式的差别。庄子在《天下》篇对老子的解释,可以代表某种绝对意识的知识类型,这种类型的知识主张在各种世间的知识底层有一共通而普遍的真理贯穿其间,学者只有透过主体的转化,才可以契近这种深层的价值层面,而这样的转化通常要透过纯化或钝化感性与智性的作用,并回归到一种未分化的身心状态才可体得。但这种绝对意识的知识类型很容易造成深层意识与世间价值的冲突,文化在主体意识的内转历程中往往被转化掉了。因为绝对意识的价值所在之地通常意味着时间

---

[4] 这也是方以智何以常讥评老子为守财奴的理由,《东西均·全偏》说:"老子专惜之不用耳!"亦是此意。参见方以智著,庞朴注释:《东西均注释》(北京:中华书局,2001),页144。

的退化、空间的浑沌化以及主体的未分节化。伴随着绝对意识的知识类型而来的，偶尔会有解构绝对意识的知识类型跟着出现，这种解构如果仍预设建构的前提，它即有工夫论的意义，我们可称之为"转化绝对意识"的知识类型。

《天下》篇所显示的老庄之别反映了"绝对意识"与"转化绝对意识"之类的知识类型，这个类型具有跨学派、跨文化的解释效率。就儒家体系而言，我们不妨举相当同情庄子的明末王夫之、方以智为例，因为我们在他们身上看到相似的精神再度显现出来。王夫之批判王阳明唯心哲学不遗余力，其立足点正落在类似庄子的天均哲学之基础上，这是建立在整体论的、超乎心物区别的、历程的、气化的论述上的一种思想。同样的情形又见于方以智《东西均》此天均哲学的代表作上，方以智对"心学"多所批判[5]。晚近论中西文化交流史的专著中，方以智总会被讨论，他常被视为科学精神的先行者。然而，就成熟期的方以智思想论，他最关心的毋宁是如何从当时极为流行的主流思潮，主要是指王学与佛学中的本心系统中走出。笔者认为在反意识哲学与主张并摄心物的体用论之立场上，他的立场与王夫之相同，也与庄子相呼应。

事实上，一种潜入意识直握万物本质的哲学不管在东方西方，都有相当的吸引力。魔笛的吸引力是迷人的，但也是危险的，因为这种直接的一体性几乎无可避免地会带来世界意义

---

[5] 参见方以智著，庞朴注释：《象数》，《东西均注释》，页202—215。此书的写作背景可以说即是针对"心学"而发，不仅《象数》篇为然。

的弱化。黑格尔在《哲学史讲演录》中批判老子道："统一在这里是完全无规定的，是自在之有，因此表现在'无'的方式里。这种'无'并不是人们通常所说的无或无物，而乃是被认作远离一切观念、一切对象——也就是单纯的、自身同一的、无规定的、抽象的统一。因此这'无'同时也是肯定的；这就是我们所叫做的本质。"[6] 黑格尔对东方哲学是有名的不友善，他对儒家哲学理解之偏差更令人讶异。然而，就老子哲学而言，黑格尔的评介不能说没有洞见。我们如将他评老子、印度哲学、史宾诺莎处比较而观，不难看出他反一种无中介内容的直接意识之立场是相当清楚的，黑格尔的立场始终一致[7]。

放在"绝对意识"与"转化绝对意识"的知识类型底下看待老庄关系，两者的异同不难看出。当庄子说老子"以深为根，以约为纪"时，其意不是指其人活在深层的玄暗意识中，接近于一种无内容的"一"之状态吗？而他批评老子"以物为粗""以有积为不足"，所说不是指其哲学抽象地割裂了心

---

[6] 黑格尔著，贺麟、王太庆译：《哲学史讲演录》（北京：商务印书馆，1983），页131。

[7] 请再看下列这段话："当希腊人说：绝对、上帝是一，或者当近代的人说：上帝是最高的本质，则那里也是排除了一切规定的。最高的本质是最抽象的，最无规定的；在这里人们完全没有任何规定。这话乃同样是一种否定，不过只是在肯定的方式下说出来的。同样，当我们说：上帝是一，这对于一与多的关系，对于多，对于殊异的本身乃毫无所说。这种肯定方式的说法，因此与'无'比较起来并没有更丰富的内容。"此段文字出自《哲学史讲演录》，页131。这段话是紧接着引文批判老子的话来的。以黑格尔之逢"东方"必反的心理惯性，他此处会将老子与希腊人或"近代人"比较，可算是难得的纪录了。

与物,因此,丧失了建构文化世界的功能吗?我们如将《庄子·天下》篇的用语和黑格尔《哲学史讲演录》的批判作一对照,除了态度上的友善与否有差别外,内涵可以说是相同的,因为它们属于同一种知识类型,所以有相同的关怀。

相对于老子的"以物为粗,以有积为不足,澹然独与神明居",庄子主张的合理的物我关系乃是"应化解物"。"应化"者,与大化相应,并参与变化之流;"解物"者,与物相解,融合无间。庄子哲学的工夫论虽然预设了"朝彻见独"此转化意识的历程,但成熟的庄子思想却不能以绝对意识论的框架限定之,它毋宁是种气化的道论立场,道不仅在心斋层,也在屎尿层,它是在超越心物之别的全体上展现出来的。庄子这种应化哲学具有非比寻常的意义,它乃是透过一种主体的批判,亦即对深层意识的批判,而建立起来的调整心物关系的一种主体。简单地说,庄子以形气主体取代意识主体。庄子的形气主体显示出一种游化或游气的身体观,这样的"身体"强调一种心气不断跃出,气与天游、心与天游的身体图式。如从形上学的角度着眼,他的形气主体可说是建立在气化的主体上面,有气化的主体才有应化的存在模式。

透过一种新主体的建构,庄子建立起可具体地"应化"之主体,此主体伴随"解物"而来,庄子对"物"的着眼甚高。相对于慎到等人"与物宛转",主体受制于物,以及老子"以物为粗",物消失于主体。庄子却超越两边,超越两边的前提乃是物不可以对象的方式出现。庄子论主体与物的始源关系时,强调"以神遇而不以目视"的命题,非表象式的感应而通乃是心物最原初的关系。物不是智性主体的对象,也不是如幻的主体之镜中的呈现物。庄子看出在物之本源上,即不断有新的意义形式(理)之创化,新理日出,连绵不断。"物"与其说是具有永恒本质的"个体",不如说是处于变化之流的"事件"之假称,"个体"此概念在庄子思想中不好理解,了解物的流动性质,并参与其流动性,此之谓"解物"。"解物"与"应化"是一体的两面,当主体参与大化之流后,它才可同时参与非对象的物之本来面目。所以与其说庄子思想是意识哲学,不如说它是玄化的物之哲学,也就是物化哲学。庄子物化哲学平观心物,心物两者是共属的,两者是有机的整体的两翼。

更具体地说,这种气化的身体透过一种不断涌现的语言之分节作用,我们可称为"道言"的"卮言",在精神与语言的分化处,一种筑基于形气主体的新的意义形式不断涌现。这种创化的动能也见于庄子对技艺的重视,在一种完美的技艺行为中,匠人的全身都融入"官知止而神欲行"的浑化层次。形体本身提供了一种精微的调整全身各感官功能的直觉之"知",用杜维明先生喜用的语言即是体知。体知的真正内涵乃是形体本身即有超乎感官之知上的综合性之知,它经由各感官而不受限于任一感官的通道,以"神"的面貌介入实际的技艺之运作。一位好的工匠之技艺是种创造,他完成了具体的形气主体之实践,也完整地保全了物之本相,所谓"以天合天"。在技艺的实践中,一种形气主体转化到物—我合构的实践模式就此展开。

当庄子从老子的意识哲学走出，在下文中，我们将看到他给身体、世界、语言、技艺，都带来新的向度。此时的庄子恰好不是扮演文化世界中拆除大队队员的角色，而是扮演不断新化世界、理化世界的建构者。这样的庄子显然已走出"道家"与"老子"的藩篱，骎骎然地走进文化世界意义建构的领域，我们已到了该重新辨识庄子身分的阶段了。

三 人文的背叛或证成？

当我们解开老庄连体的枢纽，老归老，庄归庄后，庄子思想的重新定位就被置放在日益迫切的议程表上来了。庄老对照，庄子的形象并不难领会，但如何恰如其分地突显其特质，委实不易。笔者在不同的场合里，曾用"儒门内/旁的庄子"定位之，这个标签有很大的好处，因为长期以来，庄子的形象总是和道家结合在一起，现在连结的结构变了，老庄脱钩，相反的，庄子和中国思想史的大动脉之儒家结合起来，这种联姻可以造成成说急遽翻转的戏剧效果，强化读者的印象。但这个标签也有不利之处，因为它牵涉了笔者亟欲避免的传统学派分类的瓜葛。本文的重点在哲学，而不在思想史的兴趣，其目的不在重构历史上发生过的影响，而在澄清庄子本身的理论问题。既然重点在理论之解释，底下笔者想从另一种角度着眼。笔者认为既然庄子的核心义建立在基本存有论上的文化创化论，他关心的是气化主体落在人文世界基础之上的语言、气化与技艺之展现，这样的图像不能不面对另一种公共形象的挑战，此即庄子长期以来是被视为反人文的，最多是超人文的，那么，如要彻底地给庄子重新定位，我们不能回避庄子与"人文精神"关系的问题。笔者的结论很明确：庄子是"人文精神"的庄子。

笔者这种选择要冒一些风险，首先，庄子似乎一向不以"人文"的形象见长，这种非人文或反人文的形象源远流长，最早对庄子下评论的荀子即说庄子"蔽于天而不知人"，在天人的关系轴上，庄子被摆在"天"的一边，而下评论的荀子则被认为摆在"人"的一边。荀、庄相去不远，两人对天人关系同感兴趣，荀子对庄子的评语，以及荀子可能隐含的"人优于天"的立场，似乎都可在他们各自的著作中找到相呼应的文献证据。荀子是战国结束前夕学识最丰富的思想家，我们很难怀疑他的判教的资格。荀子的论点下文再论，此处仅就庄子考量，我们只要看到其书中天人相对的语词，通常庄子是将"人"与俗伪联在一起讨论，而"天"则与"真""本源"同论，庄子所向往的固是"畸于人而侔于天"的人格，荀子的批判是可在《庄子》文本里找到依据的。单就文字层而论，选择"人文"一词似乎不算聪明。

其次，现代中文使用的"人文"或"人文主义"是一个容易引发混淆的语汇，由于"人文主义"一词有来自中国传统的因素，也有来自 humanism 译语所带来的新说，它在当代学术论述的语境中，很可能被择一使用，更可能的是不自觉的混用[8]。不同文化系统间的混用已易导致语义歧出，加上 humanism 一词在当代西方社会的语境中，也是有名的歧路丛出，历史一进展，即有新义被带进来。虽说西方的 humanism 都有强调人的精神作用借以强化人的价值这样的倾向，但如何强化，强化之依据何在？在上帝？在传统？在主体？在唤醒的阶级意识？言人人殊，因此，它的歧义多到连共同的核心要义恐怕都不见得找得到。选择一个亟待澄清的语汇去澄清一个复杂的哲学史之案例，这样的选择似乎不够妥当。

Humanism 歧义这么多，但笔者所以仍选择使用"人文"一词作为庄子与儒家的联系项，乃因用人文主义界定儒家价值体系，这是很常见的一种叙述[9]。常见不一定代表恰当，但笔者将指出：这种共同论述有其合理性，澄清其间的分际后，这种共同论述可以形成讨论的共识之起点。如果我们能在此语言的共识之基础上，找到庄子与儒家的核心义之人文主义可以相互

---

[8] 笔者曾参加一次有关人文主义的会议，大会有如下的说明："China is being featured in the conference insofar as it provides a specific space in which an array of humanistic provocations and practices—from Greco humanism to liberal humanism, from Renaissance humanism to Neo-Confucian humanism, from various Marxist/Maoist engagements with humanism to Irving Babbitt's brand of humanism, from Lu Xun and his brother's call for 'human literature' in the 20's to Wang Xiaoming and Chen Sihe's call for restoration of 'humanistic spirit' in the 90's—are brought into play."

[9] 唐君毅先生的著作最容易看到这样的标目，其著作如《人文精神之重建》《中国人文精神之发展》《中华人文与当今世界》，这些书皆冠以"人文"之名。

发明，那么，两者之间的共通性就不显得怪异，而庄子儒门说自然会显示出其合理性。连带地，庄子和儒家的基本性格之相互澄清也有可能可以达成。

当代学者论儒家的人文主义时，笔者认为至少有三义可说。首先，第一种儒家人文主义可称作"礼乐伦理的人文主义"，这样的人文主义是由社会结构面的礼乐与人群关系面的五伦组成。第二种人文主义可称作"道德意识的人文主义"，此种人文主义强调人的主体意识中自然有一种道德法则作为依据，陆王所谓的"心即理"或程朱所谓的"性即理"是也，世间秩序固然由世间的关系所组成，但人文秩序的价值面向却是主体赋予的，这样的主体意识使得人的行为所及的领域都弥漫了价值感，这种增进人的存在向度的价值之体系因而可称作人文主义。第三种可称作"体用型的人文主义"，这种类型的人文主义类似黑格尔所说的绝对精神，它预设了主观精神与客观精神的发展。这三种人文主义可视作彼此矛盾的三组命题，也可视为一以贯之的命题之三种层次。事实上，当代新儒家学者在定调儒家的人文主义精神时，几乎都强调儒家的人文并没有和超越界阻绝，但又会通向于客观精神的国家社会，他们理解的人文主义传统显然不是存在主义式的沙特那种类型。新儒家学者所主张的人文主义，大体是可以发现创造的根源，并在人的生活世界中找到中介物（如诗书礼乐）价值的思想体系。这种人文主义，沙特、卡谬等人一定不以为然。

儒家常被视为人文主义，而"人文主义"却是有歧义的。

但笔者认为我们如能仔细思索上述这些线索，并审视其以往的语义史，不无可能可以找到解决问题的门径。我们不妨省思"文"与"人文"的语义。"文"在传统用语中，通常指为有文采之呈现，最常见的文采乃是文化所展现者，亦即诗书礼乐，《论语》记载的孔门四教——"文、行、忠、信"的"文"，大概指的就是这个层面的意思。但"文"既然指向可见之文采，它很容易带来一种"使之可见的事物"之对照。"文""行"对照已有此涵义，但此种"文"偏向人伦道德的领域。殷周以来隐约形成的"文""德"对照，也是如此。更常见的对照概念则是"质""实"这类的语汇，《论语》有"文质彬彬"之说，朱子注："凡物之理，必先有质而后有文，则质乃礼之本也。""文""质"相对，此种语言套式形成流传久远的传统。然而，此处所说的"相对"乃是对照而不是对反，此对照绝非意味着本质的决裂。就本质而论，"文"与"质"更常被视为一体的展现，有质才有文，反过来说，质也自然会显现为文，文、质乃隐显的两种面向。文质、显隐的图式落在形上学领域来讲，即有"道之显者谓之文"[10]的说法。"道之显者谓之文"此命题乃理学之常论，道—文对峙的语式可视为体用论语式的翻版，在体用论的思考方式之下，一切的现象、功用都会被视为来自一个超越的源头，"文"因此成了"道"的显像。

---

[10]《论语·子罕第九》"子畏于匡。曰'文王既没，文不在兹乎？天之将丧斯文也'"云云。朱子注："道之显者谓之文，盖礼乐制度之谓。不曰道而曰文，亦谦辞也。"

理学的命题一般会建立在对先秦儒典的解释上面，在形上学领域内，理学通常是将先秦儒典隐微而尚未确定的语言作更精确的发挥，"文"的性质即是如此。在《国语·周语下》中，我们看到"夫敬，文之恭也；忠，文之质也"，一连串将诸德目视为"文"的展现之说法。此时的"文"与其说是"德之总名也"[11]，不如说"文是诸德之本体"。这种原始的本体论之语言不仅可在道德领域见到，在自然界的论述中也不陌生，《文心雕龙·原道》篇开宗明义说道"文之为德与天地并生"，即是此说之前驱，此说再向下推陈到细部，即有《情采》篇所说的"形文""声文""情文"之论，"文"遍布在色界、声界、意识界，亦即一切法界的形式皆衍自于"文"。《文心雕龙》的论点承自《易经》而来，笔者认为《易经》文本的"文"皆具此义[12]。它们的论点或许不能化归为后世的体用论之语式，但确实都含有神秘化的或神话式的体用论之意。

"文"的形上学意义源自《易经》，"人文"一词则不但具形上学意义，连语词最早的源头也是出自《易经》："观乎人文，以化成天下。""人文"指的是圣贤之道所系的礼乐文章，然而，如论礼乐文章的终极依据，不管是心性论或是形上学的解释，其源头总是来自超越之道，此《文心雕龙》所以说：

---

[11] 这是韦昭注解《国语·周语下》引文的语句。
[12] 《易经》言："天下文明"，"文在中也"，"文明以止，人文也"，"通其变，遂成天地之文"等等，这些地方的"文"字多可解释成天道外显之文采之意。至于这样的"天道"到底为宋儒的本体宇宙论之类型，或是汉儒的气化宇宙论之类型，此处姑且不论。

"人文之元，肇乎太极。"显然，古义中的"人文"与目前流行语中的"人文主义"之"人文"大异其趣，古义中的"人文"不是指一种人为的文明之意，相反地，它是指一种作为"道之显者"身分之"文"遍现于人的世界。文与道同在，它居有本源的地位，所谓"河洛由文兴，六经由文起"，文甚至在圣经之前，而且为其本。这种古义的人文精神预设了一种诡谲的厚度，人文由道生出，但道也要外显为人文。"人文"的关键在于它和道的绾合处，"人文"不是和源头之道断了线的自我意志之大主体所在地。我们有理由认定：庄子如定居在这种源头的人文精神的灵台中，恐怕会比挂名局居在道家的屋檐下贴切，他的自我感觉应该也会舒服多了。

如果我们对儒家传统与"人文"古义不太陌生的话，不难理解当代新儒家学者理解的人文主义基本上继承宋代理学的精神而来，而宋代理学的"人文"又是源自对远古圣经的创造性转化。众所共知，理学的兴起一方面是抗议佛老垄断了心性形上学的领域，而又不能够提供"道与世间"正确而合理的关系。一方面也抗议佛老在世间法的领域上，并没有太大的贡献。理学家的人文主义，即是针对着他们认定的佛老的不足而发，他们透过"明体达用""全体大用"的思维模式，联系了此界与彼界，形成了一个连续性的世界[13]。文化世界因为有

---

[13] 关于理学的体用论思想，参见楠本正继：《全体大用の思想》，《日本中国学会会报》，第 4 辑（1952），页 76—96。岛田虔次：《体用の历史に寄せて》，《仏教史学论集——塚本博士颂寿记念》（京都：塚本博士颂寿记念会，1961），页 416—430。

"体"的加持，它构成了有厚度的意义载体。

我们将庄子定位为一位关心基本存有论的人文主义者，这样的定位无疑颠覆了一种流行的非人文主义的庄子观，这种非人文主义的庄子观在当代的庄学研究中虽广为流行，但其源头很早，流程很长，此种庄子形象当创始于荀子。荀子对庄子的定评是"庄子蔽于天而不知人"，荀子这句话稍加改头换面，在后世儒者的著作中不断诸现。荀子是位思想深刻的一代大儒，他对当时思想家的批判纵使不见得公平，但都有个理路。错误而深刻的理路比泛泛而论的正确消息要重要多了，本文对庄子的定位和荀子完全不一样，但很感谢他反而诡谲地提供了我们建构儒家—庄子汇通的平台。

荀子批判庄子之语所以值得留意，乃因天—人这组词语在他自己个人的著作中，也是组重要的术语。在《天论》此一名文中，荀子提出"明于天人之分""唯君子为不求知天"此著名的命题[14]。《天论》很可能有特定的针砭对象，但此篇所提出的天人关系在他的著作中是非常一致的。荀子的"天"基本上是物性意义的自然天，它与人的世界不相干。人的世界是"人类"此种属所创造出的礼义世界，文化在此，价值在此。它与自然的意义不相干涉，自然对人的作用是它提供了基本的与料以供人类创造，这就是所谓的"天生人成"[15]。在"天生人成"

---

[14] 天既然是物质意义的天，荀子的"不求知天"当然也不排斥当顺天之自然法则行事，这种功利性的天人合一与"不求知天"并不矛盾。

[15] 荀子思想的基本原则为"天生人成"，参见牟宗三：《荀子大略》（台北：台湾学生书局，1982），页213。

此基本的原则规范下，凡天生者，不管是大自然的物质（所谓天职）或人的自然本质（所谓天官、天情），都是有待转化以符合人的价值体系的。从荀子的眼光观察，庄子所关心的恰好是此义之外的非人文世界，所以说他"蔽于天而不知人"。

荀子常被视为人文主义的典型人物，他的人文主义正是和"天"切断关系的人文主义[16]，圣人"不求知天"，他关心的是礼义之统的人伦世界。从荀子眼中看到的庄子似乎将意识的焦点集中到"天"上，反而和"人"切断了关系。然而，我们看到庄子的天具有二义，天人的关系也见有二义。首先，庄子的"天"之意义部分承袭当时的用法，泛指人以外的大自然。《逍遥游》篇所说："天之苍苍，其正色耶？其远而无所至极者耶？"《天运》篇说："天其运乎？地其处乎？"这些文句中的"天"，即是此物质意义之天。荀子的批判是否针对此点而发呢？

如果依荀子的理解去了解庄子的天人关系，那么，庄子应该对"天"有知识的兴趣，而忽略了人界的价值。在战国晚期，确实有股"前天文学"或"准天文学"的热潮，《天下》篇记载喜论天地事物的黄缭即为代表性人物之一，惠施、邹衍、屈原都探讨过天的论题，《列子》记载的杞人忧天的故事也曲折地反映了这股新兴知识的现象。回到庄子，我们在其书中也发现到

---

[16] 先秦的"天"之涵义是多重的，冯友兰《中国哲学史》指出"天"有五义：物质之天、主宰之天、运命之天、自然之天、义理之天。依据其说，荀子的"天"自然不是主宰的，也不是义理的天，其主要的用法是"自然"的天。

《天运》等篇章蕴含了原始天文学的消息。荀子批判庄子，是否就是针对这股原始天文学的热潮而言，我们不易确定。但可以确定的是：如果针对这一点而发，庄子显然不需要太介意，因为这部分的知识在他的体系中，并没有占太大的地位。

但人与作为自然的天之关系是否即是知识论类型的，恐怕也不见得。我们观看庄子论天人的关系时，确实常将人放在这种宇宙性的"天"之意识下定位，由于庄子的主体是种气化主体，气化主体的存在样态是种"宇宙性"[17]，"宇宙性"也就是一种"天"的模态，因此，人的本质本来即是与天同在，用庄子的语言讲，这就是"游乎天地之一气"。"气化"此主体透过气化的游荡，原则上，它以神秘而超自觉的方式融进了造化的运行，主体与自然一体难分。因此，我们如硬要依荀子的定义，称庄子"蔽于天而不知人"，在此背景下不是讲不通的。然而，气化主体下的"天""人"之意义乃意味着本真的状态，日常意识不属于本真状态，日常意识状态下的气化主体是潜藏的，有待体现的，实际上没有气化可言[18]，也没有天人同游的共构关系。既然被告只是同名而不同人，所以荀子即使真的从

---

[17] 身体具"宇宙性"，此用语借自汤浅泰雄《身体の宇宙性》（东京：岩波书店，1994）此书书名。此义并不难理解，海德格的"世界"，西田几多郎的"场所"，虽用语不同，内在的空间感之层次也不一定相同，但同具有超主客的价值之空间性之义。

[18] 笔者这里所说的"日常意识"借自 Henri Lefebvre 意指被消费社会体制构成的意识。海德格批判一般人日常的存在状态乃存在情绪里，其说略同。

这种"人之宇宙性"观点批判庄子，庄子没有理由接受荀子的审判书。

由天人同构的气化关系是本真境界而非日常意识语汇，我们进入庄子的"天"之核心内涵，此即笔者认为庄子所用的"天"乃意指非人为的本初状态，所谓"无为为之之谓天"（《天地》篇）之意。庄子强调人的可自觉的意志或感官之机能为"人"，而超乎意志或感官之上的自动自发之机能为"天"。人的感性、智性如果能够完全由整体的生命机能贯穿，分殊性的意识融进入整体性的意识，这就是"由人返天"的构造，也可以说是由人为进入"自然"的层次。庄子的技艺哲学之目标在"自然"，其关键即在转化人的感性—智性构造变成全身的直觉之感之运作，这是种非分殊性意识所及之行动，所以可谓之"天"，此"天"接近于"神"之意。在此一身心图式下的天人关系是连续性的，脱离整体运作的背景之理智与感性一旦因工夫熟化而融入"神"之状态，它就会再返回到整体的背景去，与之合一，也就是达到"天"的层次。庄子一直强调"圣人藏乎天"，要作"天之君子"，但他实质的想法乃是天人不相胜而相续。如果学者能让身心机能不分歧化，而是从整体中跃出且与整体配合，以工夫成熟境界证成原初之本真，这种本真、自然的行动即是"天"[19]。

---

[19] 毕来德《庄子四讲》（台北：联经出版公司，2011）也有类似的主张，请参照。

比较庄、荀两人的天人思想,其特色马上可以对照而出。荀子批判庄子"蔽于天而不知人",他这里所说的"天""人"完全是依照自己的定义下的。在"天生人成"的思维模式影响下,"天"成了材质义,它有待"人"之转化加工。荀子的"圣人"颇像一位伟大的工匠,工匠的创造是对材料的精致加工,大自然提供材质,圣人提供特殊的技术,两者合作,遂有人类的人文世界。相对之下,庄子自己认定的"天"乃是一种生命未分化的本真状态,"人"呈现的是现实的身心模态。"天"代表始源的完整,"人"则代表身心分化后的诸种功能。庄子的圣人是位伟大的艺术家,艺术家开始创造时,焦点意识与支援意识不相涉,意识主体与形气主体无法融合,人自人,天自天。等到工夫纯熟后,他全身皆是创造的主体,全身皆显为神气所流串的一体性。荀子之"不求知天"与庄子之"入于寥天一",其说各有所当。至于荀子之批庄,其天人概念指涉不同,所以其天人关系可说是各说各话,荀子的理解与庄子本义并不相干。

回到庄子本怀,笔者认为他不是"蔽于天而不知人",而是他对天人关系另有理解。天人关系恰好也是千年来儒学最关心的议题,儒学从唐中晚期的李翱开始,对"性命之学"即有狂热的追求。如果依据当代新儒家学者的解释,"性命之学"进一步的规定即是"天道性命相贯通",这样的学问恰好与庄子的天人之学领域重叠。笔者认为:理学家在重构天人之学时,他们一方面很成功地打通了意识与超越界沟通的管道,从此，他们的人文精神渗透了造化的力道。依照理学家体用论的基本思维格局，他们应该证成文化世界的内涵即为"道之显者也"，但因为理学家道德形上学的要求太强，他们的深化同时也窄化了天人关系的幅度。笔者认为庄子因为缺少此方面的负担，所以我们一方面固然可以批评说：此缺席造成了庄子道德感的强度不足，同时也造成了他忽略既存的礼义结构与人格成长的有机关连，荀子在这方面即比他敏感，荀子对人的理解也比较能得到当代反先验的社会学家、人类学家甚至哲学家的支持。

然而，就荀子批庄的另一面而言，我们却看到了《庄子》书中具有同样深度的思想风光，荀子却忽略了。庄子看到现实的人文世界必然会有异化，它需要被解而化之；而人性的始源即具有新理日出的创造动能，它有更化自己及世界的能量。庄子的天人思想比起荀子来，较难得到当代人的共鸣，乃因整体的时代氛围与之不同调，庄子远远走在时代的前端。当庄子以形气主体取代意识主体，而且以一种共属性的气化主体（形气主体之深层向度）作为思想的核心时，我们看到一种新的天人关系形成了，一种气化的连续性之模式重新架构了天人的管道。庄子此一定位在自然哲学与在文化哲学上都产生了极深远的影响，我们要进一步落实他的"人文之源"的内容了。

四 人文之源与气化主体

笔者要重述上文已确定的两点：（一）庄子哲学的出发点

是建立在对老子哲学的超越上,他作了主体的转化工作,将道论设立在气化主体而非唯心主体(绝对意识)的立场上。
(二)人文精神的古义之一指的是"道—文"连续体在人的世界之展现,人文精神是"道"经由"人"的创造性体现出来,而不是"道"由"人"创造出来。笔者将进一步指出:站在当代思想氛围的立场,比起上世纪以前的学者,我们更有机会可以用"人文精神"一词定位庄子思想。笔者将庄子贴上"人文精神"此一标签,并非源于廉价的比较哲学之立场,而是认为在根源的意义上,也就是在基本存有论的视座上,庄子与人文精神的本质确实可以相互辉映。笔者这里使用的"基本存有论"明显地借自海德格《存有与时间》的用法,海德格将基本存有论建立在"此在"(Dasein)的基础上,依笔者的理解,它主要的特点有二,一是所有事物的本体论意义皆需在"此在的存在论分析"中理解,此在具有本质的优先性,万物的意义依此而建立。其次,"此在存有的显著特色乃是它本身可理解存有,此在自身的特色即在它是存有论的"。"此在"自生自证,既不共也不依他,它与其他的存有物不同质不同层[20]。这种自明的性质也可以说是"理性的事实"。

基本存有论牵涉到人与世界的根源性关系、语言与技艺问题,笔者认为这三个问题都是围绕着气化主体展开的。或者说:基本存有论是气化主体的问题,此种主体无可避免地会牵

---

[20] 上述观点参见英译本 Martin Heidegger, *Being and Time* (Malden: Blackwell Publishing Ltd., 1962), pp.32—34。

引人与自然的根源性关系之问题，至于语言与技艺则是气化主体展现的模式。笔者认为除了将"此在"换成"气化主体"外，"此在"作为基本存有论来源的两点理由，气化主体都具备。但庄子的"气化主体"仍预设一种体证道体之后的具体性之发展，此"体证"因素在海德格思想中较薄弱。牟宗三先生批判海德格的"此在"作为基本存有论的基础之资格堪疑，牟先生站在天道性命相贯通的立场自然会提出此疑。然而，施益坚先生最近撰文，主张海德格早年也有实践哲学，其"此在"未尝没有工夫论的内涵，兹不细论。庄子在气化主体、语言与技艺这三个问题上都提出了符合人文精神的解释[21]。

就人与世界关系而言，我们当紧扣"人文"的一种古义："人文之元，肇自太极。""太极"一词出自《易经》与《庄子》，此词语通常作为本体宇宙论的语言来使用，在"道在屎溺""枯槁有性"此泛道论的格局下，它构成了儒道的自然观的核心。众所共知，庄子有自然哲学，理学家也有自然哲学。在理学家的自然哲学中，我们看到天地被他们视为生生的创化体，大自然是互摄的整体。除此之外，太极还以因陀罗网模式的一多相容，在整体的大自然且在个个分殊的自然物中完整呈现。理学家看待自然，总是会将它提升到"道之显者"此至高

---

[21] 参见施益坚《何谓"实践诠释学"？——从海德格早期的弗莱堡讲稿（1919—1923）说起》，此篇收入李明辉、邱黄海主编：《理解、诠释与儒家传统：比较观点》（台北："中央研究院"中国文哲研究所，2010），页33—52。

的地位。然而，在性命之学基本框架的牵制下，大自然所呈现的意义大抵是作为天道性命相贯通此大原则下的一个子项目，自然本身的复杂面貌并未开展。然而，在《庄子》书中，我们看到大自然呈现出一种更丰饶的面貌。

与自然产生关连的知识有多种，美学是其中的一种，庄子对中国美学的贡献至大，众所共知。然而，以"美学"一词定位庄子的影响，这种标签其实误导的作用大于引导的功能。我们现在回到"美学"的原意，它原来即带有感性之学的意思，换言之，如果摄所归能的话，"美学"的焦点应当放在主体一种特殊的与物交往的知识，而不是自然的物相具不具有"美"的属性。当美学从对象转到一种带有宇宙性性质的主体，笔者称之为气化主体时，"美"字已无法穷尽人与自然交涉的学问，笔者认为我们不妨将"美学"视为"感学"的一个次类型[22]。"感学"虽说是依照一种新的主体意义而设立，但它的范围主要在人与自然间的关系，感学的核心落在气化本身，庄子的美学贡献之核心其实落在超越能所关系之上的"感学"本身。

我们探讨人与自然的基源关系，所以要牵涉到"美学"的重新定义，乃因此学在今日华文世界大兴，而其领域恰与本文的关怀高度重叠。我们提出气化主体在基本存有论中的核心地位，又提出此主体超能所的特色，乃因庄子的思维很难

---

[22] 何乏笔先生也提过这个问题，他建议用"觉学"代替"美学"一词，但"觉学"的东方意识哲学内涵太强，此语多少令人联想到"证悟"之意，窃以为"感学"相比之下仍较差强人意。

用精神—自然或意识—世界一刀两切的本体论断裂方式思考之,"气化主体"的概念既预设与世同在,也预设形上—形下的连续性。勉强就方便法门地强分能所而论,我们发现庄子在客观面上特别注重道的创化的能量,此能量以气化的形式不断生起。事实上,就创生动能而论,《庄子》与《易经》是中国文化传统中谈得最彻底的两部典籍。但关键不仅在此,更在庄子很强调在始源的创化机制中,世界即有原生的理蕴乎其中,《天下》篇所谓"其理不蜕",《知北游》所谓"原天地之美而达万物之理",《养生主》所谓"依乎天理"所说皆是。这些"理"都比经验性的理之层次高,庄子的理不是认识论的概念,而是感学形上学的概念,它属于"道"的分化。借用老子"道生之,德畜之"的语式,我们不妨说"道生之,理成之",理不但是道的分化,它还是道在杂多的世界最初的根源秩序。我们不宜忘掉:庄子是最早强调"理"的重要性的哲人,世界本身即有可理解的意义结构,这样的存有论之肯定最早出自庄子,理学家后来所作者,大体即缘此一思路而来。

由于世界本身即为有意义形式的构造,而在气化主体的共构存在之运作下,人与自然之间即会呈现一种原初的和谐关系。主体与外物之原初关系,不是认识,不是利用,甚至也不是美感的欣赏,而是一种气感的流通。在此气感的流通中,一种尚未明文化的"理"已酝酿其中,海德格说诠释的首要任务在传来消息,气化主体感物的第一步不是明镜应物,而是在主客未分的共属状态中的一种机感,此时身体得到未明文化的讯息。始源的心物关系乃是一种气化共感的、原生美感的，在感中酝酿了文的形式，也可以说彰显了最始源的人文精神。《庄子》与《乐记》所以将音乐此人文之大宗逆推到天地之氤氲流化，我们不难理解。

如果世界本身即有原生的秩序，它有伦有序有理有类，而且此伦序理类与人的气感是共生的，那么，庄子提供的这种世界图像正是儒家形上学最盼望的类型。此原初的世界图像一旦落实到现实的人文世界来，我们有理由相信：庄子对伦理价值也不是否定的。诚然，我们可在《庄子》一书中较偏冷的章节中，读到庄子对伦理教化的嘲讽之言。但我们也不宜忘了"子之爱父，不可解于心，君臣大义无所逃于天地之间"的名言。庄子这段名言出自于《人间世》篇，在此篇中，庄子一再言及人间政治事务之险恶，也劝导学者如何在此乱世中，保身全性，安然度过。然而，正是在此篇中，庄子劝导学者：父子君臣之间无法用利益计量，万一不可免，也只能承担了，这就是"知其不可奈何而安之若命"的真谛。《人间世》篇这些话无人怀疑出之庄子之口，其语也不是不了义。以此为准，庄子对君臣、父子这两伦的判断与一般的儒生的判断并没有出入[23]，他

---

[23] 黄宗羲提供了一种对照的观点，他在《明夷待访录》的《原君》此篇名文中说道："小儒规规焉，以君臣之义无所逃于天地之间。"依据其说，庄子不但没有毁坏世间的伦理价值，他的观点反而接近墨守世俗礼法的俗儒了。这一推论当然更极端了，不可取。但庄子此语在后世相当流行，所以黄宗羲的批判也许不见得针对庄子，而是另有现实世界的指涉，无暇细考，兹不赘论。

的伦理观似宜重看[24]。

人际伦理学的问题点到为止,因为庄子在此领域发挥的力道不够,庄子对后世人文精神的影响主要也不在此面向[25]。底下,我们还是转到基本存有论与其表现的问题。

五　人文之源:语言与技艺

如果气化主体乃与世同在,气与物游,而且在"主体—世界"的连续体之构造中即有未分化的秩序存焉。从人文价值的角度衡量,此即原始的浑沌状态中孕育了"文"的潜能。但"文"要由潜能变为能量、由无名的文变为人文,这需要一种彰显的过程。但彰显不仅是直接性的由潜藏转为实现,而是在彰显中有原生的诠释,彰显不是直接拷贝潜藏的原本,而是在彰显中即有非意识化的定位作用。气化主体感物而兴不会止于此无名、无别的同体状态,它需要破裂而出,并将此原始的经

---

[24] 庄子的深情是许多庄学名家都注意到的,从明末到当代,不断有人重复提出这种观点。一位深情的哲人会反僵化的伦理体制,这是可以理解的,《庄子》书中不乏这类的叙述。但一位深情的哲人会反对情感本身的情之秩序,这是很难想像的。牟宗三先生认为道家并不反伦理教化,它从事的乃是"作用的保存",亦即庄子并不提出伦理学的命题,他只关心 how,如何使真正的人伦价值不异化地展现出来。"作用的保存"大致就是政治人物所谓的"可作不可说",很可能这就是庄子的立场。

[25] 晚明觉浪道盛、方以智师徒很强调庄子的忠孝概念,笔者认为这是时运使然,其理论效果没那么有说服力。

验转化到人文的世界来。此际,"语言"居间扮演了转化的枢纽。笔者这里使用的彰显、诠释、语言这类语词,明显地带有当代诠释学的气味,事实确也如此,笔者认为在当代诠释学提供的"诠释""语言""彰显"之概念,对我们了解庄子思想起了很好的指引作用。如果比起前代学者来,我们在今日反省庄子的语言思想,真有后出转精之处的话,那大概就是我们生在语言哲学成熟的 21 世纪此后出时代的优势了。因为经过所谓"语言的转化"以后,我们思考人文科学的立足点完全不一样了。

语言是人类诸机能中最神秘的一种,在神话思维中,语言与存在几乎同义,语言不仅指义对象,它就是对象本身。《旧约·创世纪》说:太初有道(语言),道(语言)与上帝同在。《创世纪》的叙述来自久远的神话传统,语言之根源深矣!远矣!然而,神话的语言智慧在史上并没有得到充分的正视,自从哲学突破的时代以来,人们对语言的理解基本上是越来越抽象化,语言的魔咒力量日益减弱,而逻格斯的控制力道越来越强。直接经验的丰富性被牺牲掉了,它只剩下没有血肉的骷髅[26]。在西方,"工具说"或"约定说"始终相当流行。根据这种理论,语言是约定俗成的,词是客观物可以相映的符号,透过了语言的中介作用,人可以清明地认识世界,以祈改善世界。上述这种观点预设了镜子的隐喻,人心像明镜,它可客观

---

[26] 参见卡西勒(Ernst Cassirer)著,于晓等译:《语言与神话》(北京:三联书店,1988),页 102—115。

地表象外在事物，这种透明的主体是知识论导向的认知主体，它在西方社会有个极顽强的传统[27]。这种镜子隐喻的知识论导向的主体在东方也不陌生，荀子就可视为此说的代表。在华人世界曾一度十分流行的逻辑实证论，也可视为哲学界中语言抽象化的巅峰之作。

然而，西方世界从 Herder、Humboldt 以下，彼邦学者对语言的本质另有思考，其规模已远远走出"语言约定俗成"或"语言工具说"的藩篱。基本上，"人是语言的动物"，或"人类的语言性"是许多不同学派的共识。语言就是人性，语言就是存有，不是人说语言，而是语言透过人自己说。类此之言，乍看怪异，而今触目可见，学子已不感新鲜。目前哲学界有关"语言"本质的讨论文章汗牛充栋，笔者无能妄赞一辞；相关引介也多，笔者同样也只能三缄其口。但放在本文的立场下考量，笔者认为当代语言哲学中，至少有两义是特别值得注意的，首先，是语言与精神的关系，其次是语言与彰显（创造）实在的关系。笔者认为在这两点上，庄子有迥异于东方大部分思想家的独特视野，两千年来他踽踽独行，反而在近世欧洲他找到了同行者。时序进入 21 世纪以后，他的思想更有资格引发广泛的回响，事实上引发的共鸣之声也已不少。由后视昔，我们不能不赞叹庄子的语言思想远远超出他当时同代学者的水平。

---

[27] 参见理查・罗蒂（Richard Rorty）著，李幼蒸译：《哲学和自然之镜》（北京：三联书店，1987）。

人的语言性或"语言构成世界的存有论基础"诸义在今日已大显，但其源头至少可追溯到 18 世纪的洪堡特。洪堡特的《论人类语言结构的差异及其对人类精神发展的影响》此书在语言学说史占有极重要的地位，卡西勒说：洪堡特的作品在语言思想中"不只是一个显著的进展而已，它在语言学史中标出了一个新时代"[28]。洪堡特对语言的革命性见解，乃在它从"内在语言形式"的观点界定语言，语言不是静态的，不是既成的规则，不是约定俗成的公共工具，语言是精神作用的具体化活动。用洪堡特自己的话语说："语言不仅只伴随着精神的发展，而是完全占取了精神的位置。语言产生自人类本性的深底，所以，在任何情况下我们都不应把语言看作一种严格意义的产品（week），或把它看作各民族人民所造就的作品。语言具有一种能为我们觉察到，但本质上难以索解的独立性，就此看来，语言不是活动的产物，而是精神不由自主的流射，不是各民族的产品，而是各民族由于其内在的命运而获得的一份馈赠。"[29]洪堡特此书可谓天才之作，理论内涵既新，语言材料又丰富。开启语言和精神间，以及个人语言和民族精神间是相互体现的论述。

看过洪堡特的话语，我们不妨参看庄子《寓言》篇怎么

---

[28] 卡西勒（Ernst Cassirer）著，刘述先译：《论人——人类文化哲学导引》（台中：东海大学出版社，1959），页 138。
[29] 洪堡特（Humboldt Wilhelm, Freiherr von）著，姚小平译：《论人类语言结构的差异及其对人类精神发展的影响》（北京：商务印书馆，1997），页 20。

论卮言:"卮言日出,和以天倪,因以曼衍,所以穷年。不言则齐,齐与言不齐,言与齐不齐也。故曰无言。言无言,终身言,未尝言;终身不言,未尝不言。"上述这段论语言的文字在《齐物论》篇中,又重新出现了,只是它的主词变成了道。述词全同,主词有别,笔者认为最好的解释,乃是语言即道,道即语言。因为主体的重要内涵即是语言性,而主体与道体的依据是相同的。我们如果反思"道"的语义,发现此字除了"道路"一义外,原本即有言说之义。如此说来,道与言同体生起,这样的连结似乎符合"原始语言"的意义了。

透过洪堡特"内在语言形式"以至海德格"存有之安宅"之对照,我们不得不很严肃地擦亮眼睛,反思为什么庄子在《天下》篇论及自己的学术时,那么重视语言的问题,从"以谬悠之说,荒唐之言,无端崖之辞"开始,迤逦至"以卮言为曼衍,以重言为真,以寓言为广",再至"芒乎昧乎,未之尽者",这些看似缥缈的状词皆指向了语言活动。庄子论其他各家诸子,都没花这么多的篇幅讨论语言,除了名家,基本上可以说连提都不提。即使名家,庄子所重者,仍是在其哲学命题,而不是语言本身。在《天下》篇这么珍贵的书写空间局限下,庄子为什么花了一半以上的篇幅去描述自己思想中的语言问题[30]?

笔者认为:庄子的卮言,无疑地就是一种精神体现者的语

---

[30] 这是闻一多提的问题,参见闻一多《古典新义》,收入朱自清等编:《闻一多全集》(台北:里仁书局,2000),第2册,页283。

言，我们不妨称之为"道言"。"卮"是道的象征，它以旋转的形态，不断地从深层涌现。从它以"不化"带动"无尽之化"，从无尽深渊明朗化隐晦的讯息而言，庄子和洪堡特看到了同样的精神活动之现象。但在语言精神一体化的活动中，洪堡特看到个人语言和民族精神之间的一体难分，民族精神透过个体语言显示出来，个体语言则因集体精神而得以沟通。庄子没谈到民族语言的问题，他恐怕连民族的意识都没有。他对语言的民族精神之共通性着墨较少，但他触及到了语言作为存有安宅的面向。

庄子的语言（卮言）具有本体论上的优越位置，这是从言—道的连结结构即可推衍出来的。我们不妨再回想"应化解物"的另一层意义，亦即它在语言层上的作用。应化者，语言作为"化声"也，它如天籁之生起。"解物"也者，语言体现物，尽之于物，而物随化流，所以语言也要随化而解。王夫之注"道物之极，言默不足以载"曰："道不可尽，尽之于物。故于道则默，于物则言……随其言而成，乃谓之随成，随成而无不吻合。"[31] 在卮言随大化而起的运动中，道不可见，唯物可论。物不自现，因言而显。从意义的存有论观点考量，语言就是诠释的精神，无物不因语言而彰显。我们如果不从一神论的上帝从无创造万物，或从原始材料（如水、土）创造万物的观点考量，而是从万物的本体论意义由隐而显考量，那么，语言

---

[31] 王夫之：《庄子解》（台北：里仁书局，1984）卷 25，页 237。

可视为既是诠释者也是创造者。

然而,语言彰显万物,万物有名之后,"言—物"的连体逻辑结构即有自己的行程。卮言伴随精神活动而来,脱离创造的母体之后,它很容易体制化,言语(parole)变为语言(language),语言拟像化为俨然的主体。然而,体制化的语言毕竟也是不可少的,人格成长总是在文化传统的语言系统下成长的,语言的习得后才有言语之创发,语言的活化与僵化、创造性与体制性的张力由此展开。但就庄子的观点而论,语言终究当在活动中自行衍生意义,不主故常。卮言之作为存有之安宅,其宅终究非静态之安稳者,而是变化之力场。

本文要提及庄子与人文精神之关系之第三点,乃从技艺入手。技艺在《庄子》书中的地位诡异,一方面我们看到庄子发出"毁绝钩绳,而弃规矩,攦工倕之指"(《胠箧》)这样的呼声;一方面我们看到许多类似运动特技的特写镜头画面在他的著作中不断出现,在《养生主》及《达生》两篇中,这样的特写镜头出现得尤为密集。这两种立场相去天壤,其差别似乎很难完全用禅宗呵佛骂祖之说比拟之,我们因此不得不赞同刘笑敢划分《庄子》一书不同作者的洞见[32]。关于技艺价值的两歧现象该如何解释,我们在下一节将另有说明。本节从正面立论,笔者认为庄子对技艺有相当独特的见解,它将技艺提升到人的存在意义之层面。

---

[32] 刘笑敢:《庄子哲学及其演变》(北京:中国社会科学出版社,1988)。

《庄子》一书中，我们看到特别多的劳动者与技艺的故事，这些劳动者中有解牛的庖丁、有制轮的轮扁、有为鐻的梓庆、有承蜩的丈人、有射箭的伯昏无人、有冶陶的工倕、有操舟的津人、有驾马的东野稷（虽然他不是最理想的驾者），这些技艺卓绝的人物大体可分成两组，一组是器物的制造者，一组是器物或动物的使用者。庄子举的例子不少，但可想见的，没举到的劳动故事还有很多。庄子本身是漆园吏，他对劳作一点都不陌生。由于这些匠人出身低微，与他们对话的国君反而多不得道，所以李约瑟以下，许多学者都相信庄子在此作了阶级意识的批判。笔者相信庄子表彰贫贱者的用心是有的，但笔者更相信庄子所以列出这些故事，主要是想借以指出：我们的环境是由器物环绕而成的，我们的生活则是由这些制器、用器的活动组成的世界。

在中国的经典诠释传统中，"器"一向不是重要的哲学概念，一直到晚明，才有"天下惟器而已"的命题[33]。而"器物"与人文世界的紧密关连，我们恐怕要到了20世纪因海德格论物的"傲向性"（in-order-to）结构与布希亚的"物"之象征内涵，我们才比较清楚地了解新器物的创造不只是带来生活的福祉，也不只是在外在的世界影响了主体，更重要地，它使得我们与世界的关系产生了深刻的变化。透过了现代的视野，我们返回看《庄子》与《易经》，我们不能不承认：《庄子》与

---

[33] 此词语出自王夫之注解：《系辞上・第十二章》，《周易外传》，《船山全书》（长沙：岳麓书社，1996）卷5，页1026。

《易经》的复杂思想体系中,至少有器物哲学的内涵。物是主体从绝对的同一性分化后,人与世界产生关连的重要步骤。虽然某些动物(如猩猩)也有制造器物的能力,但就器物所代表的意义而言,只有人类才是使用器物的动物,因为器物对我们而言不仅是生存工具的作用,它还有文化意义的问题。器物一旦出现了,它就成了一个中介的文化网脉,它使得主体与环境可以合构意义叠密的人文世界。

庄子有器物哲学,但比较起朱子的格物,或方以智、王夫之对物的理解,论者或许会说:庄子没有赋予器物完整的意义,或者说:没有如海德格那般赋予物"主体"的地位。庄子论制器用器,制物用物,他都是强调具体的人文活动不能脱离这些器物而存在。但庄子所着重者乃在透过器物而展现人文价值,"透过"的重点在于气化主体之游心于物,它与物形成共游互渗的关连,而不是种表象的关系。一种成功的制器或用器行为需要全身参与,其运作的主体肯定是气化主体,而不是只依意识主体的焦点意识去运作。此之谓"以神遇而不以目视","官知止而神欲行"。

论者的解释是可以成立的,然而,技艺论在《庄子》一书中占有那么重要的地位,就"技艺论"而言,我们可以说:中国的任一本经典都没有《庄子》一书贡献得大,庄子对"技艺"的重视显然需要"深层的描述"。我们所要从事的深层描述其实没那么复杂,因为"技艺"一定一方面牵涉到客体的物之关系,一方面牵涉到主体如何应物的问题。一旦技艺论的焦点由技术面转到主客关系、心物关系时，我们发现"技艺"不再只是庄子思想中的一小块部门，而是整体思想体系核心的成分。因为人的存在乃是与物共在的存在，人的生活世界是由"人—人""人—物"的共构关系所组成的。人的存在应当是一种乘物以游心的构造，好的技艺即是游于艺。庄子没有具体地解析"物"或"器"的构造，乃因庄子是从实践面的观点探讨"乘物"的论题。这种实践不是一般的实用哲学，它是关连基本存有论的核心论述。

从气化主体的提出，到理想语言的日生日化且随物而成，再到气化主体凝聚技艺且因器物而完成生活的意义。我们看到庄子的人文精神主要都是依循着气化主体的轴心步步落实的，主体即"脱我"（ecstasy），依"脱我"而日生日化以成自体。但它的"脱我"不只是主体的向外射放，而是有"与物共化共游"的辩证历程。至于这样的人文精神之内涵是否足够，这是另个层面的议题了。

六　同一、解构与创化

如前所述，庄子的思想建立在基源的存有论基础上，语言有身体性（形气主体性），技艺有身体性（形气主体性）。而身体主体（形气主体）乃是道在人间的孔窍，道只能透过这个孔窍才可以在世间展开它的行程。身体本身就是一个庄子喜欢运用的喻根——陶均，它有个神秘的中心轴，依秘教天人同根的图式，此中心轴即是作为宇宙轴的太极。宇宙轴不但有定位世界秩序的作用，它还会带动世界变化不已地旋转，庄子说：结合了外化与内不化，意义即从无法定点化的中心不断涌现出。此说如成立，庄子思想乃是为穷究人文世界而立，因为只有坐落在形气主体此陶均之基础上，人文世界才可巩固。脱离了气化主体的运作，中轴虚转，语言呓喃，技艺落空，最后终无人文可言。语言与技艺破碎处，一切法不成。

人文之源的假说如果成立的话，我们马上面临一个庄子诠释学的障碍：《庄子》一书中对构成人文世界的主要内涵，如道德、技艺、语言，常抱着批判的态度。庄子的批判是一条鞭的，他从人的感性、智性之起源处开始，一连串的批判顺河而下。他首先指出这种感性—智性主体会因语言与反省意识的活动而造成自身不断地分化。语言分化以后，它会顺着自性繁殖的轨道，不断再分化下去，所以最好"言无言"。智性主体因其向外活动的性格会发展出技艺的活动，但技艺活动一旦发展下去了以后，它会有自己发展的轨道，如此会造成人的主体有了机心，"纯白不备"，所以最好像汉阴丈人一样，不要使用机械。至于构成儒家人文精神的核心之伦理道德，庄子的揶揄是很著名的，盗亦有道，诗礼发冢，若此之言，不时可见。他宣称"仁义者，先王之蘧庐，可以一宿，不可久住"，此段话语更可视为对人文制度根本的批判。他反语言、技艺、伦理的态度这么明显，因此，后世读庄者只要一张目，很难不看到带着嵇康、李卓吾形象的哲人闪烁于其书之间。

我们彰扬庄子的人文精神的同时，不能对同样明显的不利的文字视若无睹。笔者同意论者如果提出这样的质疑，他的质疑是有合法性的。然而，如果我们仔细观察《庄子》书中这些批判人文价值的言论，稍加归纳，不难发现它们来自两个不同的来源，笔者称呼第一种来源为同一哲学的模式，另一个是解构哲学的模式。同一哲学意指"与道同一"的哲学主张，这种主张在东方世界特别流行，许多哲学流派都有类似的想法，其名称虽然有出入，或言永恒哲学（perennial philosophy），或言冥契主义（mysticism），但同样强调人的本质与世界的本质是相同的，而且"与世界的本质同一"具有最高的价值[34]。持此说的学者不仅出于理论的兴趣，他们同时在工夫论上也显现了回向天人同一的体证境界之倾向。在《庄子》诠释史上持这种同一说的诠释者多半来自佛道两教的高僧高道，或者一部分受到佛老影响但具有浓厚理学天道性命说倾向的儒者。如果要点名的话，笔者认为成玄英的《庄子疏》、憨山的《庄子内篇注》以及陆西星的《南华真经副墨》可为代表。成玄英、憨山和陆西星都是所谓的高道或高僧，他们娴熟方外之学的性命之说，他们本身极可能也经历过与道同一的冥契体验。以过来人身分诠释读者不易进入的性命秘苑，他们的诠释会有很强的效应，这是可以预期的。

这种从同一哲学的角度进入以诠释庄子本地风光者，是否

---

[34] "同一"这个词语用在体证境界上时，其实内涵也很复杂，它往往会牵涉到"悖论"的问题。本文在此只是依逻辑法则的同一律解读之。

有说服力呢？笔者认为他们在解释文本上是有部分的合理性。我们看《庄子》书中，尤其《内七》篇中，确实有不少非常彻底的悟道风光之语句。我们看下列诸句："天地与我并生，万物与我为一"（《齐物论》）；"以其心得其常心"（《德充符》）；"离形去知，同于大通"（《大宗师》）；"伦与物忘，大同乎涬溟；解心释神，莫然无魂"（《在宥》）。这些语言如果不从无限心的角度解释，其论点总是别扭。笔者曾比较郭象与成玄英对这些语句的解释，怎么看，郭象的注解都怪，很难想像能将庄子"无言独化"思想发挥得如此淋漓尽致的思想家，他注解性命论的语句时，其解释竟完全走样。相对地，成玄英的解释都很道地。郭象的注偏离了庄子原文，成玄英的疏又偏离了郭象注，结果反反以显正。就论及性天相通的修炼语言而言，成玄英此高道更能充分了解庄子的向上一机[35]。

然而，了解庄子的性命思想，不一定了解庄子更重要的关怀。我们如果只从同一哲学的角度诠释庄子，那么，庄子思想和老子将不会有什么两样。事实上，我们上文所提到的这几位高僧高道，他们真的是将庄子当成老子的注释者，成玄英所谓："申道德之深根，述重玄之妙旨。"[36] 好像庄子之于老子，就像孟子之于孔子，或保罗之于耶稣，他们都是教下的哲人。

---

[35] 拙作：《注庄的另一个故事——郭象与成玄英的论述》，郑志明主编：《道教文化的精华》（嘉义：南华大学宗教文化研究中心，2000），页297—335。

[36] 引自郭庆藩《庄子集释》（台北：河洛图书出版社，1974），页6。

但我们不会忘掉《天下》篇的警示——老庄分列，各成一宗，庄子不是不曾体验内圣外王之道所出的"太一"，但他的使命正是要经历老子，而又走出老子。庄子是老子的修正者而不是追随者，庄子从来没有"道家"的意识，他没听过"道家"之名，也没有立下"乃所愿则学老子"的弘誓，他是心与天游、独往独来的哲人。

庄子既有同一哲学的思想，而又能赋予人文活动本体论的基础，笔者觉得一点都不冲突，而且完整的庄子正是需要两者兼具。就同一哲学与人文精神两种向度而言，笔者认为庄子人文精神之特色并不是在于他反对同一哲学，而是在于他走出同一哲学并消化同一哲学。同一哲学发展到巅峰，大致都会发展出类似冥契主义的体证哲学，冥契主义的第一义可以说是"主客为一，万物一体"。当主客同一时，学者不能有反思的活动，在则不思，思则不在。从意识活动、语言到制器尚物，这一连串的活动都会将人带出那玄冥的层次，所以都需化掉。内七篇以浑沌之死——死于代表理智活动的儵忽之凿窍活动——作结，具有极浓厚的象征意义，庄子显然对意识的分化发展有很高的戒心。

但有戒心是一回事，体证者该不该或能不能常居在孤立的未分化境界又是一回事。任何体道者都很难长期处在证悟的当下经验，但建立在冥契经验上的思想通常都会因沉溺于此特殊法悦的同一经验，而忘掉气化的跃出精神之意义。在理学家文献中，大师（如王阳明）劝告学者不可因耽溺静坐之寂静之乐，忘掉伦理的责任，这种记载是很多的。即使佛教出世法特重,但类似的规劝之言也不时可以听到,可见同一思维具有特殊的吸引力,所以才需要被特别标记红圈。但在各种克服绝对意识之同一性倾向方面,庄子的立足点特显险峻,气化的跃出精神是庄子最基本的关怀,他不是老子,不想"澹然独与神明居"。

至于造成庄子反人文精神的第二种来源,笔者假借当代诠释庄子者常用的一个语汇,称之为解构主义的论点。"解构主义"是当代的一个重要思潮,笔者假借其名,主要意指它"瓦解既存结构"的语义。同一哲学可视为超人文的思想,解构主义论述可视为反人文的思想。由于《庄子》文本中反礼乐、反体制、反语言的文献极多,我们先前多少也触及此一现象,故在此不予细论。对于《庄子》文本中这些解构精神的文献,笔者不会视若无睹,而且还会认为这些文字有极重要的作用。先别说在中国长期稳定的社会结构中,庄子的解构精神起了多大的消炎解毒剂的功能。如果少掉了庄子的因素,我们很难想像处在乱世或政治浊世中的传统知识人会少掉多大的精神支援力量。何况,我们从一些真正的大儒身上,也可看到他们对现存的体制通常也有极深的反感,他们同样也会发出现实层面意义的批判力道,他们和庄子不同者,乃在其批判的层次不一样。所以如就反现实存在状态的解构精神而论,庄子和儒家不但没有矛盾,两者事实上有可能形成互补的作用[37]。

---

[37] "儒道互补说"是目前学界很流行的论述,本文无意涉及此说内涵。笔者在此只是强调:就转化现实的批判精神考量,儒庄具有相似的关怀,可以互补。

庄子的解构精神和人文精神所以不会相互抵触，还有更深的理由。简单地说，构成创化性来源的因素和异化的因素是同体的，形成人文精神的因素也有可能是反人文精神的障碍物，而作为人文之源的创化精神很容易和精神发展定型以后的异化意识产生冲突。学者必须借着解构，以利化源新生。庄子对于人的精神之容易撕裂主客、全面异化，有极深刻的理解。庄子对"人心险于山川"之认知在其著作中不时可见，《齐物论》与《人间世》诸篇更可视为存在主义式作品的样板。但庄子超出于一般的存在主义哲学家者，在于他看出：结构与异化是连体婴，秩序与压迫是连体婴，意识、语言、器具都有两面性，它们一方面是人文之源，但也容易沦为异化之源。人类的文明始于"始制有名"，以后历史必然会带来社会的意识形态化。而文明所以必然会带来意识形态的异化，乃因人性随着语言—精神的外展，它自然会撕裂浑全，而引来"有左有右、有伦有义"等等的二元对立之状态[38]。简言之，凡我们在精神初发之处所看到的人文精神跃动之真机，只要一落入分化—结构的阶段，它就会变为危机。

庄子对"结构"有强烈的不信任感。它看待人与社会结构的关系，不会认为人是在社会结构中成长，也是在社会结构中

---

[38] 关于语言、意义、结构、权力、异化的复杂关系，参见叶维廉先生《言无言：道家知识论》及《意义组织与权力架构》两文的解说。两文收入《历史、传译与美学》（台北：东大图书公司，1988），页115—154、209—250。

结构自己的人格的。在他看来，结构就是对逍遥的一种限制，所以我们看到庄子对结构面的批判不遗余力。然而，当庄子对结构面提出批判时，他并没有退回到未分化的意识状态，庄子浑沌说的另一个故事给我们很大的启示。在这个有名的汉阴丈人与子贡的对话中，我们知道汉阴丈人代表一种彻底在其自体的浑沌精神，孔子对子贡表示此种浑沌精神只知其一，不知其二，亦即它只是抽象的在其自体之完整意识，无法处理真正的人间生活，汉阴丈人的修行仍不到家。结合《应帝王》篇与《天地》篇两个浑沌故事，我们发现庄子想要跟我们讲的真理：为避免精神的异化，它需要一面创化，一面解构，两者缺一不可。

在现行的《庄子》文本内，我们发现一组邪恶的三胞胎，创化的庄子与同一性的庄子及解构的庄子同时存在，表面上看来，亦即人文、超人文、反人文三者连袂而至，《庄子》一书的性质所以会引发长期的诠释学之争议，主要的原因即在于《庄子》文本本身的暧昧性。然而，我们有很强的理由主张：庄子人文精神的特殊，在于它的人文延展到超人文领域，并且需要反世俗人文的活动以便开展出它的人文向度。所谓的人文—超人文—反人文正是它的三位一体，矛盾非矛盾，它是精神辩证的发展。

七　第三期的人文庄子说

"人文精神的庄子"并不是一种新说，如果我们放在庄子诠释史的脉络下考量，这种"人文庄子"的诠释声音始终不断，魏晋、晚明是其中的两个高峰，我们现在对庄子所作的解释可视为第三期的人文庄子说。如果庄子道家说是庄子学的主流的话，那么，庄子人文说当是庄子学最主要的支流，我们把此种诠释途径视为连绵一千八百年的庄学修正运动也未尝不可。

庄子人文说的第一波高峰在魏晋时期，郭象《庄子注》为此说代表作。魏晋是文人个性解放的时代，但也是名教规范最严的年代，自然与名教的关系成了此时期主要的思想课题，此期的庄子人文说即是放在"自然—名教"的论题下展开的次类型论述。如果不就社会的影响，而是单就理论的圆融而论，"自然名教一致说"显然更符合先秦儒家及某部分的道家思想的论点，就当时的论述考察，它的理论内涵也较深刻。然而，郭象的庄子注观点与当日门阀体制的意识形态太接近，他的"适性说"几乎等于要求所有人安居于其阶级位置的命定说。郭象这类型的玄学家虽然善谈名理，但在德行操守上并没有太多值得赞美之处。他们对工夫论的问题通常也没有善解，郭象会通孔、庄的诚意令人怀疑，其理论效果也要打折扣。当代儒者熊十力、钱穆所以常以名士为戒，良有以也。

郭象《庄子注》所提"自然名教一致说"虽然可视为第一期人文精神庄子修正运动的代表作，但此种理论只有在境界的形式上有沟通的效果，实质上的效用相当有限，而且恐怕名声还不太佳。庄子和儒家的密切关系只有放在理学的脉络下，才可以清楚地对照出来。第二阶段的庄子人文精神修正运动几乎伴随理学的诞生而起,但此运动在宋元时期若现若隐,面貌不清。直到 17 世纪的明末清初,庄子人文精神修正运动才达到第二次的高峰。推动此波运动的人物乃是理学家或理学化的高僧,方以智与王夫之为此波运动的代表人物。此波运动可以说与理学并兴,当理学从汉唐儒学的格局中走出,正式接受佛老心性—形上命题的挑战后,庄子始终是理学家隐藏的一支友军。理学家所以和庄子结盟是有理路可寻的,因为两者同样重视气化的能动性与真实性,在缘起性空的对照背景下,中国儒道在形上学方面的差异被淡化了,其共同性则加强了。然而,直到明末,方以智、王夫之等人因为要克服以王学后学及禅学为代表的唯心哲学的偏差,有意援庄入儒,才赫然发现两者原本为一家,至少是血缘相近的同族。

关于理学的演变与庄子的接受史,其细节非本文所能详论,但笔者想指出一个极有意思的平行现象,此即明末庄学流行,同一时期,同样接受庄子的一些大儒者几乎同时反对三教中的心学体系,而且共同强调一种建立在《易经》基础上的一种体用论的哲学。其中,像王夫之这般卫道意识极强的哲人,他可以说是最典型的儒家文化传统主义者,但他注解《庄子》,其热情与精到似乎犹胜过他的《周易内外传》。庄子从老子入,而最后却抛弃了内省的"大母神"模式;同样地,王夫之、方以智同从王学或禅学出发,后来纷纷叛离了"心学"的立场。明末的庄子和明末的理学可以说惺惺相惜,命运相同,这样的平行现象恐怕不是偶然的,笔者认为庄、儒的结缘是本质性的。在明末的思想转型之关键期中,《庄子》比起儒家其他的经典,它提供的理论资源毫不逊色。对长期卡在意识哲学领域的明末儒者而言,"重新发现庄子运动"所带来的讯息太强烈了。庄、儒的结盟与其说是庄子需要儒家,不如说是儒家需要庄子,更不如说是两者相互需要。庄子的人文精神修正运动至此由量变而质变,庄子思想的本质已经需要重新定位了。可惜,方、王之后,儒家潮流没有顺着他们的轨道发展下去。

17世纪中叶的庄学修正运动著作具有极强的说服力,它不但是庄子学的思想高峰,即使放在整体理学史的视野下考量,它的意义也是一样的重大。方以智、王夫之之后,庄子诠释史上恐怕再也找不到可以与之比埒的著作。方、王注庄新义时出,鞭辟入里,直欲掀千古公案。然而两人的著作都不容易读,其精金粹玉般的理论很容易被注释体的艰涩文字掩盖过去,《药地炮庄》的文字更类似需要读者苦参的禅门公案。然而,经过时光之流反覆冲刷,终究会刷去表层的迷障,显现出他们的光彩的。我们看到方、王一方面消极地为庄子破坏伦常礼乐辩护,一方面两人更积极地从精神的发展着眼,指出天均之学一种动态的全体大用之学。双管齐下,建构起沟通庄、儒的平台。透过了他们的眼睛,我们发现了一位会持作用的保存伦理价值的哲人;一位会在世界的本源上体现生生不息的力量,而且居间发现了原生的理则的哲人;一位对作为生活世界最需要的技艺有极深刻体认、对中国美学精神有最深远影响的哲人。有了这种不同的新视野,我们无论如何不宜再用解构的标签强加在他的身上，反而当将他视为人文精神最根源的展现者。

我们现在该处在庄子人文精神修正运动的第三波了，至今为止，笔者不认为在开发庄子思想上，整体而论，近代学者有超越方以智与王夫之的成就太多之处。因为大部分的人的理解都没有站在这两位巨人的肩膀上，他们看到的庄学风光自然没有方、王两人的全面与深入。然而，就个别的领域而论，如在美学、文学批评，甚至部分的比较哲学领域，这个时代的诠释也有后出转精之处，到底现代性的一些学科如人类学、神话学、语言学等等，可以提供我们以往学者没有注意到的盲点。截长补短，我们未尝不可在第二波修正运动的基础上，将庄子更精准地带返到一种创发性的、原初秩序的、心与物化的源头上去，这是个尚未结构化的场所，却是人文精神展现的源头，也是庄、儒共享的场域。我们需要洗刷眼镜，仔细分辨这个源头的性质，误释或忽视都会带来难以衡量的损失。笔者不认为人文的源头即等于人文的全景[39]，但此源头原汁原味，天光乍显，具有十足的动能。庄子是最早揭开这幕风景的哲人，他遥遥领先他的时代，应该也会企盼未来有一个可以理解他的时代。

---

[39] 如人文精神很难不正视人类此一种属特有的"传统"与"社会"因素，但庄子对"传统"与"社会"殊少正眼以观。

结论　庄子之后的《庄子》

本书出版后，在浩浩汤汤的《庄子》研究著作行列中，又会增添新的一本。但我们对庄子的了解到底增加了多少呢？

庄子总是令人好奇的，也是令人喜欢的，偏偏我们对庄子的了解实在不够多。我们知道他的一点讯息几乎都是出自《史记》一篇很粗疏的传记，以及冠在《庄子》名下的一些记载而已。和庄子丰饶横溢的思想相比，其个人传记之稀薄更呈现刺眼的反差。不过话说回来，我们如对照先秦其他诸子，庄子的情况并没有更糟。比如和庄子常相提并论的老子、关尹子、列子、文子诸人，我们对他们的认识甚至还比不上庄子。依目前所能掌握的资料，我们对庄子的出身、师承、家庭是不太能着墨的，这些私人性的因素有可能影响一个人的思想既深且远，但却不容易论述。但从宏观的角度入手，我们还是可以找到影响他的思想发展的几条线索。

庄子活在公元前4世纪的宋国蒙地，现在的河南省商丘附近，这位常被后人视为代表逍遥精神的哲学家，却活在一个不怎么宁静的邦国，他处的时代更是中国史上数一数二的大动乱的时代。早在他生前，宋国即因不堪长期处于楚晋争霸的夹心位置，曾主动发起过国际间的弭兵会盟，希望借盟约来约束霸国的野心。在他成长的年代，宋国由于处在四战之地，中原的任何战事都会将这个不堪负荷的小国卷进历史的绞肉机里，宋国君臣对于如何在国际政局中自处，始终是小心翼翼。庄子身为当时宋国重要的思想家，又在国家官僚系统里担任一个官职，虽然漆园吏不是太起眼，但总是公职，他几乎没有任何机会不注意到悲惨的时代情境。笔者所以笼统地讨论庄子身处的政治环境，意在显示：庄子的高人形象需要仔细地辨认，《庄子》内七篇的《人间世》《应帝王》不妨视之为庄子对时局的批判。

然而，影响庄子思想的主轴可能不是政治局势提供的刺激，而是宋国继承的殷商文化以及春秋时期兴起的孔老思想之问题意识。殷商文化是典型的巫文化，巫文化的核心在于巫者如何体现巫文化。巫文化自有一套巫教的知识系统，神巫的系谱、以宇宙轴为核心的象征、三界的世界观、神秘性能的动植物云云。巫文化也有实践的面向，巫是懂得离体之技的宗教人，只有此种宗教人才能掌握身心解离，进入解体状态（所谓的出神）之诸种法门，亦即懂得掌握以斋戒为核心的工夫论。这些巫文化是殷商文化的主轴，殷商帝国崩溃后，巫文化的因素还是深深浸润在该国的文化风土中。巫文化是殷商一朝的文化风土，自由与专制、智慧与愚昧的因素兼而有之，对巫文化的吸收与批判构成庄子思想的一大主轴。我们看庄子赋予至人的形象：升天、变形、不惧水火，以及庄子对"气""化"这些核心概念的阐释，不难看出远古神巫的身影。

除巫文化外，影响庄子思想最根源的事件当是他处于后老子、孔子的这个思想史的位置。战国诸子都处于老子、孔子之后，因此，如果从时间先后着眼，"后老子—孔子"之说等于没说，没有增加任何解释的效率。然而，"后"不只指向时间的意义，也指向论述的继承关系。孟子可以说是后孔子时代的哲人，惠施就不好这么谈，因为孟子很自觉地继承孔子之学，惠施则否。同理，我们说：庄子乃后老子—孔子的哲人，因为庄子思想的主轴是对老子、孔子思想遗产的批判、吸收、转化，庄子思想背后预设了他与老子、孔子的关系。身为后老子—孔子时代的哲人，庄子的批判性继承最特殊者在于其继承的模式乃是"精神发展"式的，而不是个别议题式的继承。在先秦诸子当中，借着精神的发展以定位所继承者思想之主从轻重，大概只有庄子会这样作。庄子这种手法颇有后来天台、华严判教的型态，事实上，《天下》篇可货真价实地视为庄子的判教哲学。

笔者所以提出政治局势、巫教的文化风土以及孔、老之后的思想史位置，乃是想给庄子思想框住在一个独特的精神发展史的位置上。本书对庄子所处的政治局势殊少着墨，主因那不是本书的重点，而言者已多。但我们如多注意此层面，至少可对庄子的"人间性"有更同情的理解。至于论及巫教因素，乃是要突显庄子的神话知识与心性经验可能源自巫教的传承。殷周之际是中国上古史，不，应当说是中国史上的一大转捩点。

笔者越来越相信由"武王伐纣—周公制礼作乐"这条历史事件纵贯轴带动的变革既是政治的革命，也是宗教的革命，同时也是主体范式的革命。巫教是殷商文化的主要内涵，它的作用在公元前1046年武王入朝歌后受到严厉的打击。随着巫师人格由礼乐人格取代，天的内容也改变了。这场变革的规模够大，纵深够深，所以作为事件，它不是一次完成的，而是波延好几代。所以即使迟至战国中期，庄子仍和孔子、老子一样，他们可能都面临过对巫教的吸收、转化的问题。笔者对庄子与巫教的关系虽已有论述，但待阐释者仍多。

本书的重点当然是将庄子放在孔、老后的思想史位置上考量。我们研究先秦诸子著作，固然可以依其文本所说，重构理论。但我们如果能够了解他的问题因何发生？对话或对治者何人？我们对该思想家的了解可以更具体。老庄喜欢说："有无相生"之类的道理，言说的旨趣与非言说的思想背景，两者合组相映，才能构成完整的图像。庄子生于诸子争鸣的年代，他当然有机会与诸子对话，尤其和惠施的对话更是欲罢不能。但笔者相信庄子是自觉地站在孔、老之后，综合其学。不管孔、老在他的著作中出现的比例如何，孔、老思想的基本定位构成了庄子哲学反思的起点。《天下》篇所以依道（亦即具有本体论意义的精神）的发展，从老子延伸到庄子，事实上是从孔、老延伸到庄子，原因是它想从本质上显出庄子如何走出孔、老。

如果我们以《庄子》文本为经，以上述三个因素为纬，仔细抽绎《庄子》文本的内涵，我们应该已有足够的文字为证，足以建构较符合历史事实的庄子形貌。笔者相信庄子在《天下》篇给自己定下的位置，等于是对东周一朝的思想作了整体性的哲学反思，他的天均哲学无异于太一之道的道成肉身。但这种"原始"版本的庄子是否曾经出现在漫长的庄学注疏传统中呢？我们不能不感到好奇。"万世之后而一遇大圣，知其解者，是旦暮遇之也。"(《齐物论》)世无大圣，解人不易，庄子的回首远望，不知是否望到期待中的身影？但目前似乎时机已到，我们已经累积足够的庄学文献，可以反思庄子在《庄子》之后到底遭遇了什么样的命运。

我们现在理解的庄子，受到最早写出庄子传记的《史记》的影响很大，《史记》说庄子讨厌拘拘小儒，所以多方剽剌儒墨。观庄子用语，《庄子》外、杂篇中一些抨击体制不遗余力的篇章如《马蹄》《盗跖》等可代表庄子的哲学立场。司马迁的庄子可称为"支离"的庄子。"支离"一词出自《庄子》，它意指从各种结构中游离出来，也疏外于各种价值体系。这样的庄子形象我们不会太陌生，他不只见于司马迁的《老庄申韩列传》，他也见于从竹林七贤以至当代的存在主义解读名家。支离型的庄子有的是积极反抗型的，如嵇康所呈现者；有的是消极的逃逸者，如历代的隐士所行者。支离的庄子观在庄学史上一直占有重要的地位，它被视为主流价值（亦即儒家价值）的对反者，他追求一种个体式的绝对自由。笔者不会反对这样的庄子形象，庄子确实起过这样的影响。不但如此，笔者相信这种支离的、批判的"否定哲学"还没发展彻底，它的光谱很广，后续仍大有发展的空间。

相对于批判性的支离型庄子，另外一种常见的庄子形象落在另一头，这种类型的庄子是位典型的东方体道之高士，他深入心源，冥契大道，唐宋以后，这种形象的庄子蔚为大宗。道士如唐代的成玄英、宋代的褚伯秀、明代的陆西星的著作最能突显此义，但理学家或佛教僧侣的著作中也不时可见此义。这种冥契型的庄子可以说在为神巫作收尾，为老子作注脚，为佛教入华作桥梁。支离型的庄子与冥契型的庄子坐落在意识运作的两端，一是以自外于主流价值的方式介入社会层，一是以自外于经验世界的方式退居无之意识层。虽然"自外"的规模不同，但重叠处也不少，所以无意识的冥契型与反体制的支离型这两种庄子观常见于同一个人的诠释中。但就知识类型而论，两者各代表一种型态。

除了这种走"冥契路线"或者"支离路线"的庄子外，笔者认为另有一位掌握创化之源价值的哲人。他的"掌握创化之源"乃是重"有"而不是重"无"，是肯定而非否定型的哲学家。相对于佛教重空、道家重无，儒家被认为是重"有"的哲学，宋明理学家（尤其是张载、王夫之一系）在这方面的倾向特别显著。因此，如果一定要依传统的学派观点定位的话，这样的诠释立场可以说成是向儒家靠拢。在庄学史上，从儒家观点注庄者事实上比一般想像的要多，而且多很多，它有个传承。但传统上这些以儒释庄的著作除少数人外，其论证多属文献学式的比较工作，这种工作所得虽然较踏实，有文字可比对，有刻板化的学派名称可归类，但由于诠释路线的性质或定位所限，其诠释效果也不免跟着有较大的局限，早期的"庄子儒门说"终归只是种非主流的讲法。

本书很同情创化说的诠释观点，但因笔者别有用心，所以会以另外的形式呈现庄子的面貌。此位庄子透过笔者所说的形气主体，由人存在的深渊，创造出意义形式，人身就是创化之源头。这种形气主体之创造性是有实质性的内容的，它的气化、语言性、即物性，使得人文世界之所以能成为人文，有了本体论的基础。笔者相信儒家强调人文化成，其主体的依据或许不仅止于庄子的形气主体之内涵，但却不能脱离其形气主体的基本模态，我们不妨称这种诠释观点呈现出来的形象为"天均"型的庄子。大体上，本书所呈显的庄子比较像庄学史上一种主张与《中庸》《易传》相容的哲人，而不是社会建制下的儒者。笔者不会反对"冥契论的庄子"与"支离观的庄子"之诠释观点，这两种诠释观点确实有凭有据，而且发挥过历史的影响，但笔者对上述第三种观点特别同情。传统的"庄子儒门说"虽然言者之理论水平不一，精粗互见，但遗形取神，其说仍大有重新诠释之价值。

凡对庄学史不陌生的人大概都可以看出本书所接近的第三条路线，主要指的是以明末的方以智、王夫之为代表的一种解释模式，事实确是如此。随着本书的结构越来越清晰，笔者继承方以智、王夫之遗志的想法也就越发浓厚。身为哲学家，庄子可以说是非常幸运的，他在生前身后的敌人都不算多，但要与他为友的学者或学派则不少。历代都有人想将庄子拉进人文化成的阵营里,让庄子哲学从消极哲学变为积极哲学,也就是都想会通庄子与孔子。笔者认为以向秀、郭象为代表的魏晋名士学者作的是第一波的修正运动,明末以王夫之、方以智为代表的大儒则是第二波的修正者。第一波的修正思潮以调和"名教与自然"的面貌出现,向、郭在破除道之实体性,发挥另类的"化论"——独化之说,颇畅玄风。向、郭的"独化"之说建立在破除造物者的"物自生"的基础上,这种理论如果能有回俗向真的工夫论作支柱,其说原本可以破除造与被造这类形上学的幻象,而达到类似空宗证空那般的解脱境界[1]。晚近一些哲学名家对向、郭的《庄子注》所以赋予那么高的地位,甚至视为道家思想更高的发展,隐然有道家圆教的影子,其说不为无因[2]。然而,我们如果观察向、郭注《庄子》书中的工夫论之义,其注大抵笼统空泛,几乎无一成功。由此可推知向、郭之大畅玄风,毕竟只是玄谈而已,难以落实。事实上,由于向、郭接受气成命定的论述,又接受体制的正当性,庄子的创化思想遂变得苍白无力,笔者认为他们的彰显庄子之人文精神是失败的。

第二波的方以智、王夫之等人继承了韩愈、苏东坡以下

---

[1] 唐君毅先生论现象主义时,已指出向郭玄学与般若宗的近似性,参见《哲学概论》(台北:台湾学生书局,1974),下册,页689—690。

[2] 参见傅伟勋:《老庄、郭象与禅宗——禅道哲理连贯性的诠释学试探》,收入《从西方哲学到禅佛教》(台北:东大图书公司,1986),页399—433。

融合庄、孔的方向，但他们的精神气魄远远超出前贤，理论也更深刻。他们在改造禅宗与王学此心学格局的大业上，找到了庄子作为最大的援军，或援军之一，《庄》《易》联手，一种新型态的儒学世界就此展开。此波的新庄学义理深邃，其成立的背景可以说是对"心学"的总修正。有关明末这波儒佛龙象所面对的"心学"内容，显然需要作更精致的规定，因为此波思潮推动者的思想背景不全相同，王夫之与王学及禅学都没有太多私人情感的因缘，所以对两者的批判非常直截了当。道盛、方以智师弟皆为曹洞宗高僧，方以智家族和王学的关系尤为密切，所以他们之深入心学以改造心学，势必不能不另辟蹊径。然而，宏观看来，明末思潮具有浓厚的中国"现代性"的讯息。晚明所具有的这种中国现代性的内容并非学界的冷门议题，但其解释相当分歧，从资本主义的萌芽期到精神自由的彻底展现，都有学者提出，其左右拉弓的张力特别显著。笔者的观点比较接近熊十力，熊十力极重视晚明思想，尤其是王夫之的思想，认为此时期的思想之现代性特别浓厚。可惜的是此期的庄子论述在熊十力的晚明观中并没有占太大的地位，一支可以支持他的晚明现代性论述的理论大军被闲却了。更可惜的是这波生机淋漓的思潮入清之后，后继乏力，挫折的中国现代性很快地就要面临一种全球性的现代性之挑战。

当代应该属于庄子积极哲学说的第三波时期，《庄子》诠释史上的这三波思潮都是在文化交流、思潮激荡下起的回应。如果说第一波是儒道交涉在《庄子》注疏上的历史效应；第二波的修正潮是面对长期三教交涉下的心学主轴之反动；第三波的修正潮之历史背景则是在西潮冲击下的回应。此波的《庄子》诠释发生于"现代世界中的中国"，"现代世界中的中国"之复杂远非"天下中国"的任何时期所能比拟。笔者大体上会将百年前严复的评点《庄子》以及章炳麟的《齐物论释》视为第三波修正潮的前声，严复借庄子论自由，章炳麟借庄子说平等。我们在二战后的存在主义之释庄模式中，可看到一脉相承之处。然而，二战后比较重要的庄子学修正潮当是20世纪70年代后的庄学的美学化，如果我们以徐复观、叶维廉与李泽厚分别代表台湾、海外与大陆庄子美学的学者，我们可看到他们的发号施令确实唤起了一股庄学诠释热，这股庄学热也深入到主体的批判（如徐复观、叶维廉）以及庄子的社会哲学（如李泽厚），但他们呈现的庄子主要是"美学庄子"的面貌。上世纪70年代出现的庄学热不会没有政治的作用，这股"美学庄子"的内涵仍需仔细爬梳。

时序进入21世纪后，往积极哲学倾斜的庄子修正潮仍持续发酵当中，在《道家思想研究》与《中国哲学与文化》这两本学术期刊上，我们会看到较密集的讨论。由于目前的华人人文学术社群的人口空前地庞大，学术著作也空前地繁荣，因此，对庄子的多元解释也就连带地出现。笔者掌握的资料有限，关怀又很确定，这些"成见"框住了选择的范围。在众声喧哗中，窃以为"中央研究院"中国文哲研究所自2005年起陆续邀请欧美学者来台对话，激起此地学者热烈的回应，此波庄学交流很值得留意。尤其是自 2007 年的那场"身体、动物性与自我技术：法语庄子研究工作坊"以后，气氛愈形发酵。这场研讨会吹起了"法语说庄子"的先声，接着毕来德（Jean François Billeter）、朱利安（或译于连；François Jullien）、孟柯（Christoph Menke）先后来台，讲学密集，并且对本地学者的讨论都有详细的回应。伟大的思想家如果真的伟大，他们应当都是复声多语的，庄子说法语和柏拉图说日语、龙树说英语一样，平常且正常，这样的现象原本不值一提。但正因为在转型时期的岛屿上，也正因为在中国崛起的这个大背景上，一种寻求新的价值定位的集体焦虑已酝酿多时，说法语的庄子适时而来，遂带来前所未有的刺激，情况和以往大不一样。

　　对人文科学学者而言（其实不只人文科学学者而已），当代"中国崛起"的心理效应与体制效应是不能不严肃面对的，很明显的，当一个世界性的经济中国、政治中国、军事中国已经成为赤裸裸的现实，中国产品、中国新闻已成为全球性的日常氛围的成分时，敲锣打鼓、号响已久的"文化中国"的身影是不可能缺席的。即使华人圈内的学者无意此事，圈外的世人总难免好奇：在新的世局中，传统中国文化的资源到底能够提供华人与世人什么样的养分？这波来台的汉学家几乎同时身兼哲学家的身分，因此，他们与在地学者的对话遂不能不将庄子拉到当代的思想语境，尤其是现象学与法兰克福学派的场域中，重新定位。他们都提到庄子可能可以提供一种新的"主体范式"，这样的主体范式可能不只对当代的东亚人士有意义，这种号角吹起的乐章是很令人振奋的。

文哲所引发的这波庄子重新诠释运动仍在继续进行中,其成效显然不是到了可以论定的时候。但笔者相信经过战后几代学者持续的努力,比起之前来,庄子的思想形貌已越发丰富,其人文精神的声音也日渐朗畅。无疑地,庄子在21世纪的岛屿上开讲,他虽然带来了曙光,却也带出了混乱,因为《庄子》被放置在一个全新的脉络下理解,这个重构的工程很复杂。但很吊诡地,复杂的工程经由诠释焦点的转移后,有可能变得相对地简易;全新的脉络从悠久的注释史之束缚中松绑出来后,也有可能更接近公元前4世纪的原始脉络。原始脉络时期发出原始声音的庄子不是道家的庄子,不是陆西星的庄子,不是严复的庄子。原始脉络时期的庄子与21世纪的庄子之距离,不见得比他和上述那些伟大的庄学名家中的庄子来得远。当庄子的主体由宇宙心转向形气主体,其知由神秘的性体之知转向形体论的无知之知,逍遥论由抽象的绝对自由转向乘物游心的具体自由,语言、技艺由道之障碍物转向道之朗现载体时,我们看到的庄子就不再是,至少不仅是传统的文士、高道或艺术精神导向的哲人,而是可以和各种的帝国的政治秩序与当代的处境对话的知识人,也就是带有现代意义的"世界公民"[3]。虽然,此波的诠释面貌仍在塑造之中,但笔

---

[3] 从"公民""世界公民"的角度看待儒家诸子(含庄子),笔者主要受到刘述先与邓育仁两位先生的影响,"公民与庄子结合"的阐释策略很有利,可将庄子带到现代的语境来,个中大义仍待阐释。

者认为此阶段的越界对话有机会成为第三波的"庄子积极哲学说"。

本书可以说是很自觉地站在今日的知识氛围中,"接着"方以智、王夫之的学问讲出来的,也可以说是有意衔接第二波与第三波的庄学修正运动。如果说此书对第二波的成绩着墨不够多的话,原因是这些因素其实已经蕴藏在各篇的论述中,只是尚未专篇专章地陈述而已。由于明末的庄学修正运动是整体文化运动中的一环,笔者希望未来能对明末以王夫之、方以智为代表的儒学新思潮作较全面性的解释。本书对此阶段的庄学诠释,只能观其大概。

如果说本书对第三波的现代思潮(也就是欧美现代思潮)的庄学阐释也仍嫌不足的话,原因是这部分的许多知识已逾越我的专业,比我有资格的人可以作得更好。庄子第三波修正运动的对话对象和以往大不相同,它如果要有成的话,不可能不浴身在当代的思潮中,彼此混合之,彼此转化之。在混合转化的过程中,如何使庄子那个永恒的动静一如的天均核心可以为现代人所理解,而且还可以体证;如何使形气主体在气化感通中既定位世界也丰富主体;如何使庄子蜕变可说英语、法语、日语……而又是更古典的现代庄子,而不是失序错位的畸零人,这样的工程绝非易事,本书仍然只是胡适一本名著书名所说的"尝试集"而已。

庄子的第三波修正运动不能不落在混合的中西语境下重构,这是无法逃避的语境,现代的汉语、现代的知识体系、现代的世界早已是中西互渗互透的构造,回不去了。庄子在现代就只能是现代的庄子,他是具有文化风土底蕴的世界公民的哲人。只有在不可知的某一天,当新的世界公民的庄子与公元前 4 世纪的漆园吏相遇时,彼此能相视而笑,莫逆于心,这波的庄子积极哲学的修正运动才算是到了可以总结的时候。

附录　从"以体合心"到"游乎一气"
——论庄子真人境界的形体基础

一　离形去知

道家的形上学和修炼工夫有无关系？这是争执相当久远的老问题。认为有关系的，从河上公注《老子》以下，可说是瓣香不断。但在知识分子阶层中，赞成的固然有，反对的声音也不小，马端临即曾说过："道家之术杂而多端，先儒之论备矣。盖清净一说也，炼养一说也，服食又一说也，符箓又一说也，经典科教又一说也。黄帝、老子、列御寇、庄周之书，所言者清净无为而已，而略及炼养之事，服食以下所不道也。至赤松子、魏伯阳之徒，则言炼养，而不言清净。"[1] 马氏文章继续推论：服食、服箓两家学说邪僻乖谬，为害非浅。至于经典科教之说，虽谈不上有多大的流弊，但其宗旨大抵也不出"鄙浅之言"。因此，比较正派，也比较符合道家原义的，当属清净及炼养两系，尤以前者为然。

---

[1]《文献通考》（台北：新兴书局，1965）卷225，页1810。

马氏的分类有一定的理路，他对道家各派在历史上所发生的影响之判断[2]，大抵也可以找到足够的文献支持。但是，道家重视的"清净"与"炼养"是否可以截然划分，笔者深感怀疑；炼养之事是否为道家的边际因素，"略及"而已，笔者尤其感到怀疑。在下文中，笔者虽不直接探讨道家的修炼思想，但将尝试从庄子所描述的体道经验中[3]抽绎其间隐含的，但与修炼直接相关的形体因素，并进一步指出庄子的身体观与其形上学的密切关系。

庄子行文，洒落不群，其论点往往随文脉起伏，似断还续，很难以一章一节定之。我们不妨暂且搁置论断，先现象学地观看《庄子》里几段著名的章句所说为何——这些章句都提

---

[2] 马端临这里所说的"道家"和目前接受的"道教"观念，事实上极难划分，而这两个词语在历史上的演变，也极为复杂。有关"道家"与"道教"，或老庄与"道教"的关系，参见酒井忠夫、福井文雅：《道教とは何か》，此文收入《道教の总合的研究》（东京：图书刊行会，1977）。福井支雅：《"道教"の定义に关する一二の问题》，《早稻田大学文研科纪要》，23，1978。宫川尚志：《道教の概念》，《东方宗教》，通号16，1960。福永光司：《道教とは何か》，《思想》，696，1982。康德谟：《法国两位先哲对于中国道家的看法》，《中国学志》，5，1969。N. Girardot, *Part of the Way: Four Studies on Taoism,* History of Religion Ⅱ, 1972, pp.319—337. N. Sivin, *On the Word "Taoist" as a Source of Perplexity*, History of Religion, 1978, pp.303—330.

[3] "体道"一词颇堪玩味，此语见于《庄子·知北游》篇："夫体道者，天下之君子所系焉。今于道，秋毫之端，万分未得处一焉，而犹知藏其狂言而死，又况夫体道者乎！"《庄子集释》（台北：河洛图书出版社，1974），页755。"道"是在其自体的，只有经由人的"体"之，它才能具体成形。此处的"体"字作动词用，故可解释成是一种隐喻的手法。但下文我们将阐明："体"字不作隐喻，而作直接文意表示，可能更恰当。

到体道的经验——为方便讨论起见，兹排比其文如下：

> 堕肢体，黜聪明，离形去知，返于大通，此谓坐忘。（《大宗师》）
>
> 心养，汝徒处无为，而物自化。堕尔形体，黜尔聪明，伦与物忘。大同乎涬溟，解心释神，莫然无魂。（《在宥》）
>
> 形若槁骸，心若死灰，真其实知，不以故自持。媒媒晦晦，无心而不可与谋。（《知北游》）
>
> 汝斋戒，疏瀹而心，澡雪而精神，掊击而知。（《知北游》）

上述四段文句虽然是《庄子》一书较受注目的章节，但其中的内涵其实遍布《庄子》全书，是构成此书基本思想架构的一个主轴。

为什么《庄子》书中会反复出现此种基调呢？此种基调和本文要探讨的身体观又有何关系呢？看过上文所述，我们可以分析其间到底有何涵义：

首先，这些文字显示求道的过程必须经过感性与智性瓦解的阶段：感性与智性是产生"对象"最基本的条件，也是"经验"得以成立最基本的前提。但是庄子却认为"与道合一的意识"和感性—智性是相反的，因此，要体证道，必须先消融"肢体""聪明""形、知""心神"。要不断疏瀹之，澡雪之，掊击之。

其次，经过瓦解感性与智性的阶段后，"经验我的人格之同一性"也跟着瓦解掉。庄子提到人得道之时，常会有"莫然无魂"，"媒媒晦晦，无心而不可与谋"的情景。前者当指解除偏执，自我的概念已不再存在[4]；后者则指心灵沉潜入无分别意识的深渊，因此，不再有任何明晰清澈的知觉[5]。庄子或直言"忘己"（《天地》）、"丧我"、"丧其耦"、"未始有回"、"慹然似非人"，或委婉说道"媒媒晦晦"、"雕琢复朴"（《应帝王》）、"圣人愚芚"（《齐物论》）。不管庄子用的是陈述式的断言句子，或是用的是描述性的状态句，指涉的都是一种超脱现实自我同一性的境界。

第三，当求道者消解掉"经验我的人格之同一性"以后，虽然其意识已不再绕着"个体"展开，但此时的意识反而处在一种更高层、更真实的位阶，所谓的"真其实知，不以故自持"，即意指此种真实的意识已不再受往昔意识的运作模式所左右，而是一种可以同时洞照全体的知觉[6]。职是之故，一种基

---

[4] 参见成玄英《疏》："魂，好知为也。解释，遣荡也。莫然，无知；涤荡心灵，同死灰枯木，无知魂也。"《庄子集释》，页391。

[5] 成玄英《疏》："媒媒晦晦，息照遗明，忘心忘知，不可谋议。非凡所识，故云彼何人哉！"《庄子集释》，页738。

[6] 成玄英《疏》："无情直任纯实之真知，不自矜持于事故也。"《庄子集释》，页738。吕吉甫注："真其实之，以其无知也。不以故自持，则其生之遗也。"引自焦竑：《庄子翼》（台北：艺文印书馆，无求备斋庄子集成续编），册12卷5，页53b。庄子这种无知之知或真知的观点，后世玄学家颇喜张皇言之（如僧肇的《般若无知论》所言的般若知），庄子当是国史上最早提出两种知或两种心的区别的思想家。参见唐君毅：《中国哲学原论·导论篇》（台北：人生出版社，1966），页101。

于全体朗照／部分执着，或真其实知／小识小知之间所形成的巨大对照，遂使庄子对世俗的知识采取一种批判的、调侃的议论，这种行文的策略在《庄子》一书时时可见。

第四，随着真知之呈现，摄受者与被摄受物遂同时并现，一齐打通。"返于大通""大同乎涬溟"皆指出了体证道的经验中，个别性、分殊性的意识虽然早已荡然无存，但一种更真实的意识却已弥漫存在领域全体，没有主客能所之分，没有意识与非意识（物质）之别，"茫荡身心大同，自然合体"[7]。

以上所列四点，在庄子论及道与人的关系处，虽详略不同，但多少都可看出。无可否认地，和日常的生活经验相比较之下，上述四点都不能算是生活世界里的事件。但是我们如将它们置放在道家传统，广而言之，如置于赫胥黎（A. Huxley）所谓的"永恒哲学"之传统考虑[8]，庄子所说的证道特殊体验，事实上却带有相当共享的成分。几乎所有遍及各文化传统、各不同民族的冥契主义者都肯定经验的我以外，还有一更高层次的我；也肯定人可以与更高的实体会合为一；同时，在此合一的状态中，体验者固然失去其日常性的意识，但其心灵反而处

---

[7] 语出成玄英《疏》，《庄子集释》，页391。

[8] 参见 A. Huxley, *The Perennial Philosophy* (New York: Harper & Row, 1970). 赫胥黎从古今中外许多伟大的冥契学者处得到的资料显示：人有共同的特殊体验，也有共同的生命底层（p.VIII）。如果赫氏的说法可以成立的话，我们对于所谓的中国哲学之殊胜处——亦即天道性命相贯通——是否绝对仅见之中国或东洋，这样的刻板印象可能要稍作修正。

在一种更完整、更清明的知觉（noetic）状态[9]。

冥契主义的特质自然不只上述四点，庄子与冥契主义之比较也不是本文的重点，我们所关心的，乃是由庄子的叙述与冥契者的报导，可以看出在我们感官经验、理智推演所及之外，另有一种更高层、更真实的实在。要领会此一更高层、更真实的实在，须先解消受囿于感性、智性的经验我，让内在一种更真实、更深层的意识朗现后，两者才可以会合为一。

内在深层的意识可视同人真正的本质，这也是《庄子》一书里所述及的："常心"（《德充符》）、"灵府"（《德充符》）、"灵台"（《达生》）、"真宰"（《齐物论》）、"虚室"（《人间世》）。"常心"自然指的是心灵永恒常定；"灵台""灵府"两语语根可能出自源远流长的宗教术语[10]，在此作隐喻用，意指常心之

---

[9] 以上所述，参见 W. James, *Varieties of Religious Experience* (New York: Modern Library, 1936), pp.371—373, R. M. Bucke, *Cosmic Consciousness* (New York: E. P. Dutton and Co Inc, 1956), pp.72—79, W. T. Stace, *Mysticism and Philosophy* (London: Macmillan, 1973), Ch.2, especially pp.131—133。L. Dupre 著，傅佩荣译：《人的宗教向度》（台北：幼狮出版社，1986），第 12 章。高天恩《追索西洋文明里的神秘主义》，关永中《神秘主义及其四大型态》，此两文收入《当代》，36 期（1989 年 4 月）。以上诸文的立场并不相同，而且他们对道家思想（尤其是庄子）的关怀毕竟到什么程度也很可疑。但是反过来说，如果这些与道家思想没有历史渊源的著作可以印证庄子的体道经验之论述的话，我们似乎不该忽视其中透露出的讯息。

[10] "灵台"一词首见《诗经》《大雅·灵台》，《左传》哀公二十五年、僖公十五年亦见之。自《庄子》以后，使用者更是屡见不鲜。然庄子的用法是借用的，早期的灵台可能是人君用以迎天帝、祀天帝的坛台。参见桥本增吉：《灵台考》，《史学》第 13 卷，第 4 号（1934）。

灵妙;"真宰"则指深层意识之自有定则及定则他物;"虚室"也是隐喻,庄子借用此明晰的意象,形容心灵之清虚,不着一物。一种恒常、灵妙、清虚不着、但又自有定则的意识境界,即是庄子用以界定道的真实意义,也是他用以指示人真正的"我"所能达到的极限所在(参见下文第六节)。

二 循耳目内通

经由经验我之崩溃,真正的我与真正的实体可同时呈现,此种描述见于《庄子》全书以及许多冥契主义者的报导,可见要解释此一特殊体验,学者须先认定人的生命结构本身具有一种普遍性的特质,因此,纵使体验者的文化传统千差万别,他们却可以获得类似的体验[11]。但是,人身结构固然大体类似,不因时空而变,然因庄子处在冥契思想传衍极为深远的南方文化地区[12],所以他对人身从体验领域提升至超越界所面临的工夫难题及转变过程,可以有更为详密的考察与解释。底下我们将转从另一种方向,探讨第一节里所谈到的感性与智性的问题。

---

[11] 笔者赞同 Stace 的观点(前引书,页 31—38),他认为许多冥契经验的报导所以有出入,问题不在经验本身,而是在"解释"。
[12] 参见蒙文通:《晚周仙道分三派考》,原刊《图书集刊》,第 8 期(成都,1948)。后收入《古学甄微》(成都:巴蜀出版社,1978)。蒙先生认为晚周仙道可分三派,南方如王乔、赤松着重吐纳行气,于三派中,名气最响。蒙先生分类颇精要,然认为庄子与此派工夫无甚关系,笔者持保留态度。

第一节谈到的感性、智性,乃是被视为负面性的障碍,因此,必须瓦解而后快。此节所要谈的内容之重点,却转了一个方向,它强调的是:

> 耳目感官被视为通向深层意识的管道,它们彼此之间虽然有功能上的差异,却没有本质上的不同,同样可以被转化成与深层意识同质的状态。

为显题化论点起见,我们不妨援引《庄子》书中一段著名的寓言,略加讨论。《人间世》篇记载:颜回向孔子问"道",孔子答以"心斋"。颜回误以为戒酒茹素即是心斋,但孔子认为这只是一般的斋,真正的心斋应当是:

> 一若志,无听之以耳而听之以心,无听之以心而听之以气。听止于耳,心止于符。气也者,虚而待物者也。唯道集虚,虚者,心斋也。

颜回听了大喜,立刻追问细节,孔子也继续发挥道:

> 闻以有翼飞者矣,未闻以无翼飞者也;闻以有知知者矣,未闻以无知知者也。瞻彼阕者,虚室生白,吉祥止止……夫徇耳目内通而外于心知,鬼神将来舍,而况人乎!

"心斋"与《齐物论》里的"丧偶"、《大宗师》篇的"坐忘"、《在宥》篇的"心养"、《大宗师》篇的"朝彻见独",都是描写得道经验的重要文献。理论上而言,这些章节应当可以互相补足,形成一完整的意义网脉。但是,当我们检验"心斋"的叙述时,发现此间所涉及的感官、智性问题与前文所述,固然同样有将之瓦解之意,但瓦解的方式极为不同,我们不妨提出下列的疑难,作为思索的参考点:

1."循耳目内通而外于心知",循耳目如何可以内通?

2."听之以气"如何可能?为何此处要使用带有感性意义的"听"字?

3."气也者,虚而待物者也。唯道集虚,虚者,心斋也。"气—虚—道到底有何本质上的关连?

我们以上的质疑是否可以成立呢?庄子善于玩弄语言、解构语言,这是一般阅读《庄子》一书的人共有的观感,而且,庄子从来没有隐藏他对于语言这种不信任,但又兼带游戏性质的态度。那么,我们如何能以阅读康德或休姆的著作的习惯,解字剖句,锱铢必较,去阅读庄周的荒唐之言呢?

但是,《庄子》此段假托孔门师生问答的寓言,它所传递的理论认知意义,真的那么稀薄吗?我们不妨再参考下面的话语:

> 何谓真人……古之真人,其寝不梦,其觉无忧,其食不甘,其息深深。真人之息以踵,众人之息以喉。(《大宗师》)

这是庄子描写的最高人格型态！为何真人"精神"的修养竟可以影响到睡眠作不作梦，饮食知不知味，甚至还可以呼吸以踵？就字面的意义理解，真人的意识与感官的关系此时不再是摧毁克服，而是渗透转化。意识感官化，而感官也意识化了。

真人的意识可以渗透转化感官，此一命题不易理解，因为我们如果接受身心二元，各具有不同的质性[13]，或认为感官的性能一一分殊，在功能上毫无重叠的话，那么，意识的作用显然不能被夸大到可以转移感官的基本性质。但是，关于身心关系的理解，我们似乎应当严肃考虑道家传统里的某些看法，而不必将常识定为不可怀疑的准则[14]。陆西星解释真人性格时，论道：

> 何以其寝无梦？凡人之梦皆识神所化，真人无识也，故其寝无梦……味乃舌尘，因尘起识，故有甘苦分别，贪爱之念从此而起，真人不贪，故其食也不甘。心有静躁，则气之出入亦随之而有深浅。真人性定于内，故息息常归于其根，踵即根也。根者，人之大中极，气所归复之处，玄家所谓命蒂是也。众人不得其养，以心使气，心躁而气亦与之俱躁，故众人之息以喉。踵息之说乃玄家专气之要

---

[13] 身心关系问题极为复杂，简要的论点参见唐君毅：《哲学概论》（台北：台湾学生书局，1974），下册，页793—831。
[14] 有关"常识"（common sense）的问题，参见第三节。

诀,所谓心息相依,神气相守,载营魄抱一,无离其旨,皆不出此。[15]

陆西星对儒佛两家学说颇有吸收,其注解道家经典时,亦常会引进许多教外的义理入内,辗转注释。此段有关真人的解释,亦不免于融会之习(批评者或许会说是附会之习),但如果我们认为庄子与陆西星时代的人之体质并没有结构上基本的差异,他们对于人身的认知亦大体沿袭气—经脉的中医传统,而且如果我们也承认庄子的工夫论着重不断转化感性与智性(亦即身体)的基本功能,那么我们似乎也当接受:不管陆西星将佛教的术语带进论域之中,会产生何等的语义上之困扰,但顺着他假借来的术语往其指涉(reference)着眼[16],我们没有理由不接受他所描述的那种深扎于人存在根基的境界。

依陆氏所论,我们可以简单归纳如下两点:

1. 人躯体最精微的运动可以和人的最深层意识合而为一,所谓心息相依,神气相守,载营魄抱一[17],所指的不外此意。

2. 人达到心息相依的境界时,感官也会全为气所渗透,因

---

[15]《南华真经副墨》(台北:艺文印书馆,1974),册 7 卷 2 下,页 3b。

[16] 这里的 reference 之用法借自 Frege, referenc 与 sense 的异同,参见 G. Frege, *On Sense and Reference,* M. Black trans., in Translations from the philosophical writings of Gottlob Frege.

[17] 朱熹解释"载营魄抱一":"言以魂加魄,以动守静,以水迫火,以二守一,而不相离。如人登车而常载于其上,则魂安静而魄精明,火不燥而水不溢,固长生久视之要诀也。"《楚辞辩证下》,此文收入《楚辞集注》(台北:艺文印书馆,1974),页 12b。

此，感官失去它的定性作用，而与人深层的意识趋于一致。

耳目如何可以内通，我们可以这样回答：因为此时的耳目已不再是"经验世界里感性的人所具有的限定性感官"，而是"为气所渗透，且渗透于气的感通性管道"。既然为气所渗透，而且反过来还可以渗透入气，因此，耳目不仅是接受—反应的感官系统，它也是深层意识往外运作必须经由的管道，同时，还是人的意识归根复命时可以返视内听的一种途径。

"返视内听"除了比喻的用法外，是否可以扣紧字面意义（literal sense），依字理解？我们上文所作的推论是否可以得到前人的印可？底下，我们不妨再援引前儒对于"心斋"的解释，观察是否与稍前的推论有出入：

> 文子曰：上学以神听，中学以心听，下学以耳听。听止于耳，则极于耳之所闻；心止于符，则极于心之所合而已；听之于气，则无乎不在，广大流通。所以用形而非用于形，所以待物而非待于物，虚而无碍，应而不藏，故一志所以全气，全气所以致虚，致虚所以集道，此心斋之义也。[18]

此段注释所言，显然与我们上文所作的两点小结若合一契。"一志全气，全气致虚"与"心息相依，神气相守"其实可相互转译，而"用形而非用于形"之意与前文所说"感官全

---

[18] 陈祥道著，引自《庄子翼》卷 2，页 7a。

为气所渗透",可以说毫无两样。

三 联觉与心凝形释

前文陈祥道注《庄子》"心斋"理论时,援引《文子》上学—中学—下学之说颇有理趣,而且其言与庄子的听之以耳—以心—以气三段说,正可互相发明。但是,我们依然还要回到前文的老问题:为何庄子、文子要用"听"字去形容神、气之作用呢?"听"可贯穿于上、中、下三学,为耳、心、气所共用,这是否有一定的理路可谈呢?还是它只是一种隐喻的表现手法之任意运用?

谈及感官术语转用于其他意识之功能,我们不免会想起《列子》里两段意味深远的故事:

> 老聃之弟子有亢仓子者,得聃之道,能以耳视而目听。鲁侯闻之大惊……亢仓子曰:传之者妄,我能视听不用耳目,不能易耳目之用。我体合于心,心合于气,气合于神,神合于无。其有介然之有,唯然之音,虽远在八荒之外,近在眉睫之内,来干我者,我必知之,乃不知是我七孔四支之所觉,心腹六藏之所知,其自知而已矣![19]

---

[19] 杨伯峻:《仲尼》,《列子集释》(北京:中华书局,1979)卷4,页73—74。

另一段故事是描述列子"师老商氏，友伯高子，进二子之道，乘风而归"以后，有尹生闻之，想跟他学道，但列子久久不启门径，尹生因失望而去，后来又返回向他抱怨。列子乃向他解释自己以往的学习经验云云，其中描述最后的体证境界时云：

> 内外进矣，而后眼如耳，耳如鼻，鼻如口，无不同也。心凝形释，骨肉都融……竟不知风乘我邪？我乘风乎？[20]

张湛此处有注：

> 夫眼耳鼻口，各有攸司。今神凝形废，无待于外，则视听不资眼耳，臭味不赖口鼻，故六藏七孔，四肢百节，块然尸居，同为一物，则形奚所倚？足奚所履？我之乘风，风之乘我，孰能辨也？[21]

耳视目听，诚然怪异，而且违反常人之共识（common sense）[22]。但如说人的感官可以交融："眼如耳，耳如鼻，鼻如

---

[20] 杨伯峻：《仲尼》，《列子集释》（北京：中华书局，1979）卷4，页29。
[21] 同上。"今神凝形废"之"今"原作"令"，引文据杨氏引卢文弨之说校改。
[22] 虽说怪异，违反常识，然前人间有作是言者，如沈一贯注《德充符》篇"自其同者视之，万物皆一也。夫若然者，且不知耳目之所宜而游心乎德之和……"时，说道："夫既谓之一矣，则耳如目，目如耳，耳亦可观，目亦可听，安之。耳之宜声，目之宜色，又安之。耳目之宜何声何色。"《庄子通》（台北：艺文印书馆，1974），册9，页169。此说如何理解，笔者尚无较佳的线索。

口，无不同也。"或"不知是我七孔四支之所觉，心腹六藏之所知"，这样的述语却未必怪诞，更未必违反"共识"。

我们可辗转从"常人之共识"（简称常识 common sense）谈起。常人的各种感官意识都有它个别的施用范围，难以彼此逾越。但早在亚里斯多德时，他业已指出：我们人类不仅可以分辨同一种感觉，比如视觉对象的红黄橙绿，有相当的差异；我们也可以分辨不同种类的感觉之出入，比如视觉之白与味觉之甜等等。然而，依据身体的何种职能，此种分辨才有可能？亚氏认为：我们不当设想此种分辨的感觉和视觉、味觉等处在同一层次，而当设想有一种统一诸感官的，而且也是根源性的感觉能力，这就是"共通感觉"，也就是一种"共（常）识"。

此共同感觉不但可以区别各种不同种类的感觉之不同，它还可以理解个别感觉掌握不到的运动、型态、数目、统一等模态。因此，依据我们的想像力，我们可在不同的感官间寻找某种联系，比如作为味觉的甜，亦可引用到"声音甜"（听觉）、"笑容甜"（视觉）、"一觉黑甜"（体内平衡感觉）等等，但这样的想像力却是奠立在共通感觉上运作的结果[23]。

这种共同感觉其实极为接近于宗教经验与艺术经验中常见的"联觉"（synesthesia）现象。联觉所指涉的正是各种感觉之相会交通，同时并起。艺术家与宗教家或因天赋，或因修习，所以此种能力可以特别显著。然而，究实而论，不仅此两

---

[23] 参见中村雄二郎：《共通感觉论》（东京：岩波书店，1985），页7—9。

类人物有此能力，其实联觉的禀赋人人皆有，只是常人或隐而未彰，不能在此疆彼界之间出入自在而已[24]。

"联觉"的意义是否仅限定在感觉的层次而已，能否扩大运用？如参照本文所欲证成的目标而言，笔者认为是可以的。梅洛庞帝（Merleau-Ponty）在此方面的观点，正可以提供我们不少有利的讯息。依据梅洛庞帝的说法，诸感觉之交互流通，原本是一极普遍不过的通则，只因我们受蔽于所谓的科学知识，因此，反而把具体的经验抹杀掉了。然而，我们人的存在（人的身体）远不仅于此，它的范围扩大多了。如如而言，人的身体乃是此世内存在的一般活动之相摄相入之总合体系，它不断地将各种印象，各种感觉，各种观念相互转换，互相翻译："所谓的人，即是一永续不断的共通感官。"[25]

庞帝的身体哲学颇多精义，尚可发挥，但由以上的简述，我们可以认定感官之相互出入，以及全身是个共通的感官，这类的命题是有生理学意义的基础的。庄子与道家诸子所描述的"感官气化"的现象，也不能脱离此基础，但由于道家另有它工夫论的传统，因此，它不会将经验现实存在的"联觉"等

---

[24] 中村雄二郎：《共通感觉论》，页131—138。J. F. Donceel, *Philosophical Anthropology* (New York: Sheed & Ward, Inc., 1967), pp.175—176。内藤耕次郎：《共感觉の诸现象に关する研究史序说》，《立命馆文学》，1984。

[25] Merleau-Ponty, *Phenomenology of Perception,* C. Smith trans. (London: Routledge & Kegan Paul, 1976), p.235。此语原出自Herder, 梅格庞帝随之踵事增华。

现象视为定性的，最终的根盘。它虽不像佛教一样认为人一出生以至成长皆是无明杂染的历程，因此，需要经过长期的返灭工夫，才可回复到本来面目[26]。但道家诸子同样都认定一般的"经验我"——不管是"形躯我"或是"理智我"——是有待的，受拘限的[27]，如要达到逍遥无待的境界，只有站立在"联觉"的根基上，彻底打破感官的定性作用，让诸感圆融，为气浑化之后，才有可能。简言之，也就是要经由"吾丧我"的历程后，才有真正的"吾"。

放在以上的背景考量，我们可以理解"眼如耳，耳如鼻，鼻如口，无不同也"之涵意。列子此处所述，不折不扣正是"联觉"的境界。眼、耳、鼻、口各有攸司，当然不可能一样，但当感官作用完全被气渗透，失掉其定性的执着后，气化之眼已非经验之眼，气化之耳也不等于经验之耳。鼻、口的情况亦

---

[26] 后世颇有提倡会通佛老者，认为老氏（或道家）有染净还灭的理论问题，如憨山，《论宗趣》，《观老庄影响论》（台北：台湾琉璃经房影印，1972），页25所说："老氏所宗虚无大道，即《楞严》所谓晦昧为空……然吾人迷此妙明一心而为第八阿赖耶识。依此而有七识，为生死之根。"然憨山所论，有其会通的用心与特殊理论，却不一定可以反证老庄也有类似的思想。

[27] 劳思光分析庄子破解"形躯我"及"认知我"，其言相当清楚。但他认为庄子主张一种带有观赏态度的"情意我"，这种说法却很容易误导。"情""意"或"情意"在庄子的思想中是不会有太高的地位的。即使"情意我"解成 aesthetic self，能否使问题更加厘清，也还是相当可疑。气一身的观念如不能被带进"自我"的架构中讨论，对庄子的理解毕竟会有所缺憾。劳先生之说参见《中国哲学史》（台北：三民书局，1981）卷1，页202—234。

可依此推衍。随着"经验的"与"气化的"对应"感官"差异日渐扩大,反而气化之眼、气化之耳、气化之鼻、气化之口彼此间有更大的同质性,所以说"无不同也"[28]。

由列子的例证再返回庄子,我们对于"循耳目内通"说可以有初步的认识。如果我们将此种认识扩大运用,借以检证其理想人格,可以发现这些人格多少需要具备此种资格。论者若仍感怀疑,请不妨参考底下引文所说为何:

> 自其异者视之,肝胆楚越也;自其同者视之,万物皆一也。夫若然者,且不知耳目之所宜,而游心于德之和。(《德充符》)
>
> 官天地,府万物,直寓六骸,象耳目。(《德充符》)
>
> 假于异物,托于同体,忘其肝胆,遗其耳目,反覆终始,不知端倪。(《大宗师》)
>
> 圣也者,达于情而遂于命也。天机不张,而五官皆备,此之谓天乐。(《天运》)

以上所引章句皆隐含了"联觉"之意,由于其语言背后的理论依据和前文所论述者大率雷同,故不再喋絮赘言[29]。但

---

[28] 五官之间的同质性当然也还可再分别,比如"色听"(colored-hearing)的现象,即显示声音与光、色的联系,远较其他感官来得密切,参见内藤耕次郎:《共感觉的诸现象に关する研究史序说》,页75—78。

[29] 可参见陆西星《南华真经副墨》、沈一贯《庄子通》、焦竑《庄子翼》在各段下的注解。

前人在注解此类章句时，常援引佛教教义，相互比附[30]。佛道两教的教义是否常可互相转译，或许大可争议。但人的生理结构既然大体相同，佛道的形上学皆建立在转化人的生理定性作用，也可说毫无歧异，因此，透过一种逆觉过程，在人身上产生的效应，照理讲也应一致。在此，仅援引一段，聊供参较：

> 于外六尘，不多流逸，因不流逸，旋元自归。尘既不缘，根无所偶。反流全一，六用不行，十方国土，皎然清静，譬如琉璃，内悬明月，身心快然。[31]

以上引文出自《楞严经》。佛经中常有五官圆融，六根互用的记载，而《楞严经》一经所论，尤为明快皎然。引文明显是以佛教的教义为底本，但我们如拿来与《人间世》篇论"心斋"处、《天运》篇论"天乐"处比，几乎可视为对同

---

[30] 憨山：《德充符》，《庄子内篇注》（台北：台湾琉璃经房，1972）卷3，页3、5即常用这种表达方式，如他解释所引《德充符》篇文句，即言"形骸既忘，六根无用"，又言"假借六根"。又如陆西星在《德充符》篇同样的文字下注解道："万物与我同一根宗，既同一根宗，则六周一原，耳亦可视，目亦可听，又焉知耳目之所宜乎！"《南华真经副墨》，上册卷2，页3b。

[31] 语出《大正藏》（台北：新文丰出版公司），册19卷8，页141。同书卷6，页131的偈句复云："一根既返源，六根成解脱……六根亦如是。元依一精明，分成六和合，一处成休复，六用皆不成，尘垢应念销，成圆明净妙。"其言亦可相互发明。

一项事实的两种不同版本的论述。佛道在此可以相通，是无庸避讳的[32]。

四　心气同流

感官可以气化，但气所化的是否仅止于感官呢？我们前文引用到梅洛庞帝的说法，他认为人的身体乃是一种彼此相摄相入，"永续不断的共同感官"，那么，身体与共同感官可以有更紧密的联系吗？底下，我们将针对这个问题进一步主张：就像道家修养工夫运用在感官方面时，离不开"联觉"的基础，但其达到的层次绝不仅止于此。同样地，道家修养工夫运用在全身时，它也离不开"永续不断的共同感官"，但层次也绝不仅止于此。它将使全部身体彻底为气所贯穿，直至无所不通为止。

第三节引用到列子的话语，他先说他"内外进矣"后，可以"眼如耳，耳如鼻"云云，最后则是"心凝形释，骨肉都融"。形如何释？骨肉如何融？张湛在此注解道："六藏七孔，四肢百节，块然尸居，同为一物。"张注甚善，但基本上他所说的仍然是境界语，而非诠释问题的理论语，因此，同样的问题我们还是可以再提一遍：人的躯体是个相当复杂的系统，怎

---

[32] 佛老"联觉"之说颇可相通，可惜论者甚少。刘武是少数能正视此现象的学者，参见他一本长期被漠视的著作《庄子集解内篇补正》（台北：木铎出版社，1988），页 94—95。

么可能会是同为一物?

为释此疑,我们可先观察一个有趣的现象:道家思想中,类似"四肢百节……同为一物"的章句,可说屡见不鲜。试观下列文字:

> 今夫道者,藏精于内,栖神于心,静默恬淡,讼缪胸中,邪气无所留滞,四枝节族,毛蒸理洩,则机枢调利,百脉九窍,莫不顺比。(《淮南子·泰族》)

> 凡事之本,必先治其身,啬其大宝,用其新,弃其陈,腠理遂通,精气日新,邪气尽去,反其天年,此之谓真人。(《吕氏春秋·先知》)

> 定心在中,耳目聪明,四枝坚固,可以为精舍。精也者,气之精者也。气,道乃生,生乃思,思乃知,知乃止矣!(《管子·内业》)

> 精存自生,其外安荣;内藏以为泉原,浩然和平,以为气渊。渊之不涸,四体乃固;泉之不竭,九窍遂通……心全于中,形全于外。(《管子·内业》)

> 凡道,必周必密,必宽必舒,必坚必固……全心在中,不可蔽匿;知于形容,见于肤色……心气之形,明于日月,察于父母。(《管子·内业》)

> 人之情,思虑聪明喜怒也。故闭四关,止五遁,即与道沦。神明藏于无形,精气反于至真。(《文子·下德》)

> 故神制则形从,形胜则神穷。聪明虽用,必反为神,

谓之太冲。(《淮南子·诠言》)

除了上述道家诸子皆有所论述外,在《庄子》书中我们也可发现类似的语言:

> 邀于此者,四肢强,思虑恂达,耳目聪明,其用心不劳,其应物无方。(《知北游》)

以上所引文献虽然大多不是出自《庄子》,但其年代终究相去不远。由其用语以及内容来看,它们可以说是同一文化氛围下的产物,因此,在书缺有间,文献不足的情况下,它们彼此间的某些理论正好可以拿来互相印证补充[33]。

然而,以上的段落虽然语言不同,有一点却是彼此肯定的,亦即:所有的文字都肯定人的四肢腠理、百脉九窍都是可以改变的,改变的方向则是向着为道(气)所渗透转化的路途上走。《淮南子·泰族》的"四肢节族,毛蒸理泄……机枢调利,百脉九窍,莫不顺比";《吕氏春秋·先知》的"腠理遂通,精气日新";《管子·内业》的"耳目聪明,四枝坚固……九窍遂通……见于肤色"。这些话语无非表示:圣人的修养不

---

[33] 笔者同意史华兹(B. Schwartz)视"气"为"共同论域"的解释,参见史氏所著,*The World of Thought in Ancient China* (Cambridge, Mass.: Belknap Press of Harvard University Press, 1985), pp.179—184。在"共同论域"的背景下,有些观点是共享的,因为它是文化体制下建构的成分,而非哲学家的"独创"。

仅仅是日常语义里"精神"层次的事,它还会带动我们生理的变化,使人的躯体从最根基的地方脱胎换骨,蜕旧出新。

然而,躯体毕竟是躯体,它如何可能被转化?就算它被转化了,它和被转化以前的状态相比之下,这种转换过的身体又有何特殊的功能?

谈到这里,道家思想中"气"的观念,以及其"身体"的理念,自然而然,就必然得带出来。前文第三节引用到亢仓子自言:他不能易耳目之用,但因为他"体合于心,心合于气,气合于神,神合于无"。所以再有多隐微、多遥远的事物,他都可能感通得知[34]。亢仓子这里所说极具理趣,它很难不令我们联想到后世内丹学者屡屡喜欢张皇的"炼精化气,炼气化神,炼神返虚"之说。而事实上,两者确实也极为接近,它们对于人类身体的理解,与我们依据解剖学所观察到的人身组织,着眼点极为悬殊。依亢仓子之言,我们可将人类身体的构造(当然也是修炼的阶段)分成下列四层:

1. 体合于心:张湛注:"此形智不相违者也。"

2. 心合于气:张湛注:"此又远其形智之用,任其泊然之气也。"

3. 气合于神:张湛注:"此寂然不动,都忘其智。智而都

---

[34] 除了亢仓子这段话外,我们不妨再看《列子》底下的文字:"夫至信之人可以感物也,动天地,感鬼神,横六合。"《黄帝》,《列子集释》,页35。"一体之盈虚消息,皆通于天地,应于万物。"《周穆王》,《列子集释》,页63。这里所说的感通显然近于 clairvoyance 或 telepathy。气—感通—因果间的关系如何,有待进一步的探索。

忘，则神理独运，感无不通矣！"

4. 神合于无：张湛注："同无则神矣，同神则无矣。二者岂有形乎哉！"

亢仓子所说的第三点与第四点，理论上不易区别，它们之所以不同，其判准不在理论层次，而当在工夫纯熟与否。因此，值得我们关心的，乃是前三项，其中第一项，牵涉到意识（心）与躯体（身）的问题。依亢仓子之言，躯体的活动可以被转化到与人的意识相互配合的境地。至于"心合于气"之说，却又反过头来，主张意识（心）可以转化到与人内在生命的流动（气）相配合，换言之，意识可以与气并流，散入全身之中[35]。第三项"气合于神"，指的又更进一步，此是神理独运，"感无不通"，根本不能以理智妄加揣测。

这三项是连贯下来的，但首先我们可以先观察第一、二项。这两项所以值得相提并论，乃因这两项刚好构成一种相摄相入，交互支撑的关系。所谓的"体合于心"，即要以意识"心"的作用，转化躯体的顽抗性[36]。转化所以可能，主要原因

---

[35] "以体合心"之"体"与"以心合气"之"气"虽然同样指身体，前者是指解剖学意义下的形躯，后者则指人身内部循环、气动的身体，两者层次大不相同。参见石田秀实：《气流れる身体》（东京：平河出版社，1988），页2—20。

[36] 转化躯体的顽抗性，类似后来养生家所说的以意引气，或孟子所说的以志帅气。因学者如没有善加转化内外的身躯的话，或者犯了理学家常说的"随躯壳起念"，他平间的意—气关系即可能变为"以气动志"（《孟子·公孙丑》），或"心使气曰强"（《老子》，第55章），而不是身心安宁的状态。

乃是：心是"气"，而躯体也是由气构成，但两者虽然同样是气，后者却受制于人的生理结构，因此，只能随着躯体的运作规则运转。但反过来说，"心"固然较为灵敏，但它如果不能精微化、细致化，换言之，也就是如不能气化的话，它依然也是受限制的。但要彻底气化，"心"就不能只限定在"心"的范围内，它要渗入到"体"内，与"体"内之"气"同流。

综合体—心—气的关系，我们可以发现一组平行的现象：

甲：体合于心，也就是躯体丧失掉它独立的、感性的意义，全体皆化为心。

乙：心合于气，心灵也丧失掉它主宰躯体的功能，它不再是"天君"[37]，而是融入体内之气中，变得全心是气。

甲、乙这两组平行的现象是同时并起的，甲的系列事件一发动，乙的系列也会跟着波及。同样地，乙的系列事件一发动，固然也要先经历甲的系列，但它可以更深入、更彻底地回馈甲的系列。

前面引文的章句都必须建立在我们上述的小结上，才可以解释得通。《管子·内业》篇所述，尤其值得我们把玩。"气、

---

[37] 《荀子》的《解蔽》篇及《管子》的《心术》《内业》诸篇皆将"心"比成"君"。此种比喻当然是用于强调心的主体性及优越性。但如果同样使用这套隐喻的话，我们也可以说：在人精神发展的初阶上，心—四肢百体的关系当然可以用君—臣民的模式类比。但精神发展到一个程度后，主体性或优越性的"主权"即当下放到四肢百体，使全身无地有臣仆，处处皆天君。所有的身体部门汇成平等之场，大家联合发号施令，再无主从君属可分。

道乃生，生乃思，思乃知，知乃止矣！"此句指出气并不是现成给与之物（海德格所说的 present-at-hand）[38]，它是需要引导的，只有引导后，它才可以有一种灵觉的能力[39]，这种灵觉的能力可以"知"，只有达到"知"的层次时，修养工夫才算告一段落。

更值得注意的，是《内业》篇提及的"心气""全心"的概念。同样在此篇中，管子说过"心以藏心，心之中复有心"的名言。依据此句，"心"显然可以分成两层：一层是经验的，一层是超越的；一层有待转化，一层则可以转化前者。超越的心无疑地是人存在的依据，是工夫的起点，也是工夫的回归点。但起点与回归点大不相同，起点时，超越的心之外有一片广大的领域亟待克服转化；及至回归终点时，这一大片的领域皆已驯化，成为超越的心之王国之辖地，如实论之，它们事实上也都成为超越的心。由于此时的心渗贯到人的四肢九窍，更无余蕴，因此，《内业》篇作者以"全心"名之。换言之，如果心不能征服并感化与它相对立的那片广大领域，它就是不完整的。

---

[38] "此在的本质在于它是存在的（existence）"，但"存在"不可与传统存有论所说的"固然自存（existentia）"相混。"固然自存"等于"手头现成"（being-present-at-hand），此种存有的模式和此在的性格基本上是不相干的。M. Heidegger, *Being and Time,* J. Macquarrie & E. Robinson trans. (New York: Harper & Row, 1962), p.67.
[39] 这里的"思"字当如《孟子·告子（上）》所说的"心之官则思"的"思"，两者皆不作"思考"解，而当指心灵一种自我觉醒奋发的能力。

"全心"又可以用"心气"代替。因为"全心"状态（用《内业》篇的另一种说法，也可称作"心全"状态）时，心灵展现的方式已不再是以意志操控躯体，而是意志向内翻转，走向非意志化，按前文《淮南子·诠言》篇的解释，也就是"聪明虽用，必反为神"。耳聪目明是不足的，它必须回返到身心尚未分化的总源头之妙用（神）上去。换言之，最精纯的意识的运作是和人的存在方式，也就是和人身之气同时出入的。全心在身，也就是全心在气，也可说是全身即气，所以《内业》篇作者可称呼此时的心灵状态为"心气"。总而言之，"全心"或"心气"的概念一成立，我们即刻可以看到它隐含了以下两种命题：

1. 心不再是经验的心，它散入人存在的结构，与气合一。
2. 身不再是现象学意义下的身，它全身为"全心"所贯透，因此，带有"全心"的质性。

五 解牛的身体基础

身体假如为全心贯透，全身为心，全心为气，那么，身体应当具有心灵的某些性质，但是，这种理智推演所得的经验，在经验行为上能否得到印证呢？尤其，我们怎么能够设想：除了大脑以外，意识还可以存在躯体的其他部分？在解答此一质疑前，我们先看看《庄子·养生主》篇中一段脍炙人口的寓言：

庖丁为文惠君解牛，手之所触，肩之所倚，足之所履，膝之所踦，砉然向然，奏刀騞然，莫不中音，合于《桑林》之舞，乃中《经首》之会。文惠君曰：嘻，善哉！技盖至此乎？庖丁释刀对曰：臣之所好者，道也，进乎技矣。始臣之解牛之时，所见无非牛者。三年之后，未尝见全牛也。方今之时，臣以神遇，而不以目视，官知止而神欲行。依乎天理，批大郤，道大窾，因其固然。

文惠君听完庖丁的话后，喟然赞叹道："善哉！吾闻庖丁之言，得养生焉。"

庄子假借庖丁解牛的寓言，确实不是要告诉我们一位技术巧妙的匠人的故事，他也不仅仅要告诉我们如何善调身躯。此寓言明显地与他论道—知识的问题密切相关。但我们更感兴趣的，乃是此段叙述涉及到的身—心概念，就"庖丁解牛"此一事件来讲，我们可以发现它基本上是由三项要素组合而成：首先是事件的主动者（主体）——庖丁。其次是事件的受容者（客体）——牛。第三是联系两者的媒介——刀及切割的技术。如果我们泛观技艺本身，可以认为：只要获得媒介，善加运用，技艺原则上都可完成，差别只在功夫纯不纯熟而已。

但是，在庄子看来，事情绝非如此简化。一件技艺的完成绝不只是技术层面的功夫纯不纯熟而已，它事实上还关连到人存在的问题。简言之，技艺可以分成两种：一种是技，一种是道；一种是所见无非牛，一种是所见无全牛；一种是官知，一种是神欲。兹为眉目清晰起见，谨再简略表之如下：

类　别	境　界	对　象	运作主体	身体状态
规矩之技	技	全是牛	官知	以心使气
物化之技[40]	道	无全牛	神欲	心气合一

为什么这两种不同的技艺，分别代表人存在的两种不同层次呢？因为在"规矩之技"的层次时，庖丁所运用的是一套曲折性的技术规则（discursive principles of techniques）；他所面对的是形象清晰，结构分明的客观对象；而他用以掌握此对象的主体运作方式是借由感官；至于此时身体的其他部分并没有参与到事件行为中，真正主宰的，只是行为者强烈的意识。这几项条件综合起来，都指出了此时行为者的存在状态，只是经验的、表相的，亦即他只是处在"物"的阶段，而不是"纯气"为用。或者说：他只能"开人之天"，而不能"开天之天"。

"物"—"纯气"与"人之天"—"天之天"的对照，出自《达生》篇。此篇记载列子曾问关尹子：至人为什么可以"潜行不窒，蹈火不热，行乎万物之上而不栗"。关尹回答道："是纯气之守也，非知巧果敢之列。"同时，这也不是"貌象声

---

[40] "规矩"与"物化"的对照出自《达生》篇："工倕旋而盖规矩，指与物化而不以心稽。"《释文》云："倕工巧任规，以见为圆，覆盖其句指，不以施度也。是与物化之，不以心稽留也。"《庄子集释》，页662。

色"的"物"之层次所能企及。在此段问答中，关尹又提出"不开人之天，而开天之天"此一命题，据郭象注："不虑而知，开天也；知而后感，开人也。然则开天者，性之动也；开人者，知之用也。"[41] 郭注甚是，技与道的分别确实是"人"与"天"之别，说得具体点，也就是"知之用"与"性之动"之别。郭向这里所说的"知"，无疑地就是道家传统里一再抨击的"小知"（《齐物论》），"知为孽"（《德充符》）之知，这是种受制于感官机能，甚或意识形态的认知机能[42]。

但什么是"性之动"呢？严格说来，"性"本身超乎动静，它是"动而无动"，不能以动静等运动模态的概念规范之[43]。但我们如果能稍加宽贷的话，当然可以蠡测所谓的"性之动"或"开天之天"，指的是一种超乎感性樊篱的直觉之知，如果我们返回到庖丁解牛的例子，我们也可以说即是"官知止而神欲行"。这种直觉之知因深入到人存在的深层，不是人的意识能力所能掌握，因此，它属于"天"或"性"的层次。

---

[41]《庄子集释》，页638。
[42] 陆西星：《南华真经副墨》卷1下，页4b—5a。注"大知闲闲，小知间间"云："大知之人忘己忘物，意见不生，灰心槁形，几于丧我，故常闲闲。闲闲者，从容暇豫之意……小知则日以心斗，故常间间，间间者，立町畦，别人我，一膜之外皆为藩篱，自谓心计精密，而不知此但小人之知耳。"
[43] "性之动"虽是郭象注语，但庄子本身确实也常"心""性"混用，沈一贯有说："凡庄之所谓性者与吾异（按：即与吾儒异），吾之所谓性者，善也，天继之而为善……庄子之言性也，皆心尔。"《读庄概论》，《庄子通》（台北：艺文印书馆），册9，页7。沈氏的解释是对的，但"吾儒"也不是不会混用，如程明道的"定性书"，即将"定心"说成"定性"。

分析这种扎根于人存在根基的直觉之知时，我们发现一项值得再三体玩的现象：此即伴随此直觉之知而来的，乃是人的身体也会参与事件之中。乍看之下，此事或许不易理解，但理论上却很容易推演：既然此知出于"性"，而非经验意识，因此，构成人身根本结构的气自然也就被引导生起，气化四肢百骸，并与此知合一。所以在此种"物化之技"行为中，人之全体皆参与其中，四肢百骸完全被动员起来，由一种同质性的气机（神）牵引鼓动，共同创造出技艺行为。我们且回想庖丁解牛时的神态：

> 手之所触，肩之所倚，足之所履，膝之所踦，砉然向然，奏刀騞然，莫不中音，合于《桑林》之舞，乃中《经首》之会。

庄子形容技艺之出神入化，借用的是音乐此一意象，此中大有深意。因为音乐之意义是整体的，不容分割的，一首乐曲只有从头演奏到尾，始末一贯以后，我们才可以领会全曲之奥妙。同样地，我们要了解"解牛"这事件，只有把庖丁的手、肩、足、膝全部算进去——事实上，当是身体整体一起看待——并看出其间有"神欲"引导贯穿时，我们才能掌握其梗概。

既然是官知止而神欲行，所以我们可以看出"感官之非知觉化"与"身躯之知觉化"同时运行；另一方面，"对象之非对象化"与"对象与主体之相互融化"也是同时呈现。我们前文引用《管子·内业》篇的说法，认为气经过引导后可以觉醒（思），觉醒后可以有某种意义的直觉之知（思乃知）。这种观点我们可以在《庄子》一书论"由技进道"的章节里，找到相互的佐证。如大马捶钩者为什么会认为他的技艺是"用之者假不用者"(《知北游》)，伯昏无人为什么会认为"不射之射"才是真正的射艺(《田子方》)，这些妙语都可从"感官之非知觉化"与"身躯之知觉化"的观点获得某程度的解释。由于本文重点安置于庄子修养工夫所涉及的身心问题，故对于其艺术观所隐含的理论，暂且搁置不论。我们将转从"对象之非对象化"与"对象与主体之相互融化"着眼。

在庄子的艺术思想里面，我们不时可以看到类似"物化""无射之射"的涵义。在这种思想里，我们可以看出：

1. 学者已将主—客、身—心间的界限打穿，"聪明虽用，必反为神"。

2. 技艺所需的法则已完全透明化，它最初虽由认知心所执取，但后来却还归为心灵秩序化外界时的一种定位走向，所谓"以天合天"，即近此意[44]。

因此，庄子在描述一件完美的艺术事件时，一定强调：

---

[44] 笠原仲二解释中国艺术中的"天"之问题时论道："这些作品意味着是把天才煞费苦心地为寻求天地自然（造化）之美而直观、心得的内在于万物的理（真），代替天（造化、造物者）而完全画出来……作为有神得天真，充满生气，洋溢生意的自然之美，在艺术上生产出的创造物。"杨若薇译：《古代中国人的美意识》(北京：三联书店，1988)，页230—231。又云："在中国，天才的作品与天—造化、自然便作为同样生产的、创造性的东西，这是应该注意的，那么，天才创造的作品正好与'自然'同样。"同上，页231。以上所说，可作为"以天合天"的注脚。

1. 此作品是超出一切限制，直入气机深处下的感兴作品。

2. 完成作品时的心灵固然是超自觉的，但它自然会将创作往一定的方向带。因为，早先它将技术法则内在化时，已预启了后来的轨约作用。

《列子·黄帝》篇所说的"六藏七孔，四肢百节，块然尸居，同为一物……我之乘风，风之乘我，孰能辨也？"放在上述论点考虑，毋宁是件很自然的事。

底下，我们不妨援引当代德国哲学家的亲身体验以为范例。当他远赴东方，和某位著名禅师学艺、学禅，费尽无限周折，最后终于发出了"无射之射"后，不由地慨然唱道：

> 我怕现在什么也不明白了，即使是最简单的事情也成为一团糟。是"我"张弓呢？还是弓把我拉入最紧张的情况？是"我"射中了靶子呢？还是靶子打中了我？这个"它"，用肉眼看时是心，还是心眼看时是肉？还是两者都是？两者都不是？弓、箭、靶子和我，都互相融入，我已无法再分离它们，也没有分离的必要了。[45]

上述引言非常值得玩味，因为它出自思辨哲学训练有素的

---

[45] E. Herrigel 著，顾法严译：《射艺中的禅》（台中：慧炬出版社，1979），页144。此书作者描述他和日本禅师学禅时，禅师教导他如何透过射艺，以达到禅的境地。此书生动有趣，但笔者相信里面所描述的体证经验也见于《庄子》一书，我们甚至可以说：《庄子》开世后"由技进道"的途径。

哲学家之口。引文充满了禅意，但禅宗在许多方面受到庄子的影响，这是文化史上的事实。说得更明确些，引文这段话简直可以作为伯昏无人"无射之射"的最佳注脚。

当没有主—客、身—心、能—所的区别时，我们可以看到：此时的身体已彻底地全体转换，听之以气。但效果不仅止于此，因为如果"体合于心，心合于气，气合于神"时，此时日常经验下的诸种区别已被彻底打散，因此"身体"已不再是"个体"，它毋宁是宇宙间一切存在的流行[46]向经验世界回转时，必须经由的凝聚点。但反过来说，这种通向于无限的气之流行之身体，它到底是什么样的一种意义？

六 体尽无穷

要了解庄子身体观的最终步骤，我们免不了要回到气的概念上来。但要了解"气"，我们又得先了解庄子形上学的基本假设。庄子的形上学特别重视变化，反对静止的实在观，这是研究庄子的专家学者大体共同接受的[47]。庄子的许多著名命题，如"生也天行，其死也物化"（《刻意》），"万物皆出于机，皆入于机"（《至乐》），"登天游雾，挠挑无极，相忘以生，

---

[46] 唐君毅先生将庄子的"气"解释成为"流行的存在"或"存在的流行"，参见《中国哲学原论·原道篇》（香港：新亚书院，1973），册2，页786。
[47] 参见熊十力：《读经示要》（台北：广文书局，1972）卷2，页77—79。唐君毅：《庄子的变化的形而上学与黑格尔的变化的形而上学之比较》，此文收入《中西比较哲学论文集》（台北：宗青出版社，1978）。

无所终极"(《大宗师》),"枢始得其环中,以应无穷"(《齐物论》)等等,背后都预设着气一元论的观点,换言之,如果落在我们个体上来讲,理论上也当同意:人,根源上来讲,不能是"个体"的人,他一定是参与到存在流行的"宇宙人"[48]。如果用纽曼的话来讲,从人学的立场来看,人本质上就是冥契的人(mystic man),冥契的能力人人具足,绝非少数人可以专擅[49]。但是,为什么现实上很少人可以做到呢?

庄子回答道:"今已为物也,欲复归根,不亦难乎!"(《知北游》)人既然成为"个体",他就难免要受到这种个别性的结构("体")之限制。但是构成人的"个体"之主要条件——感官、身体——并不是不能改变的。我们前文已提过:感官、身体都不是现成不变的,它们根本有待于"践形",所谓的践形即是气化。当全身为气所化之后,也就是学者的身体被充其至地朗现时,原本用以支撑或束缚成个体的感官、身体,反而成为个体向外流通的康庄大道[50]。

---

[48] "宇宙人"的概念转借自 Richard Maurice Bucke, *Cosmic Consciousness* 一书,参见前揭书,页1—18、61—18。

[49] E. Neumann, *Mystical Man,* in J-Campbell ed., Mystical Vision (Princeton: Princeton University Press, 1982), pp.375—415.

[50] 晚周以后思想常见"心术"一词,此处的"术"之意义乃"谓所由之道路"。《孔疏》,《礼记注疏》(台北:艺文印书馆,1974)卷38,页6。亦有谓:"心气之道所由舍者也,神乃为之使,九窍十二舍者,气之门户。"《鬼谷子》(上海:上海古籍出版社,1995)卷下,页2a,总页370。《鬼谷子》一书虽然年代可疑,然此处对"心术"一语的解释,则颇符合晚周儒道哲学中的身体观。后来王阳明论良知与感官的关系处,我们可从这方面追溯其源头。另参见石田秀实:《气——流れる身体》(东京:平河出版社,1987),页111—125。

如果说感官、身体已不再是束缚个体，不再使此一个体与个体外的事事物物得以区分，那么，我们如何界定何处是"我"的止境？或者：我们如何划分"我"与"非我"？显然，顺着庄子的思路往下推论，所有的身体最后一定无身体意，所有的"我"之涵意最后也一定会自我瓦解。我们在第一节处，已简略说明自我瓦解的过程。底下，我们再观览庄子如何界定人的身体所在：

> 体尽无穷，而游无朕。（《应帝王》）
> 圣人达绸缪，周尽一体矣。（《则阳》）
> 若夫乘天地之正，而御六气之辩，以游无穷者，彼且恶乎待哉！故曰：至人无己。（《逍遥游》）

圣人为何可以周尽一体呢？如已周尽一体，他为何还可以用"人"（虽然是圣人）这种类名称呼呢？且看前人的注解：

> 万物与我本绸缪若一体，然者，圣人达绸缪，而包含覆育，无不周遍，若是乎大矣！盖性体本然……他无所师而以天为师。以天为师，则彼亦一天矣，第其形犹人类，而人称之为人也，其实天也。[51]

---

[51] 沈一贯：《庄子通》卷9，总页729—730。

附录　从"以体合心"到"游乎一气"——论庄子真人境界的形体基础

作为人格完美象征的圣人确实已跳出人的范围，成为某种意义下的"天"，但因从旁观者的眼光看来，他尚有身体存在，因此，仍旧得以"人"称呼之。

至于圣人如何"周尽一体"呢？《应帝王》与《逍遥游》两篇的句子跟我们说得很清楚，要"游无穷"，要"游无朕"。"游无穷"我们可以理解，因为当人的个体被打散，躯体被打通时，人身之气即参与到宇宙之气的流行，再也无人我主客之可分，这也就是所谓的"游乎天地之一气"。但为什么"游无朕"呢？此处我们可以注意的是："游无朕"所游的固然是"气"，但这种"气"不能视之为弥漫于天地间的阴阳风雨之气，换言之，它不能是人的呼吸器官借以呼吸的"后天之气"，而当是"心合于气，气合于神"的"先天之气"（或称气母，原气）[52]。在这种境界底下，人不是以感官作用，而是以全部的存在去参与宇宙的流行。

说"参与"，其实不是很恰当。因为一参与，即有参与者意识之主动介入，以及被参与者之受容。但是当至人"体尽无穷，而游无朕"时，他不需要这种克服主客之努力，他只是让人的意识沉潜到四肢百窍，化为一气之流行。既是一气流行，自然也就流通于体内体外。在《庄子》一书中，我们时常可以见到其至高人格的形象总是处在缄默冲宁的境界，因为只有在这种境界中，他才不会扰乱他的气，也才不会使人从"气机沉

---

[52] 参见《庄子集释》，页249。陆西星：《南华真经副墨》卷2下，页13a。

潜于万物"的合一状态中,分裂成不同的意识状态。"汝游心于淡,合气于漠,顺物自然,而无容私焉!"(《应帝王》)"连乎其似好闲也,傥乎忘其言也"(《大宗师》),"明白入素,无为复朴,体性抱神,以游世俗之间"(《天地》),"夫恬淡寂寞,虚无无为,此天地之平而道德之质也……能体纯素,谓之真人"(《刻意》)。这些真人之恬淡寂寞并不仅是日常语意下所谓的修养道德而已。他事实上是与宇宙的流行同在[53],因此,他必然要将个体性的感官与意志完全转化掉,融入气的流行中。否则,一有太多的感官知觉的干扰,他马上会和流行的气产生分裂,而对象也就会从变化流行的气中生起,凝聚成感官摄取之物。

以体合心,以心合气,以气合神之后,人的意识和人的体气和宇宙之气即告混合同流,此时的心灵,我们可称之为"游"的心灵。"游"之一字在庄子思想中极为特殊,有时我们可以看到庄子用它来形容某些真人游戏八方——"游仙"一词目前都还保存着这种涵义——但这种由原始宗教传下来的概念固然有它文化系统内的实在性[54],庄子也时常使用此种意象,但在更重要的层面上,庄子却赋给了它新的意义:

> 圣人不从事于务,不就利,不违害……无谓有谓,有

---

[53] 进一步的解释参见刘武:《庄子集解内篇补正》,页14—17。
[54] 参见拙著:《升天变形与不惧水火——论庄子思想中与原始宗教相关的三个主题》,《汉学研究》卷7,第1期,1989。

谓无谓，而游乎尘垢之外。(《齐物论》)

彼方且与造物者为人，而游乎天地之一气。(《大宗师》)

予方将与造物者为人，厌则又乘夫莽眇之鸟，以出六极之外，而游无何有之乡，以处圹埌之野。(《应帝王》)

入无穷之门，以游无极之野。(《在宥》)

出入六合，游乎九州；独来独往，是谓独有。(《在宥》)

若夫乘道德而浮游则不然，无誉无訾，一龙一蛇；与时俱化，而无肯专为……浮游乎万物之祖，物物而不物于物，则胡可得而累邪！(《山木》)

剖形去皮，洒心去欲，而游于无人之野。(《山木》)

尝相与游乎无何有之宫，同合而论，无所终穷乎！(《知北游》)

句子还可再列下去，但既然旨意相同，大可就此煞住。不过，对于庄子的夫子自道，我们没有理由不在最后列上去，以相印证：

上与造物者游，而下与外死生、无终始者为友。(《天下》)

人怎么可能游乎天地之一气？游无何有之乡？出入六合，游乎九州？浮游乎万物之祖？又如何能上与造物者游？假如庄子这里的"游"不是使用仙人轻举远游之意，也不是使用想像力灵敏之意（如刘勰所说的神思）[55]，那么，当如何解释？其实，庄子早就告诉我们答案了："游乎天地之一气"实质的意义上也就是"游心于淡，合气于漠"。这样的"游"并不是依靠躯体远行，也不是思虑遍及六合四方，同样，也不是耳目之流湎不返。它指的是人在一种远离尘虑的状态中，神气与世界一齐呈现，一齐流动。因此，其根据在观者提升自己，进入一种与万物存在根基同在的冥契状态，这样的"游"不是"外游"，而是一种"内观"。但观无观相，无能观与所观，所以"内观"根本只是一气之流行[56]。

到了"游乎天地之一气"时，人的身体已全气化，散入存在之流行中，如果我们仍要从外表观察躯体，当然还是可以说躯体终究是躯体，它是被决定的，只能是存在的个体中的某某（Das Man）[57]。但是身体不当外观，而当内观。一内观时，显然"游乎天地之一气"是种无增益见的现象学描述。然而，庄子的身体观是否尚可再追究下去呢？

显然是可以的，我们前文引用到亢仓子的话："体合于心，心合于气，气合于神，神合于无。"但在讨论中，主要是绕着前三者进行，对"神合于无"，则殊少论及。但如果体—心—气—神—无之间是相续不断的，我们没有理由在"气""神"的前面即停止不进。

---

[55] 周振甫注：《文心雕龙注释》（台北：里仁书局，1984），页515—517。
[56] 参见《列子集释》，页80。
[57] 海德格：《存有与时间》，页166—1671。

但如果我们再往前迈进时，将会发现出现在我们眼前的景象，极不易处理，试观下列诸文：

> 死生亦大矣，而不得与之变。虽天地覆坠，亦将不与之遗，审乎无假，而不与物迁。命物之化，而守其宗也……彼为己，以其知得其心，以其心得其常心……一知之所知，而心未尝死者乎！（《德充符》）
>
> 古之人外化而内不化，今之人内化而外不化。与物化者，一不化者也。（《知北游》）
>
> 吾与日月参光，吾与天地为常，当我，缗乎！远我，昏乎！人其尽死，而我独存乎！（《在宥》）
>
> 已外物矣，吾又守之，九日而后能外生；已外生矣，而后能朝彻；朝彻，而后能见独；见独，而后能无古今；无古今，而后能入于不死不生。（《大宗师》）

这四段话给我们带来一种与前文所述大不相同的景象。"命物之化而守其宗"其意犹"外化而内不化"，其描述的应是存有论层次的问题。但是如果"游乎天地之一气"也涉及到人与万物存有的关系时，那么，这两种命题间显然有矛盾。

因为既然"内不化"，怎么还能"游"呢？如果"游"了，怎能"内不化"呢？然而，两者有距离固然是事实，说是矛盾却也未必。因为当庄子提到"守宗""内不化"时，所触及的境界已是终极的，无一无多，无时无空，自然更没有"个体"之观念可言。只要是个体，就不可能超出时空（庄子却说：外天下，无古今），不可能永恒不变（庄子却说：一不化，"常"心），当然也不可能没有毁坏死亡（庄子却说：未尝死，独存，不死不生）。一言以蔽之，此时绝无"我"可言，"吾与日月同光，吾与天地为常……人其尽死，而我独存"。这里的"吾""我"绝不是有个体意义或个体意识的"我"。

那么，这样的"我"是怎么回事呢？庄子已经跟我们说了，这是最终的层次，它是独一无二的，永恒不变的，庄子名之为"常心"或"独"。对于这最终的层次可以强名之为"至道"[58]，或名之为"性真"[59]，"性空真体"[60]，"一"。一个最方便的分法或许可以假用吠陀哲学使用的理论。此派哲学将人分为"私我"(atman) 与"泛我"(brahman) 两部分。私我净尽后，泛我呈现。但泛我是无声无臭，无主无客，绝对超乎言说的[61]。

既然超乎言说，无主无客，我们就不好再将它划归为"我"的领域内。我们当然承认庄子思想中有此面向，但我们更应注意：庄子从来没有要求学者常居住在"澹然独与神明居"的心境中，他的学说也不是"主之于太一"[62]。他在好几

---

[58]《庄子集释》，页254。
[59] 憨山：《庄子内篇注》，页32。
[60] 陆西星：《南华真经副墨》，总页201。
[61] 参见Heinrich Zimmer, *Philosophies of India* (Princeton: Princeton University Press, 1974), pp.333—354.
[62] 以上两语皆出自《庄子·天下》形容老子的道之风格处。

处地方都强调人要活在一种具体的、有个体意识参与的气化流行，要其一也一，其不一也一，不能仅行前者，而疏忽了后者。一言以蔽之，"常心"或"独体"能不能算是"我"或"身"的范围，端看我们愿不愿意将"我"或"身"的语意扩大至超个体的意义。扩大，则一切皆我，一切皆我身，我与道（上帝、梵天）同大；不扩大，则我溶入无限，我身亡而一种无个体意义的独体长存。

道家人物的语言率多飘渺恍惚，旨趣难寻，庄子尤甚。但是，庄子思想不易掌握，庄子的表现手法固然是主要原因，但古今哲人在理解身体的观念方面有相当大的差异，造成整个解释典范也跟着发生转变，无疑地也是相当关键性的因素。庄子在《天下》篇提到他哲学的目的之一是想"上与造物者游，而下与外死生，无终始者为友"，这段话极为醒目，研读《庄子》一书的人士通常也将它视为典型的庄子风格。但是，这种目标当如何契近呢？可以契近此境界的人又是怎么样的"我"呢？难道庄子所说只是伪命题吗？

"伪命题"观的形成虽事出多端，但与晚近某些诠释庄子思想者往往有意无意间将庄子思想中的身体观念抹杀掉，不无关连。一种相当常见的观点认为庄子是神秘主义（冥契主义）、怀疑主义，或唯心主义，要不然就是三者混合的错综体。神秘主义的问题比较复杂，此处暂且存而不论。但认为庄子是主观唯心论，其间纵然有些唯物论的影子，大体上并没有掩盖住其唯心论的底彩[63]，这种想法笔者认为相当不妥。具体的内容先且不谈，单单将"气"解成"唯物"，"心"解成"唯心"，这种解释很可能即会造成极大的歧异。底下，我们且举荣格对西洋学者的一段谏语为例，以供参较：

> 在本文中，它思求使肉身变得无足轻重，因为气身（breath-body）已取而代之。气身不是我们这里所说的"精神的"意义，西方人为求得知识精确的缘故，因此，强将身心分割为二。但这两者在心灵中其实是并存的，心理学必须首肯此点："心灵的"意指身心两者。[64]

荣格此段话见之于他对一本中国修炼典籍的评述，但此段话如移之于规劝许多人对庄子的理解，不增不减，也依然适用。

本文即想站在较为"实证"的立场，讨论庄子工夫论中牵连到的身体观。我们先从庄子对感性、智性的怀疑、抨击、转化开始谈起。然后，谈到庄子对于感官的要求，主要的不

---

[63] 如关锋：《庄子哲学批判》，《哲学研究》，第7、8期合刊（1960），页35—38。曹大林：《略论反对绝对主义的庄学认识论》，《吉林大学学报》，第2期（1982），页6—12。张岱年：《论庄子》，《燕园问学集》，页85—106，1984，以及《历代哲学文选·先秦篇》（台北：木铎出版社，1980）页287—289，等等皆是。晚近中国哲学界中，将庄子视为一亟需批判的唯心论者或怀疑论者一直是个很流行的看法。

[64] C. Jung, R. F. C. Hull trans. *Psychology and the East* (Princeton: Princeton University Press, 1978), p.53。

是灰身灭智[65]，而是要使它们融化为一体，成为心气流动之管道。再其次，我们又提出：不仅是人的感官，连人的全部身体都需要为气所渗化。全身气化后，主客内外区别即变得极为"淡漠"，这时，心气的流行也就没有体内体外可分，这也就是"游"的一种精神。修养工夫至此，已是"身体"一词所能承载的最高限制。过此以往，人进入不死不生，灵光独照的层次时，已不能再以任何言说论之，更别说是带有个体意义的"我"或"身体"等语汇了。

庄子工夫论中涉及的转化身体之思想，是否纯是庄子个人的体悟呢？本文认为大部分不是的。有些概念，比如"游"，无疑地在《庄子》一书特显精采，其他子书少见，这是庄子极大的创见。但庄子思想中身—心—修养的关系在道家诸子中也可见到，论证也颇相近，只是它们的内容不如《庄子》一书记载得详细罢了。如果我们扩大范围，将探索的触角延伸至儒家的孟子及诸理学大家，或许还可发现：一谈到身—心—修养时，相似点相当地多。到底人的身体结构大体相同，一种超出思想系统以外的共同点比较容易被彼此认定接受。

但从另外一种观点来看，人的身体结构固然大体相同，但

---

[65] 我们可以回顾一下《庄子·天下》所提及的彭蒙、田骈、慎到一派的学说："夫无知之物，无建己之患，无用知之累，动静不离于理，是以终身无誉。故曰：至于若无知之物而已，无用贤圣，夫块不失道。"其次，我们可以看庄子如何引豪杰之言，以伸己意："慎到之道，非生人之行，而至死人之理。"这种"至于若无知之物"的学问，也就是所谓的"断"之学。

儒道诸大师处理此问题时的立场，却还是站在某种共同文化的氛围底下形成的。他们认为人身不是现成的、圆满的，而是一种趋向完美，可以升华的起点。以现实的身体作为升华的起点，以期达到朝彻见独，终至乎下回流行。这种全程转化的身体观却不是一般文化系统底下常见的，在中国却蔚为大宗。从此种观点看来，儒道体验的形上学（放在本文的脉络里面，不妨称作身体的形上学）不能说没有特殊的观点在。

庄子思想中的身体观是否可以再进一步探索？答案显然是可以的。毫无疑问，本文虽然随《庄子》文句宛延作解，力求洞照其间转化生理结构的因素。但庄子所以会有这些观念出现，不一定是出自他个人的创造，很可能是其描述后面有一更完整的身体理论作依据，因此，庄子可以依需要择取，灵巧运用。笔者相信：中国传统医学在儒道的工夫论传统中，扮演相当重要的角色。又如在修养过程中，人的身体结构转化时，他的身体可能会产生一些生理上的变化（如光)，这些变化后来可以再转变成重要的象征。因此，我们理解后世文本此类的观念时，可以领会得更深入，更彻底，也更了解儒道的体验形上学并不朦胧模糊，其间尽有无穷复杂的道理在，这些都有待更深入地探讨。

参考书目

【古典文献】

A. 中国历朝文献

《大乘舍黎娑担摩经》,《大正新修大藏经》(台北:新文丰出版公司,1985)。

《鬼谷子》(上海:上海古籍出版社,1995)。

《楞严经》,《大正新修大藏经》(台北:新文丰出版公司)。

干宝:《搜神记》(台北:新文丰出版社,1985)。

马国翰辑:《田子》,《道家佚书辑本十七种》(台北:世界书局,1979)。

马端临:《文献通考》(台北:新兴书局,1965)。

王夫之:《庄子解·庄子通》(台北:里仁书局,1984)。

王夫之:《周易外传》,《船山全书》(长沙:岳麓书社,1998)。

王先谦:《庄子集解》(台北:台湾商务印书馆,国学基本丛书)。

王应麟:《玉海》(台北:华联出版社,1964)。

王应麟:《困学纪闻》(台北:中国子学名著集成编印基金会,1987)。

王明：《抱朴子内篇校释》（北京：中华书局，1980）。

王嘉：《拾遗记》（台北：艺文印书馆，1966）。

王畿：《王畿集》（南京：凤凰出版社，2007）。

方以智：《方以智全书》（上海：上海古籍出版社，1988）。

方以智：《药地炮庄》（台北：广文书局，1975）。

方以智：《浮山文集后编》（上海：上海古籍出版社影印，续修四库全书本，1995）。

方以智著，庞朴注释：《东西均注释》（北京：中华书局，2001）。

孔鲋：《孔丛子》（台北：台湾商务印书馆，1993）。

龙树：《大智度论》，《大正新修大藏经》（台北：新文丰出版公司，1985）。

史震林：《西青散记》（台北：广文书局，1982）。

永嘉玄觉：《永嘉集》，收入《中国佛教丛书·禅宗编》（南京：江苏古籍出版社，1993）。

司马迁：《史记》（台北：鼎文书局，1979）。

扬雄：《方言》（上海：商务印书馆，1919）。

朱熹：《四书集注》（台北：鹅湖出版社，1984）。

朱熹：《楚辞集注》（台北：艺文印书馆，1974）。

刘义庆撰，刘孝标注：《世说新语》（台北：台湾商务印书馆，四部丛刊初编缩本，1979）。

刘文典注：《淮南鸿烈集解》（北京：中华书局，1989）。

刘武：《庄子集解内篇补正》（台北：木铎出版社，1988）。

刘宗周：《大学杂言》，《刘宗周全集》（台北："中研院"中国文哲所，1997)。

安居香山、中村璋八编：《重修纬书集成》（东京：明德出版社，1988)。

许慎：《说文解字》（台北：台湾商务印书馆，四部丛刊初编缩本，1965)。

孙诒让：《周礼正义》（北京：中华书局，1987)。

严杰：《经义丛钞》，《皇清经解》（台北：艺文印书馆，1965)。

苏轼：《苏轼文集》（北京：中华书局，1992)。

杜预注，孔颖达疏：《春秋左传注疏》（台北：艺文印书馆，1995)。

李时珍：《本草纲目》（台北：台湾商务印书馆，1968)。

李昉等撰：《太平御览》（京都：中文出版社，1980)。

杨伯峻：《列子集释》（台北：华正书局，1987)。

吴普等辑著：《神农本草经》（上海：中华书局，1936)。

沈一贯：《庄子通》（台北：艺文印书馆，1974)。

沈约：《宋书》（台北：艺文印书馆，出版年月不详)。

沈约编：《竹书纪年》（台北：艺文印书馆，1966)。

张廷玉等撰：《明史》（台北：鼎文出版社，1982)。

张纯一：《墨子集解》（成都：成都古籍书店，1988)。

陆九渊：《象山先生集》（台北：台湾商务印书馆，四部丛刊初编缩本，1965)。

陆西星：《南华真经副墨》（台北：艺文印书馆，1974)。

陈寿：《三国志》（台北：鼎文书局，1978)。

陈荣捷：《近思录详注集评》（台北：台湾学生书局，1998）。

陈俊民辑校：《蓝田吕氏遗著辑校》（北京：中华书局，1993）。

林希逸：《南华真经口义》（台北：艺文出版社，无求备斋庄子集成本）。

欧阳询：《艺文类聚》（台北：文光书局影印本，1977）。

罗大经：《鹤林玉露》，收入《稗海》（台北：艺文印书馆，百部丛书集成初编，1966）。

周振甫注：《文心雕龙注释》（台北：里仁书局，1984）。

郑玄注，孔颖达疏：《礼记注疏》（台北：艺文印书馆，1974）。

房玄龄等著：《晋书》（台北：鼎文书局，1980）。

段玉裁：《说文解字注（标点本）》（台北：艺文印书馆，2007）。

洪兴祖：《楚辞补注》（台北：长安出版社，1995）。

觉浪：《天界觉浪盛禅师全录》，《嘉兴大藏经》（台北：新文丰出版公司，1987）。

宣颖：《南华经解》（台北：艺文印书馆，无求备斋庄子集成本，1974）。

袁珂：《山海经校注》（台北：里仁书局，1982）。

郭庆藩编：《庄子集释》（台北：河洛图书公司，1980）。

陶弘景：《陶弘景集》（江苏：广陵古籍刻印社，1992）。

黄宗羲：《明儒学案》（台北：河洛图书公司，1974）。

黄宗羲等编：《宋元学案》（台北：河洛图书公司，1975）。

黄奭：《黄氏逸书考》（上海：上海古籍出版社，续修四库全书本，1995）。

萧统编，李善注：《昭明文选》（台北：五南出版社，1991）。

龚自珍：《定盦续集》（台北：中华书局，1970）。

曼殊震钧：《天咫偶闻》（台北：广文书局，1970）。

逯钦立校辑：《秦汉魏晋南北朝诗》（北京：中华书局，1983）。

韩愈著，马通伯校注：《韩昌黎文集校注》（上海：中华书局，1957）。

嵇康：《嵇中散集》（台北：台湾商务印书馆，四部丛刊初编缩本，1979）。

程颢、程颐：《二程集》（北京：中华书局，1981）。

焦竑：《庄子翼》（台北：艺文印书馆，无求备斋庄子集成续编）。

普济：《五灯会元》（北京：中华书局，1992）。

楼宇烈校释：《王弼集》（北京：中华书局，1980）。

黎靖德编：《朱子语类》（北京：中华书局，1994）。

憨山：《老子道德经憨山解·庄子内篇憨山注合本》（永和：台湾琉璃经房，1972）。

憨山：《肇论略注》（台北：佛教出版社，1976）。

【日韩文研究或译著类】

A. 专书

大滨浩：《庄子の哲学》（东京：劲草书房，1966）。

小川琢治：《支那历史地理研究》（京都：弘文堂书店，1928）。

小野泽精一等合著：《气の思想》（东京：东京大学出版会，1978）。

木村英一:《中国哲学の研究》(东京: 创文社, 1981)。
中村雄二郎:《共通感觉论》(东京: 岩波书店, 1985)。
石田秀实:《气流れる身体》(东京: 平河出版社, 1988)。
白鸟库吉:《白鸟库吉全集》(东京: 岩波书店, 1971)。
池田知久:《庄子》(东京: 学习研究社, 1989)。
汤浅泰雄:《身体の宇宙性》(东京: 岩波书店, 1994)。
松山康国:《风についての省察》(东京: 春风社, 2003)。
御手洗胜:《古代中国の々神》(东京: 创文社, 1984)。
福永光司:《庄子・内篇》(东京: 朝日新闻社, 1966)。
藤野岩友:《巫系文学论》(东京: 大学书房, 1969)。
荒木见悟著, 廖肇亨译注:《佛教与儒教》(台北: 联经出版公司, 2008)。
笠原仲二著, 杨若薇译:《古代中国人的美意识》(北京: 三联书店, 1988)。
福永光司著, 陈冠学译:《庄子》(台北: 三民书局, 1969)。

B. 论文

小南一郎:《壶型の宇宙》,《东方学报》, 61 期 (1989 年 3 月)。
山田庆儿:《九宫八风说と少师派の立场》,《东方学报》, 第 52 报, 1980。
山田庆儿:《空间・分类・カテゴリ——科学的思考の原初的な、基底的形态》,《浑沌の海へ》(东京: 朝日新闻社, 1982)。

山田庆儿:《扁鹊传说》,《东方学报》,第 60 册,1988。

内藤耕次郎:《共感觉的诸现象に关する研究史序说》,《立命馆文学》,1984。

古东哲明:《沉默》,收入久野昭编:《神秘主义を学ぶ人のために》(东京:世界思想社,1989)。

田中胜藏:《剑、镜、玉の呪的性格》,《史林》37 卷,4 期(1954)。

坂出祥伸:《中国古代の气または云气による占い—汉代以后における望气术の发达》,《关西大学中国文学会纪要》10 号,1989。

岛田虔次:《体用の历史に寄せて》,《仏教史学论集——塚本博士颂寿记念》(京都:塚本博士颂寿记念会,1961)。

和辻哲郎:《人间のとしての伦理学》,《和辻哲郎全集》(东京:岩波书局,1962)第 12 卷。

宫川尚志:《道教の概念》,《东方宗教》,通号 16,1960。

桥本增吉:《灵台考》,《史学》第 13 卷,第 4 号(1934)。

酒井忠夫、福井文雅:《道教とは何か》,收入《道教の总合的研究》(东京:图书刊行会,1977)。

楠本正继:《全体大用の思想》,《日本中国学会会报》,第 4 辑(1952)。

福井支雅:《"道教"の定义に关する一二の问题》,《早稻田大学文研科纪要》,23,1978。

福永光司:《道教とは何か》,《思想》,696,1982。

福永光司：《道教における镜と剑——その思想の源流》，《东方学报》，45期（1973）。

【中文研究】

A. 专书

丁山：《中国古代宗教与神话考》（上海：文艺出版社，1988）。

丁山：《商周史料考证》（北京：中华书局，1988）。

飞白主编：《世界诗库》（广州：花城出版社，1994）。

王世襄：《中国古代漆器》（北京：文物出版社，1987）。

王叔岷：《先秦道法思想讲稿》（台北："中央研究院"中国文哲研究所，1992）。

王叔岷：《庄子校诠》（台北："中央研究院"历史语言研究所，1994）。

王叔岷：《庄子管窥》（台北：艺文印书馆，1978）。

王献唐：《山东古国考》（济南：齐鲁书社，1983）。

王献唐：《炎黄氏族文化考》（济南：齐鲁书社，1985）。

方东美：《原始儒家道家哲学》（台北：黎明文化事业公司，1983）。

方勇：《庄学史略》（成都：巴蜀书社，2008）。

叶维廉：《历史、传译与美学》（台北：东大图书公司，1988）。

叶舒宪：《中国神话哲学》（北京：中国社会科学出版社，1992）。

叶舒宪：《诗经的文化阐释》（武汉：湖北人民出版社，1994）。

朱光潜：《文艺心理学》（台北：台湾开明书店，1959）。

朱任飞：《庄子神话的破译与解析》（长春：东北师范大学出版社，1999）。

刘艺：《镜与中国传统文化》（成都：巴蜀书社，2004）。

刘荣贤：《庄子外杂篇研究》（台北：联经出版公司，2004）。

刘笑敢：《庄子哲学及其演变》（北京：社会科学出版社，1988）。

江绍原：《中国古代旅行之研究》（上海：上海文艺出版社，1989）。

孙作云：《天问研究》（台北：中华书局，1989）。

孙作云：《中国古代神话传说研究》（开封：河南大学出版社，2003）。

牟宗三：《才性与玄理》（台北：台湾学生书局，1974）。

牟宗三：《心体与性体》，《牟宗三先生全集》（台北：联经出版公司，2003）。

牟宗三：《名家与荀子》（台北：台湾学生书局，1979）。

牟宗三：《荀子大略》（台北：台湾学生书局，1982）。

劳思光：《中国哲学史》（台北：三民书局，1981）。

苏雪林：《天问正简》（台北：广东出版社，1974）。

杜维明：《杜维明文集》（武汉：武汉出版社，2002）第5卷。

李民：《尚书与古史研究》（郑州：中州书画社，1983）。

李建民：《死生之域：周秦汉脉学之源流》（台北："中央研究院"历史语言研究所，2001）。

李零：《中国方术考》（北京：东方出版社，2000）。

杨儒宾：《异议的意义——近世东亚的反理学思潮》（台北：台湾大学出版中心，2012）。

杨儒宾：《儒家的身体观》（台北："中央研究院"中国文哲研究所筹备处，1996）。

何新：《中国远古神话与历史新探》（哈尔滨：黑龙江教育出版社，1988）。

余英时：《论天人之际：中国古代思想起源试探》（台北：联经出版公司，2014）。

张光直：《中国青铜时代（二）》（北京：三联书店，1990）。

张光直：《中国青铜时代》（台北：联经出版公司，1983）。

张祥龙：《海德格思想与中国天道》（北京：生活·读书·新知三联书店，1996）。

张默生：《庄子新释》（台北：汉京文化出版公司，2004）。

陆思贤：《神话考古》（北京：文物出版社，1998）。

陈鼓应：《庄子哲学》（台北：台湾商务印书馆，1966）。

陈鼓应编：《春蚕吐丝——殷海光最后的话》（台北：世界文物供应社，1969）。

林语堂：《生活的智慧》（上海：上海书店）。

周法高：《中国古代语法（构词篇）》（台北："中央研究院"历史语言研究所，1962）。

周策纵：《古巫医与"六诗"考：中国浪漫文学探源》（台北：联经出版公司，1989）。

郑良树：《续伪书通考》（台北：台湾学生书局，1984）。

闻一多：《古典新义》，收入朱自清等编：《闻一多全集》（台北：里仁书局，2000）。

闻一多：《神话与诗》，《闻一多全集》（北京：三联书店，1982）。

姜亮夫：《楚辞通故》（济南：齐鲁书社，1985）。

袁珂：《中国神话史》（上海：上海文艺出版社，1988）。

袁珂：《古神话选释》（台北：大安出版社，1986）。

耿云志编：《胡适论争集》（北京：中国社会科出版社，1998）。

索予明主编：《中华五千年文物集刊·漆器篇一》（台北：中华五千年文物集刊编委会，1984）。

钱锺书：《谈艺录》（香港：龙门书局，1965）。

钱穆：《先秦诸子系年》（台北：台湾商务印书馆，1981）。

钱穆：《庄子纂笺》（台北：三民书局，1974）。

钱穆：《惠施公孙龙》，《钱宾四先生全集》（台北：联经出版公司，1998）。

唐君毅：《中国哲学原论·导论篇》（台北：人生出版社，1966）。

唐君毅：《中国哲学原论·原道篇》（香港：新亚书院，1973）。

唐君毅：《哲学概论》（台北：台湾学生书局，1974）。

萧兵：《楚辞新探》（天津：天津古籍出版社，1988）。

崔大华：《庄学研究》（北京：人民出版社，1992）。

梁漱溟：《人心与人生》（香港：三联书店，1985）。

董楚平：《吴越文化新探》（杭州：浙江人民出版社，1988）。

谢明阳：《明遗民的庄子定位论题》（台北：台大文史丛刊，2001）。

谢选骏:《神话与民族精神》(济南: 山东文艺出版社, 1986)。

睡虎地秦墓竹简整理小组编:《睡虎地秦墓竹简》(北京: 文物出版社, 1990)。

廖平:《廖平选集》(成都: 巴蜀书社, 1988)。

熊十力:《十力语要初续》(台北: 乐天出版社, 1973)。

熊十力:《读经示要》(台北: 广文书局, 1972)。

B. 论文

《中国文哲研究通讯》,"毕来德与跨文化视野中的庄子研究"专辑(上、下)第 22 卷, 第 3 期、第 4 期 (2012 年 9 月、2012 年 12 月)。

王庆节:《道之为物——海德格的"四方域"物论与老子的自然物论》,《现象学与人文科学》(香港: 香港中文大学, 2005), 第 2 期。

方万全:《庄手论技与道》,《中国哲学与文化》, 第六辑 (2009 年 12 月)。

方勇:《庄子籍里考辨》,《诸子学刊》, 第 1 期 (2007 年 12 月)。

邓克铭:《方以智论〈庄子〉——以道与物为中心》,《汉学研究》31 卷, 3 期 (2013 年 9 月)。

石兴邦:《我国东方沿海和东南地区古代文化中鸟类图像与鸟祖崇拜的有关问题》, 田昌五、石兴邦编:《中国原始文化论集》(北京: 文物出版社, 1989)。

印顺:《陀螺与陀罗尼》, 收入《华雨香云》(新竹: 正闻出版社，2000）。

朱晓海：《孔子的一个早期形象》，台湾《清华学报》32 卷，1 期（2002.6）。

刘士林：《庄子"卮言"探源》，《中州学刊》，第 5 期，1990。

刘尧汉：《中华民族的原始葫芦神话》，收入《彝族社会历史调查》（北京：民族出版社，1980）。

刘述先：《论孔子思想中隐涵的"天人合一"一贯之道——一个当代新儒学的阐释》，《中国文哲研究集刊》，第 10 期（1997 年 3 月）。

刘笑敢：《六经注我还是我注六经》，《中国哲学与文化》，第 5 期。

刘敦愿：《汉画像石上的针灸图》，《文物》，1972 年第 6 期。

关永中：《神秘主义及其四大型态》，收入《当代》，36 期（1989 年 4 月）。

关锋：《庄子哲学批判》，《哲学研究》，第 7、8 期合刊（1960）。

江世荣：《庄子佚文举例》，《文史》，第 13 辑，1982。

江林昌：《从长翟、鲋鱼看防风氏的起源》，钟伟今编：《防风神话研究》（合肥：安徽文艺出版社，1996）。

牟宗三：《精灵感通论》，收入《牟宗三先生全集·牟宗三先生早期文集》（台北：联经出版公司，2003），册 25。

严一萍：《卜辞四方风新义》，《大陆杂志》，第 15 卷第 1 期（1957）。

严灵峰：《论"庄子天下篇"非庄周所自作（上、中、下）》，

《大陆杂志》第 26 卷,第 1、2、3 期(1963 年 1 月、2 月)。

苏雪林:《昆仑之谜》,《屈赋论丛》(台北:"国立"编译馆,1980)。

李明辉:《康德论"通常的人类知性"——兼与杜维明先生的"体知"说相比较》,收入陈少明编:《体知与人文学》(北京:华夏出版社,2008)。

李学勤:《西水坡龙虎墓》,《李学勤学术文化随笔》(北京:中国青年出版社,1999)。

李学勤:《商代的四风与四时》,《中州学刊》,第 5 期(1985)。

杨向奎:《夏本纪、越王句践世家地理考实》,《禹贡》第 3 卷,第 1 期。

杨伯峻:《从汉语史的角度来鉴定中国古籍写作年代的一个实例——〈列子〉著述年代考》,收入《列子集释》(北京:中华书局,1979)。

杨树达:《甲骨文中之四方风名与神名》,《积微居甲文说》(台北:大通书局,1974)卷下。

杨宽:《伯益考》,《齐鲁学报》,第 1 期,1941。此文后收入《古史辨》(上海:上海古籍出版社,1982),册 7。

杨儒宾:《无尽之源的卮言》,《台湾哲学研究》,第六期(2009 年 3 月)。

杨儒宾:《支离与践形——论先秦思想里的两种身体观》,收入杨儒宾编:《中国古代思想中的气论与身体观》(台北:巨流出版社,1993)。

杨儒宾：《升天变形与不惧水火》，《汉学研究》第7卷，第1期，1989。

杨儒宾：《从"以体合心"到"游乎一气"——论庄子真人境界的形体基础》，《第一届中国思想史研讨会论文集：先秦儒法道思想之交融及其影响》（台中：东海大学文学院，1989）。

杨儒宾：《卮言论：庄子论如何使用语言表达思想》，《汉学研究》10卷，2期，1992。

杨儒宾：《庄子的"卮言"论——有没有"道的语言"》，刘笑敢编：《中国哲学与文化》第二辑（广西：广西师范大学出版社，2007）。

杨儒宾：《论道家的原始乐园思想》，《中国神话与传说学术研讨会论文集》（台北：汉学研究中心，1995）。

杨儒宾：《技艺与道——道家的思考》，收入《王叔岷先生学术成就与薪传论文集》（台北：台湾大学中文系，2001）。

杨儒宾：《〈易经〉与理学的分派》，洪汉鼎主编：《中国诠释学》第二辑（济南：山东人民出版社，2004）。

杨儒宾：《注〈庄〉的另一个故事——郭象与成玄英的论述》，收入郑志明主编：《道教文化的精华》（嘉义：南华大学宗教文化研究中心，2000）。

杨儒宾：《浑沌与太极》，《中国文化》，第32期，秋季号（2010年10月）。

杨儒宾：《格物与豁然贯通——朱子〈格物补传〉的诠释问

题》，收入锺彩钧编：《朱子学的开展·学术篇》（台北：汉学研究中心，2002）。

杨儒宾：《道与玄牝》，《台湾哲学研究》，第 2 期（1999 年 3 月）。

杨儒宾：《儒门别传——明末清初〈庄〉、〈易〉同流的思想史意义》，锺彩钧、杨晋龙主编：《明清文学与思想中之主体意识与社会·学术思想篇》（台北："中央研究院"中国文哲研究所，2004）。

何幼琦：《海经新探》，中国山海经学术讨论会编辑：《山海经新探》（成都：四川社科院出版社，1986）。

沈清松：《庄子的语言哲学初考》，收入《台湾大学创校四十周年国际中国哲学研讨会论文集》（台北：台湾大学，1985）。

张光直：《早商、夏和商的起源问题》，田昌五编：《华夏文明·第一集》（北京：北京大学出版社，1987）。

张亨：《从"知之濠上"到"无心外之物"》，收入《思文之际论集——儒道思想的现代诠释》（北京：新星出版社，2006）。

张亨：《庄子哲学与神话思想》，《思文之际论集》（台北：允晨出版社，1997）。

张岱年：《论庄子》，《燕园问学集》，1984。

陈梦家：《土地诸祇》，《殷虚卜辞综述》（北京：中华书局，1988）。

陈寅恪：《天师道与滨海地域之关系》，《陈寅恪先生全集》（台北：九思出版社，1977）。

罗梦册：《说浑沌与诸子经传之言大象》（上、下），《东方研究》卷9，1、2期，1971。

金景芳：《商文化起源于我国北方说》，《古史论集》（济南：齐鲁书社，1982）。

周春塘：《海德格与庄子——一个超越文化的哲学问题》，《王叔岷先生学术成就与薪传研讨会论文集》（台北：台湾大学，2001）。

郑文光：《试论浑天说》，收入《中国天文学史文集》（北京：科学出版社，1978）。

郑良树：《〈列子〉真伪考述评》，《中国文哲研究通讯》第10卷，第4期（2000年12月）。

胡万川：《失乐园——乐园神话探讨之一》，《中国神话与传说学术研讨会论文集》（台北：汉学研究中心，1995）。

胡厚宣：《甲骨文中殷商崇拜鸟图腾的遗迹》，《历史论证》，第1辑，1965。

胡厚宣：《甲骨文四方风名考证》，《甲骨学商史论丛·初集·上》（台北：台湾大通书局，1972）。

胡适：《尔汝篇》，《胡适文存》卷2，收入季羡林主编：《胡适全集》（合肥：安徽教育出版社，2003），册1。

胡适：《说儒》，《胡适作品集》（台北：远流出版社，1986），册15。

饶宗颐:《四方风新义》,《中山大学学报》,第 4 期(1988)。

饶宗颐:《论释氏之昆仑说》,《大陆杂志》46 卷,4 期,1973。

施益坚:《何谓"实践诠释学"?——从海德格早期的弗莱堡讲稿(1919—1923)说起》,收入李明辉、邱黄海主编:《理解、诠释与儒家传统:比较观点》(台北:"中央研究院"中国文哲研究所,2010)。

顾颉刚:《〈庄子〉和〈楚辞〉中昆仑和蓬莱两个神话系统的融合》,《中华文史论丛》,1979,第 2 辑。

钱新祖:《佛道的语言观与矛盾语》,《出入异文化》(新竹:张天然出版社,1997)。

徐中舒、唐嘉弘:《山海经和黄帝》,中国山海经学术讨论会编辑:《山海经新探》(成都:四川社科院出版社,1986)。

徐圣心:《"庄子尊孔论"系谱综述——庄学史上的另类理解与阅读》,《台大中文学报》第 17 卷(2002 年 12 月)。

徐振韬:《从帛书〈五星占〉看先秦浑仪的创制》,收入《中国天文学史文集》(北京:科学出版社,1978)。

奚密:《解结构之道:德希达与庄子比较研究》,收入郑树森编:《现象学与文学批评》(台北:东大图书公司,1984)。

高天恩:《追索西洋文明里的神秘主义》,收入《当代》,36 期(1989 年 4 月)。

郭沫若:《屈原简述》,《郭沫若古典文学论文集》(上海:上海古籍出版社,1985)。

唐君毅:《庄子的变化的形而上学与黑格尔的变化的形而上学

之比较》，收入《中西比较哲学论文集》（台北：宗青出版社，1978）。

黄冠云：《"流体"、"流形"与早期儒家思想的一个转折》，《简帛》（上海：上海古籍出版社，2011），第6辑。

梅广：《"内圣外王"考略》，台湾《清华学报》41卷，4期（2011年12月）。

曹大林：《略论反对绝对主义的庄学认识论》，《吉林大学学报》，第2期（1982）。

彭国翔：《多元宗教参与中的儒家认同——以王龙溪的三教观与自我认同为例》，收入《儒家传统——宗教与人文主义之间》（北京：北京大学出版社，2007）。

彭毅：《〈楚辞·远游〉溯源——中国古代文学里游仙思想的形成》，《楚辞诠微集》（台北：台湾学生书局，1999）。

董楚平：《〈国语〉防风氏笺证》，《历史研究》，1993年，第5期。

傅伟勋：《老庄、郭象与禅宗——禅道哲理连贯性的诠释学试探》，收入《从西方哲学到禅佛教》（台北：东大图书公司，1986）。

傅斯年：《夷夏东西说》，《傅斯年全集》（台北：联经出版公司，1980），册3。

傅斯年：《周东封与殷遗民》，《傅斯年全集》（台北：联经出版公司，1980），册3。

曾俊华：《运动的神秘经验研究》（台湾师范大学体育研究所硕

士论文，1990）。

谢明良：《记一件汉代青釉壶上的"升天图"》，《历史博物馆馆刊：历史文物》第6卷，第1期（1996年2月）。

蒙文通：《晚周仙道分三派考》，原刊《图书集刊》，第8期（成都，1948）。后收入《古学甄微》（成都：巴蜀出版社，1978）。

廖炳惠：《洞见与不见——晚近文评对庄子的新读法》，收入《解构批评论集》（台北：东大图书公司，1985）。

颜昆阳：《从庄子"鱼乐"论道家"物我合一"的艺术境界及其所关涉诸问题》，《中外文学》第16卷，第7期（1987年12月）。

戴君仁：《鱼乐解》，收入《梅园论学续集》（台北：艺文印书馆，1974）。

【西文研究或译著类】

A. 专书

A. C. Graham, *Chuang-tzu: The Seven Inner Chapters and Other Writings from the Book Chuang-tzu* (London: George Allen & Unwin, 1981)。

A. Huxley, *The Perennial Philosophy* (New York: Harper & Row, 1970)。

B. Schwartz（史华兹），*The World of Thought in Ancient*

China (Cambridge, Mass.: Belknap Press of Harvard University Press, 1985)。

Christoph Menke, *Force: A Fundamental Concept of Aesthetic Anthropology* (New York: Fordham University Press, 2013)。

C. Jung, R. F. C. Hull trans. *Psychology and the East* (Princeton: Princeton University Press, 1978)。

F. C. Copleston, *Religion and the One: Philosophies East and West* (London: Continuum International Publishing Group Ltd., 2003)。

Heinrich Zimmer, *Philosophies of India* (Princeton: Princeton University Press, 1974)。

J. F. Donceel, *Philosophical Anthropology* (New York: Sheed & Ward, Inc., 1967)。

Kuang-Ming Wu, *Chuang Tzu: World Philosopher at Play* (New York: Crossroad/chico, 1982)。

Ludwig Wittgenstein, *Philosophical Investigation* (New York: Macmillan, 1953)。

Martin Heidegger, *Being and Time* (Malden: Blackwell Publishing Ltd., 1962)。

M. Eliade, *From Medicine Men to Muhammad* (New York: Harper & Row, 1974)。

M. Eliade, *Patterns in Comparative Religions* (New

York: The New American Library, 1974)。

M. Eliade, *Shamanism* (Princeton: Princeton University Press, 1974)。

Merleau-Ponty, *Phenomenology of Perception*, C. Smith trans. (London: Routledge & Kegan Paul, 1976)。

M. Polanyi, *Personal Knowledge* (Chicago: The University of Chicago Press, 1962)。

Norman J. Girardot, *Myth and Meaning in Early Taoism* (Berkeley, Calif: University of California Press, 1983)。

R. M. Bucke, *Cosmic Consciousness* (New York: E. P. Dutton and Co Inc, 1956)。

R. Otto, *Mysticism East and West* (New York: Macmillan Company, 1932)。

W. James, *Varieties of Religious Experience* (New York: Modern Library, 1936)。

W. T. Stace, *Mysticism and Philosophy* (London: Macmillan, 1973)。

E. Herrigel 著，顾法严译:《射艺中的禅》（台北: 慧炬出版社, 1979）。

L. Dupre 著，傅佩荣译:《人的宗教向度》（台北: 幼狮出版社, 1986）。

M. Lurker, 林捷译:《鹫と蛇》（东京: 法政大学出版局, 1996）。

M. Lurker 著，竹内章译：《象征としての圆》（东京：法政大学出版局，1991）。

M. Polanyi 著，彭淮栋译：《意义》（台北：联经出版公司，1984）。

冈特·绍伊博尔著，宋祖良译：《海德格尔分析新时代的技术》（北京：中国社会科学出版社，1998）。

巴舍拉（Gaston Bachelard）著，刘自强译：《梦想的诗学》（北京：三联书店，1996）。

巴舍拉（Gaston Bachelard）著，龚卓军、王静慧译：《空间诗学》（台北：张老师月刊出版社，2003）。

卡西尔（Ernst Cassirer）著，于晓等译：《语言与神话》（北京：三联书店，1988）。

卡西尔（Ernst Cassirer）著，刘述先译：《论人——人类文化哲学导引》（台中：东海大学出版社，1959）。

卡西尔（Ernst Cassirer）著，黄龙保等译：《神话思维》（北京：中国社会科学出版社，1992）。

尼采（F.W.Nietzsche）著，林建国译：《查拉图斯特拉如是说》（台北：远流出版社，1989）。

弗雷泽著，汪培基译：《金枝》（台北：桂冠图书公司，1991）。

毕来德：《庄子四讲》（台北：联经出版公司，2011）。

耶律亚德（M.Eliade），杨素娥译：《圣与俗》（台北：桂冠图书公司，2000）。

耶律亚德（M.Eliade）著，杨儒宾译：《宇宙与历史——永恒回归的神话》(台北：联经出版公司，2000)。

罗杰福勒编：《现代西方文学批评术语辞典》(沈阳：春风文艺出版社，1988)。

波兰尼著，许泽民译：《个人知识：迈向后批判哲学》(贵阳：贵州人民出版社，2000)。

荣格 (C.G.Jung) 著，刘国彬、杨德友译：《荣格自传：回忆、梦、省思》(台北：张老师文化出版社，1997)。

威廉·詹姆士 (Willam James) 著，蔡怡佳、刘宏信译：《宗教经验之种种》(台北：立绪出版社，2001)。

洪堡特著，姚小平译：《论人类语言结构的差异及其对人类精神发展的影响》(北京：商务印书馆，1997)。

埃利希·诺伊曼 (Erich Neumann) 著，李以洪译：《大母神》(北京：东方出版社，1998)。

海森堡 (Werner Heisenberg) 著，刘君灿译：《物理学家的自然观》(台北：云天图书有限公司，1970)。

海德格著，陈嘉映、王庆节合译：《存有与时间》(北京：三联书局，1987)。

理查·罗蒂 (Richard Rorty) 著，李幼蒸译：《哲学和自然之镜》(北京：三联书店，1987)。

康德著，邓晓芒译：《实用人类学》(重庆：重庆出版社，1987)。

黑格尔著，贺麟、王太庆译：《哲学史演讲录》(北京：商务印书馆，1983)。

B. 论文

E. Neumann, *Mystical Man*, in J-Campbell ed., Mystical Vision (Princeton: Princeton University Press, 1982)。

G. Frege, *On Sense and Reference*, M. Black trans., in Translations from the philosophical writings of Gottlob Frege。

N. Girardot, *Part of the Way: Four Studies on Taoism*, History of Religion II, 1972。

N. Sivin, *On the Word "Taoist" as a Source of Perplexity*, History of Religion, 1978。

Victor H. Mair（梅维恒），"Southern Bottler-Gourd Myths in China and Their Appropriation by Taoism,"《中国神话与传说学术研讨会论文集》，册上。

マスペロ（H. Maspero, 马伯乐）：《先秦时代の支那に於ける西方文明の影响》，《史学杂志》，40篇，8号，1929。

大桥良介："Self and Person in Non-anthropological View"，发表于2013年11月29日台北台湾大学人文社会高等研究院举办之"东亚视域中的'自我'与'个人'国际学术研讨会"。

冯耀明："Skill and Dao in the Zhuangzi with Special Reference to the Third Chapter on Nourishing Life"，2014年4月16日于台湾清大哲学所演讲稿。

毕来德（Jean François Billeter）著，宋刚译：《庄子九札》，《中国文哲研究通讯》第 22 卷，第 3 期（2012 年 9 月）。

杰克·波德著，程蔷译：《中国的古代神话》，收入中国民间文艺研究会上海分会编：《民间文艺集刊》，第 2 集（1982）。

高本汉（Bernhard Karlgren）：《左传真伪考及其他》，收入陈新雄、于大成编：《左传论文集》（台北：木铎出版社，1976）。

海德格：《世界图像的时代》，收入孙周兴选编：《海德格尔选集》（上海：生活·读书·新知三联书店，1996）。

海德格：《技术的追问》，收入孙周兴选编：《海德格尔选集》（上海：生活·读书·新知三联书店，1996）。

海德格：《现代科学、形而上学和数学》，收入孙周兴选编：《海德格尔选集》（上海：生活·读书·新知三联书店，1996）。

海德格：《科学与沉思》，收入孙周兴选编：《海德格尔选集》（上海：生活·读书·新知三联书店，1996）。

海德格著，李小兵、刘小枫译：《什么召唤思》，收入孙周兴选编：《海德格尔选集》（上海：生活·读书·新知三联书店，1996）。

康德谟：《法国两位先哲对于中国道家的看法》，《中国学志》，5，1969。

人名索引

一、中文人名索引

二画

丁山　84, 101, 144, 311

三画

于大成　11
工倕　117, 226, 248, 270, 306, 307, 344-346, 349, 466, 467, 523
大桥良介　220, 379, 391
小川琢治　76, 84, 145, 281
小南一郎　384
小野泽精一　241
山田庆儿　111, 160, 162, 193
子思　30, 141, 142, 157, 158, 168, 202
子桑户　102, 103, 132, 135-137, 149, 150, 153, 315, 384
子游　132-134, 182
女娲　81, 305, 361, 436

四画

王夫之　5（序言）, 12, 16, 21, 24, 31, 43, 52, 87, 88, 124, 126, 129, 130, 139, 164, 165, 167, 170, 171, 173, 174, 200, 201, 203, 205, 208, 234, 245, 256, 260, 274, 291, 293-295, 300, 301, 321, 328, 365, 408, 435, 436, 438, 465, 467, 468, 478-480, 486-489, 493
王世襄　114
王先谦　246, 258, 301, 302
王庆节　141, 204
王守仁（王阳明）　17, 127, 139, 365, 380, 385, 421, 422, 438, 473, 529
王叔岷　9, 13, 14, 23, 53, 57,

61-63, 131, 145, 150, 246, 247, 250, 252, 260, 277, 292, 361, 377
王献唐　74, 76
少昊　73, 75, 112, 148, 287
中村雄二郎　509, 510
长桑公子　111-113, 117, 118, 430
长桑君　109, 111, 112
方万全　379
方以智　5（序言）, 21, 52, 100, 124-126, 128-130, 139, 157, 158, 164, 165, 168-172, 174, 200, 201, 274, 328, 365, 408, 436-438, 460, 468, 478-480, 487-489, 493
方东美　301
孔子　5（序言）, 1, 21, 29-31, 34, 35, 38, 39, 51, 52, 54, 63, 65, 72, 77, 98, 103, 105, 106, 122, 126, 130-144, 148-153, 155-157, 171, 173, 174, 184, 267, 269, 331, 332, 358, 359, 375, 379, 387, 400, 431, 472, 476, 483, 484, 488, 502

五画

石兴邦　96

龙树　392, 417, 491
卡西勒（卡西尔）　2（大陆版前言）, 275, 285, 461, 463
叶维廉　243, 274, 475, 490
叶舒宪　32, 100, 267
史华兹　43, 516
白鸟库吉　112
印顺　254
冯友兰　2, 22, 43, 151, 421, 450
冯耀明　339, 379
司马迁　2（序言）, 3（序言）, 6, 56, 111, 258, 263, 264, 270, 329, 432, 485
尼采　3, 304, 419, 421, 428

六画

老子（老聃）　5（序言）, 1, 4, 5, 20, 23-27, 29, 30, 38, 39, 44, 50, 51, 54, 56, 57, 63, 81, 87, 105, 126, 128, 132, 133, 138, 150, 152, 162, 163, 165, 172, 174, 179, 184, 186, 199, 203-205, 208, 209, 227, 231, 244, 247, 248, 252, 258, 267-270, 278, 291, 294, 303, 305, 308, 322, 327, 335, 356, 364, 375, 377, 387, 398, 399, 434-437, 439, 440, 442, 455, 458, 472-474, 478, 481, 483,

484, 486, 495, 507, 536
列子（列御寇） 92, 216, 228, 317, 346, 348, 351, 356, 358, 363, 369, 381, 481, 495, 508, 511, 512, 514, 523
列维那斯 386
成玄英 2（序言）, 5, 69, 71, 73, 79, 81, 98, 111, 112, 119, 134, 140, 163, 164, 178, 179, 242, 249, 260, 264, 277, 297, 301, 393, 405, 430, 471, 472, 486, 498, 499
毕来德 176, 180, 192, 452, 491
朱光潜 138, 390, 391
朱利安（于连） 176, 491
朱晓海 105
朱得之 10
朱熹（朱子） 17, 56, 127, 128, 133, 135, 158, 159, 290, 365, 412, 421, 424, 446, 468, 505
任公子 70-72, 77, 145, 282
刘士林 248
刘义庆 389
刘文典 382
刘尧汉 251
刘师培 55, 123
刘向 6, 9, 12, 19
刘武 252, 301, 302, 514, 532

刘荣贤 131
刘笑敢 6（序言）, 11, 12, 14, 16, 17, 120, 131, 156, 280, 466
刘敦愿 113
关尹 23-27, 29, 172, 291, 435, 481, 523, 524
关特 42
江绍原 151, 378
孙作云 103, 105, 121, 299
孙诒让 101, 107, 108
牟宗三 1（大陆版前言）, 9（序言）, 178, 188, 261, 365, 379, 413, 421, 422, 425, 427, 449, 456, 460

七画

坂出祥伸 90
严灵峰 11
严复 490, 492
劳思光 511
苏轼（苏东坡） 10, 125, 126, 129, 274, 357, 488
苏雪林 84, 89
杜维明 330, 379, 380, 441
李民 113
李时珍 114, 115
李明辉 380, 456
李泽厚 490
李学勤 96, 287, 310
李普斯 390

李零　90
杨向奎　77
杨伯峻　11, 76, 250, 337, 364, 507, 508
何乏笔　457
伯子高　81, 82, 134
佛尔斯脱　59
余英时　401
岛田虔次　448
沈一贯　508, 512, 524, 530
沈约　74
张光直　59, 96, 109, 121-123
张亨　68, 219, 388
张祥龙　395
张湛　508, 514, 517, 518
张默生　11, 12, 16, 245, 260
陆西星　2（序言）, 155, 178, 242, 326-328, 471, 486, 492, 504, 505, 512, 513, 524, 531, 536
陆德明　8, 9, 61
陈鼓应　4, 231, 362
陈新雄　11

八画

耶律亚德　2（大陆版前言）, 7, 32, 37, 59, 80, 94, 95, 109, 213, 310
林语堂　375
欧阳修　385
叔本华　3, 203, 419-421, 428

罗蒂　462
和辻哲郎　151
季咸　44, 61, 132, 188, 189, 253, 307, 381-384, 423
金景芳　121
周法高　74
周春塘　395
周策纵　59, 90, 194
庖丁　35, 132, 192, 205, 222, 226, 231, 242, 338-340, 349-351, 354, 357, 360, 363, 407-411, 423, 467, 522-525
波兰尼（博兰尼）　45, 341, 350, 354, 410, 428
孟子　5（序言）, 19, 29-31, 80, 124, 129, 135, 188, 196, 202, 217, 272, 320, 323, 345, 365, 377, 390, 406, 434, 472, 483, 518, 539
孟柯　419, 423, 428, 491

九画

荀子　5（序言）, 30, 31, 52, 109, 262, 289, 290, 301, 320, 412, 443, 449-454, 462
荣格　229, 285, 411, 538
胡厚宣　101, 310
胡适　10, 11, 105, 142, 151, 231, 493
柏拉图　3, 491

柏格森　138, 419-422, 427
饶宗颐　84, 310, 312
施益坚　456
闻一多　58, 81, 106, 119, 123, 150, 251, 274, 307, 464
洪堡特　266, 275, 276, 463-465

十画

泰氏　396-399, 404
袁珂　69, 70, 75, 79, 80, 100, 112, 134, 144, 149, 212, 281, 306, 313-315, 377
壶子　44, 132, 188, 189, 250, 253, 270, 307, 308, 381-384, 423
索予明　116
钱锺书　254
钱穆　13, 18, 140, 151, 167, 220, 270, 477
倪梁康　375
徐圣心　126, 274, 431
徐复观　274, 490
奚密　237
高本汉　10, 11
郭庆藩　35, 56, 87, 119, 134, 140, 252, 294, 332, 393, 397, 472
郭沫若　151, 289
郭象　2（序言）, 2, 14, 17, 22, 56, 61, 64, 66, 67, 69-71, 126, 134, 155, 163, 164, 179, 180, 208, 215, 243, 246, 249, 301, 325, 472, 477, 488, 524
郭璞　78, 80, 81, 99, 112, 134, 229, 253, 286, 315
唐君毅　1（大陆版前言）, 444, 488, 498, 504, 528
海德格　141, 217, 218, 225, 227, 241, 344, 370-372, 374, 395, 409, 430, 451, 455, 456, 458, 464, 467, 468, 520, 534
容成氏　87, 234, 291, 294, 300

十一画

黄宗羲　159, 185, 459
黄帝　65, 69, 73, 79-82, 87, 93, 96, 148, 150, 152, 212, 237, 258, 265, 294, 320, 321, 335, 356, 376-378, 495
黄冠云　207, 394
梅广　21, 55
梅维恒　384
梅洛庞帝　41, 42, 197, 323, 380, 410, 510, 514
龚自珍　91
康德　138, 186, 206, 256, 382, 392, 503
鸿蒙　118-120, 146, 210, 282, 288, 397-399

梁漱溟　419, 420, 422

十二画

彭毅　123

董楚平　74, 76, 77

惠施（惠子）　23, 110, 132, 140, 203, 211, 217, 218, 239, 251, 261, 289, 307, 336, 387-389, 391, 394, 395, 450, 483, 484

黑格尔　17, 26-28, 40, 50, 172, 176, 188, 204, 218, 225, 243, 439, 440, 445, 528

傅伟勋　488

傅斯年　120, 121, 142-144, 148

奥图　243

御手洗胜　84, 103

道盛　5（序言）, 17, 52, 124, 126, 128-130, 139, 149, 173, 328, 460, 489

谢选骏　122

十三画

蒲衣子　106, 397

蒙文通　501

楠本正继　448

意而子　98, 104, 106, 132, 149, 150, 315

慎到　23, 24, 27, 203, 205, 227, 435, 440, 539

福永光司　119, 249, 252, 362, 496

十四画

赫拉克里特　26, 207

僧肇　3, 378, 414-418, 422, 498

廖平　68

廖炳惠　237

熊十力　9（序言）, 20, 21, 129, 419, 422, 477, 489, 528

十五画

颛顼　91, 93, 122

颜昆阳　388

憨山　163, 164, 178, 184, 186, 414, 415, 471, 511, 513, 536

十八画

藤原岩友　290

二、西文人名索引

B

Bachelard, G.　213, 229
Bergson, H.　419
Billeter, J. F.　176, 180, 491
Bucke, R. M.　500, 529

C

Cassirer, E.　2（大陆版前言）,
　　461, 463
Copleston, F. C.　20

D

Donceel, J. F.　510
Dupre, L.　500

E

Eliade, M.　2（大陆版前言）,
　　7, 32, 37, 59, 65, 80, 91,
　　94, 213, 310, 381

F

Fichte, J. G.　196
Frege, G.　505
Furst, P. T.　59

G

Girardot, N. J.　253, 257, 496
Graham, A. C.　239

H

Hegel, G. W. F.　176
Heidegger, M.　217, 455, 520
Heisenberg, W.　332
Heraclitus　26, 207
Herder, J. G.　462, 510
Herrigel, E.　347, 348, 352, 527
Humboldt, W. F.　266, 462, 463
Huxley, A.　499

J

James, W.　239, 500
Jung, K.　285, 538

K

Kant, I.　186
Kuang-Ming, Wu　247
Kwant, R. C.　42

L

Lévinas, E.　386
Lipps, T.　390
Lurker, M.　104, 254

M

Mair, V. H.　384
Menke, C.　419, 491
Merleau-Ponty　197, 510

N

Neumann, E. 304, 529
Nicolaus Cusands 271
Nietzsche, F. W. 304

O

Otto, O. 25, 243

P

Polanyi, M. 341, 342, 410

R

Rorty, R. 462

Rousseau, J. J. 333

S

Schwartz, B. 43, 516
Sivin, N. 496
Stace, W. T. 500, 501

W

Wittgenstein, L. 264

Z

Zimmer, H. 536

名词索引

一画

一归何处 26, 27

二画

十四难 392

人文精神 2（大陆版前言），5（序言），8, 39, 52-54, 408, 431, 433, 443, 444, 448, 454-456, 459, 460, 466, 469-471, 473-480, 488, 492

力量 47, 48, 93, 187, 230, 276, 288, 314, 354, 365, 366, 384, 418, 419, 421, 423, 425, 428, 429, 461, 474, 479

三画

三教 125, 126, 174, 178, 184, 334, 422, 425, 478, 490

工夫（工夫论） 1（大陆版前言），2（大陆版前言），2（序言），3（序言），24-26, 28, 38, 43, 118, 154, 155, 158, 164, 178, 185, 186, 199, 215, 224, 225, 230, 239, 241, 324, 327, 335, 339, 356, 361, 364, 365, 367, 378, 379, 396, 399, 407, 418, 424-427, 438, 440, 452, 453, 456, 471, 477, 482, 488, 495, 501, 505, 510, 511, 514, 518, 520, 526, 538-540

大母神 39, 50, 304, 345, 436, 437, 478

大知 401, 402, 404, 412, 524

大鹏 70, 86, 98, 104, 106, 108, 150, 212, 252, 286, 315, 316

大壑 47, 73-75, 101, 108, 120, 145-147, 149, 282, 283, 286-288, 293, 296, 297, 311

上池之水 111, 112

山海经 9, 33, 59, 61-64, 68, 70-75, 77-80, 82-86, 96, 99, 101, 106, 112, 116, 117, 123, 134, 144, 145, 212, 253, 266, 281, 282, 284, 286, 287, 291, 295, 303, 306, 310, 313-316, 377

个体 43, 47, 100, 181, 187, 192-194, 206-208, 211, 221, 239-241, 289, 320, 327, 349, 350, 354, 394, 436, 441, 465, 485, 498, 528-532, 534, 536, 537, 539

四画

天门 298, 299

天文 58, 62, 64, 65, 67, 86, 88-91, 96, 110, 199, 235, 256, 257, 289-293, 295, 299, 450, 451

天生人成 449, 453

天民 400-404, 423, 424

天均（天钧） 2（大陆版前言）, 4（序言）, 5（序言）, 9（序言）, 31, 40, 87, 117, 167, 168, 170, 189, 193, 196, 198-200, 202, 207, 228, 230, 234, 249, 253-255, 271, 299-303, 306, 396, 402, 403, 435-438, 479, 485, 487, 493

天府 199, 298, 299

天学 68

天倪 87, 101, 132, 138, 199, 245, 246, 248, 249, 254-256, 260, 271, 299, 302, 303, 464

天理 206, 223, 225, 226, 231, 338, 355-357, 373, 394, 409, 458, 522

天游 211, 216, 220, 225, 232, 403, 404, 424, 440, 473

无为 34, 185, 209, 267, 301, 303, 354, 422, 452, 495, 497, 532

无世界论 204

无用 251, 263, 400, 401, 513

无妄 170, 397, 398

无言 2（序言）, 51, 235, 237-240, 242-244, 259, 269, 273, 277, 386, 464, 470, 472, 475

无知之知 219, 242, 367, 373, 375, 378-381, 384-386, 392, 393, 396, 398, 400, 403, 406, 410-413, 415, 418, 419, 421-428, 492, 498

无神论 204

无射之射 347, 348, 526-528

支离 48, 247, 248, 264, 323, 379,

485-487

不死　76, 79, 123, 128, 146, 222, 239, 325, 535, 536, 539

不惧水火　93-95, 482

太一　20-23, 25, 26, 56, 57, 209, 249, 296-298, 397, 434, 435, 473, 485, 536

太冲　250, 307, 340, 382, 383, 423, 516

太极　32, 81, 158-161, 166, 234, 448, 456, 470

太初本体论（太初存有论）　7, 19, 37, 39, 49, 50

历物　110, 203

中央　33, 38, 60, 79, 83, 85, 87, 110, 253, 254, 261, 267, 283, 297

见独　38, 155, 179, 239, 243, 244, 311, 325, 378, 425, 435, 440, 503, 535, 540

气化（气化主体）　1（大陆版前言），2（大陆版前言），2（序言），4（序言），5（序言），28, 31, 39-41, 42-48, 51, 54, 99, 103, 106, 107, 147, 154, 155, 158, 161, 179-181, 191-194, 197, 199, 200, 205-208, 210, 216, 221, 224, 226, 228, 230, 233, 240-243, 261, 273, 276, 279, 300, 320-324, 326-328, 360, 365, 383, 394, 399, 411, 415, 423, 424, 426-428, 435-438, 440-442, 447, 451, 452, 454-460, 468-470, 473, 474, 478, 487, 493, 510-512, 514, 519, 525, 529, 534, 537, 539

气论　42, 43, 45, 54, 153, 179, 181, 200, 241, 326, 365

气学　42, 179-181, 183, 199, 224

升天　67, 86, 92-97, 103, 109, 213, 214, 228, 299, 317, 381, 482, 532

长桑　109, 111-113, 117, 118, 430

风化　99, 100, 105-107, 149, 315

句芒　74, 75, 101, 146, 149, 311, 315

凤凰　97, 103-108, 150, 151, 282, 286, 316

文　4（序言），5（序言），21, 28, 41, 46, 47, 49, 53, 54, 64, 148, 150, 158, 195, 203, 231, 350, 365, 386, 408, 429, 432, 433, 443-450, 453, 455, 456, 459-461, 467, 468, 470, 471, 473-477, 480, 487, 488

方外　129, 135, 144, 401, 402,

425, 471
认知我 511
心气 40, 44, 45, 181, 183, 189, 192-194, 197, 216, 308, 346, 365, 380, 440, 515, 520, 521, 523, 529, 539
心术 519, 529
心斋 38, 44, 118, 133, 137, 153-155, 158, 179, 196-198, 209, 224, 239, 316, 324, 378, 425, 426, 440, 502, 503, 506, 507, 513
以天合天 225, 354-358, 373, 441, 526

五画

世界公民 401, 492, 494
古之道术 24, 26, 28, 29, 39, 50, 172
本来性 185, 334
本体宇宙论 28, 43, 161, 197, 199, 365, 447, 456
东海 69, 71, 73, 75-78, 84, 85, 98, 108, 109, 118-120, 136, 144-147, 149, 151, 212, 282-284, 286, 287, 311, 314, 387, 399
归墟 73, 75, 76, 84, 109, 119, 146, 199, 282-284, 287, 297, 298, 311, 314, 318, 319, 437

冉相 87, 234, 250, 253, 255, 294-296
四门示相 188, 250, 270, 308, 381, 384, 423, 424
四方风 74, 104, 146, 310-313, 318
四象 159, 160, 311-313
生之冲力 419-422
白鵙 98-101, 103-107, 149, 315
他心通 381, 383, 384, 386
卮言 5（序言）, 46, 54, 88, 136, 137, 234-236, 245-248, 253, 255-266, 271-273, 275-277, 280, 311, 319, 323, 324, 326, 336, 367, 441, 464-466
鸟 60, 63, 66, 68-70, 72, 74, 80, 96-109, 112, 118, 148-151, 210, 211, 214, 228, 282, 286, 288, 303, 313, 315, 316, 337, 377, 389-391, 533
主体 1（大陆版前言）, 2（大陆版前言）, 4（序言）, 5（序言）, 9（序言）, 8, 23, 24, 27-29, 34, 35, 38, 40-47, 53, 54, 60, 104, 123, 124, 141, 154, 158, 170, 176-181, 183, 184, 186-201, 203-211, 214-216, 218-230, 233, 239, 242, 243,

266, 267, 274, 275, 306, 323, 324, 327, 330, 335, 336, 340, 342-344, 346, 347, 349-352, 354-356, 358, 360, 365, 368-373, 381, 383, 391, 394, 395, 398, 400, 401, 404-406, 408-411, 418, 425-429, 435, 437, 438, 440, 441, 444, 445, 448, 451, 453-455, 457, 458, 460, 462, 464, 466-470, 487, 490, 492, 493, 519, 522, 523, 525, 526

主体范式　7, 8, 425, 484, 491

玄鸟　98-100, 103

玄珠　80, 377, 378

永恒　28, 31, 40, 85, 161, 243, 255, 256, 270, 275, 279, 286, 291, 337, 365, 415, 436, 441, 471, 493, 499, 500, 536

出神之技（出窍之技）　95, 213

圣显　310

对象　47, 166, 183, 197, 200, 209, 214, 217, 219, 223, 224, 240-243, 261, 324, 330, 340, 349, 350, 352, 355, 358, 368, 372-374, 391, 402, 403, 410, 411, 416, 420, 439-441, 457, 461, 493, 497, 509, 523, 525, 526, 532

六画

机心　34, 303, 331-333, 358, 368, 470

有（存有）　4（序言）, 5（序言）, 20, 24-26, 37, 147, 163, 165, 169, 193, 197, 198, 202, 203, 205, 208, 215, 217, 225, 227, 276, 286, 287, 298, 299, 371, 377, 409, 413, 426, 435, 439, 442, 449, 455-458, 460, 462-466, 469, 484, 486, 520, 535

至人　21, 22, 29, 86, 92, 93, 95, 96, 100, 103, 104, 163, 164, 173, 186, 214, 228-230, 251, 252, 255, 257, 259, 260, 282, 317, 319, 325, 346, 362, 363, 367, 396, 398, 399, 403-405, 482, 523, 530, 531

此在　60, 217, 241, 374, 455, 456, 520

同一　40, 178, 180, 204, 359, 409, 439, 468, 469, 471-474, 476, 498

自由　17, 27, 91, 97, 104, 138, 145, 176, 183, 211, 212,

214, 225, 231, 232, 249, 278, 304, 359, 401, 403, 405, 411, 431, 482, 485, 489, 490, 492

自然　4（序言），20, 21, 42, 45-47, 60, 101, 106, 108, 122, 128, 159, 160, 163, 170, 175, 186, 193, 195, 196, 199, 200, 214, 217, 220-223, 227, 231-233, 243, 256, 272, 279, 290, 301, 302, 309-311, 319, 323-327, 334, 338, 359, 364, 386, 390, 391, 398, 403, 421, 429, 431, 447, 449-454, 456-458, 477, 488, 526, 532

自然主义　43, 170, 365

全心　515, 519-521

创化　28, 31, 40, 43, 46, 48-51, 53, 147, 162, 174, 199, 327, 432, 441, 442, 456, 458, 469, 475, 476, 486-488

创世　31-33, 36, 37, 267, 303, 305, 436

名教　334, 431, 477, 488

色听　512

齐物　3, 75, 86, 92, 100, 101, 106, 117, 132-134, 138, 146, 149, 163, 164, 166-169, 187, 188, 201, 202, 236, 237, 239, 244, 246, 248, 249, 260, 265, 271, 277, 282, 295-299, 301, 302, 316, 335, 336, 397, 411, 464, 472, 475, 485, 490, 498, 500, 503, 524, 529, 533

汤谷　75, 79, 84, 109, 146, 282, 284, 286, 287

宇宙山　32, 79, 80, 84, 85, 95

宇宙性　40, 94, 209, 214, 220, 222, 233, 283, 286-288, 312, 451, 452, 457

宇宙轴　9（序言），60, 83, 143, 286, 287, 293, 319, 470, 482

七画

玛那　316

形气主体　4（序言），5（序言），9（序言），7, 39-45, 47-50, 54, 181, 183, 189-195, 197, 215, 216, 226, 228, 231, 233, 236, 266, 273, 276, 323, 346, 347, 350, 354, 357, 360, 366, 369, 372, 373, 394, 395, 400, 411, 412, 418, 424-429, 440, 441, 453, 454, 469, 470, 487, 492, 493

名词索引 / 581

形气神 1（大陆版前言），2（大陆版前言），4（序言），48，184, 193, 194, 216, 217, 272, 323, 325, 327, 350, 362, 409, 410

扶桑 75, 112, 119, 136, 146-148, 282, 284-287

技艺 2（大陆版前言），4（序言），41, 46, 48, 51, 59, 190-192, 222, 224, 225, 231, 238, 242, 273, 306, 323, 324, 329-331, 333, 334, 337, 338, 340-343, 346-350, 352-370, 372-374, 379, 404-411, 423, 424, 428, 441, 442, 452, 455, 456, 460, 466-470, 479, 492, 522, 523, 525, 526

技术 3, 90, 304, 329, 332, 339, 345, 354, 370-372, 408, 453, 469, 491, 522, 523, 527

杜德机 45, 381

巫 55, 56, 58-62, 65-68, 88-91, 94-97, 109-111, 113, 120-123, 188, 189, 193, 194, 214, 221, 228, 253, 262, 307, 317, 380, 381, 383, 384, 403, 482-484, 486

巫风 39, 61, 111, 113, 116, 117, 122, 383

巫教 44, 60, 65, 67, 90, 111, 117, 122, 214, 228, 252, 317, 381, 383, 384, 482-484

两行 167, 273, 299

体用论 21, 162, 185, 194, 422, 434, 438, 446-448, 454, 478

体知 330, 331, 364, 366, 367, 375, 379, 380, 411, 412, 423, 424, 441

体道 18, 24, 26, 56, 212, 217, 224, 238, 245, 306, 320, 357, 365, 367, 369, 385, 396, 431, 473, 486, 496, 497, 500

身体主体 41, 42, 189-192, 197, 242, 276, 323, 324, 330, 343, 344, 349, 350, 353, 355, 428, 469

坐忘 38, 118, 132, 133, 138, 153-155, 179, 185, 224, 239, 324, 378, 383, 425, 426, 497, 503

泛神论 20, 21

宋（宋国） 1（序言），1, 7, 85, 95, 103, 113, 117, 119, 121, 136, 140-144, 147, 148, 151, 168, 221, 283,

383, 481, 482
穷桑　112, 148
灵台　306, 448, 500
灵府　153, 154, 500
即手性　344

八画

环中　87, 88, 158, 168, 169, 230, 234, 249, 250, 253-256, 261, 272, 273, 277, 294-296, 299, 302, 324, 437, 529
现实性　167, 184-186
规矩　117, 128, 248, 270, 287, 306, 344, 345, 357, 466, 523
苑风　73-75, 104, 108, 120, 146, 282, 288, 311-314
直觉　219, 220, 224, 362, 365, 379, 380, 383, 384, 393, 409, 413, 418-424, 427, 441, 452, 524, 525
昆仑　32, 78-86, 118, 265, 280, 281, 299, 399
易　6（序言）, 4, 20, 31, 52, 68, 107, 117, 152, 157-162, 171, 203, 207, 223, 249, 253, 299, 305, 315, 328, 380, 394, 398, 401, 408, 414, 447, 456, 458, 467, 468, 478, 487, 489

罔象　377, 378
物化　5（序言）, 44, 87, 117, 132, 153, 183, 200, 206-208, 210, 224, 225, 231, 248, 250, 255, 270, 294, 295, 306, 344, 345, 355, 373, 411, 437, 441, 480, 523, 525, 526, 528, 535
物自身　206, 354, 422
物学　183, 199, 201, 202, 204, 225
质　446, 447
庖丁解牛　132, 192, 205, 222, 242, 338-340, 350, 354, 357, 360, 363, 407, 408, 423, 522, 524, 525
官知止　46, 223, 226, 242, 338-340, 363, 441, 468, 522, 524, 525
空桑　112, 120, 148, 282
姑射　68, 70, 71, 75-77, 82, 86, 118, 132, 136, 145, 147, 214, 228, 281, 399, 404
经脉　40, 321, 323, 505

九画

枯木禅　24, 203, 435
相天　361
禺京（禺强、禺彊）　69, 70, 76, 77, 116, 118, 144, 212, 281, 313, 314

名词索引 / 583

贵无　165
重言　30, 82, 137, 139, 152, 245, 246, 258-261, 266, 326, 464
复性　54, 311, 320, 364
独化　2（序言）, 51, 243, 244, 302, 326, 472, 488
养生　319, 339, 358, 360-362, 364, 366, 367, 369, 406, 518, 522
美学　3（序言）, 41, 46, 51, 175, 181, 243, 274, 324, 326, 329, 357, 386, 387, 390, 403, 419, 428, 457, 479, 480, 490
浑天　87, 88, 147, 156, 171, 189, 234, 235, 256, 257, 290-296, 299-301, 306, 308, 318, 321
浑沌　28, 31-40, 46, 79, 84, 104, 132, 159, 160, 187, 219, 235, 253-255, 257, 266-268, 271, 272, 276, 285, 287, 295, 303-306, 332, 336, 337, 340, 358, 359, 402, 438, 460, 473, 476
浑圆　33, 40, 85, 87, 101, 110, 156, 168, 170, 189, 230, 235, 236, 247, 248, 251, 253-257, 264, 271, 280, 291, 294-296, 303, 305, 308, 323, 328, 359, 365, 437
觉学　457
语言　2（大陆版前言）, 3（序言）, 4（序言）, 3, 5, 13, 16, 17, 21, 25, 28, 36, 41, 42, 45, 46, 48-51, 54, 86-88, 99, 102, 118, 125, 137-139, 142, 143, 154, 156, 158, 163-165, 167, 176, 177, 179, 182, 186, 195, 215, 230, 235-238, 240, 242-249, 256-263, 265-267, 271-278, 280, 309, 314, 323-325, 327, 329, 336, 339, 344, 347, 348, 358, 365, 367, 368, 375, 378, 384, 385, 389, 395, 396, 399, 418, 441, 442, 444, 446, 447, 451, 455, 456, 460-466, 469, 470, 472-475, 480, 487, 492, 503, 512, 516, 537
神明　22-25, 27, 122, 203, 204, 244, 278, 434, 435, 437, 440, 474, 515, 536
神话　2（大陆版前言）, 7, 14, 15, 31-37, 39, 49, 50, 58, 65, 68, 69, 73-86, 91, 95-98, 100-104, 106-

108, 110, 112, 116, 118-122, 130, 132, 136, 145-151, 171, 188, 206, 211-213, 235, 251-253, 257, 266-268, 271, 280-289, 293, 296, 298, 303-305, 307, 311, 314, 316, 318, 345, 359, 377, 383, 399, 436, 447, 461, 480, 483

神欲行 46, 223, 226, 242, 338-340, 363, 441, 468, 522, 524, 525

绝对意识 53, 437-440, 455, 474

绝地天通 91, 109, 122

十画

泰山 63, 77, 83-85, 118, 143
壶 189, 307, 384
真宰 187, 500, 501
逍遥 34, 86, 108, 122, 129, 163, 179, 183, 214, 215, 217, 221, 225, 228, 230, 231, 234, 314, 403-405, 411, 476, 481, 492, 511
圆用 167, 168
圆教 167, 414, 418, 488
圆游 228, 230-233
圆照 45, 167
般若 6, 207, 378, 413-418, 422, 426, 427, 488, 498
亳 113, 141, 142
郭店 12, 157
斋戒 65, 66, 91, 185, 198, 482, 497
离朱 80, 377
海洋 73, 85, 120, 121, 144, 147, 211, 212, 282, 283
流形 207, 216, 380, 394
冥契 24-26, 39, 43, 44, 155, 178, 179, 187, 192, 204, 209, 215, 238-240, 242, 243, 364-366, 425, 426, 471, 473, 486, 487, 499-501, 529, 534, 537
谆芒 73, 74, 98, 101, 103, 108, 120, 145, 146, 149, 282, 288, 311-315, 399
陶均 31, 40, 47, 117, 147, 156, 171, 189, 193, 198, 199, 230, 235, 250, 271, 273, 299, 300, 302, 303, 305, 306, 308, 318, 326, 402, 437, 469, 470
桑扈 98, 102, 103, 149, 150

十一画

基源本体论 4（序言）, 7, 50, 54
萨满 39, 58-60, 65, 89, 91, 92, 94-97, 106, 107, 109,

名词索引 / 585

110, 120, 188, 213, 214, 317, 403

虚室　198, 311, 393, 500-502

常心　154, 178, 425, 427, 472, 500, 535-537

曼荼罗　300, 313

移情　218, 219, 390-393

第三期（第三波）　476, 477, 480, 489, 490, 493

盘古　36, 37

庸　162, 166-170, 235

商　1, 7, 72, 98, 99, 103, 105, 113, 117, 120-122, 132, 140-144, 148, 149, 151, 157, 173, 214, 283, 482, 484

望气　90

情意我　511

密拿瓦之鹰　171

隐喻　17, 31, 37, 38, 41, 46, 47, 87, 88, 110, 130, 145, 150, 154, 156, 168, 170, 171, 186, 189, 193, 196, 198, 199, 207, 228, 229, 235, 236, 248-251, 254, 257, 270, 275, 278-280, 288, 293-297, 299-302, 305, 308, 314, 316, 318, 319, 321, 322, 326, 356, 393, 401, 402, 415, 425, 427, 435-437, 461, 462, 496, 500, 501, 507, 519

十二画

博物　62, 64, 157, 394

联觉　191, 362, 364, 366, 507, 509-512, 514

葫芦　47, 189, 251, 253, 307, 321, 384, 387

惑智　414, 416

践形　1（大陆版前言）, 323, 529

道体　22, 28, 41, 49, 50, 124, 128, 154, 199, 248, 253, 256, 306, 365, 437, 456, 464

道言　236, 273-276, 280, 324, 441, 465

道枢　87, 168, 249, 254, 255, 296, 299, 302, 373, 396

道家　8（序言）, 1, 6, 8, 26, 30, 41, 49, 51, 53, 58, 67, 87, 124, 126-128, 170, 174, 176, 179, 184, 186, 189, 195, 226, 227, 243, 250, 251, 268, 270, 278, 289, 294, 296, 301, 303, 305, 320, 324, 328, 329, 333-335, 337, 338, 340, 344, 345, 348, 350, 356, 357, 359, 362, 368-370, 372, 384, 388, 407,

434, 442, 448, 460, 473, 475, 477, 486, 488, 490, 492, 495, 496, 499, 500, 504, 505, 510, 511, 514-517, 524, 537, 539
道教　36, 58, 111, 121, 123, 125, 127, 128, 155, 215, 221, 252, 297, 303, 307, 326, 327, 335, 340, 380, 403, 425, 430, 472, 496
滑稽　3, 16, 167, 236, 260, 262-266, 379, 407
游心　5（序言）, 44, 68, 137, 153, 183, 191, 200, 216, 219, 221, 225, 228, 231, 233, 269, 322, 360, 404, 408, 409, 468, 469, 492, 508, 512, 532, 534
寓言　11, 30, 36, 69, 70, 75, 77, 106, 118, 132, 133, 135, 137, 139, 187, 188, 206, 212, 213, 222, 237, 245, 251, 253, 258-261, 266-268, 280, 282, 288, 303, 311, 314, 326, 332, 346, 376, 377, 387, 388, 464, 502, 503, 521, 522
禅宗　5, 17, 27, 155, 201, 224, 347, 383, 393, 407, 424, 429, 466, 488, 489, 528
登假（登遐、登霞）65, 92, 93, 325

十三画

摇光　297-299
蓬莱　76, 77, 82, 83, 85, 145, 280, 281
蒙　1（序言）, 110, 113, 116, 117, 119, 140, 147, 283, 481
解构　5（序言）, 48, 49, 51, 236, 237, 323, 431, 432, 438, 469, 471, 474-476, 479, 503
新儒家　1（大陆版前言）, 9（序言）, 129, 161, 419-422, 427, 445, 448, 453

十四画

漆园　109, 110, 113, 114, 116, 129, 373, 467, 482, 494

十六画

燕子　98-103, 106, 149, 150, 282, 315, 316
瓢　47, 48, 132, 219, 251
器　31, 34, 37, 54, 189, 198, 199, 203, 226, 231, 232, 246-248, 263, 264, 271, 275, 287, 297, 299, 303-309, 318, 320, 321, 323, 331, 333-338, 345, 356,

360, 369, 380, 401, 405, 408, 467-469, 473, 475
儒家（儒门） 2（大陆版前言），5（序言），6（序言），8（序言），7, 21, 27, 29-31, 41, 49, 51-54, 56, 109, 124-131, 133, 135, 136, 139, 140, 149, 157, 162, 166, 169, 170, 172-176, 182, 195, 201, 207, 272, 274, 289, 301, 310, 334, 335, 379, 385, 394, 398, 400, 406, 407, 411, 420, 425, 427, 430-433, 436, 438, 439, 442, 444, 445, 448, 449, 456, 459, 470, 474, 477-479, 485-487, 492, 539
儒道互补 474

十七画

戴胜 72